本报告出版得到

国家重点文物保护专项补助经费资助

# 宿州芦城孜

安徽省文物考古研究所
宿州市文物管理局　编著
宿州市博物馆

文物出版社
北京·2016

图书在版编目（CIP）数据

宿州芦城孜／安徽省文物考古研究所，宿州市文物管理局，
宿州市博物馆编著．—北京：文物出版社，2016.9
ISBN 978－7－5010－4734－5

Ⅰ.①宿…　Ⅱ.①安…②宿…③宿…　Ⅲ.①居住遗址—
发掘报告—宿州　Ⅳ.①K878.35

中国版本图书馆 CIP 数据核字（2016）第 207327 号

# 宿州芦城孜

编　　著：安徽省文物考古研究所　宿州市文物管理局　宿州市博物馆

责任编辑：杨冠华
封面设计：程星涛
责任印制：梁秋卉

出版发行：文物出版社
社　　址：北京市东直门内北小街 2 号楼
邮　　编：100007
网　　址：http：//www.wenwu.com
邮　　箱：web@wenwu.com
经　　销：新华书店
印　　刷：北京鹏润伟业印刷有限公司
开　　本：889mm×1194mm　1/16
印　　张：36.75　插页：5
版　　次：2016 年 9 月第 1 版
印　　次：2016 年 9 月第 1 次印刷
书　　号：ISBN 978－7－5010－4734－5
定　　价：530.00 元

# Luchengzi Site in Suzhou

*Edited by*

Anhui Provincial Institute of Cultural Relics and Archaeology
Suzhou Municipal Bureau of Cultural Heritage
Suzhou Municipal Museum

Cultural Relics Press

*Beijing · 2016*

# 目　　录

# 插图目录

# 彩版目录

# 第一章 概述

## 第一节 地理环境和历史沿革

### 一 地理环境

芦城孜遗址位于安徽省宿州市南约 13 公里的桃园镇浍光村芦城孜村东南，这里地处淮北平原，西部与豫东接壤，西北部与鲁西南相邻，东部和北部与苏北相连，是苏、鲁、豫、皖四省交界之地。

宿州市位于安徽省东北部，东、北、西三面分别与江苏淮安、徐州、山东菏泽、河南商丘等市接壤，南连本省蚌埠市的怀远、固镇、五河三县，西接淮北市及濉溪县；辖砀山县、萧县、灵璧县、泗县、埇桥区四县一区，总面积 9787 平方公里（图一）。

宿州市属于古老的华北地区南部淮北盆地一穹隆分区，地质基础比较稳定。在北部丘陵地区，可见到一些褶皱构造，轴线总体方向为北东向，形成于二亿年前的印支运动期间。由于受多次地壳运动的影响，主要地质断裂呈北东、北北东、东西向展布，形成于距今约一亿年左右的燕山运动第二期。郯城—庐江断裂带斜贯泗县东侧，断裂带西侧，以东西向断裂为主，东向断裂以宿北断裂规模最大，大体沿北纬 33°45′的纬线展布，西自临涣以西，向东延伸至泗县与郯庐断裂交会。该断裂以北有震旦纪以下石灰岩分布，并含有部分页岩、砂岩、石英岩，构成低山缓丘；以南基本上为新生代第四纪的松散沉积物覆盖，形成地势低缓的平原。

宿州市位于黄淮平原的东南端，属淮北平原中部，地势由西北向东南略微倾斜，其中西北黄河故道两岸滩地 53 米，东南泗县河间洼地只有 14 米。地貌要素的差异较大，大体可分为丘陵、台地、平原三大类型。丘陵主要集中分布在濉河以北，面积 597 平方公里，集中在萧县东南部，埇桥、灵璧、泗县的北部。最高处为萧县的大官山，海拔 395 米。丘陵基岩的岩性除少数为酸性和基性岩浆岩外，大多由石灰岩及少量砂页岩构成。台地主要分布在丘陵周围，面积 293 平方公里，可分为剥蚀堆积台地和沉积台地两类。地面先被夷平而后抬升经剥蚀堆积形成的残留阶地是剥蚀堆积台地，基本与丘陵连成一片；沉积台地主要分布于泗县墩集一带，主要由河流冲积物构成。平原是本市地貌中心

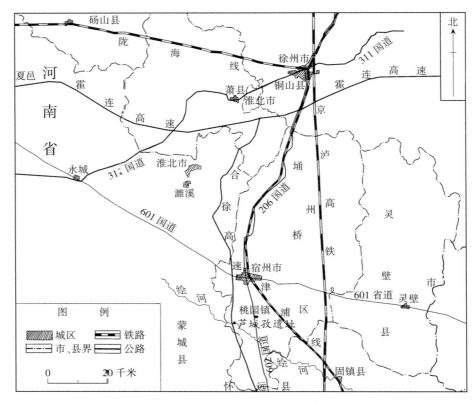

图一　宿州市行政区划图

的主体，面积为 8897 平方公里。以五千分之一至万分之一的比降由北向南、由西向东呈缓状倾斜。各地的中、小地貌形态及沉积物的性质又各自迥异。大致分三种类型：一是洪积扇和洪积平原，二是黄泛平原，三是河间砂姜黑土平原。洪积平原集中分布于濉河以北丘陵之间和丘陵岗地的边缘，面积约 260 平方公里，基本上是第四纪以来的现代沉积，黄土覆盖于砂姜黑土之上，土质肥沃，是丘陵与岗地边缘的重要耕作地带。黄泛平原是因黄河多次溃堤决口，改道南泛长期淤积形成，面积为 5657 平方公里，主要分布于萧县、砀山和埇桥、灵璧、泗县的北部，是主要农业区。河间平原，面积为 2980 平方公里，分布于濉河以南的广阔地带，主要集中在埇桥、灵璧、泗县的南部，其形成原因是河流作用，有多条淮河支流平行穿过，将地面自然分割成条块状，平原位于两河之间，并且广泛发育着砂姜黑土。

　　宿州介于淮河流域与黄河流域之间，属淮河流域，全市有主要河道 70 多条，分别属于黄河、淮河水系。较大的河流有浍水、沱河、澥河、濉河、奎河、新汴河、石梁河等（图二）。本市河流主要由降水补给，故汛期和雨季基本一致，每年 6～9 月为丰水期，10月至下一年 5 月为枯水期，有些河道在冬春季节干枯断流。黄河故道是金代明昌五年（1194 年）至清代咸丰五年（1855 年）的一段黄河遗迹。萧砀境内的黄河故道，至今仍高出地面 6～8 米，一般称之为黄河高滩地，经砀山中北部沿萧县北界向东逶迤而去，成为该区南北水流的自然分界线，北面之水流入微山湖和京杭大运河，南面之水通过淮河

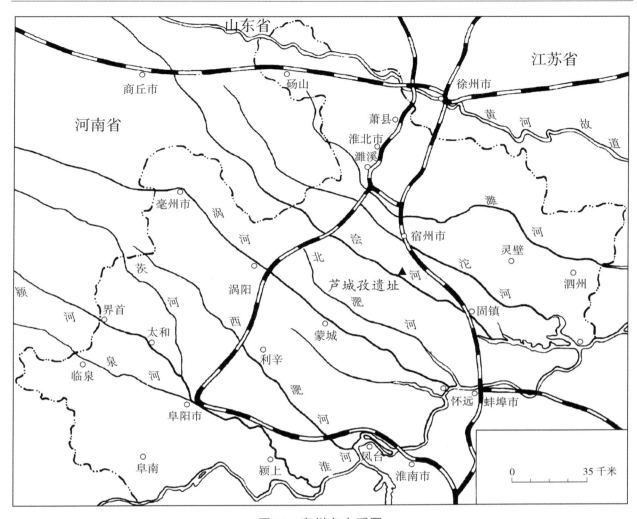

图二　宿州市水系图

水系的各条支流注入洪泽湖。

宿州地属暖温带半湿润季风气候区，主要特点是气候温和，四季分明，雨热同季，光照充足，降雨适中，但降水的年际变化较大，并且空间分布不均，往往因为降水集中，易造成洪涝灾害。从总体上看，本市气候条件较为优越、气候资源丰富，适于多种作物和树木生长。多年平均气温为 14℃～14.5℃，1 月份平均气温最低为 -0.6℃～0.1℃，7 月份气温为 27.2℃～27.6℃，极端最低气温小于或等于 -20℃，极端最高气温大于或等于 40℃。全市日平均气温 ≥0℃ 持续期为 310～313 天，≥10℃ 的持续期为 210～220 天。每年无霜期平均为 201～210 天，光能资源丰富，本市的太阳辐射年平均值为 124～130 千卡/平方厘米，居全省之冠。从热量条件看，本市可以满足一年两熟或两年三熟的耕作制度的要求。本区年平均降水量为 774～895.6 毫米，一般为 827 毫米，是全省降水量最少的地区。其地理分布南多、西北少。各季降水分布极不均匀，夏季降水高度集中，容易出现暴雨，造成水土流失或洪涝灾害。年际变化较大，相对变化率保持在 35% ～45% 。

## 二　历史沿革

宿州历史悠久，早在原始社会，先民就在这里渔猎耕牧、繁衍生息，燃起了人类文明的篝火。宿州的原始社会时代大致可分为三个时期：即新石器时代偏早阶段、相当于大汶口文化时期、龙山文化时期。新石器时代偏早阶段以小山口遗址和古台寺遗址为代表，中国社科院考古研究所安徽队《关于安徽宿县小山口和古台寺遗址试掘简报》资料说明小山口遗址和古台寺遗址的早期遗存应属同一文化类型。经 $^{14}$C 测定和树轮校正，小山口早期文化分别为公元前 6077～前 5700 年和公元前 5958～前 5650 年，距今约 8000 年，是已确定的安徽省最早的新石器文化，具有明显的地域文化特点，目前暂定为"小山口一期文化"，处在史前"淮河文化大系"中的源头地位。宿州大汶口文化的遗址分布较多，经过发掘的主要有萧县花家寺遗址和金寨遗址、灵璧玉石山遗址、宿州小山口中层和古台寺中层、芦城孜遗址下层等，还有埇桥区杨堡遗址、桃山遗址、夏疃遗址、灵璧双龙埂遗址等。龙山文化时期遗存在宿州更为密集，具代表性的有芦城孜遗址中层、小山口上层、花家寺遗址中层、玉石山遗址上层，还有埇桥区禅堂遗址、灵璧三山蒋庙遗址、泗县余家台遗址、扬台遗址等。

夏、商和西周时期，宿州属夷的势力范围，淮夷、徐夷等部落在这里繁衍生息。埇桥区五柳遗址、西上航遗址、离山铺遗址等都是证明。帝乙、帝辛卜辞"十祀征人方"，征人方往返历程所及地名考释，有十余处地名与宿州附近有关，表明商代宿州地面上已有众多城邑。

西周时期至春秋时期，宿州多为宋国属地。春秋时期，有两个附属于宋国的小国，即宿国与萧国。宿国是西周初期的封国，风姓，伏羲氏之后，原在山东东平县境。周庄王十四年（前 683 年），宋国将位于山东东平境内的宿国迁入域内作为附庸。这是作为地名的"宿"字第一次迁入宿州的历史。《春秋》记载"（鲁）庄公十年，宋人迁宿"。《明嘉靖宿州志》在宿州建置的沿革中说："庄公十年宋人迁宿，移入封内，以为附庸，始国于此。"萧国，故城在今萧县西北 5 公里。

宿州市在战国后期属于楚。楚本为江淮间大国，经过与秦国的长期战争，其政治中心逐渐被迫自西向东转移，楚风东渐，宋国衰微。楚国疆域扩至今苏、鲁、豫、皖交界一带地方，两淮之间成为其最重要的根据地，这一地区在战国时受楚文化的影响颇深。战国时期楚国铸行的异形布币有一种是殊布当忻背十货钱，俗称"楚大布"。"楚大布"在宿州屡有出土。

秦统一中国，于此广置郡县。在今淮河以北苏皖交界一带置泗水郡，今宿州市各县区大部分属于该郡，只有西北一隅的砀山属于砀郡。砀郡治所在今砀山北部，泗水郡治在宿州北部。秦代置县有：符离县（治所在今埇桥区东北）、蕲县（治所在今埇桥区蕲县镇）、取虑县（治所在今灵璧县高楼乡潼郡村）、僮县（治所在今泗县骆庙乡潼城村）、萧县（治所在今萧县西北 5 公里）、下邑县（治所在今砀山县城东）。

宿州属于汉室发祥地。西汉，在秦郡县制的基础上实行郡国并行制，据《汉书·地理志》记载，今宿州市各县区分别隶属于徐州刺史部的临淮郡、楚国，兖州刺史部的梁国，豫州刺史部的沛郡。宿地有沛郡治及符离县（治所同秦）、竹县（治所在今埇桥区老符离集）、蕲县（治所同秦）、萧县（治所同秦）、夏丘县（治所在今泗县城东）、扶阳县和萧县（今萧县境），梁国所辖杼秋县（萧县西北老黄口）、下邑县（砀山境），楚国所辖甾丘县（治所在埇桥区北支河乡）、梧县（宿州境），临淮郡的僮县（治所同秦）、取虑县（治所同秦）。西汉末年，王莽篡夺政权，乱改地名；例如改符离为符合，蕲县为蕲城，竹县为笃亭，夏丘为归思，杼秋为予秋，甾丘为善丘，下邑为下洽等。东汉，郡国名称也有所调整，例如沛郡改为沛国，楚国改为彭城国，临淮郡改为下邳国，梁国名称依旧不变。属豫州沛国、梁国，徐州彭城国、下邳国。

三国时，宿州属魏。沛国改为新设的谯郡（曹操原籍），下邳国改为下邳郡。西晋属沛国、梁国、谯郡、彭城国、下邳国。原属谯郡的符离、竹邑、萧县划归沛国管辖。西晋末年，本地先后沦为后赵、前燕、前秦占领地区。东晋侨置郡县，行政区划混乱。南北朝，刘宋与北魏、萧梁与东魏等在本地战争连年，形成拉锯战态势，初属南朝宋地，后属北周。及至北齐武平三年（572 年），本地置有潼州、夏丘郡、潼郡、蕲城郡。

隋朝统一全国，将全国州县加以省并，同时改州为郡，推行郡县两级制。本地建置有彭城郡所领符离县（治所在埇桥区东北）、蕲县、萧县（治所均同两汉）；下邳郡所领夏丘县（治所在今泗县城）；梁郡所领砀山县（治所在今砀山县城。此县为北魏时所置安阳县）。唐代前期，本地属于河南道的徐州、宋州、泗州管辖，其中符离县（治所在今埇桥区老符离集）、蕲县、萧县属徐州，砀山县属宋州，虹县（唐初析夏丘地分置虹县，后废夏丘，移虹县于夏丘故城）属泗州。随着大运河的兴起，宿州也迎来了历史上的发展高峰。唐宪宗元和四年（809 年），为了保护汴河的漕运，将徐州所属的符离县、蕲县和泗州所属的虹县割出，始建宿州。宿州建置初期，"初治虹，后徙治符离（埇桥）。"埇桥在交通位置上北通徐州，南达濠州（今安徽凤阳县东）是陆上南北交通的中心，又是汴水东西水上运输的咽喉。从此，宿州"地当要冲、舟车交会、帆樯如林、商旅云集"，成为这一方的政治、经济、军事、文化中心。

五代十国期间，再度陷入南北分裂割据局面。宿州除虹县在吴、南唐的控制下（五代末并入后周），其余各县及徐州的萧县，宋州的砀山县都在后梁、后唐、后晋、后汉政权统治之下。唐末藩镇节度使朱温（后梁建立者）曾上表请求将其家乡砀山建置辉州，因此砀山一度属辉州，又改属单州（治今山东省单县）。

北宋地方行政区划为路、州（府、军、监）、县（军、监）三级制。宿州分属于京东西路与淮南东路。宋哲宗元祐元年（1086 年），把虹县所属零壁镇析出建置为县，至宋徽宗政和七年（1117 年），将零壁县更名为灵璧县。此时，宿州属淮南东路，下辖符离、蕲县、灵璧、临涣四县，其余萧县、砀山分别属于京东西路的徐州与单州。宋高宗绍兴十一年（1141 年），宋金议和，双方以东起淮水西至大散关为界，淮北之地尽入于金，宿州成为金国南部疆土。金代基本沿用宋代三级行政区划制度，本地分属南京路及山东西路，其中宿州及所领符离、蕲县、临涣、灵璧，泗州的虹县，单州的砀山，属于南京路；萧县属山东西路的徐州；以后砀山县因与单州往来有黄河隔阻，改属南京路归德府。

元朝统一中国，实行行省、路府、州县三级行政区划制度。宿州当时分属河南江北行省的归德府与淮安路及中书省济宁路，其中宿州、灵璧、萧县属归德府，虹县属淮安路的泗州，砀山属济宁路。明朝设置南北两直隶区及十三布政使司，行政区划为布政使司、府（直隶州）、县（散州及辖县）三级制。宿州，属于南京直隶区的统辖范围，其中宿州、灵璧（时为宿州属县）、虹县均属凤阳府，砀山、萧县均属徐州。清初仍沿袭明朝布政使司制度，仅改南京直隶区为江南省。康熙六年（1667 年），撤销江南省分为江苏、安徽两省。宿州成为不辖县的散州，与灵璧同属安徽省凤阳府。康熙十九年（1680 年），泗州州城陷没于洪泽湖，寄治盱眙。乾隆四十二年（1777 年），移州治于虹县，后又撤销虹县建置并入泗州，此时的泗州已升格为直隶州。砀山、萧县属江苏省徐州府管辖。

民国元年（1912 年）4 月，宿州易名宿县，泗州易名泗县，与灵璧县同属安徽省，砀山、萧县仍属江苏省。民国二十四年（1935 年），宿县、灵璧、泗县属安徽省第六行政督察区，专员公署驻泗县；砀山、萧县属江苏省铜山行政督察区，专员公署驻徐州。抗战胜利后，宿县、灵璧、泗县均属安徽省第四行政督察专员区，专员公署驻宿县；砀山、萧县则属江苏省徐州专区。

中华人民共和国成立以来，最初本地属于皖北行政公署的宿县专区，下辖宿县、灵璧、泗洪、泗县、五河、怀远、砀山、萧县、永城九县，专员公署驻宿县。1952 年，撤销皖南、皖北行政公署，恢复安徽省建置。宿县专区所辖砀山、萧县划归江苏省，永城划归河南省。1955 年宿县专区的泗洪县被划归江苏省，江苏省的砀山、萧县划属宿县专区。1964 年，以宿县、灵璧、五河各一部分置固镇县，属宿县专区。1971 年，宿县专区更名为宿县地区。1977 年，濉溪县划归淮北市。1979 年，析宿县城关镇及郊区为县级宿州市。1983 年，怀远、五河、固镇三县被划归蚌埠市。1993 年，宿州市与宿县合并，仍为县级市。1999 年 5 月，宿县地区撤销，改为省辖宿州市，辖埇桥区、灵璧县、泗县、萧县、砀山县一区四县。

## 第二节　发掘经过

芦城孜遗址位于安徽省宿州市埇桥区桃园镇浍光村芦城孜村东南，西南紧邻浍河，东部有河沟流经并与浍河相通，遗址西北 100 米处为合徐高速公路桥（图三；彩版一）。遗址呈东南—西北走向，为近长方形台地，东西长约 400、南北宽约 150 米，总面积约为

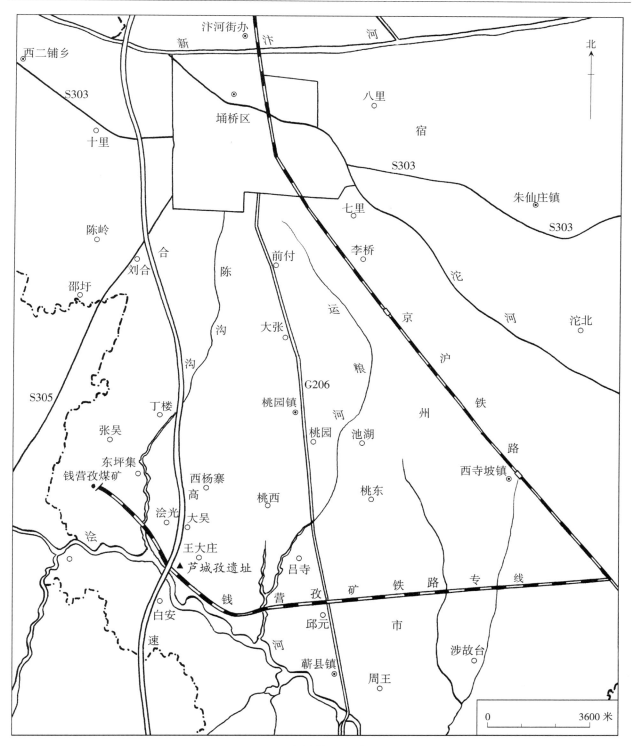

图三　遗址位置示意图

6万平方米。地理坐标为北纬33°29′05.1″，东经116°57′08.9″，平均海拔22米。从河沿的断面分析，遗址最初应向南延伸，后被浍河向北侵蚀破坏，形成现在的形状。遗址北部边缘地带也被砖窑场取土破坏，形成水塘。

芦城孜遗址最初由原宿县文物管理所发现，并被宿县政府公布为县级文物保护单位。1990年，安徽省文物考古研究所对芦城孜遗址进行了试掘，布5米×5米探方4个，发掘面积100平方米。发掘成果即《安徽省宿州市芦城孜遗址发掘简报》在《文物研究》第九辑发表。

2009年，皖北煤电集团钱营孜煤矿运煤铁路专用线需从芦城孜遗址穿过。为配合基本建设，做好芦城孜遗址的保护工作，抢救性发掘之前，安徽省考古研究所会同宿州市文物管理所多次与皖北煤电集团、钱营孜煤矿等相关单位、部门协商，在钱营孜煤矿领导的关心支持下，最终落实了保护经费，使抢救性发掘工作得以顺利进行。发掘期间，桃园镇政府、镇派出所、浍光村委会在民工、安全保卫、生活诸方面均给予了帮助和支持。

安徽省考古研究所联合宿州市文物部门组成芦城孜遗址考古队，考古发掘领队贾庆元，工地执行领队罗新，参加发掘的业务人员为：任一龙、周崇文、高雷、高勇、李军、赵红党、赵宏才、田松亭、王宏乾、和鹏、李毛强、李毛宁、刘宇飞、王军、任鹏、张明菊、陈加建等。后勤保障人员为：吴知建、陈丽君、陈榴红、陈继玲、胡万华。

5月，对该铁路专用线建设范围内的遗址区域进行了考古勘探，了解了地层堆积情况，确定了遗迹丰富的区域为发掘工作提供了帮助。6～9月，对铁路专用线占压范围进行了抢救性考古发掘。发掘区西北距合徐高速公路桥约110米，东北距台地边缘约50米，西南距浍河约60米，东南距台地边缘约120米。因是配合基本建设而进行的抢救性发掘工作，时间仓促。故采用了10×10米大方发掘。发掘依铁路路基布探方，探方呈西北—东南向。共开10米×10米探方29个，10米×6米探方15个，发掘面积3800平方米。我们将发掘区分成A、B两个区，探方T1～T10，T23～T32为A区，探方T11～T22，T33～T43为B区（图四；彩版二）。本报告所有遗迹单位的编号均采用田野原始记录号。

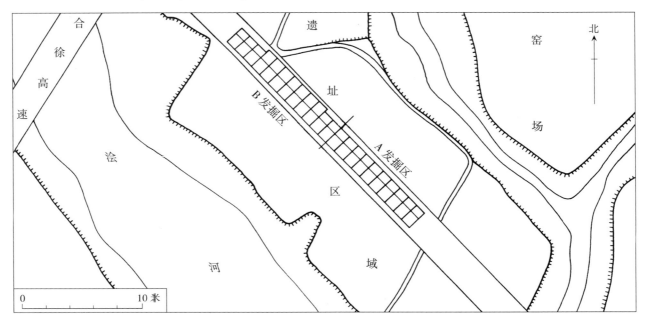

图四　发掘区位置示意图

# 第二章　地层堆积

芦城孜遗址文化层多呈水平状堆积，深 1~3.2 米。发掘区东、西部，自第④层始，文化层堆积时代差异较大。我们以 T10、T32 与 T11、T33 为分界，将发掘区分为 A、B 两区（见图四），分别统一地层。为表述方便，A、B 区有共性的第①~③层文化层堆积概况一并介绍，自第④层开始，A、B 区分别介绍（图五、六、七）。

第①层：现代耕土层。大部厚 0.2~0.25 米，在 T18、T40 以西因近年取土后复耕，厚 0.8 米。出土多为现代砖、瓦等残片，亦有少量绳纹陶片等。

第②层：灰褐土，结构较密。内含红烧土粒、草木炭屑。厚 0.2~0.5 米，发掘区内 T19、T20、T41、T42 遭破坏，余则均有分布。出土遗物有壶、盂、杯、砚等瓷器残片，陶器有碗、盆、罐、钵等。唐代文化层堆积。

第③层：土色深灰，结构较密，略呈板块状，夹杂有灰烬，炭屑和红烧土粒。厚 0.15~0.4 米，发掘区 T19、T20、T41、T42 遭破坏，其余均有堆积。出土有甑、釜、罐、瓮、盆、盘、杯、三足钵等陶器及残片。汉代文化层堆积。

第④层及以下文化层堆积概况如下。

**A 区**

A 区第④~⑧层均为周代文化堆积层，分布广泛。

第④层：土色灰黄，土质略软，夹杂较多草木灰屑，烧土粒等，并含有红色水锈斑点。厚 0.2~0.45 米。本区均有堆积，出土遗物有鬲 AV、BV、CIII 式、罐 AV、CV 式、豆 BV、CIV 式、DIV 式和 AV 式盆等陶器残片。春秋晚期堆积层。

第⑤层：浅灰色土，局部呈黄灰土，土质较硬，多含灰屑、烧土粒。厚 0.2~0.4 米，本区均有堆积，出土遗物多为陶器残片，器形有鬲 AIV、CII 式、罐 AIV、BIV 式、豆 AIV 式等。春秋中期文化堆积层。

第⑥层：灰褐色土，结构细密较硬，夹杂较多草木灰与烧土粒。厚 0.2~0.4 米。除 T10、T32 外均有分布。出土有鬲 AIII、BIII、CI、DIII 式、罐 AIII、CIII 式、豆 DII 式、盆 BII 式等陶器残片。春秋早期文化遗存。

第⑦层：黄灰色土，较纯净。厚 0.3~0.5 米。分布整个发掘区，出土器物有罐 AII 式、豆 AII 式、盆 AII 式等，多残。西周晚期文化层。

第⑧层：黄褐色土，结构紧密。厚 0.3~0.5 米。本区均有堆积，夹杂有少量烧土粒，

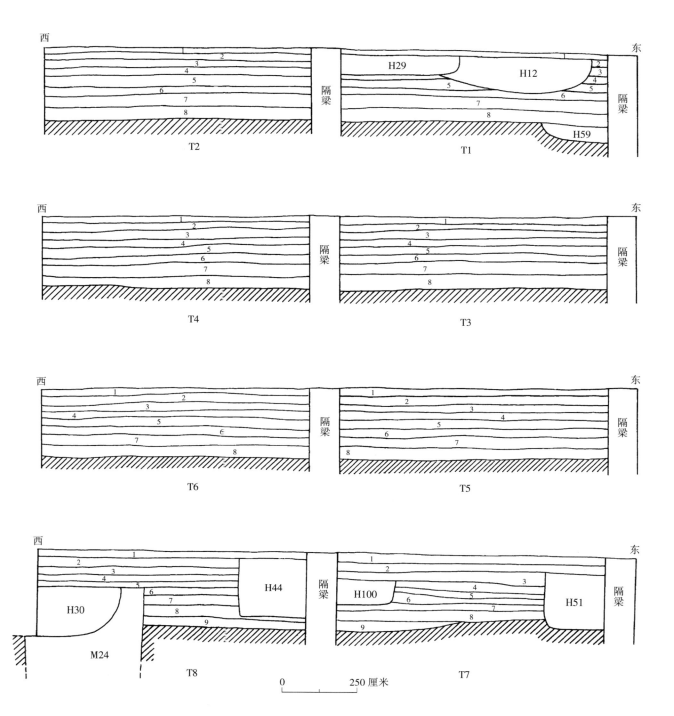

图五　A 区 T1 ~ T8 北壁剖面图

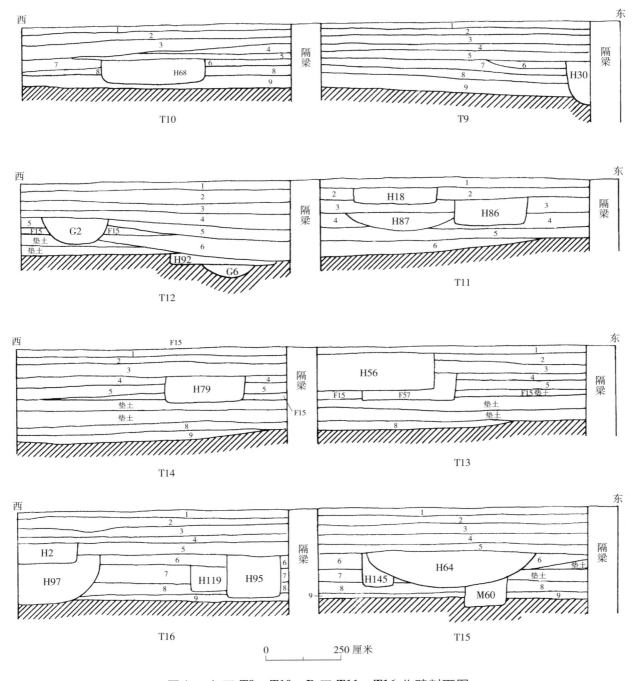

图六　A 区 T9 ~ T10、B 区 T11 ~ T16 北壁剖面图

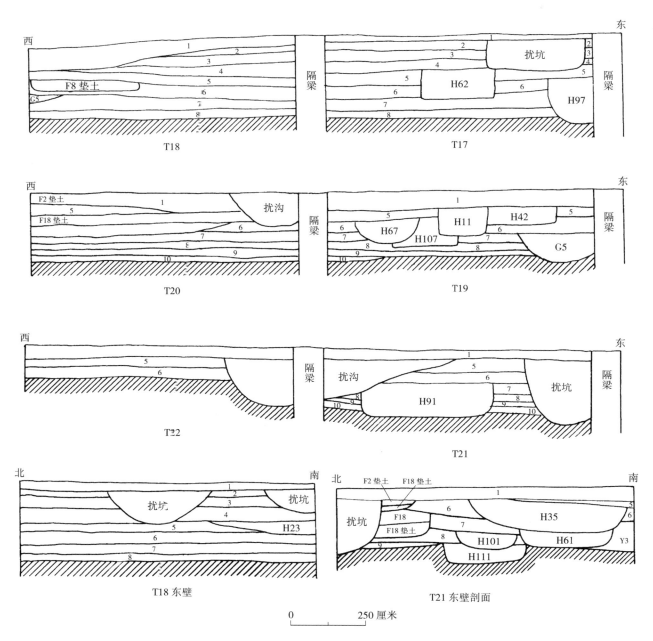

图七　B区T17～T22北壁、T18东壁、T21东壁剖面图

出土有鬲 AI 式，罐 AI 式等陶器残片。西周中期文化层。

第⑨层：土色灰褐，结构紧密，内含少量烧土块及灰屑。厚 0.2～0.5 米。本区 T7、T29 及其以西发掘区均有堆积。出土物有罐形鼎 CaVI 式、钵形器盖 VI 式、碗形器盖罐 AII 式、CVI 式、折沿罐 AVI 式、CVI 式、鬶 CII 式。龙山文化晚期堆积。

**B 区**

第④层：黄灰色土，个别地方呈灰褐色，土质略硬，内含大量烧土粒、灰屑等。厚 0.2～0.55 米。分布广泛，T18、T40 以西遭近年破坏不存。出土遗物有罐 AII 式、盆 AII 式、鬲 AII 式等陶片。与 A 区第⑦层同属西周晚期文化层。

第⑤层：土色灰褐，结构较密，含砂并夹杂较多烧土粒、灰屑等。厚 0.2～0.6 米。本区均有分布，出土遗物多为陶器残片，主要器形有罐形鼎 AV 式、CaVI 式、折沿罐 AVI 式、BVI 式、CVI 式、盆 AVI 式、DV 式、EIV 式、钵形器盖 VI 式、碗形盖、鬶 CII 式等。龙山文化六段堆积层。

第⑥层：黄灰色土，结构紧密，含较多烧土粒，灰屑等。厚 0.2～0.6 米。在本区有广泛分布，仅在 T13、T14 遭局部破坏。出土器物主要有罐形鼎 BIV 式、CaIV 式、折沿罐 AaIV 式、CIV 式、大口罐 AaII 式、BIV 式、盆 AIV 式、DIII 式，碗形器盖 AIV 式、CIV 式、钵形器盖 IV 式、鬶 AIV 式等，多残片。龙山文化四段堆积层。

第⑦层：灰褐色土，土质较硬，内含较多烧土粒。厚 0.3～0.7 米。分布于 T14、T36 以西除 T22 以外所有发掘区。出土有罐形鼎 AII 式、BII 式、折沿罐 AII 式、CII 式、钵形器盖 II 式、碗形盖 AII 式、鬶 AII 式等陶器的残片。龙山文化二段堆积层。

第⑧层：土色黄褐，局部呈灰褐，土质细密，含少量灰屑、烧土粒。厚 0.2～0.5 米。T11、T12、T33、T44、T22 以外各方均有分布，出土物主要为罐形鼎 AI 式、BI 式，折沿罐 AI 式、CI 式，小型罐 AI 式、BI 式，鬶 AI 式、钵形器盖 I 式、碗形盖 AI 式、CI 式等陶器残片。龙山文化一段堆积层。

第⑨层：灰褐色土，土质较硬，夹杂有灰屑、红烧土块等。厚 0.1～0.4 米。在 T14～T16、T19～T21、T36～T38、T41～T43 均有分布，出土器物有鼎、罐、盆、豆、杯等陶器残片，多饰横向或斜向篮纹，以灰褐陶为主。大汶口文化晚期堆积层。

第⑩层：黄褐色土，纯净坚硬。厚 0.2～0.3 米。堆积范围较小，仅见于 T13 南部、T19～T21、T42、T43，遗物较少，有釜、罐、盆、钵等，均残甚。芦城孜遗址早期遗存。

# 第三章　新石器时代早期文化遗存

　　芦城孜遗址新石器时代早期文化遗存分布于 B 发掘区 T13 南部、T19 西北部、T20、T21 北部、T42、T43，处在遗址最下层。出土遗物不丰富，只有陶器，未发现任何遗迹。

## 第一节　遗　迹

　　本期文化未发现遗迹现象，仅发现了遗物。

## 第二节　遗　物

　　仅出土了陶器，均为残片。

陶器

　　未能修复出完整器，可辨器形 87 件。器形单调，多为釜、罐、盆、钵等。陶质以夹砂、夹蚌为主，有极少量泥质陶。陶色以红褐陶为主，有少量灰褐、黄褐和灰陶，并有一器多色现象。大部分为素面，有少量的附加堆纹、戳印纹并出现篮纹。陶器均为手制，器形不规整，陶胎较厚，烧制火候低，部分陶片出土时即可捻碎，干后稍硬。部分釜、盆等器形的口部外侧用泥条粘贴制成平沿或斜沿，这里暂称其为附沿。

　　釜　66 件。可分 3 型。

　　A 型　32 件。侈口，卷沿。分 2 亚型。

　　Aa 型　17 件。附沿，沿微卷，圆唇。

　　标本 T21⑩：34，夹砂夹蚌灰褐陶。平沿。残高 5.2 厘米（图八，1；彩版三，1）。标本 T21⑩：22，夹蚌黄褐陶。斜沿。残高 7 厘米（图八，2；彩版三，2）。标本 T21⑩：9，夹砂夹云母红褐陶。斜沿。残高 5 厘米（图八，3；彩版三，3）。标本 T21⑩：20，夹砂夹蚌灰褐陶。斜沿。残高 6.6 厘米（图八，4；彩版三，4）。标本 T19⑩：7，夹砂夹云母红褐陶。斜沿。残高 3.4 厘米（图八，5；彩版三，5）。标本 T21⑩：14，夹砂红褐陶。斜沿。口径 27.6、残高 5.2 厘米（图八，6；彩版三，6）。

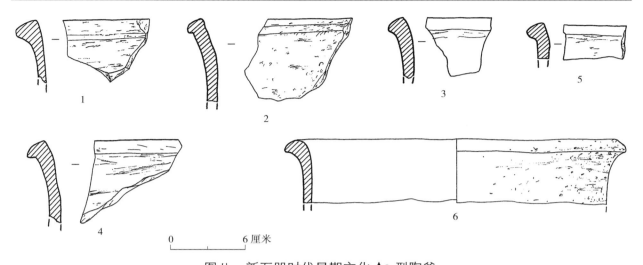

图八　新石器时代早期文化 **Aa** 型陶釜
1. T21⑩：34　2. T21⑩：22　3. T21⑩：9　4. T21⑩：20　5. T19⑩：7　6. T21⑩：14

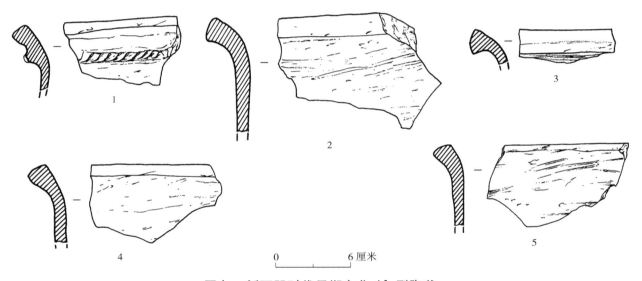

图九　新石器时代早期文化 **Ab** 型陶釜
1. T19⑩：1　2. T21⑩：19　3. T21⑩：33　4. T21⑩：21　5. T21⑩：2

Ab 型　15 件。侈口，卷沿，附沿不明显。

标本 T19⑩：1，夹蚌红褐陶。沿下附加堆纹、戳印纹。残高 5.6 厘米（图九，1；彩版四，1）。标本 T21⑩：19，夹砂夹蚌红褐陶。沿下有制陶遗留的浅篮纹。残高 10 厘米（图九，2；彩版四，2）。标本 T21⑩：33，夹砂夹蚌灰褐陶，沿下抹痕明显。残高 2.6 厘米（图九，3；彩版四，3）。标本 T21⑩：21，夹砂夹蚌红褐陶。残高 6.4 厘米（图九，4；彩版四，4）。标本 T21⑩：2，夹蚌红褐陶。器表呈麻点状。残高 6.8 厘米（图九，5；彩版四，5）。

B 型　17 件。侈口，圆唇。

标本 T21⑩：10，夹砂夹蚌红褐陶。残高 4.8 厘米（图一○，1）。标本 T21⑩：26，

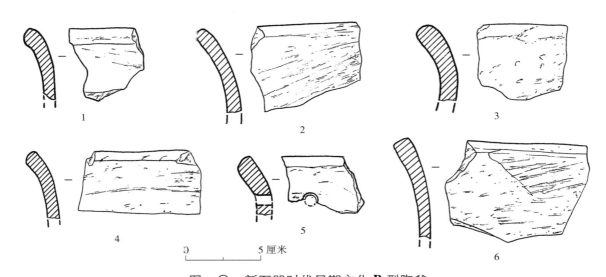

图一〇　新石器时代早期文化 **B** 型陶釜

1. T21⑩：10　2. T21⑩：26　3. T21⑩：29　4. T21⑩：32　5. T13⑩：5　6. T21⑩：4

夹蚌黄褐陶。残高 5.8 厘米（图一〇，2；彩版五，1）。标本 T21⑩：29，夹蚌灰褐陶。器表呈麻点状。残高 3.8 厘米（图一〇，3；彩版五，2）。标本 T21⑩：32，夹砂黑灰陶。沿下抹痕明显。残高 4.2 厘米（图一〇，4；彩版五，3）。标本 T13⑩：5，夹砂夹蚌红褐陶。沿下有一圆孔。残高 3.8 厘米（图一〇，5；彩版五，4）。标本 T21⑩：4，夹砂夹蚌红褐陶。残高 6.6 厘米（图一〇，6；彩版五，5）。

C 型　17 件。直口，腹近直。

标本 T13⑩：3，夹砂夹蚌黑灰陶。附沿，器表呈麻点状。残高 3 厘米（图一一，1；彩版五，6）。标本 T21⑩：31，夹砂夹蚌黑灰陶。附沿。残高 6 厘米（图一一，2；彩版六，1）。标本 T21⑩：30，夹蚌黄褐陶。附沿，器壁呈麻点状。残高 4.8 厘米（图一一，3；彩版六，2）。标本 T19⑩：8，夹蚌黄褐陶。附沿。残高 3.6 厘米（图一一，4；彩版六，3）。标本 T21⑩：28，夹蚌黑灰陶。斜沿。残高 6 厘米（图一一，5；彩版六，4）。标本 T21⑩：25，夹蚌红褐陶。方唇，上腹饰一平面椭圆形錾手。残高 7.6 厘米（图一一，6；彩版六，5）。标本 T21⑩：5，夹砂夹蚌灰褐陶。圆唇，附沿不甚明显。残高 7 厘米（图一一，7；彩版六，6）。

盆　6 件。可分 3 型。

A 型　2 件。斜附沿，尖唇，腹近直。

标本 T19⑩：10，夹砂夹蚌灰褐陶。残高 4 厘米（图一二，1；彩版七，1）。标本 T19⑩：6，夹砂夹蚌红褐陶。残高 3 厘米（图一二，2；彩版七，2）。

B 型　2 件。斜附沿，圆唇，斜腹。

标本 T21⑩：8，夹蚌夹云母灰褐陶。残高 4.6 厘米（图一二，3；彩版七，3）。标本 T13⑩：6，夹砂夹蚌红褐陶。残高 5 厘米（图一二，4；彩版七，4）。

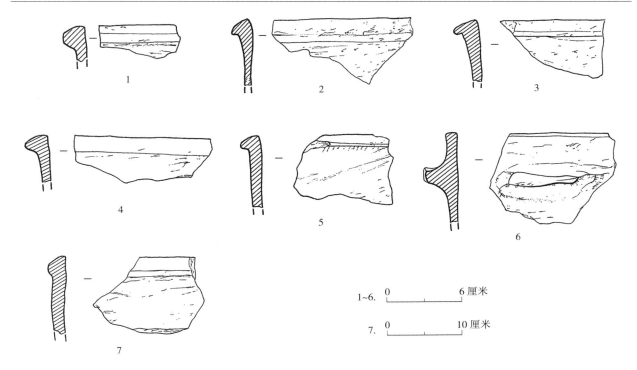

图——　新石器时代早期文化 **C** 型陶釜
1. T13⑩：3　2. T21⑩：31　3. T21⑩：30　4. T19⑩：8　5. T21⑩：28　6. T21⑩：25　7. T21⑩：5

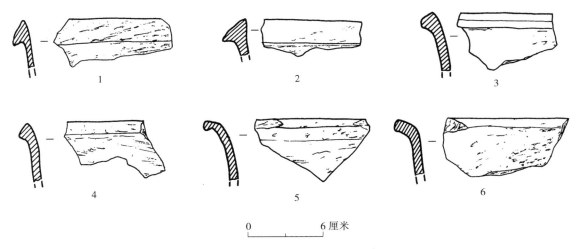

图一二　新石器时代早期文化陶盆
1、2. A 型（T19⑩：10、6）　　3、4. B 型（T21⑩：8、T13⑩：6）　　5、6. C 型（T21⑩：35、27）

C 型　2 件。侈口，卷沿，腹微曲。

标本 T21⑩：35，夹砂夹蚌红褐陶。卷沿。残高 5.2 厘米（图一二，5；彩版八，1）。
标本 T21⑩：27，夹蚌红褐陶。微卷沿，器表呈麻点状。残高 4.8 厘米（图一二，6；彩版八，2）。

钵　2 件。

标本 T19⑩：11，夹蚌灰褐陶。敛口，圆唇，斜腹。残高 4 厘米（图一三，1；彩版

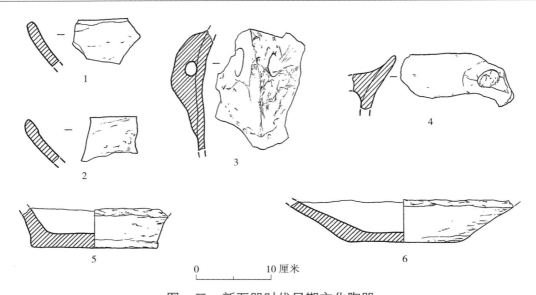

图一三　新石器时代早期文化陶器

1、2. 钵（T19⑩：11、T13⑩：1）　　3～6. 罐（T21⑩：23、T19⑩：13、T19⑩：2、T21⑩：7）

八，3）。标本 T13⑩：1，夹砂夹蚌红褐陶。残高 4 厘米（图一三，2；彩版八，4）。

罐　13 件。

标本 T21⑩：23，夹蚌红褐陶。腹部饰耳，耳有孔。残高 10.4 厘米（图一三，3）。标本 T19⑩：13，敛口，圆唇，鼓腹，腹上部饰横耳。残高 5 厘米（图一三，4）。标本 T19⑩：2，夹砂夹蚌黑灰陶。平底。残高 3.6 厘米（图一三，5）。标本 T21⑩：7，夹砂夹蚌灰褐陶。平底。残高 4 厘米（图一三，6）。

# 第四章 大汶口文化晚期遗存

芦城孜遗址大汶口文化晚期遗存分布在 B 发掘区，堆积不丰富，只有第⑨层和少量遗迹。

## 第一节 遗 迹

共清理灰坑 2 个、灰沟 1 条（图一四）。

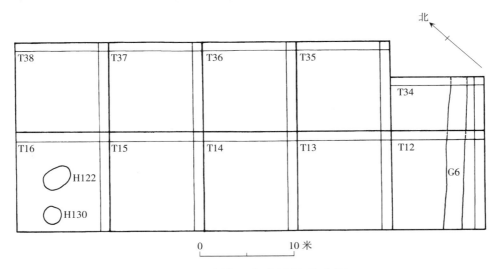

图一四 大汶口文化遗迹分布图

### 一 灰坑

H122 位于 T16 中部，开口于第⑨层下，打破生土层。坑口椭圆形，直壁，平底。坑壁有较清晰的工具痕迹。长径 3.25、短径 2.3、坑口距地表深 3、距坑底 0.6 米。坑内堆积灰褐土，质地较硬，含有炭屑、烧土粒。出土有鼎、杯、豆、器盖等（图一五）。

H130 位于 T16 中南部，开口第⑨层下，打破生土层。坑口近圆形，直壁，平底。直径 2、坑口距地表 3、距坑底 0.7 米。坑内堆积灰土，质地较软，含有木炭屑、烧土粒。出土有鼎、罐、鬶、豆、器盖、漏器等，还出土有少量的螺壳和蚌壳（图一六）。

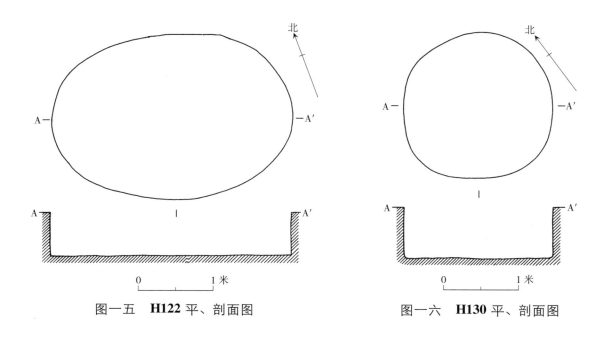

图一五　**H122** 平、剖面图　　　　　　图一六　**H130** 平、剖面图

## 二　灰沟

G6　位于 T12、T34 东部，呈东北—西南走向，已发掘部分长 16 米，两端分别延伸到发掘区外。开口于第⑥层下，打破生土层，同时又被 H92 打破。斜壁，圜底，沟壁凹凸不平。沟口距地表 2.3 ~ 2.7、距沟底 0.9 ~ 1 米，南部略深。沟内堆积为灰色土，局部黄褐，土质较松软，含有六量的炭屑、烧土粒。出土鼎、罐、盆、高柄杯、豆、器盖、碗等，还出土少量的螺壳和蚌壳（图一七）。

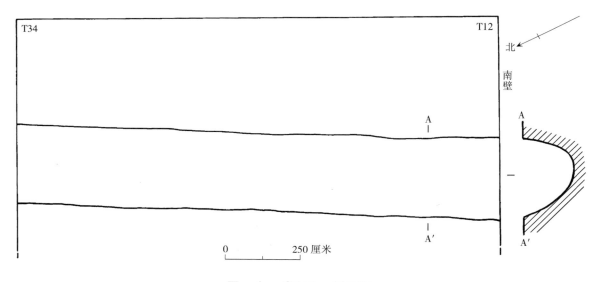

图一七　**G6** 平、剖面图

## 第二节　遗　物

芦城孜遗址大汶口文化晚期遗物不甚丰富，其中多为陶器，另有少量石器、骨器。

一　陶器

多为日常生活中所使用的各类容器，可复原的共 11 件。质地有夹砂、夹蚌和泥质三大类。夹砂陶还可分夹细砂和粗砂两种，夹砂陶往往夹蚌，用来制作鼎、罐、盆、器盖漏器等。泥质陶中有细泥陶，这种陶大多经过淘洗，质地细腻，烧制温度也较高，质地坚硬，器表往往经过打磨，比较光亮，主要用来制作豆、高柄杯等。陶色分红褐、灰褐、黄褐、灰、黑共 5 种，以红褐陶为主，部分器物由于烧制火候的原因呈现出一器多色现象，有的器物出现外表红褐色而内壁呈深灰或黑色。另有极少量红陶。

纹饰以篮纹为主。有少量绳纹、附加堆纹、凹弦纹、凸弦纹、按压纹、窝纹、刻划纹、镂孔，还有鸡冠耳等附加装饰。篮纹、绳纹主要拍印在鼎、罐、盆的腹部，纹饰有横、竖、斜、交错等几种形式。附加堆纹一般装饰在器物的腹部，凹凸弦纹主要装饰在豆、杯等器物的底座上，按压纹、窝纹主要在鼎的足根部或鼎足和圈足的外侧。刻纹主要装饰在鼎足外侧。镂空主要装饰在豆的柄部。鸡冠耳则安装在鼎、罐、盆的腹部。

制作工艺以手制为主，大多器物采用泥条盘筑经慢轮修整，用这一方法制作的陶器，陶胎相对较厚，器物内壁留有泥条衔接和按印痕迹，口沿和器表留有慢轮修整痕迹。另外，陶器多采用分部位加工工艺技术，将口、耳、腹、足分体加工，然后进行套接与按捏组装成型，小型陶器和器口、器耳、器足等为捏塑形成。

器形主要有鼎、漏器、鬶、罐、豆、盆、器盖、高柄杯、碗等。

鼎　49 件。均为宽折沿。依腹部特征差异可分 4 型。

A 型　16 件。圆腹。

标本 G6：12，夹砂夹蚌红褐陶。方唇，下腹残。腹饰横篮纹。残高 4.5 厘米（图一八，1）。标本 T14⑨：9，夹砂灰褐陶。方唇。腹饰细绳纹。口径 19.5、残高 8.4厘米（图一八，2）。标本 T14⑨：27，夹砂夹蚌灰褐陶。方唇，折沿较直。腹饰稀疏斜篮纹。口径 10.2、残高 4.5 厘米（图一八，3）。标本 T14⑨：3，夹砂红褐陶。方唇，折沿较直，唇缘有一周凹弦纹，下腹残。腹饰横篮纹。口径 15.3、残高 7.8 厘米（图一八，4）。标本 H130：25，夹砂夹蚌红褐陶。方唇，折沿较直，腹部饰一周附加堆纹。上腹素面，下腹饰斜篮纹。残高 17.2 厘米（图一八，5）。标本 T33⑨：14，夹砂红褐陶，内壁黑灰。口部残，圜底，足残。腹中部有一周附加堆纹，其余饰斜篮纹，底部素面。残高11 厘米（图一八，6）。标本 H130：1，夹砂灰褐陶。仅残存器底及足。圜底，下腹有一周附加堆纹，扁凿形足，足面有四道凹槽。残高 8.1 厘米（图一八，7）。标本 T17⑨：3，夹砂灰褐陶。残存器底及足。圜底，底附凿形足，腹饰稀疏交错篮纹，足面有一道凹槽。残高11.1厘米（图一八，8）。

B型　9件。扁腹。

标本T16⑨：11，夹砂灰褐陶，器表有深灰色斑块。圆唇，折沿，沿面有三周凹槽。腹饰横篮纹。口径30.4、残高11.2厘米（图一九，1）。标本T12⑨：2，夹砂夹蚌红褐陶。圆唇，折沿上缘有两周凹弦纹。腹饰斜篮纹。口径20.6、残高10.2厘米（图一九，2）。

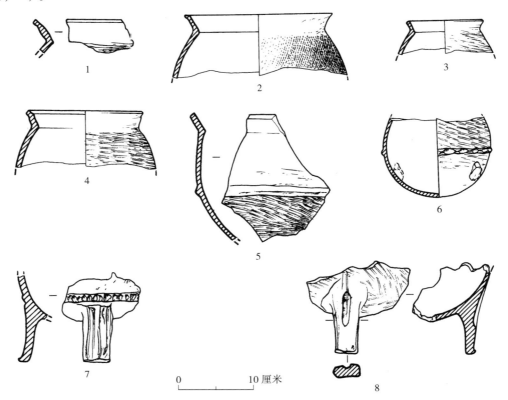

图一八　大汶口文化 A 型陶鼎
1. G6：12　2. T14⑨：9　3. T14⑨：27　4. T14⑨：3　5. H130：25　6. T33⑨：14
7. H130：1　8. T17⑨：3

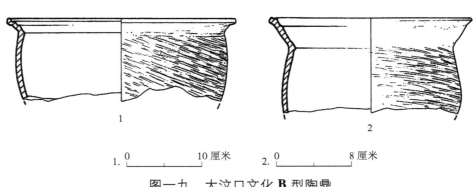

图一九　大汶口文化 B 型陶鼎
1. T16⑨：11　2. T12⑨：2

C 型　18 件。垂腹，最大腹径于器体下部，腹径大于口径。

标本 G6：6，夹砂夹蚌灰褐陶，器表有红褐色斑块。方唇，折沿近直立。腹饰横篮纹。残高 11.4 厘米（图二〇，1）。标本 T16⑨：5，夹砂夹蚌黄褐陶，内壁灰褐。圆唇，折沿较直。腹饰横篮纹。残高 6.6 厘米（图二〇，2）。标本 T14⑨：2，夹砂灰褐陶，胎体较厚。圆唇，沿上缘一周凹弦纹。腹饰横篮纹。残高 9.6 厘米（图二〇，3）。标本 T33⑨：1 夹砂灰褐陶。圆唇，沿面有两周凹弦纹，腹饰横篮纹。残高 7.5 厘米（图二〇，4）。标本 G6：9，夹砂夹蚌红褐陶。内壁黑灰。尖唇，沿略窄，下腹残。上腹饰横篮纹。口径 21.6、残高 6 厘米（图二〇，5）。标本 H130：28，夹砂夹蚌红褐陶。方唇，沿较平，下腹残。上腹饰稀疏斜篮纹。口径 15.6、残高 6.8 厘米（图二〇，6）。标本 T14⑨：4，夹砂夹蚌红褐陶。方唇，下腹残。上腹饰对称鸡冠状器耳，余饰横篮纹。口径 21.6、残高 11.4 厘米（图二一，1）。标本 T33⑨：3，夹砂灰褐陶，器表有红褐色斑块。圆唇，沿上缘有一周凹弦纹，底残。腹饰斜篮纹。口径 18.9、残高 15.6 厘米（图二一，2）。标本 T36⑨：1，夹细砂夹蚌红褐陶，内壁黑色。尖唇，折沿略窄，圜底近平，下附三角形足，足面有两个按窝，足下部残。上腹饰横篮纹，下腹饰斜篮纹，底部饰交错篮纹。口径 21、通高 23.1 厘米（图二一，3；彩版九，1）。标本 G6：29，夹蚌红褐陶。上腹及口残，圜底，下附三角形足，足下部残。足根部有两个按窝，腹饰横篮纹，底饰交错篮纹。残高 16.5 厘米（图二一，4；彩版九，2）。

D 型　6 件。深腹。

标本 H130：26，夹砂灰褐陶，器表有红褐色斑。方唇，直壁，圜底近平，下附三角形足，足面切削，足根部有两个按窝。腹饰斜篮纹，底部交错篮纹。口径 22.5、通高 21.3 厘米（图二二，1；彩版一〇，1）。标本 T14⑨：1，夹砂夹蚌红褐陶。方唇，沿上缘有一周凹槽。腹饰横篮纹。残高 8.1 厘米（图二二，3）。标本 T14⑨：6，夹砂夹蚌灰褐陶。方唇，折沿较直。腹饰横篮纹，上腹饰对称鸡冠耳。口径 24、残高 12 厘米（图二二，2）。

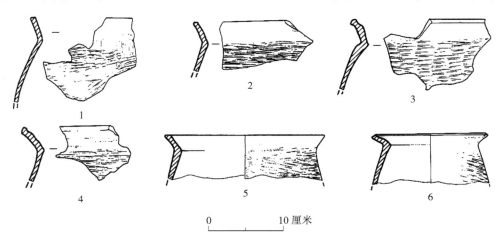

0　　　　　　10 厘米

图二〇　大汶口文化 C 型陶鼎
1. G6：6　2. T16⑨：5　3. T14⑨：2　4. T33⑨：1　5. G6：9　6. H130：28

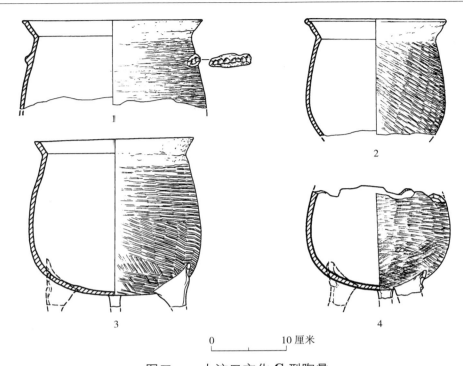

0　　　　　　10 厘米

图二一　大汶口文化 **C** 型陶鼎
1. T14⑨：4　2. T33⑨：3　3. T36⑨：1　4. G6：29

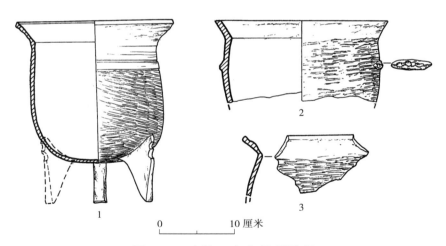

0　　　　　　10 厘米

图二二　大汶口文化 **D** 型陶鼎
1. H130：26　2. T14⑨：6　3. T14⑨：1

　　鼎足　92 个。夹砂陶居多，部分夹蚌陶。可分 3 型。

　　A 型　50 件。侧装三角形，足面经不同程度地切削。

　　标本 T14⑨：18，夹砂夹蚌红褐陶。足下部切削，根部有四个等距按窝。高 9.8 厘米（图二三，1）。标本 G6：23，夹砂红褐陶。足下部切削。足根部有两个按窝。高 8.2 厘米（图二三，2）。标本 T33⑨：10，夹砂红褐陶，足根部有两个按窝。足面切削约三分之二。高 9 厘米（图二三，3）。标本 T14⑨：23，夹砂夹蚌红褐陶。足面切削约三分之二，足根部有一个按窝。高 8.6 厘米（图二三，4）。标本 T14⑨：10，夹蚌红褐陶。足尖部切削，

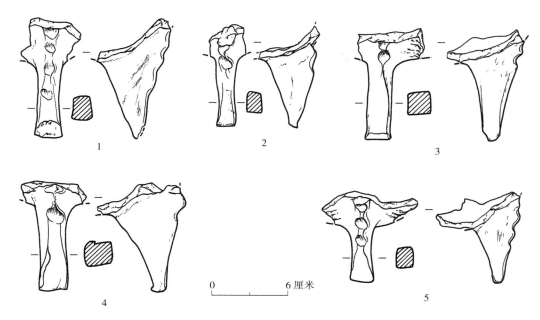

图二三　大汶口文化 **A** 型陶鼎足
1. T14⑨：18　2. G6：23　3. T33⑨：10　4. T14⑨：23　5. T14⑨：10

根部有三个按窝。高 7.4 厘米（图二三，5）。

B 型　39 件。凿形，足面有一道或数道凹槽。

标本 T19⑨：8，泥质红褐陶。足面较窄，足上部有一道凹槽。高 8.5 厘米（图二四，1）。标本 H130：2，夹砂红褐陶。足稍宽，根有一道凹槽，足尖斜切削。高 9.2 厘米（图二四，2）。标本 G6：30，夹砂红褐陶。足面有一道凹槽。高 9.6 厘米（图二四，3）。标本 H130：7，夹砂灰褐陶。足稍宽，足面有一道凹槽，足尖斜切削。高 11 厘米（图二四，4）。标本 T20⑨：5，夹砂灰褐陶。宽扁足，较厚，足根有两道凹槽。高 13.5、厚 2.5 厘米（图二四，5）。

C 型　3 件。足根部无按窝。

标本 T33⑨：7，夹蚌红褐陶。足根至足尖切削，足根无按窝。高 7.4 厘米（图二四，6）。标本 T16⑨：7，夹砂夹蚌红褐陶。足根至足尖切削，足尖两侧向外撇，足根无按窝。高 10.8 厘米（图二四，7）。标本 T16⑨：8，夹砂灰褐陶。足瘦长，足根至足尖切削，足根无按窝。高 10.4 厘米（图二四，8）。

漏器　2 件。

标本 T14⑨：29，夹砂夹蚌红褐陶。侈口，圆唇，圜底，底有镂孔，下附鸭嘴形足。上腹饰横篮纹，下腹饰交错篮纹，局部纹饰经擦抹。口径 12、高 13.2 厘米（图二五，1；彩版一〇，2）。标本 T17⑨：7，夹砂红褐陶。上腹残，圜底，下附扁凿形足，足面有一道凹槽，底有镂孔。残高 13.4 厘米（图二五，2）。

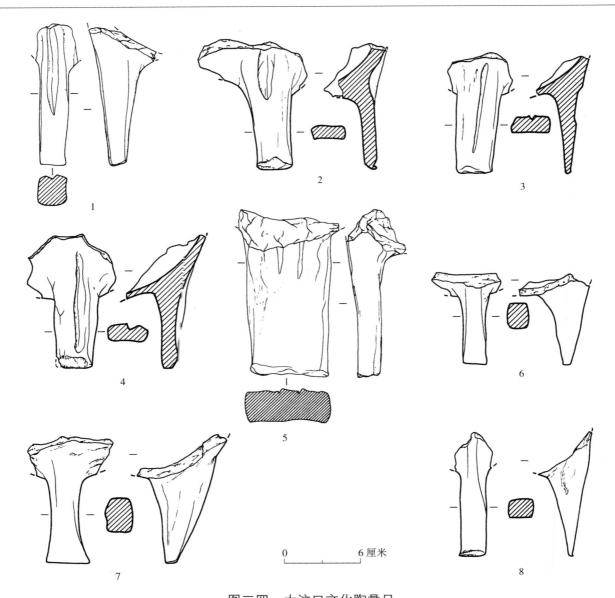

图二四　大汶口文化陶鼎足

1～5. B 型（T19⑨：8、H130：2、G6：30、H130：7、T20⑨：5）　6～8. C 型（T33⑨：7、T16⑨：7、T16⑨：8）

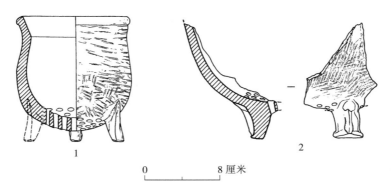

图二五　大汶口文化陶漏器

1. T14⑨：29　2. T17⑨：7

鬶　2 件。

标本 T14⑨：16，仅残存口部，夹蚌、夹砂红褐陶，口部两侧向内按压成斜流，流残。残高 5 厘米（图二六，1）。标本 H130：10，夹砂红褐陶，器壁有灰色斑。颈部残，三瘦足外撇，宽扁状环形把手，流残，素面。残高 6.4 厘米（图二六，2）。

卷筒状鬶流　2 个。

标本 H130：13，泥质红陶。卷筒状短流，捏制，喇叭状（图二六，4）。标本 H130：14，泥质红褐陶。卷筒流略短，手捏制，喇叭状（图二六，5）。

宽扁形鬶把手　2 个。标本 H130：11，夹砂红褐陶。宽带状把手，把手卷折，近似半圆形（图二六，6）。标本 T21⑨：5，夹砂红褐陶，器表有灰褐色斑。把手较宽（图二六，3）。

罐　11 件。

标本 T14⑨：10，夹砂夹蚌红褐陶。尖唇，平沿，敛口，圆肩，肩以下残。肩饰横篮纹。口径 11.4、残高 6.2 厘米（图二七，1）。标本 G6：8，夹砂夹蚌红褐陶，内壁黑色。侈口，平沿，尖唇，高颈，鼓肩，肩以下残。肩饰横篮纹。口径 13.2、残高 9.6 厘米

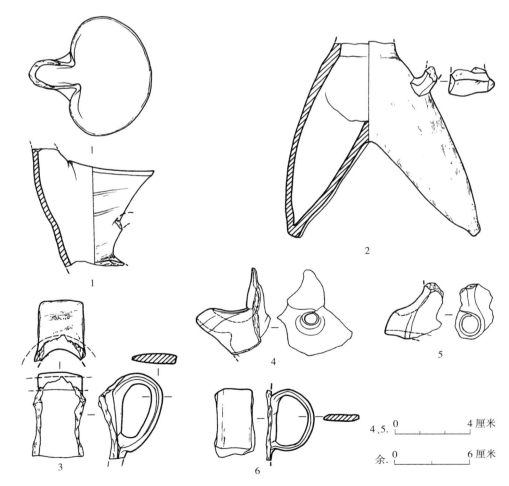

图二六　大汶口文化陶鬶

1、2. 鬶（T14⑨：16、H130：10）　　3. 鬶把手（T21⑨：5、H130：11）　　4～6. 鬶流（H130：13、14）

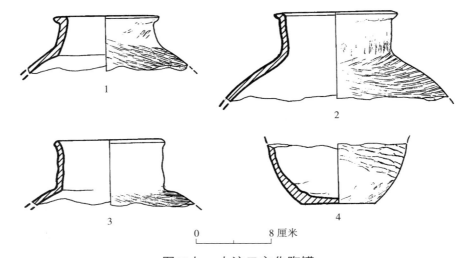

图二七　大汶口文化陶罐
1. T14⑨：10　2. G6：8　3. G6：11　4. T33⑨：4

（图二七，2）。标本 G6：11，夹砂红褐陶。直口，方唇，高颈，鼓肩，肩以下残。颈部有两周凹弦纹，肩饰横篮纹。口径 14.7、残高 7.2 厘米（图二七，3）。标本 T33⑨：4，夹砂夹蚌红褐陶，内壁黑色。平底。腹饰横篮纹，底部消失。底径 7.8、残高 6.6 厘米（图二七，4）。

豆　8件。

标本 G6：14，泥质灰陶，磨光。平沿，圆唇，沿缘内有一周凸棱，弧盘，盘以下残。残高 5.1 厘米（图二八，1）。标本 G6：15，泥质灰褐陶，磨光。平沿，尖唇，浅弧盘，盘以下残。残高 5.5 厘米（图二八，2）。标本 G6：16，泥质灰陶，磨光。盘上部及柄下部残，粗柄，柄部饰三个圆形镂孔。残高 6.7 厘米（图二八，3）。标本 T17⑨：16，泥质灰陶，磨光。圆唇，鼓腹，盘底近平，盘以下残。残高 4.8 厘米（图二八，4）。标本 T33⑨：13，仅残存底座，泥质灰陶。喇叭状底座，底缘外撇。残高 6 厘米（图二八，5）。标本 T14⑨：24，仅残存足，夹蚌红褐陶。喇叭状底座，底缘内外各有一周凸棱。残高 6.6 厘米（图二八，6）。标本 H130：17，仅残存足，夹砂红褐陶。喇叭状座较矮，底缘内侧有一周凹槽，外侧有一周凸棱。底径 4.6、残高 4.4 厘米（图二八，8）。标本 T14⑨：25，仅残存柄，夹蚌红褐陶。喇叭状底座，柄部有竖刮抹痕。底径 12、残高 6 厘米（图二八，7）。

盆　10件。依口部特征分3型。

A型　2件。敞口。

标本 G6：24，夹砂夹蚌红褐陶，器表有灰斑。沿内缘有一周凸棱，沿、腹结合处有一道凸棱，下腹残。沿下饰两周弦纹，腹饰交错篮纹。残高 7 厘米（图二九，1）。标本 G6：25，夹砂夹蚌红褐陶，器壁有灰色斑。折沿，尖唇，腹微弧，圜底近平。腹饰横篮纹，局部经擦抹。口径 25.2、底径 12.9、通高 9 厘米（图二九，2；彩版一一，1）。

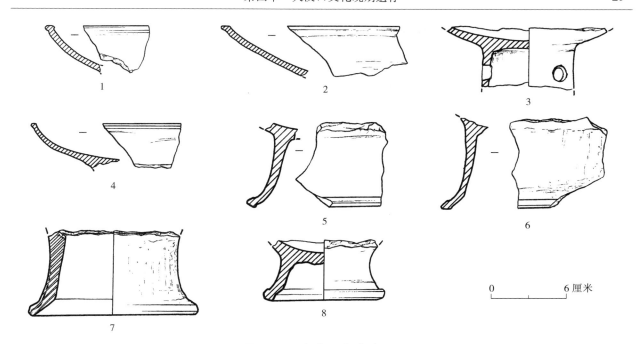

图二八　大汶口文化陶豆
1. G6：14　　2. G6：15　　3. G6：16　　4. T17⑨：16　　5. T33⑨：13
6. T14⑨：24　　7. T14⑨：25　　8. H130：17

B 型　5 件。侈口。

标本 T17⑨：4，夹砂红褐陶，器壁有灰褐色斑。尖唇，腹壁微曲，底残。器壁粗糙，素面。残高 10.5 厘米（图二九，3）。标本 T21⑨：2，夹蚌红褐陶。圆唇，下腹及底残。口下饰鸡冠状錾手。残高 7.5 厘米（图二九，4）。

C 型　3 件。敛口。

标本 T21⑨：1，夹砂灰黑陶。圆唇，卷沿，底残。口沿饰鸡冠状纹饰，器表饰弦纹，沿下有錾。残高 11 厘米（图二九，5）。

器盖　14 件。依形制不同分 2 型。

A 型　9 件。覆碗形，分 2 亚型。

Aa 型　6 件。斜壁，腹较浅。

标本 T14⑨：27，夹砂红褐陶。圆唇，大平顶。内壁有四周凹弦纹，顶缘有一周切割成齿状花边。口径 23.1、高 4.8 厘米（图三〇，1；彩版一一，2）。标本 T14⑨：1，夹砂红褐陶。圆唇，平顶微凹，顶缘有一周按压出凹窝，近底有一周斜篮纹。口径 18.9、通高 6.3 厘米（图三〇，2；彩版一一，3）。标本 T14⑨：2，夹砂夹蚌红褐陶，器壁有黑灰色斑。圆唇，大平顶，顶缘有一周按压成浅凹窝。口径 19.5、通高 5.1 厘米（图三〇，3；彩版一一，4）。

Ab 型　3 件。弧壁，腹较深。

标本 T14⑨：24，夹砂灰褐陶，器表有红褐色斑。圆唇，平顶微凹。顶缘一周刻划成

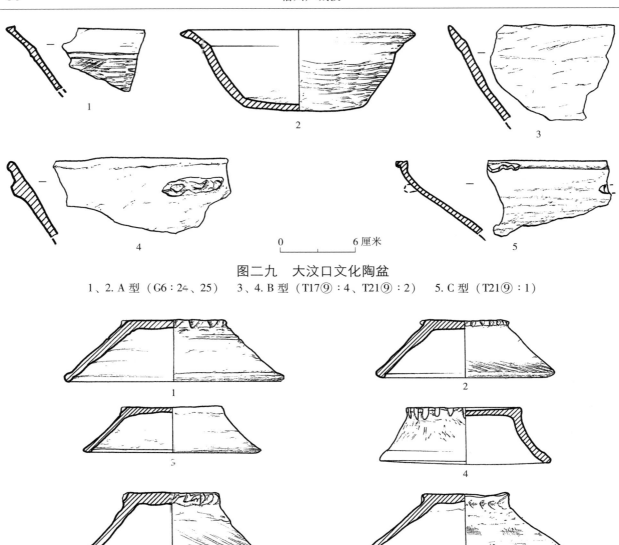

图二九　大汶口文化陶盆
1、2. A 型（G6：2、25）　3、4. B 型（T17⑨：4、T21⑨：2）　5. C 型（T21⑨：1）

图三〇　大汶口文化陶器盖
1～3. Aa 型（T14⑨：27、1、2）　4、5. Ab 型（T14⑨：24、T16⑨：11）
6～8. B 型（T14⑨：28、T17⑨：15、H130：23）

花边。口径 18.3、通高 6 厘米（图三〇，4；彩版一一，5）。标本 T16⑨：11，夹砂红褐陶。圆唇，平顶微凹。顶缘一周斜刻划成花边，腹壁斜篮纹经擦抹。口径 19.2、通高 7.5厘米（图三〇，5；彩版一一，6）。

B 型　5 件。覆钵形。

标本 T14⑨：28，泥质红褐陶。圆唇，假圈足式顶，顶与腹结合处按压一周凹窝。口

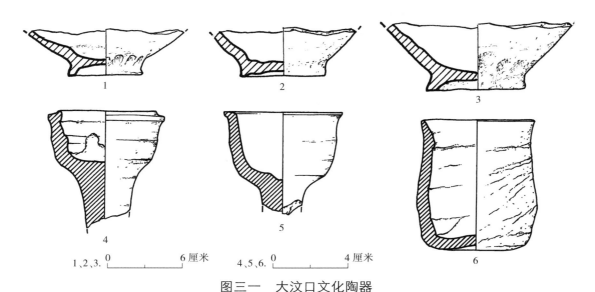

图三一　大汶口文化陶器

1～3. 碗（H130∶21、H130∶22、H130∶24）　　4～5. 高柄杯（T14⑨∶13、T14⑨∶14）　　6. 小杯（T17⑨∶17）

径21、通高6.9厘米（图三○，6；彩版一二，1）。标本T17⑨∶15，夹砂红褐陶。唇缘内勾，盖面隆起，圈足式顶，顶缘一周按压成花边。口径21.3、通高6.6厘米（图三○，7；彩版一二，2）。标本H130∶23，夹砂夹蚌红褐。口残，圈足式顶，顶缘一周按压出浅凹窝。残高4.4厘米（图三○，8；彩版一二，3）。

碗　3件。

均手制。标本H130∶21，泥质红褐陶，器壁有黑灰色斑。圈足，素面。腹与底结合处有一周按压纹，口部残。底径6、残高3.6厘米（图三一，1）。标本H130∶22，夹砂红陶。口部残，假圈足凹底。底径6.9、残高3.9厘米（图三一，2）。标本H130∶24，泥质红褐陶，器壁黑灰。口部残。圈足，素面。腹与底结合处有一周按压纹。残高5.4、底径7.8厘米（图三一，3）。

高柄杯　3件。

标本T14⑨∶13，夹砂灰褐陶。直口，柱形柄，柄下部残，内壁凹凸不平。口径5.8、残高6厘米（图三一，4）。标本T14⑨∶14，泥质红褐陶。圆唇，平沿，圆柱体柄，柄下部残。口径5.9、残高5.3厘米（图三一，5）。

小杯　1件（T17⑨∶17）。夹砂灰褐陶。手捏制。敞口，尖唇，凹底。腹部斜篮纹，经擦抹。口径5.6、通高6.7厘米（图三一，6；彩版一二，4）。

二　石器

砺石　1件。

标本G6∶31，灰色石料。残，两面经打磨。残长10、厚2厘米（图三二，1）。

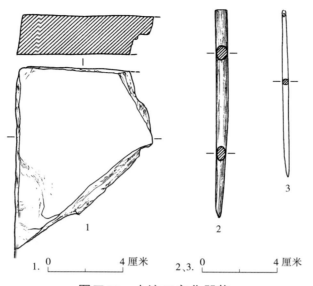

图三二　大汶口文化器物

石（G6∶31）　2. 骨簪（H122∶22）　3. 骨针（H130∶1）

三　骨器

簪　1 件。

标本 H122∶22，平顶，簪身微曲，尖部略扁。长 11.5 厘米（图三二，2）。

针　1 件。

标本 H130∶1，截面圆形，顶端小孔残。长 9 厘米（图三二，3）。

# 第五章　龙山文化遗存

芦城孜遗址的龙山文化遗存，主要分布在 B 发掘区。遗迹现象和出土遗物较为丰富。

## 第一节　遗　迹

龙山文化遗迹有灰坑、灰沟、墓葬、房址及垫土等（图三三、图三四）。

### 一　灰坑

共83 个。按坑口平面形状可分为圆形、椭圆形、方形（包括长方、正方、圆角方形）和不规则形四大类，各类中又以坑壁、坑底形状分为直壁、口大底小的斜壁状、口小底大斜壁状（袋状），斜壁圜底状（锅底状）等小类。

（一）圆形

36 个。形制比较规整，有的坑壁有加工痕迹，分直壁平底、袋形坑、斜壁平底几种。

1. 直壁平底

11 个。

H118　位于 T20 西北部，开口于第⑦层下，坑口被 H125、H58 打破，同时又打破 H111。坑口直径 1.8、坑口至坑底 1.5、距地表 1.55 米。底部平整。坑内堆积分为 2 层。第①层，厚 0.9 米，土色青灰，土质松软，夹杂大量的烧土粒。第②层，厚 0.4 米，土色黑灰，主要是草木灰，土质极松散，夹杂大量烧土粒。出土陶鼎、罐、盆、杯、甗、器盖等，另有少量兽骨（图三五）。

H119　位于 T16 东北角，开口于第⑥层下，打破第⑧层，被 H95 打破。坑口直径 3.2、坑口至坑底 0.8、距地表 1.3 米。坑壁和底部均较平整。坑内

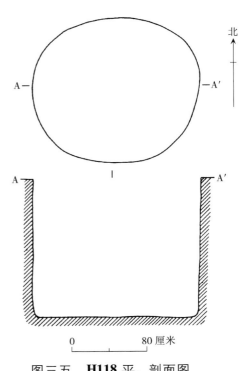

图三五　**H118 平、剖面图**

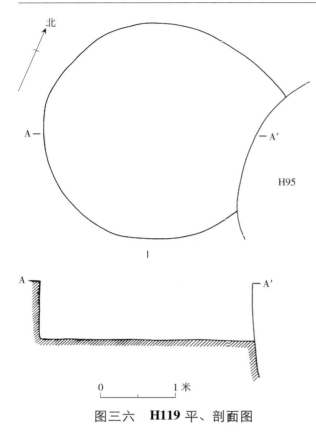

图三六　**H119** 平、剖面图

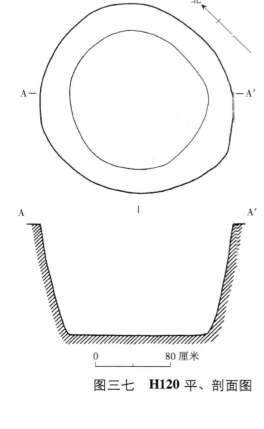

图三七　**H120** 平、剖面图

堆积为灰褐色土，结构较为密实，质较硬。夹杂有大量的灰烬，烧土粒等。出土陶片数量较多，器形陶鼎、罐、盆、杯、豆、高柄豆、盘、器盖、鬶、箅子等（图三六）。

2. 斜壁平底

14 个。

H120　位于 A 区 T31 中部，开口于第⑨层下，打破生土层。坑口直径 2.1、坑底直径 1.5、坑口至坑底 1.2、距地表 1 米。坑壁有加工痕迹，底平整，坑内堆积为黑灰土，结构松散，夹杂大量的烧土粒、草木灰等。出土陶鼎、罐、鬶、盆、器盖，盘、盒、甒、杯等，另有较多的蚌壳及少量兽骨（图三七）。

H7　位于 T19 中部，开口于第④层下，打破 H13、H70、M2。坑口直径 1.5、坑底直径 1.3、坑口至坑底 0.4、距地表约 0.6 米。平面呈拍子形。底部平整，北段有坡道，二级台阶，长 1、宽 0.4~0.6 米，坡口距一级台阶高 0.2、一级台阶高 1.8、底部台阶高 1.1 米。坑内堆积为松散的灰土，夹杂大量的红烧土粒、块。出土陶鼎、子母口罐、盘、器盖等，另有少量蚌壳（图三八；彩版一三，1）。

3. 袋形坑

1 个。

H60　位于 T15 北中部，少部分被压在未发掘的隔梁下，坑口被 H64 打破，打破生土。坑口直径 1.25、底径 1.45、坑口至坑底 1~1.3、距地表 2.5~2.7 米。坑壁、底均较规整。坑内填土呈深灰色，质地较松软，夹杂烧土粒、草木灰及少许碎骨，出土陶罐、盆、盘形盖、碗形盖、甒、杯、豆等（图三九）。

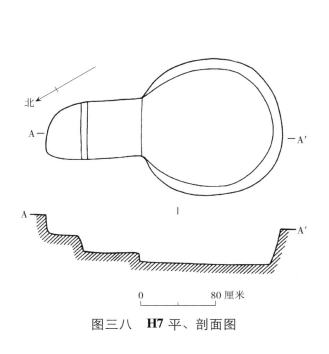

图三八　**H7** 平、剖面图

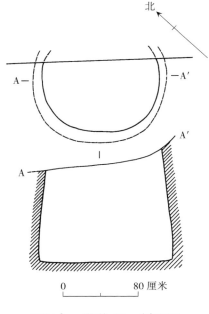

图三九　**H60** 平、剖面图

4. 斜壁圜底

10 个。

H116　位于 T18 中部，开口于第⑦层下，打破生土层。坑口直径 1.4、坑口至坑底 0.8、距地表 2 米。坑壁、坑底均较规整。坑内填深灰土，结构松散，夹杂大量的红烧土粒、块，料礓石。出土有陶鼎、罐、豆、钵、杯等（图四〇）。

H41　位于 T15、T16 中部，开口于第⑥层下，打破第⑧层，北部被 H32 打破。坑口直径 2、坑口至坑底 0.9、距地表 1.2 ~ 1.8 米。坑壁较为规整，坑内堆积深灰色土，结构松散，夹杂烧土粒及草木灰。出土较多陶器，器形有鼎、罐、盆、豆、器盖、杯、碗、甗等，另有少量的兽骨、鹿角（图四一）。

（二）长方形

11 个。分为直壁平底、斜壁平底两种。

1. 直壁平底

8 个。

H75　位于 T21 东部，开口于第⑥层下，打破第⑧层。坑口长 1、宽 0.4、坑口至坑底 0.4、距地表约 1 米。坑壁及底较为规整，坑内堆积黄灰色土，夹

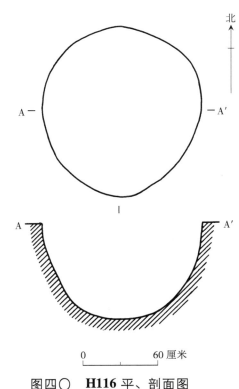

图四〇　**H116** 平、剖面图

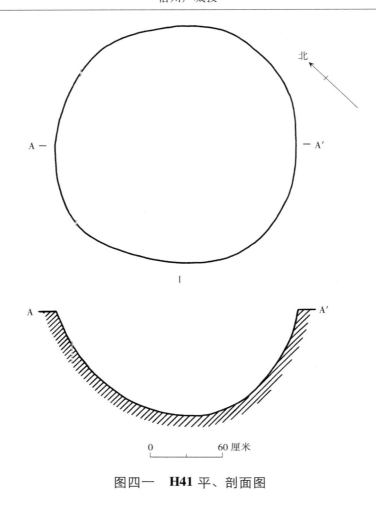

图四一　**H41** 平、剖面图

杂烧土粒，坑底部有一层草木灰，质地较松软，夹杂少量的碎蚌壳。出土陶鼎、小罐、碗形器盖、盆等（图四二）。

H125　位于 T20 西北部，开口第⑥层下，打破 H118。坑口近正方形，东南角外凸，凸出部分呈半圆形，东壁为斜壁。坑口边长 2.2、坑口至坑底深 1.3、距地表约 1 米。坑壁、底极为规整。坑内堆积为灰色土，土质松散，夹杂烧土粒。出土陶鼎、罐、器盖、鬶、盘等，另有少量的骨骸（图四三）。

2. 斜壁平底

3 个。

H45　位于 T21 西部，坑口压在扰沟下，打破 H98、H108。坑口长 1、宽 0.6～0.8、坑口至坑底 0.3、距地表 0.5 米。坑内填浅灰色土，质地较硬，夹杂烧土粒及草木灰。出土陶鼎、罐、盆、甗、鬶、盘、杯、器盖等（图四四）。

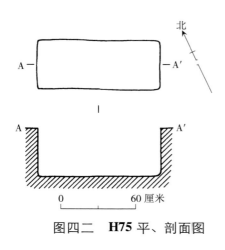

图四二　**H75** 平、剖面图

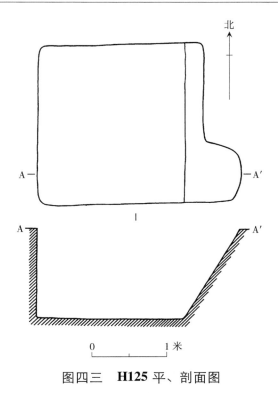

图四三　**H125** 平、剖面图

（三）椭圆形

20 个。分为直壁平底、斜壁平底、斜壁圜底及弧壁圜底四种。

1. 直壁平底

2 个。

H31　位于 T21 西北部，开口于第⑥层下，打破第⑧层。坑口长径 1.4、短径 0.8、坑口距坑底 0.6、距地表 0.8 米。坑壁、底均有铲痕。坑内堆积为浅灰色土，土质较坚硬，夹杂烧土粒、木灰等。出土陶鼎、大口罐、小口罐、杯、甗等（图四五）。

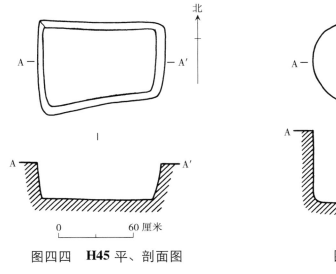

图四四　**H45** 平、剖面图

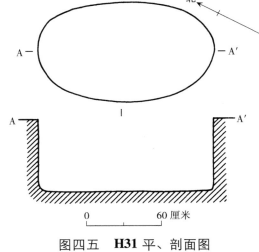

图四五　**H31** 平、剖面图

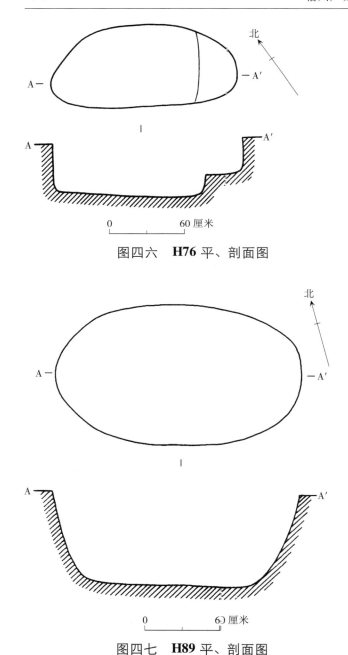

图四六　**H76** 平、剖面图

图四七　**H89** 平、剖面图

**H76**　位于 T20 东南角，开口于 F6 下，打破第⑦层。坑口长径 1.54、短径 0.68、至坑底 0.4、距地表 1.3 米。坑底西高东低，东部有一级台阶，台阶宽 0.28、高 0.2 米。坑内堆积草木灰，质地松散，夹杂烧土粒及灰褐色土块。出土遗物主要是陶片，另有少许蚌壳、兽骨。陶器器形有鼎、罐、圈足盘、碗形盖、豆、高柄杯、盆、甗、箅子等（图四六）。

2. 斜壁平底

6 个。

**H89**　位于 T11 内西南部，开口于第⑤层下，打破第⑥层及生土层，坑口长径 2、短径 1.2、坑口至坑底 0.8、距地表 2 米。坑壁呈弧形内收，底部中间略高，四周稍低。坑内堆积为松散的灰土，夹杂少量的红烧土粒及灰褐色的黏土块，含有较多的碎蚌末，坑底有一层淤积的草木灰，似水浸，推测可能作为养殖用坑。出土遗物主要是少量的陶片，器形有折沿小罐、小口高领罐、器盖、箅子等（图四七）。

3. 斜壁圜底

8 个。

**H115**　位于 T18 内东北部，开口于第⑥层下，打破第⑦、第⑧层及生土层。坑口长径 1.2、短径 0.75、坑口至坑底 1、距地表 1.4 米。坑壁不甚规整，略斜弧内收，近似圜底，坑底中间稍平整，坑内堆积为深灰色土，土质结构松软，夹杂有大量的红烧土粒、料礓石及植物根茎等。出土陶片较少，可辨器形有折沿小罐、高领罐、碗形器盖等（图四八）。

4. 弧壁圜底

4 个。

**H83**　位于 T19 西南角，开口于 F6 下，打破第⑧层。坑口长径 2.45、短径 1.5、至坑底 0.4、距地表 1.5 米。坑内堆积草木灰，质地松散，夹杂烧土粒、灰褐色土块。出土

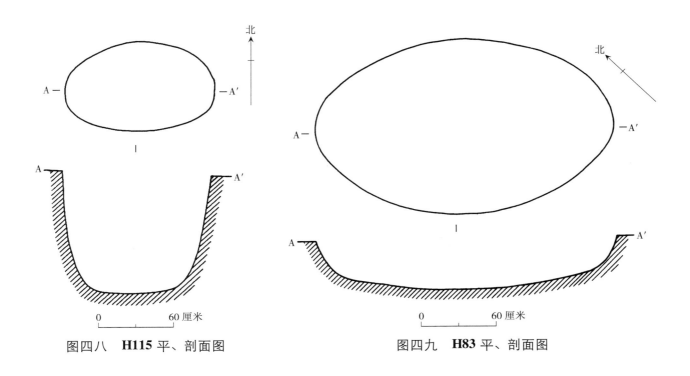

图四八　**H115** 平、剖面图　　　　　　　图四九　**H83** 平、剖面图

有陶鼎、罐、盘形器盖、碗形器盖、盆、圈足盘、鬶、杯、箅子等，另有少量的蚌壳以及兽骨（图四九）。

（四）不规则形

16 个。分为斜壁平底、弧壁圜底两种。

1. 斜壁平底

7 个。

H85　位于 T20 北部，开口于第⑦层下，打破生土层。坑口长径 2.15、短径 1.55、坑口至坑底 0.75～0.9、至地表 1.3 米。坑内堆积青灰色土，夹杂烧土粒。出土鼎、罐、碗形器盖、盆、杯、鬶等（图五〇）。

2. 弧壁圜底

9 个。

H98　位于 T21 西部，开口于第⑤层下，打破 H108。坑口长径 1.8、短径 0.95、坑口至坑底 0.7、距地表 0.8 米。坑内堆积黑灰色土，质地较软，夹杂木炭粒、烧土粒。出土陶鼎、罐、子母口罐、碗形盖、盆、鬶、瓮、箅子等（图五一）。

H33　位于 A 区 T9 北部，开口于第⑤层下，打破生土层。坑口长径 2.6、短径 1.6、坑口至坑底 0.6、距地表 2.2 米。坑内填黑灰色土，主要是草木灰，结构松散，夹杂烧土粒。出土陶鼎、碗形器盖、罐、豆、盆等（图五二；彩版一三，2）。

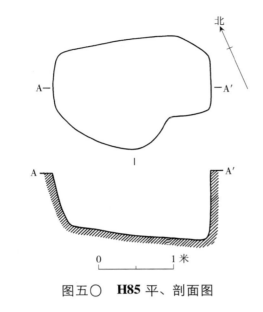

图五〇 **H85** 平、剖面图

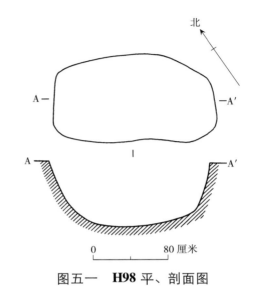

图五一 **H98** 平、剖面图

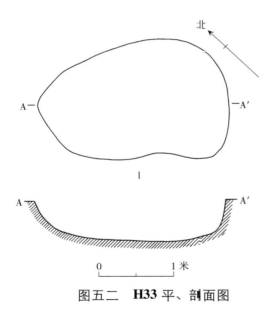

图五二 **H33** 平、剖面图

二 灰沟

G4 东西向，东端起始于 T12，向西经 T13 并于 T14 南部伸出发掘区外，开口于第⑥层下，沟底打破垫土层、H127 及生土层（图五四），东端 T12 内被周代灰沟（G2）破坏，在 T14 内又被周代灰沟（G3）打破上部。沟口宽 2.4～3.3、距地表 1.5～2、距沟底 0.8～1.75 米，发掘长度 19 米。边缘参差不齐，圜底，东浅、西深呈坡状，沟内堆积层次凌乱，大部为灰褐土，局部呈黄褐或黑灰，夹杂大量草木灰、烧土粒。出土遗物主要有陶深腹罐、罐形鼎、碗形盖、盆、豆、罐等，属龙山文化 4 段堆积（图五三）。

G5 位于 T18、T19、T39、T40、T41（未发掘）内，为东西走向，开口于⑥第层下，打破至生土层。沟口距地表 1.7～2.2、距沟底深约 1.5、宽约 8 米。沟口平面呈椭圆状，发掘长度约 17 米。沟壁弧形圜底。坑内堆积土色较杂，总体呈灰色，无明显层次。出土遗物主要是陶片，另有一些动物骨骼及骨簪、骨锥等。出土陶罐、盆、碗形盖等。属龙山文化 3 段堆积（图五五）。

三 墓葬

遗址中共清理墓葬 22 座，其中成年人墓 13 座，儿童墓 9 座。绝大部分位于 B 发掘

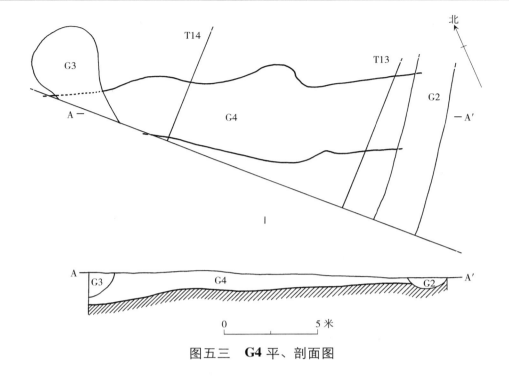

图五三　**G4** 平、剖面图

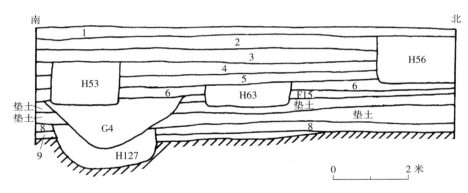

图五四　**G4** 叠压打破关系（**T13** 西壁剖面）

区，T19、T20 内最为集中，均为直壁土圹竖穴单人葬，长方形或近长方形（头宽脚窄），无葬具，无随葬品（彩版一四）。

（一）成人墓

M2　位于 T19 西南部，开口于第①层下，打破 H13、H7。墓口长 1.75、宽 0.5、距地表 1、距墓底 0.1 米。方向 119°。墓内填灰褐土，夹杂大量灰屑及红烧土颗粒。仰身直肢，面向右，骨架保存较差（图五六）。

M3　位于 T19 北中部，开口于第①层下，打破 H42、G5。墓口长 1.8、宽 0.3、距地表 0.5、距墓底 0.23 米。方向 120°。墓底不平整。墓内填灰褐土。人骨左下肢右屈，右下肢上屈，骨架保存较差（图五七）。

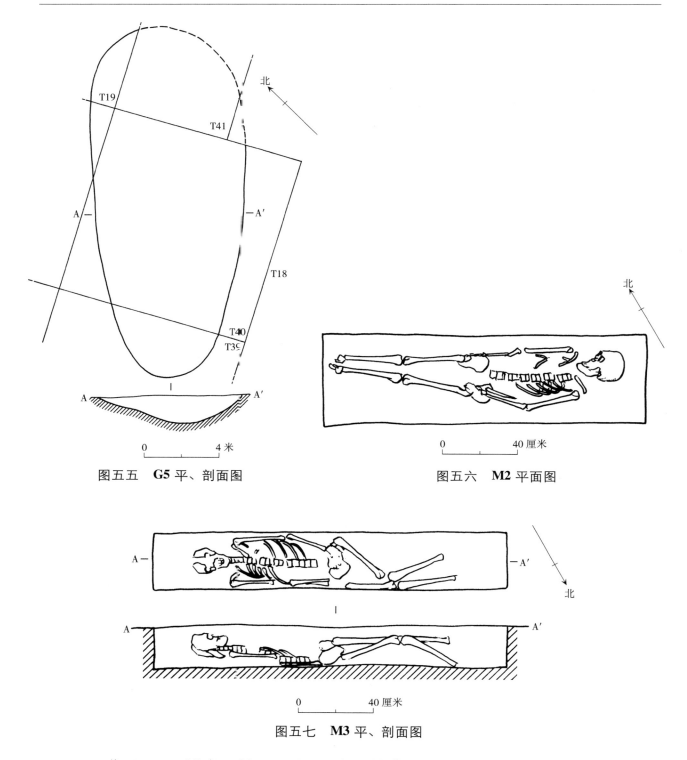

图五五　**G5** 平、剖面图

图五六　**M2** 平面图

图五七　**M3** 平、剖面图

　　**M4**　位于 T15 西北部，被 F10 叠压，打破第⑥层。墓口长 2.2、宽 0.9～0.95、距墓底 0.2～0.3、距地面 1.5 米。方向 194°。北壁呈弧形，墓底南高北低。墓内填灰褐色土，墓内填土为灰褐，夹杂有烧土粒、碎陶片。人骨葬式为仰身直肢，面向上（图五八；彩版一五，1）。

M5 位于 T19 西南部，开口于第①层下，打破 F6。墓口长 1.75、宽 0.36、距地表 0.5、距墓底 0.25 米。方向 130°。墓内填黄褐土。侧身屈肢，骨架保存较差（图五九）。

M8 位于 T19 中部偏西，开口于第⑤层下，打破第⑥层。墓口长 1.8、宽 0.32 ~ 0.36、距地表 0.65、距墓底 0.3 米。方向 130°。墓内填灰褐土。仰身直肢，人骨左上肢微屈，面向左，人骨保存较差（图六〇；见彩版一四）。

M9 位于 T12 西南角，开口于第⑤层下，打破第⑥层，西半部被 H52 打破。墓口残长 0.6、宽 0.5、距地表 1.7、距墓底 0.2 米。方向 108°。墓内填灰褐土。人骨面向上，保存较差（图六一）。

M11 位于 T19 中部，开口于第⑤层下，打破第⑥层。墓口长 1.7、宽 0.4、距地面 0.1、距墓底 0.2 米。方向 108°。墓内填灰褐土。人骨仰身直肢，面向左（图六二）。

M13 位于 T13 中部，开口于第④层下，打破人骨第⑤层。墓口长 1.85、宽 0.8、距地面 1.2、距墓底 0.2 米。方向 129°。墓内填土为质地松散的灰褐土，夹杂木灰、烧土粒。人骨仰身直肢，面向右，保存较好（图六三；彩版一五，2）。

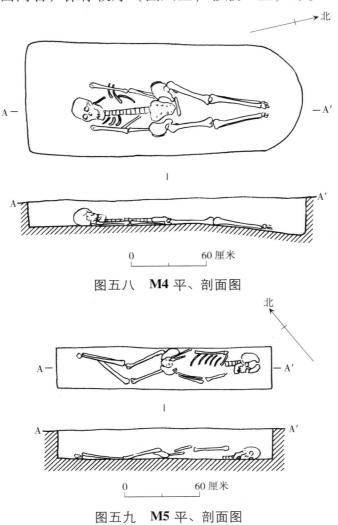

图五八 **M4** 平、剖面图

图五九 **M5** 平、剖面图

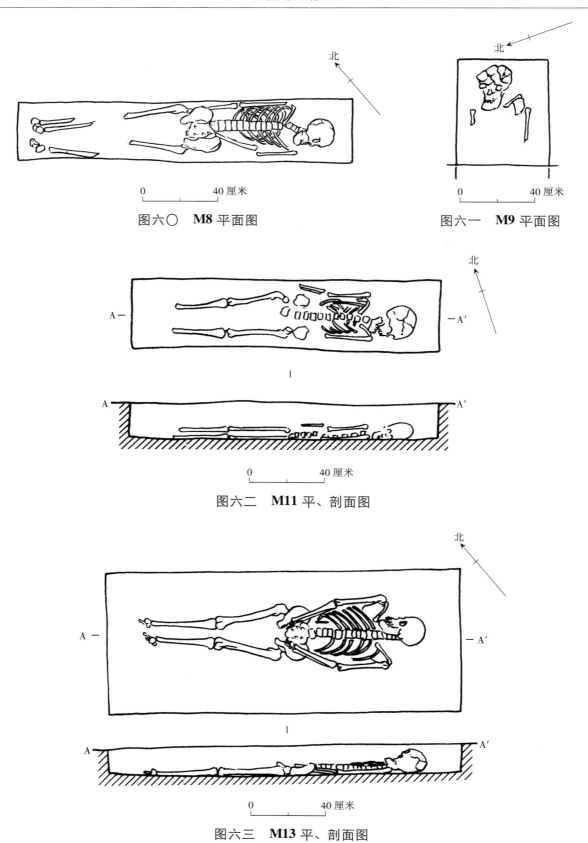

图六〇　**M8** 平面图

图六一　**M9** 平面图

图六二　**M11** 平、剖面图

图六三　**M13** 平、剖面图

M15　位于 T18 西北角，墓口被 F8 叠压，打破第⑥层。墓口长 0.7、宽 0.3、距地面 1.25、距墓底 0.25 厘米。方向 20°。内填五花土，夹杂少量碎陶片。仅存残破头骨（图六四）。

M17　位于 T20 东南角，被 F6 叠压，打破第⑥层。墓口长 1.8、宽 0.55～0.6、距地表 1、距墓底 0.38～0.52 米。方向 37°。墓底北高南低。墓内填灰褐色土。人骨仰身直肢，面微向右侧（图六五）。

M19　位于 T10 西南部，开口于第⑦层下，打破生土层。墓口长 1.95、宽 0.4～0.5、距地面 1.8、距墓底 0.15 厘米。方向 85°。墓内填黄褐色土。人骨仰身直肢，面微向左（图六六）。

M25　位于 T20 西南角，开口于第⑧层下，打破生土层。墓口长 1.95、宽 0.4、距地面 2.2、距墓底 0.4 米。方向 325°。墓内填灰土。人骨仰身直肢，头微向左，保存较好（图六七；彩版一六，1）。

M27　位于 T20 中部偏东，开口于 H104 下，打破生土层。墓口长 2.4、宽 0.95、距地表 2.74、距墓底 0.7 米。方向 130°。墓底四周有二层台，台高 0.2、宽 0.1～0.28 米。墓内填红褐土。人骨仰身直肢，保存较差（图六八；彩版一六，2）。

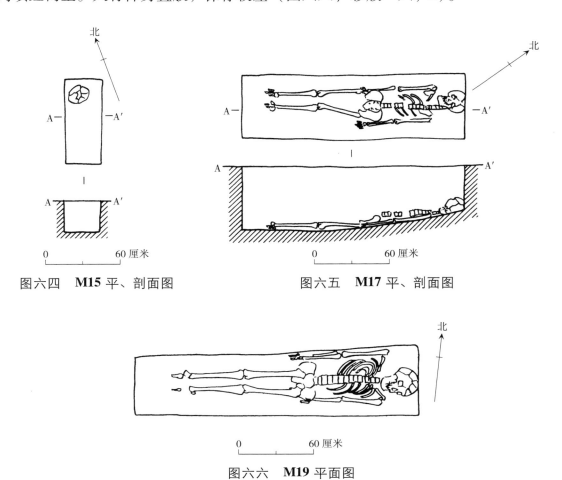

图六四　**M15** 平、剖面图　　　　图六五　**M17** 平、剖面图

图六六　**M19** 平面图

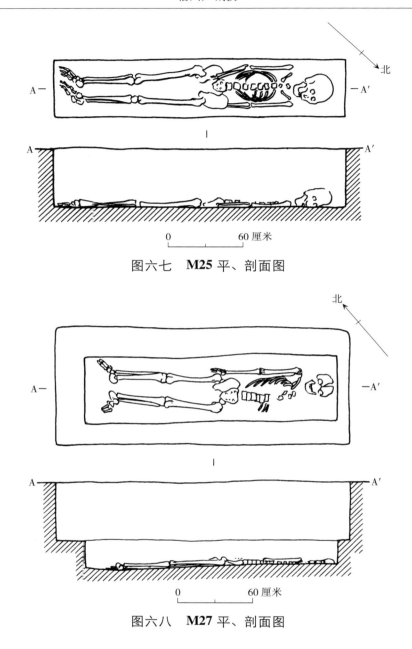

图六七　**M25** 平、剖面图

图六八　**M27** 平、剖面图

（二）儿童墓

M1　位于 T20 中南部，开口于第①层下，打破第⑤层。墓口长 1.3、宽 0.5、距地表 0.3、距墓底 1 米。方向 125°。墓内填灰褐土。仰身直肢，人骨面向右侧，右上肢内屈压于胸部，腐朽严重（图六九）。

M6　位于 T19 东部，东半部压在 T19 东隔梁下，未清理。开口于第①层下，打破第⑤层。墓口现发掘长 0.85～1、宽 0.35、距地面 0.6、距墓底 0.4 米。方向 113°。墓内填青灰色土。人骨葬式为仰身直肢。

M7　位于 T12 西南隅，开口于第⑤层下，打破第⑥层，西部被汉代 H52 打破。墓口残长 0.8、宽 0.4、距地面 1.7、距墓底 0.15 米。方向 108°。墓内填灰褐色土。人骨仰身直肢，保存差。

M10　位于 T12 西南角，开口于第⑤层下，打破第⑥层，西部被汉代 H52 打破。墓口长 1.2、宽 0.5、距地面 1.65、距墓底 0.2 米。方向 108°。填土为灰褐色。人骨仰身直肢，面向上，甚朽（图七〇；彩版一七，1）。

M12　位于 T19 东北部，开口于第⑤层下，打破第⑥层。墓口长 1.3、宽 0.4、距地面 0.8、距墓底 0.2 米。方向 119°。墓内填灰褐色土，人骨仰身直肢，面向上，保存较差（图七一；彩版一七，2）。

M14　位于 T18 西北角，墓口叠压于 F18 下，打破第⑥层。墓口长 1.2、宽 0.2 ~ 0.3、距地表 1.2、距墓底 0.3 米。方向 105°。墓内填灰褐色土。人骨仰身直肢，面向左，腐朽严重（图七二）。

M16　位于 T19 中北部，开口于第⑤层下，打破第⑥层。墓口长 1.1、宽 0.3、距地表 1.1、距墓底 0.2 米。方向 117°。墓内填土为灰褐色。骨架腐朽严重（图七三）。

M18　位于 T20 东南角，被 F6 叠压，打破第⑥层。墓口长 1.25、宽 0.35 ~ 0.4、距地面 2、距墓底 0.2 米。方向 118°。墓内填土为灰褐色。人骨仰身直肢，面向左，保存较差（图七四）。

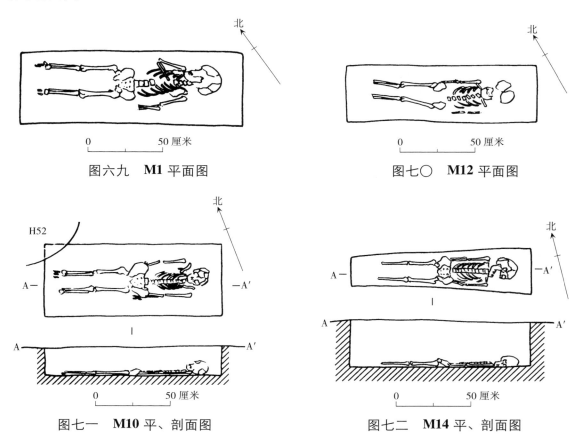

图六九　**M1** 平面图　　　　　　　图七〇　**M12** 平面图

图七一　**M10** 平、剖面图　　　　图七二　**M14** 平、剖面图

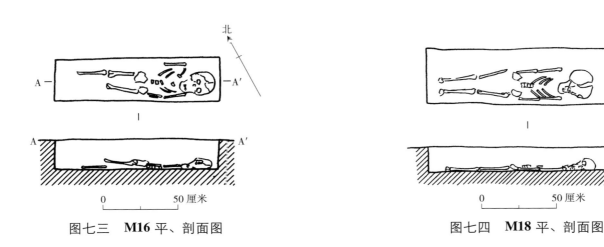

图七三　**M16** 平、剖面图　　　　　　　图七四　**M18** 平、剖面图

　　M21　位于 T13 东南角。开口于第⑥层下，打破垫土层。墓口长 1.05、宽 0.3、距地面 2.3、距墓底 0.1 米。方向 112°。墓内填土为灰褐色。人骨仰身直肢，保存较差（图七五）。

　　四　房基

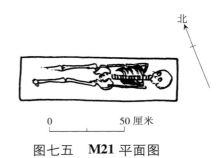

图七五　**M21** 平面图

　　共清理房基 15 座，大多遭后期破坏，仅残留墙体的基槽以及部分柱洞等。部分房基延伸到发掘区外，未扩方发掘，整体面貌不完整，房屋内遗迹如居住面、灶等仅局部残存。其建筑形式均为地面式建筑（附表一〇）。

　　房屋基址分单体（即单间）和排房两种，除个别单体建筑无基槽外，大部分房基四周均挖有基槽。基槽一般为直壁平底，少数口大底小呈倒梯形，底部凹凸不平。基槽总体上较为规整，槽内填土一般较硬，似经夯打，但无明显夯层。柱洞多见于基槽内，排列稀疏，形状有圆形、椭圆形等，大多为直壁，另有斜壁或斜弧壁，底部大多为圜底，个别为平底。有的底部用黄土掺杂碎石粒、碎陶片和料礓石垫底，均经砸实。居住面仅局部残存。

　　（一）单体地面式建筑（单间）

　　4 座。平面形状有正方形和长方形两种。

　　F7　位于 T19 东南角。开口第⑥层下，打破第⑦层，东北角被 H40 打破。平面呈正方形，东西长 3.5、南北宽 3.5 米。墙体无存，残余基槽和柱洞。基槽上宽下窄，口宽 0.22 ~ 0.3、底宽 0.16 ~ 0.2、深 0.34 ~ 0.4 米。基槽内共发现四个柱洞，圆形或椭圆形，直径 0.12 ~ 0.2、深 0.2 ~ 0.3 米，直壁或斜壁，圜底。西北角有一宽约 0.65 米的缺口，应是门道。室内铺有一层厚约 0.1 米的黄土夹细砂垫土层，质地较硬，居住面已无存（图七六；彩版一八，1）。

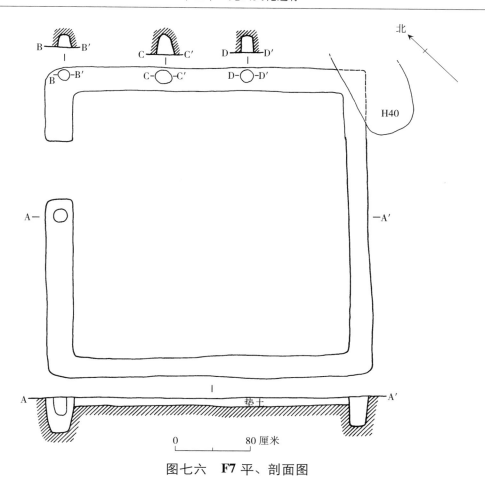

图七六　**F7** 平、剖面图

F8　位于 T18 西北角，开口第⑤层下，打破第⑥层。平面呈长方形，东西长 3.7、南北宽 3.5 米。无基槽，东南角和西南角各有一个柱洞，平面呈圆形，直径 0.2、深 0.23 ~ 0.26 米，弧壁，圜底。房基内垫土为灰褐色夹烧土粒，厚 0.16 ~ 0.2 米，居住面为一层厚约 0.03 ~ 0.05 米的黄褐色黏土，仅局部残存。房基内发现有大量的草拌泥红烧土块，应为倒塌的墙体堆积（图六五）。

F16　位于 T18 中部，开口于第⑧层下，打破第⑩层及生土层，西北角被周代灰坑（H22）打破。平面呈长方形，东西长 3.4、南北宽 2.5 米。无基槽，仅余房基及部分居住面。四角各有一柱洞，平面为圆形，直径 0.17 ~ 0.2、深 0.24 ~ 0.3 米，直壁或斜壁，平底。柱洞内残留铁锈色木痕，其中在 4 号柱洞底部垫有砸碎的陶片。房内铺有一层厚约 0.2 米的灰褐色垫土层，伴有均匀的细碎红烧土粒，垫土层经过拍打，土质密实。居住面为黄褐土夹砂，仅局部残存，厚 0.03 ~ 0.05 米（图七八；彩版一八，2）。

（二）排房建筑

11 座。均被晚期遗迹破坏或进入到发掘区外，无完整房基。

F11　位于 T20 中部，开口于第⑥层下，打破第⑦层。该房基只残存部分基槽等遗

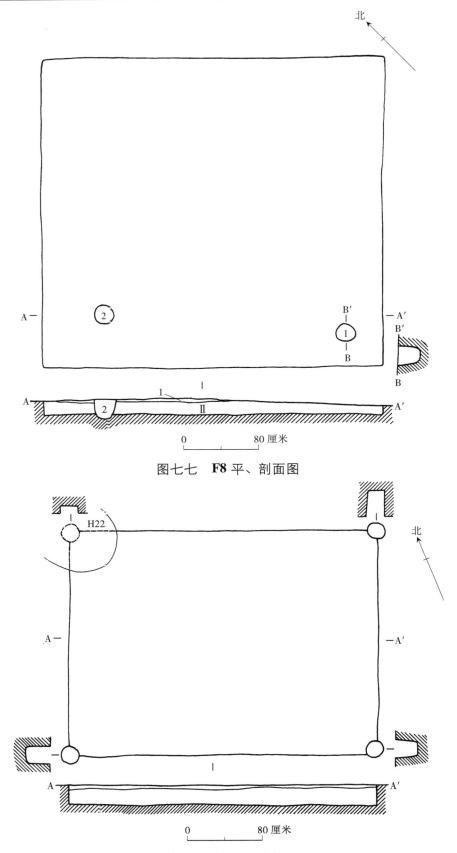

图七七　**F8** 平、剖面图

图七八　**F16** 平、剖面图

迹，东北部被 J3 和 H5 打破，南部进入到发掘区外。已发掘部分有三开间，总长度约 5
米。基槽宽 0.35、现存深度约 0.05 ~ 0.1 米，隔墙宽 0.25 ~ 0.3 米。基槽内用红烧土粒、
草拌泥填筑，结构密实。1 号房基平面为长方形，宽 1.7、进深 3.1 米。2 号房基平面呈
正方形，宽 3.1、进深 3.1 米，中部有一椭圆形灶坑，长 1、宽 0.2 ~ 0.5、深 0.15 米。3
号房基仅残存部分隔墙，平面形状不清，靠隔墙中部有一小型灶坑，长 0.6、宽 0.1 ~
0.3、残深 0.1 米，隔墙下叠压 M17、M18。地面铺有厚约 0.03 ~ 0.05 米的灰褐色垫土，
夹杂红烧土粒，质地较硬，局部残留白灰面（图七九；彩版一九，1）。

　　F17　位于 T19 东南部，南部进入到发掘区外，开口于第⑧层下，打破第⑩层及生土
层。房基已遭晚期严重破坏，仅残存部分修建于生土之上的基槽和柱洞。房基为长方形，
已发掘部分为三开间，总长度约 9 米，从残存部分看，每间大小基本相等，南北长 3、东
西宽 2.7 米。基槽宽 0.16 ~ 0.2、深 0.2 米，直壁，平底或圜底，隔墙基槽宽 0.14 ~ 0.2、
深 0.2 米。基槽填土为灰黑色胶泥夹黄褐色黏土块，质地较硬。基槽内残存有柱洞 12 个，
排列稀疏，形状多为圆形，个别近似椭圆形，直壁，平底或圜底，直径 0.1 ~ 0.2、深 0.2
米。有的柱洞底部经过夯打，有层状夯筑痕迹，有的底部垫有碎陶片礓石粒等。基槽拐
角处柱洞一般相对较大，其中 1 号柱洞个体最大，内有铁锈色腐木痕（图八〇）。

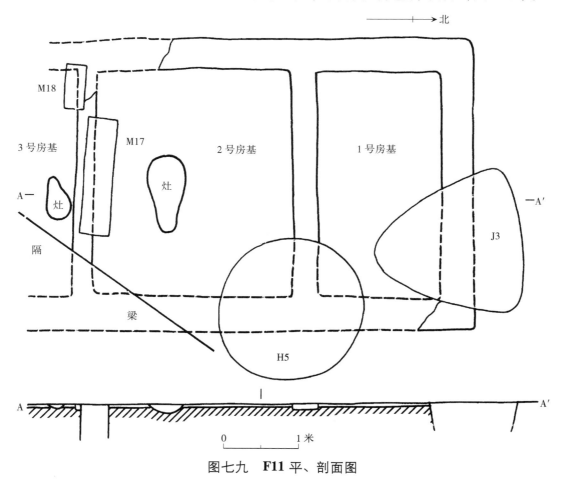

图七九　**F11** 平、剖面图

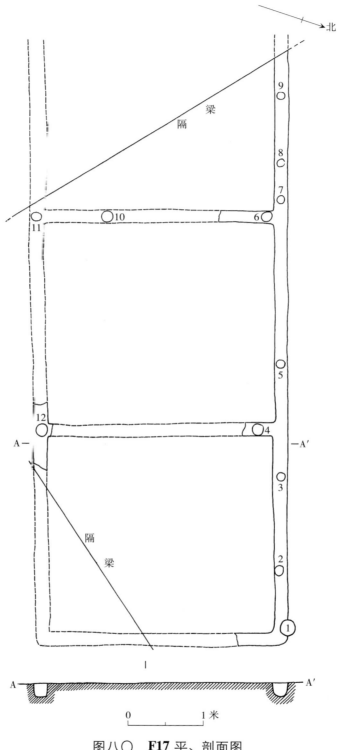

图八〇　**F17** 平、剖面图

　　F2　位于 T20 北部，开口于第①层下，只残留有倒塌墙体，墙体可辨，为草拌泥土坯，土坯尺寸大小不一，大的长约 0.5、宽 0.3、厚 0.1 米，小的长约 0.4、宽 0.3、厚 0.05 米。红色墙体似为过火所致（彩版一九，2）。

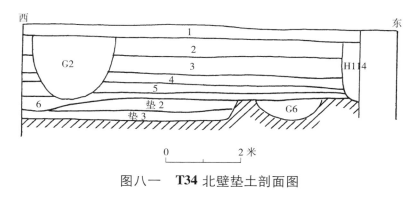

图八一　**T34** 北壁垫土剖面图

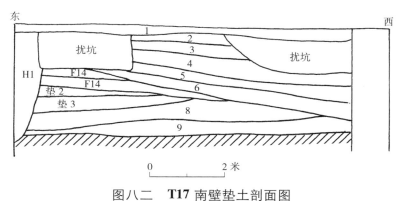

图八二　**T17** 南壁垫土剖面图

五　垫土

垫土层起始于 T12、T34 东部，向西分别进入到 T35、T36、T13、T14、T15、T16、T17 内（图八三）。垫土为东西走向，在 T17 的东南部进入到发掘区外，在 T36 的东部出现了向北延伸的拐角。垫土基本呈水平堆积，被晚期文化层和遗迹破坏较为严重，东部一般叠压生土层，西部大部分叠压第⑧层。垫土局部残留 3 层，大部分仅有 2 层。垫土略加夯实或经过拍打，土质较硬，但夯层不明显。下面以 T17 南壁、T34 北壁为例说明（图八一、八二）。

第①层：距地表 1.25、厚 0.25 ~ 0.35 米。土色为黄褐色黏土。土质较密实，略硬，含有少量的炭灰颗粒，无出土物。

第②层：距地表 1.5 ~ 1.7、厚 0.3 ~ 0.5 米。土色呈黄灰色。土质较为松软，含一定沙性，结构细密，含有少量的木灰粒，无出土遗物。

第③层：距地表 2.2 ~ 2.3、厚 0.45 ~ 0.5 米。土色浅黄灰，局部泛黄褐色。土质较硬，结构密实，沙性较大，含有少量的木灰颗粒，出土少许碎陶片。

在垫土层涉及的 9 个探方中，仅有 T16、T17 内的垫土含有少许龙山时期的碎陶片，而其他探方内相对纯净，无出土物。因垫土层内所出土的陶片少且残碎，单靠遗物来判定垫土的期属有一定困难，所以，只能从层位关系来进行分析。垫土叠压第⑧层，同时

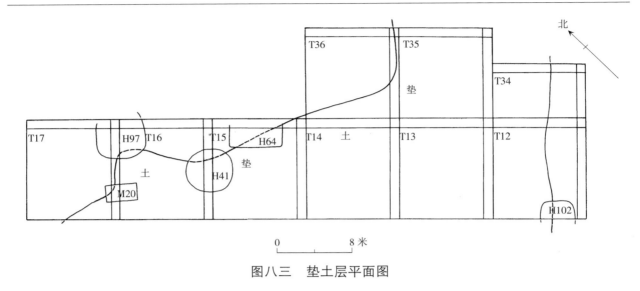

图八三　垫土层平面图

第⑥层又叠压垫土，可以看出，垫土要晚于 1 段，早于或等同于 3 段，因此，可把垫土层定为中期 3 段。

## 第二节　遗　物

龙山文化时期的遗物较为丰富，多为陶器，另有石器、骨器、角器及蚌器等。现按质地分别予以介绍。

### 一　陶器

按用途可分为生活用具、生产工具两大类。

#### （一）生活用具

可修复的陶器共 260 件。陶器按质料主要分为夹砂陶和泥质陶两大类，另外还有少量的夹蚌陶，其中以夹砂陶所占比例最大，夹砂陶还可分为夹粗砂和细砂两种。夹粗砂是指在陶土中刻意掺加少量的粗砂粒，此类陶土用来制作鼎、罐、甗、箅子等炊器，其中部分罐形鼎及陶罐的腹、底裹抹一层草拌泥，以此可起到防止陶器被烧裂的作用。夹细砂的陶土是经过了人工筛选，颗粒粗细均匀，用来制作素面罐、碗形器盖等。泥质陶质地细腻，陶土应经过淘洗，用来制作盆、圈足盘、盘形器盖、豆等。泥质陶中还有一种细泥陶，陶土可能经过淘洗或沉淀，用来制作薄胎的弧形杯、单把杯等，此类陶器数量较少，一般烧制温度高、质地坚硬，击之响声如磬，器表被打磨得乌黑光亮。

陶色以黑色为主，间有灰、褐、灰褐、红褐、灰白、红等。大部分器物由于烧制原因出现了一器多色的现象，夹砂灰陶陶色一般都比较纯正，色泽均匀，表里如一。部分夹砂陶器出现了外表黑色，胎呈红褐色或褐色的黑皮陶。泥质陶器表基本都磨光，个别

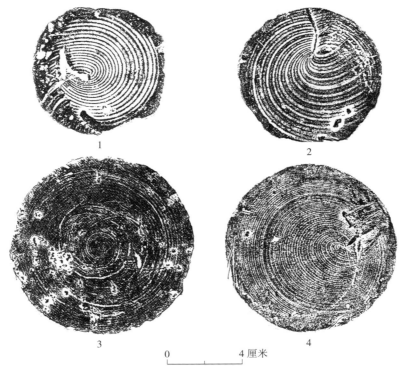

图八四　龙山文化陶器轮旋痕拓片
1. H12：11　2. T18⑨：7　3. T20⑦：6　4. T40⑤：8

未磨光或略磨光。灰白陶、红陶用于制作陶鬶、盉等，这一类陶器数量较少。

陶器制法以轮制为主，陶器表面和内壁皆有清晰的轮旋痕迹，在陶器底部往往留有制作陶器时的切割旋纹（图八四），有的器底则饰以纹饰（图八五）。多数陶器尤其是个体较大的如三足器、圈足器等，采用分段制作，最后拼接组装成器的制法。鼎足、器耳、流等，应为成型后再粘贴到器物表面；为使粘接更加牢固，陶器内壁一般都有经过按压形成的沟槽或按窝，后再抹平接缝，抹痕清晰可见。个别小型器物及附件，如把手、泥饼、盲鼻、附耳等，则是捏塑成型。有的器物如匜等是制作成型后再捏口使其有意变形。总体来说，这一时期的陶器制作器形规整，器壁厚薄均匀，反映了龙山时期较高的陶器制作工艺水平。

从纹饰看，素面陶占多数，泥质陶一般都经磨光，有纹饰的器物相对较少。陶器的表面纹饰多以压印、拍印、刻划、镂孔等方法做成，常见的纹饰种类有篮纹、绳纹、方格纹、水波纹、回纹、弦纹等，另有少量的附加堆纹、圆圈纹、镂孔等。在陶器表面，圆形泥饼、盲鼻、鸡冠状泥条、小型器耳等装饰也比较普遍（附表六）。

篮纹　是最常见的一种纹饰，均为直接拍印，有斜向、竖向等形式，也有拍印重叠的现象。篮纹普遍饰于陶器的腹部，鼎和罐上最为常见。篮纹自身可分为粗、中、细三种，粗篮纹一般饰于器形较大的器物上，如大口罐等；中、细篮纹主要饰于小型炊器上，如鼎、罐等（图八六，1、3~6）。

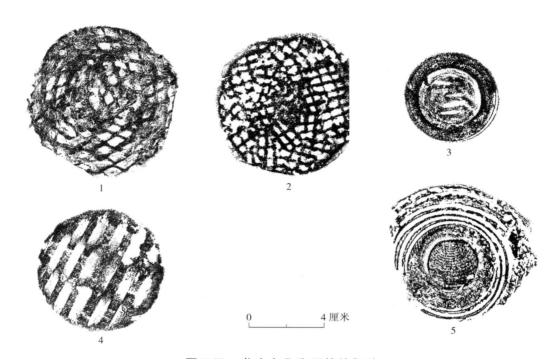

图八五　龙山文化陶器纹饰拓片
1. H6：7　2. H120：19　3. T20⑦：4　4. T16⑦：11　5. T19⑤：33

弦断篮纹　数量较少，纹路较粗，多饰于鼎、罐等器物的腹部（图八六，2、7）。

绳纹　也是主要纹饰，数量仅次于篮纹，早期开始出现，到晚期数量达到最多。绳纹有粗、细之分，纹路深浅不一，有交错杂乱现象。总体来说，绳纹的纹路较为规整紧密，多饰以鼎、罐类等器物的腹部（图八七）。

方格纹、菱形纹　中、晚期出现数量多，印纹有大、小、深、浅之分，绝大多数为压印形成，也有交错重叠现象，另外有少数刻划形成的方格纹，多见于罐类器物的腹、底部（图八八）。

弦纹　分为凸弦纹、凹弦纹，还有一种刻划的线状细弦纹，多出现在罐、鼎等器物的肩、腹部，部分器物内壁也出现该类纹饰（图八九）。

水波纹　系刻划形成。形式有起伏较大的波浪形和呈涟漪状的水波形，刻划纹路有粗、细之分，多饰于罐类等器物的肩、腹部（图八〇）。

附加堆纹　数量较少，是为了加固器物粘贴在器物的表面，兼具装饰和实用性，一般出现在个体较大的器物上，如甗腰、罐的腹部，常见的为绳索状纹样。

回纹　数量极少。饰于磨光陶器腹部（图九一，1、3、4）。

刻划纹　数量较多。用利器刻划而成，有浅而细的线状纹和刻划略深的槽状纹样，纹饰有菱形纹、方格纹、弦纹等，多见于器物腹、肩、底部（图九二）。

圆圈纹　数量极少。有大圆圈和小圆圈纹，饰于器物腹部（图九一，2、5）。

镂孔　数量不多。有长方形、圆形，多是用利器切割形成，主要饰于高圈足和高柄

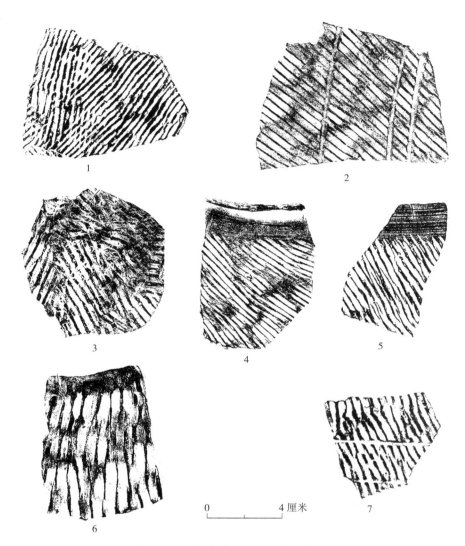

图八六　龙山文化陶器纹饰拓片

1、3～6. 篮纹（H131：9、T38⑤：6、H131：8、H131：16、T38⑤：7）　　2、7. 弦断篮纹（T20⑤：14、T38⑤：11）

器物上，如圈足盘、豆、箅子等。

鸡冠状纹　数量较少。用手捏制的泥条横粘贴在盆的口沿部位，作为鋬手使用。

圆形泥饼、盲鼻　在个体较大的罐类器上出现的较多。常见于器物肩或腹的上部，有的器物上出现了泥饼和盲鼻用于一件器物且相互交错对称的现象，多数器物使用一种纹饰。

龙山文化陶器种类繁多。器物使用的功能不同，器体的大小也就不同，如作为炊器类的鼎、罐等陶器一般个体都较小，器外壁往往有烟炱痕迹，有的陶器内壁如折沿罐、鬶等残留白色水垢。而作为贮存用具的陶器，器形则较大，如大口罐、中口罐等。一些器物制作精致，如磨光圈足盘。

陶器的器形有鼎、鬶、盉、甗、罐、大口尊、壶、缸、碗、豆、钵、盆、盒、匜、覆钵形器盖、覆碗形器盖、覆盘形器盖、圈足盘、三足盘、单把杯、弧形杯、高柄杯、

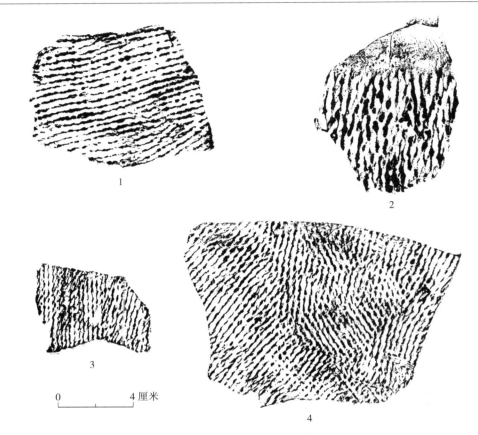

图八七　龙山文化陶器绳纹拓片
1. T40⑤:7　2. T19⑤:29　3. T40⑤:19　4. H131:23

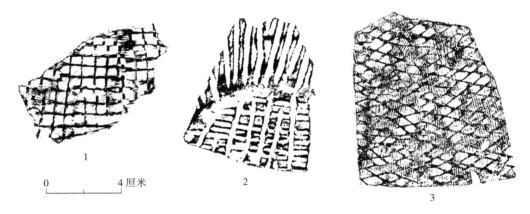

图八八　龙山文化陶器纹饰拓片
1、2. 方格纹（T39⑤:8、H120:17）　3. 菱形纹（T40⑤:4）

觯、盉、火盆、漏器、箅子等。大部分器类都有不同的型式，其中以鼎、罐、圈足盘、盆、器盖等数量、型式最多，是龙山时期文化陶器群的主体，也是当时人们在日常生活中使用的主要器具。这批陶器以平底或凹底器最多，如盆、盒、罐和杯类器等。其次是三足器如鼎、鬶等，圈足器如豆、圈足盘等。碗形器盖数量较多，应是与鼎、罐等容器配套使用，后期整理过程中，我们发现众多的碗形器盖无法与各类容器一一对应，因此，

图八九　龙山文化陶器弦纹拓片
1. H131：7　2. T19⑤：13　3. T21⑤：7　4. H8：9

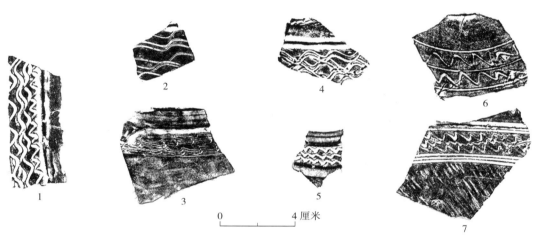

图九〇　龙山文化陶器水波纹拓片
1. H111：7　2. T21⑦：3　3. F14：11　4. F14：7　5. T20⑤：11　6. T20⑤：8　7. H111：5

我们将它单列介绍。

罐形鼎　共 152 件。根据腹部不同分 8 型。

A 型　34 件。鼓腹。圜底，下附侧装三角形足，均为夹砂陶。分 5 式。

Ⅰ式　3 件。腹较瘦。标本 H111：10，红褐陶。圆唇，斜折沿近直，沿面一周宽凹槽，下腹残。腹饰斜篮纹。口径 14.7、残高 8 厘米（图九三，1）。

Ⅱ式　4 件。腹稍鼓。标本 T39⑦：14，黑陶。斜折沿，沿缘向内勾，下腹残。腹饰绳纹，内壁饰两周凹弦纹。口径 14.1、残高 5.7 厘米（图九三，2）。

Ⅲ式　9 件。腹略鼓。标本 T16⑥：11，黑陶，褐胎。方唇，斜折沿，沿面有两周凹槽，下腹残。上腹饰绳纹，内壁有两周凹弦纹。口径 12、残高 8.5 厘米（图九三，3）。

Ⅳ式　8 件。腹较鼓。标本 H63：1，灰陶。圆唇，斜折沿，沿面有两周凹槽，下腹残。上腹饰绳纹，内壁两周凸弦纹。口径 14.4、残高 7.5 厘米（图九三，4）。

Ⅴ式　10 件。鼓腹。标本 H105：2，黑陶，褐胎。方唇，短折沿，唇缘有一周凹槽，

图九一　龙山文化陶器回纹拓片

1、3、4. 回纹（T14⑤∶17、T21⑤∶6、H141∶9）　　2、5. 圆圈纹（F14∶8、F14∶10）

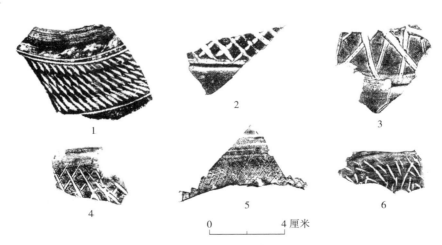

图九二　龙山文化陶器刻划纹拓片

1. T18⑤∶30　2. H45∶3　3. H117∶6　4. T19⑥∶1　5. T15⑥∶30　6. H15∶4

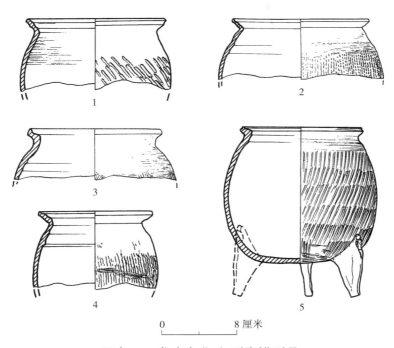

图九三　龙山文化 **A** 型陶罐形鼎
1. Ⅰ式（H111∶10）　　2. Ⅱ式（T39⑦∶14）　　3. Ⅲ式（T16⑥∶11）
4. Ⅳ式（H63∶1）　　5. Ⅴ式（H105∶2）

圜底，足根部有一个按窝。腹饰斜篮纹，底饰交错篮纹。口径12.5、通高18厘米（图九三，5；彩版二〇，1）。

B 型　48 件。均为夹砂陶。圆腹，最大腹径居中，类似球形，下附侧装三角形足。分 6 式。

Ⅰ式　4 件。腹较瘦。标本 H121∶13，灰褐陶。圆唇，斜折沿，沿面微凹，下腹残。腹饰粗绳纹。口径12、残高9厘米（图九四，1）。标本 H121∶1，红褐陶。圆唇，短折沿，沿缘有一周凹槽，下腹残。腹饰弦断绳纹，局部纹饰经擦抹。口径15.9、残高9厘米（图九四，2）。

Ⅱ式　5 件。腹略胖。标本 H102∶11，红褐陶，器表局部黑灰色。圆唇，短折沿，沿面微凹，下腹残。腹饰竖篮纹，上腹局部纹饰经擦抹。口径12、残高8厘米（图九四，3）。标本 H101∶12，灰褐陶。圆唇，折沿，沿面微凹，下腹残。上腹饰三周凹弦纹，腹饰绳纹，局部纹饰经擦抹。口径12、残高9厘米（图九四，4）。标本 H129∶8，灰褐陶。圆唇，斜折沿，沿上缘有一周凹槽，圜底，三足近直，圜底。腹饰菱形纹。口径13.5、通高19.5厘米（图九四，5；彩版二〇，2）。

Ⅲ式　9 件。腹较胖。标本 H65∶5，灰陶。圆唇，斜折沿较短，沿上缘有一周凹槽，圜底，足根部一个按窝。上腹饰三周凹弦纹，腹饰篮纹，底部饰交错篮纹。口径13.2、通高19.2厘米（图九四，6；彩版二〇，3）。

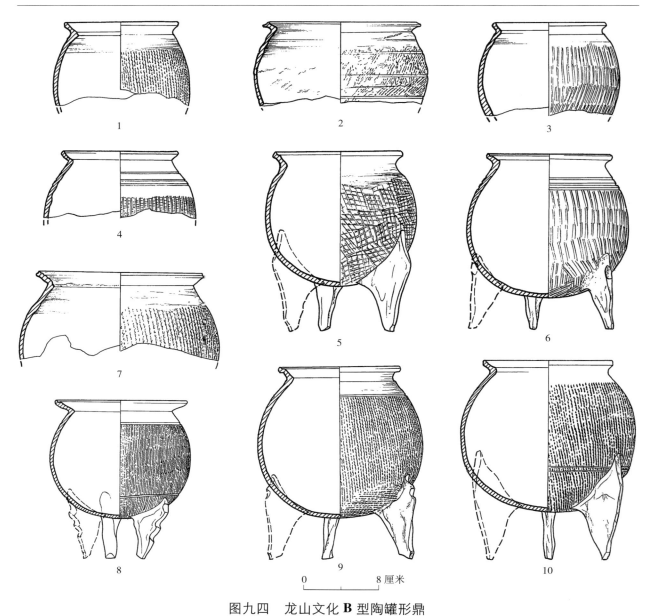

图九四　龙山文化 **B** 型陶罐形鼎

1、2. Ⅰ式（H121：13、H121：1）　　3～5. Ⅱ式（H102：11、H101：12、H129：8）　　6. Ⅲ式（H65：5）
7、10. Ⅴ式（H61：12、H67：11）　　8. Ⅵ式（H98：18）　　9. Ⅳ式（H95：16）

　　Ⅳ式　13 件。腹较Ⅲ式胖。标本 H95：16，灰褐陶，器表局部褐色。圆唇，斜折沿，沿面微凹，沿上缘饰一周凹槽，圜底，足根部有两个按窝，足尖外撇。通饰粗绳纹，底部交错绳纹。口径 13.2、通高 22.5 厘米（图九四，9；彩版二〇，4）。标本 H41：1，灰陶。方唇，斜折沿，沿面有一周凹槽，下腹残。腹饰绳纹。口径 13.2、残高 10 厘米。

　　Ⅴ式　16 件。整体矮胖。标本 H67：11，黑陶。圆唇，斜折沿，沿面微凹，圜底，三足近直。腹饰绳纹，下腹饰两周凹弦纹。口径 14.1、通高 22.5 厘米（图九四，10；彩版二一，1）。标本 H61：12，灰褐陶，褐胎。方唇，唇缘有一周凹槽，斜折沿，下腹残。

腹饰绳纹。口径18、残高10.5厘米（图九四，7）。

Ⅵ式 1件。标本H98：18，夹砂黑陶，褐胎。尖唇，宽折沿，沿上缘有一周凹槽，圆腹，圜底，下附三角形足，足根有三个按窝。上腹饰一周、足根部饰两周弦纹，腹通饰绳纹。口径18、高20.8厘米（图九四，8；彩版二一，2）。

C型 52件。均为夹砂陶，垂腹，最大腹径于器体下部。分2亚型。

Ca型 30件。器形较大，有纹饰，下附侧装三角形足。分6式。

Ⅰ式 4件。瘦腹，器形较高。标本T19⑧：13，灰褐陶。方唇，唇缘有一周凹槽，折沿较窄，底残。上腹饰六周凹弦纹，下腹饰竖篮纹。口径15、残高13.5厘米（图九五，1）。标本T18⑧：27，灰褐陶。方唇，斜折沿，沿面微凹，下腹残。上腹饰横篮纹。残高6.5厘米（图九五，3）。标本H110：2，灰褐陶。方唇，斜折沿，下腹残。上腹饰横篮纹。残高6.9厘米（图九五，4）。

Ⅱ式 7件。腹下部略外鼓，腹较瘦，器形稍矮。标本H118：16，灰陶。方唇，折沿，沿面有两周凹槽，小圜底，足根部有浅按窝。腹饰绳纹，局部饰交错绳纹。口径17.3、通高23厘米（图九五，5；彩版二一，3）。标本H101：13，黑陶。方唇，斜折沿，沿面微凹，下腹残。上腹饰竖篮纹。口径15.9、残高9厘米（图九五，6）。

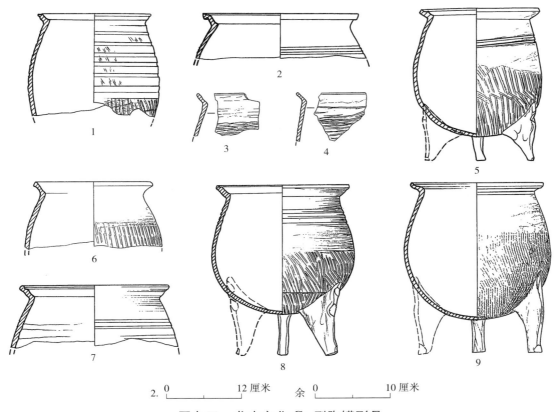

图九五 龙山文化Ca型陶罐形鼎

1、3、4. Ⅰ式（T19⑧：13、T18⑧：27、H110：2） 2、7~9. Ⅲ式（H98：16、H98：4、H141：2、H65：6）
5、6. Ⅱ式（H118：16、H101：13）

Ⅲ式 6件。腹下部明显外鼓，器形较Ⅱ式矮。标本 H98：4，夹砂灰陶。圆唇，斜折沿，沿面有一周凹槽，下腹残。上腹饰三周凹弦纹，内壁有三周凸弦纹。口径 19.2、残高 7.8 厘米（图九五，7）。标本 H141：2，灰褐陶。方唇，折沿，沿面微凹，沿上缘有一周凹槽，圜底，足根部有两个按窝。上腹饰四周凹弦纹，下腹及底饰篮纹。口径 17.2、通高 23 厘米（图九五，8；彩版二一，4）。标本 H65：6，灰褐陶。方唇，短折沿，沿面有两周宽凹槽，圜底，足根部有两个按窝，足尖外撇。上腹饰两周凹弦纹，下腹及底饰竖篮纹。口径 15.2、通高 21 厘米（图九五，9；彩版二二，1）。标本 H98：16，黑灰陶。方唇，短沿近平折，沿面微凹，下腹残。上腹饰三周凹弦纹。口径 25.2、残高 7.2 厘米（图九五，2）。

Ⅳ式 8件。腹下部较Ⅲ式鼓，器形较矮。标本 H97：4，黑胎，褐陶。圆唇，折沿，沿上缘有一周凹槽，沿下有一周凸棱，足根有一个按窝。上腹饰两周凹弦纹，下腹及底饰篮纹。口径 16.5、通高 21 厘米（图九六，1；彩版二二，2）。标本 H90：10，灰陶。圆唇，斜折沿，沿面饰两周浅凹槽，沿下缘饰一周凸棱，下腹残。腹饰绳纹。口径 16.5、残高 7.8 厘米（图九六，4）。标本 G4：8，黑陶。圆唇，斜折沿，沿面有两周凹槽，下腹残。上腹饰绳纹。口径 13.5、残高 7.5 厘米（图九六，5）。

Ⅴ式 3件。腹较低略扁，圜底趋平。标本 H61：5，黑陶，褐胎。圆唇，折沿，沿下有一周凸棱，足根部有三个按窝。上腹饰两周凹弦纹，腹饰绳纹。口径 16.7、高 21.5 厘米（图九六，3；彩版二二，3）。标本 H6：18，黑陶。圆唇，折沿，沿面有一周凹槽，下腹残。上腹饰篮纹。残高 8.2 厘米。

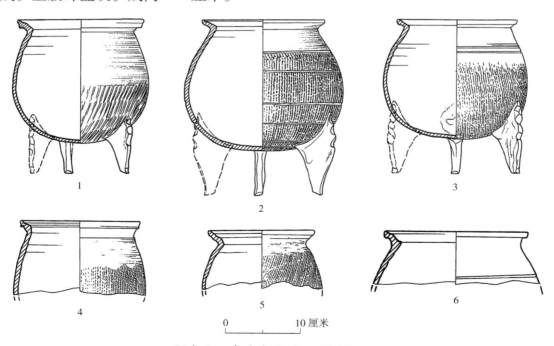

图九六 龙山文化 Ca 型陶罐形鼎
1、4、5. Ⅳ式（H97：4、H90：10、G4：8） 2、6. Ⅵ式（H32：9、T13⑤：7） 3. Ⅴ式（H61：5）

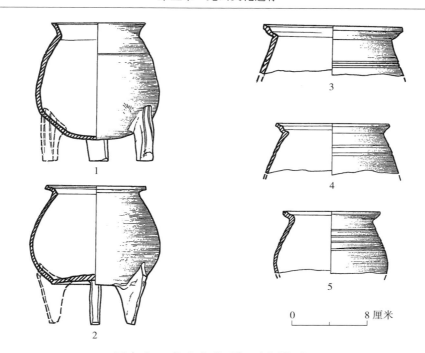

图九七　龙山文化 **Cb** 型陶罐形鼎
1～3. Ⅰ式（H96：4、H92：2、H92：1）　4. Ⅲ式（H149：3）　5. Ⅱ式（H119：6）

Ⅵ式　2件。腹较扁，圜底近平。标本 H32：9，灰褐陶。圆唇，斜折沿，沿上缘有一周凹槽，足根部有三个按窝，腹及底饰弦断绳纹。口径16、高23.5厘米（图九六，2；彩版二二，4）。标本 T13⑤：7，灰陶。方唇，短折沿，沿面凹，下腹残。上腹饰一周凹弦纹。口径19.2、残高7.2厘米（图九六，6）。

Cb 型　22件。小形鼎，素面。分3式。

Ⅰ式　5件。深腹较瘦，腹下部外鼓不明显。标本 H96：4，灰褐陶。尖唇，折沿，圜底，下附直立凿形足，足面有两道竖刻划槽。上腹饰一周弦纹。口径9.7、通高15.2厘米（图九七，1；彩版二三，1）。标本 H92：2，黑陶。方唇，折沿，沿面有两周凹槽。上腹饰三周凹弦纹。口径15、残高5.5厘米（图九七，2）。标本 H92：1，灰陶。方唇，折沿，沿面有两周凹槽，下腹残。上腹饰两周凹弦纹。口径15.2、残高7.5厘米（图九七，3）。

Ⅱ式　10件。腹较深，下腹外鼓明显。标本 H119：6，灰陶。圆唇，折沿，凹沿面，底残。上腹饰4周凹弦纹。口径13.2、残高8.8厘米（图九七，5）。

Ⅲ式　7件。浅腹，下腹外鼓。标本 H149：3，黑陶。方唇，折沿，沿上缘一周凹槽，平底内凹，下附直立三角形足。口径10.5、高16.2厘米（图九七，4；彩版二三，2）。

D 型　14件。均为泥质磨光陶。腹稍鼓，较浅，平底，素面。

标本 H120：4，灰陶，器壁局部褐色。方唇，折沿，沿上缘有一周凹槽，腹较鼓，平底，下附三角形足，足根部有一个按窝。口径13.8、高16.5厘米（图九八，1；彩版二三，3）。标本 T16⑧：10，灰陶。方唇，斜折沿，沿上缘有一周凹槽，腹较瘦，下腹残。口径18、残高5.5厘米（图九八，3）。标本 T39⑤：12，黑陶，褐胎。方唇，斜折

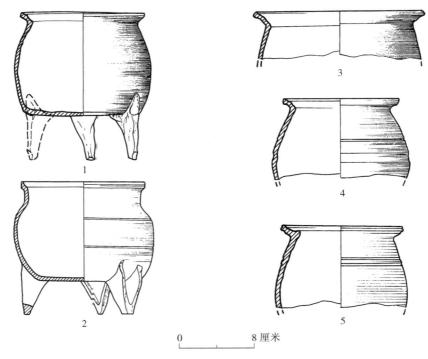

图九八　龙山文化 **D** 型陶罐形鼎
1. H120：4　　2. H62：7　　3. T16⑧：10　　4. T39⑤：12　　5. H61：8

沿，沿上缘有一周凹槽，下腹残。上腹有一周凹槽、两周弦纹。口径 12.6、残高 8.3 厘米（图九八，4）。标本 H51：8，灰陶。方唇，唇缘有一周凹槽，斜折沿，下腹残。上腹饰两周凹弦纹。口径 13.2、残高 8.8 厘米（图九八，5）。标本 H62：7，黑陶。尖唇，沿微折，束颈，圆肩，鼓腹，平底，下附"V"字形足。肩、腹各饰一周凹弦纹。口径 17、高 19 厘米（图九八，2；彩版二三，4）。

E 型　1 件。

标本 H14：6，红褐陶。方唇，卷折沿，束颈，沿面有两周凹槽，浅腹，圜底，下附三角形足，足根部有一个按窝。腹饰竖篮纹，底饰交错篮纹。口径 19.6、高 21.2 厘米（图九九，1；彩版二四，1）。

F 型　1 件。

标本 H118：15，夹砂黑陶。方唇，折沿，沿缘有一周凹槽，束颈，鼓腹，圜底，下附三角形足，足根部有两个按窝。沿下饰四周、肩饰三周凹弦纹，腹部素面，底饰弦断篮纹。口径 18、高 21 厘米（图九九，2；彩版二四，2）。

G 型　1 件。

标本 H96：1，泥质黑陶，褐胎。圆唇，侈口，高颈，折肩，弧腹，圜底，下附侧装三角形足，足根有三个按窝。腹饰绳纹，底部饰交错绳纹。口径 10.5、高 19.5 厘米（图九九，3；彩版二四，3）。

H 型　1 件。

标本 H75：2，夹砂黑陶。圆唇，高颈，折肩，圆腹，圜底，下附三角形足，足根部有两个按窝。肩饰两周凹弦纹，腹及底饰绳纹。口径 9、高 22.5 厘米（图九九，4；彩版二四，4）。

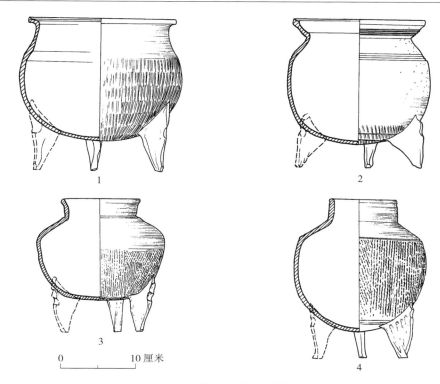

图九九　龙山文化陶罐形鼎
1. E 型（H14：6）　　2. F 型（H118：15）　　3. G 型（H96：1）　　4. H 型（H75：2）

盆形鼎　61 件。均为夹砂陶，复原器较少，多数为残存部分盆底的鼎足，折沿，浅腹。根据足部差异分 4 型。

A 型　18 件。"V" 字形足。用两个三角形泥条下部捏合，上部分叉形成 "V" 字形，分 5 式。

Ⅰ式　3 件。足上部较窄，"V" 字分叉窄小。标本 H109：5，灰陶。残存部分盆底，足两个侧面各刻划两道竖凹槽。残高 16 厘米（图一○○，1）。

Ⅱ式　3 件。"V" 字分叉较窄，上部偏下。标本 H101：9，灰陶。残存部分盆底，足两侧有两道竖向凹槽。残高 16 厘米（图一○○，2）。

Ⅲ式　5 件。"V" 字分叉较宽，中部偏上。标本 H141：5，灰褐陶。残存部分盆底，足两侧面各有一道竖向刻划凹槽。残高 13.2 厘米（图一○○，3）。

Ⅳ式　4 件。"V" 字分叉较宽。标本 H120：27，黑陶，褐胎。圆唇，微敛口，唇缘有一周浅凹槽，圜底。内壁饰四周凹弦纹。口径 38、通高 17.2 厘米（图一○一，1；彩版二五）。标本 H120：26，灰陶。圆唇，卷折沿，束颈，斜弧腹，平底，足面有 4 个按窝。内壁饰七周凹弦纹。口径 44、通高 20 厘米（图一○一，2；彩版二六）。

Ⅴ式　3 件。"V" 字分叉成大 "V"，中部偏下。标本 H81：1，灰褐陶。残存部分盆底，足两侧面各有两道竖刻划凹槽。残高 10 厘米（图一○○，4）。

B 型　25 件。鸟喙形足。无完整器，仅残存器足，足面中间粘贴一弧形泥条，上有

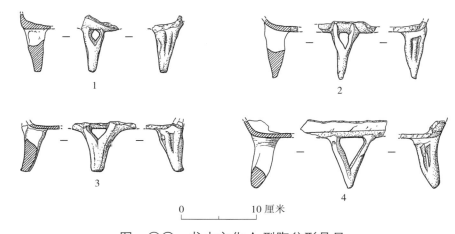

图一〇〇　龙山文化 **A** 型陶盆形鼎足

1. Ⅰ式（H109：5）　2. Ⅱ式（H101：9）　3. Ⅲ式（H141：5）　4. Ⅴ式（H81：1）

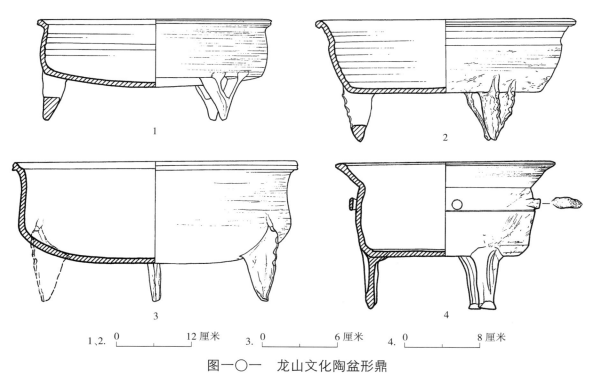

图一〇一　龙山文化陶盆形鼎

1、2. A 型Ⅳ式（H120：27、H120：26）　3. C 型（H120：28）　4. D 型（T16⑧：14）

数量不等的按窝或戳印纹，两侧各有一眼孔，均为夹砂陶。分6式。

　　Ⅰ式　4件。足较瘦，眼孔靠近中部，背面两侧向外展。标本 H96：5，灰陶。足面有五个按窝。高10.2厘米（图一〇二，1）。标本 T17⑧：5，红褐陶。制作粗糙。高7.4厘米（图一〇二，2）。

　　Ⅱ式　6件。足略宽，眼孔靠近中部，背面两侧稍向内合。标本 H101：1，红褐陶。足面有八个按窝。高11厘米（图一〇二，3）。标本 T19⑦：4，红褐陶。足面有十个按窝。高8厘米（图一〇二，4）。

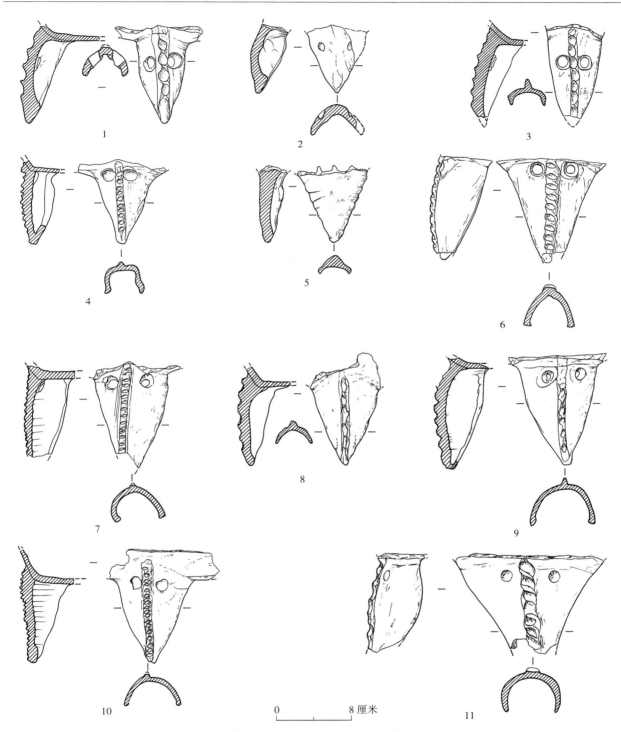

图一〇二　龙山文化 B 型陶盆形鼎足

1、2. I 式（H96∶5、T17⑧∶5）　　3、4. II 式（H101∶1、T19⑦∶4）　　5、6. III 式（T19⑥∶17、H119∶9）

7、8. IV 式（H108∶10、H90∶8）　　9、10. V 式（T17⑤∶25、T17⑤∶14）　　11. VI 式（H45∶9）

　　III 式　5 件。足较宽，眼孔移至足上部，足背面稍向内卷。标本 T19⑥∶17，红褐陶。残存盆底，足面有十个按窝。高 9 厘米（图一〇二，5）。标本 H119∶9，红褐陶。残存盆底，足面有九个按窝。高 11.4 厘米（图一〇二，6）。

Ⅳ式　3 件。足较宽，眼孔于足上部，背面两侧向内卷。标本 H108：10，红褐陶。残存盆底，足面有 15 个按窝。高 12 厘米（图一〇二，7）。标本 H90：8，灰褐陶。残存盆底，足面有六个按窝。高 11 厘米（图一〇二，8）。

Ⅴ式　4 件。宽足，残存盆底，眼孔于足上部，背面两侧向内卷成半圆形。标本 T17⑤：25，红褐陶。残存盆底，足面有六个按窝。高 10 厘米（图一〇二，9）。标本 T17⑤：14，红褐陶。残存盆底，足面有 18 个按窝。内壁有十周凹弦纹。高 10.6 厘米（图一〇二，10）。

Ⅵ式　3 件。足更宽，眼孔于足上部，背面向内卷成半圆形。标本 H45：9，灰褐陶。残存盆底，足上端向两侧展开，足尖残。残高 11 厘米（图一〇二，11）。

C 型　15 件。均为夹砂陶。三角形足。完整者 1 件，多残足，足根部有数量不等的按窝。

标本 T16⑥：5，灰陶。残存盆底，足根部三个按窝。残高 9 厘米（图一〇三，1）。标本 H146：4，灰褐陶。残存盆底，三角足较宽，足根部两个按窝。残高 8.6 厘米（图一〇三，2）。标本 H32：2，灰褐陶。足根部一按窝，足尖外撇。残高 8.6 厘米（图一〇三，3）。标本 T37⑤：9，红褐陶。残存盆底，足面有四个按窝。残高 10 厘米（图一〇三，4）。标本 H120：28，灰褐陶。圆唇，唇缘一周凹槽，沿缘微折，直腹，平底，足根部有三个按窝。口径 46、高 24 厘米（图一〇一，3；彩版二七，1）。

D 型　3 件。凿形足。

标本 T16⑧：14，夹砂灰黑陶。圆唇，宽折沿，沿面微凹，腹微鼓，平底。腹饰一对铆钉、两个盲鼻、一周凹弦纹。口径 23.4、高 16.5 厘米（图一〇一，4；彩版二七，2）。标本 H127：13，夹细砂红褐陶。残存盆底，足面粘贴泥条，上有 4 个按窝。残高 8 厘米（图一〇三，5）。

鼎足　187 件。以形制不同分 3 型。

A 型　13 件。宽扁形足。均为夹砂陶，个别夹蚌陶。足面有一道或数道凹槽。

标本 T18⑧：7，夹蚌红褐陶。足面有四道刻划凹槽。残高 8 厘米（图一〇四，1）。标本 T18⑧：4，红褐陶。足面有两道刻划凹槽，足尖修抹成刀刃状。残高 10.4 厘米（图一〇四，2）。标本 T13⑧：15，红褐陶。足面有一道刻划凹槽，足根一个按窝。高 10 厘米（图一〇四，3）。标本 T19⑦：21，红褐陶。足面一道刻划凹槽。高 7.4 厘米（图一〇四，4）。

B 型　5 件。鸭嘴形足。均为夹砂褐陶。足面切削类似三角形，形状酷似鸭子嘴。分 2 式。

标本 T14⑧：22，红褐陶。足根部有三个按窝。高 13 厘米（图一〇四，5）。标本 H85：11，红褐陶。高 7.9 厘米（图一〇四，6）。

C 型　169 件。三角形足。均为夹砂陶，数量最多，足根部往往有数量不等的按窝。

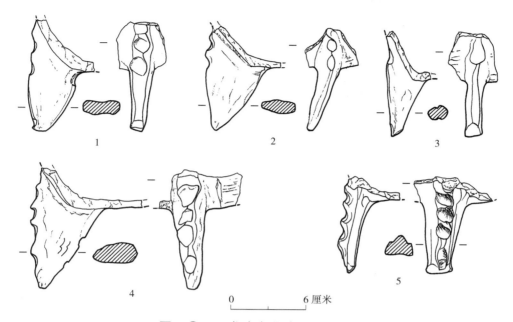

图一〇三　龙山文化陶盆形鼎足

1～4. C 型（T16⑥：5、H146：4、H32：2、T37⑤：9）　5. D 型（H127：13）

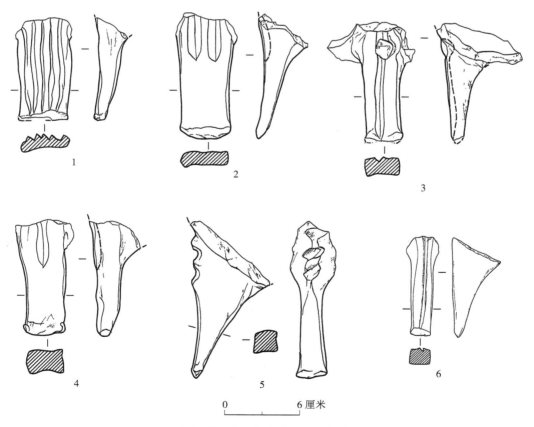

图一〇四　龙山文化陶鼎足

1～4. A 型（T18⑧：7、T18⑧：4、T18⑧：15、T19⑦：21）　　5、6. B 型（T14⑧：22、H85：11）

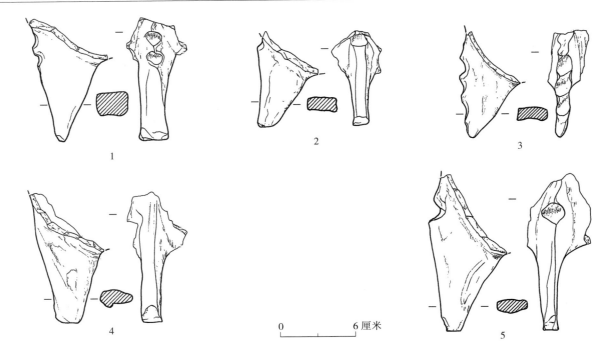

图一〇五　龙山文化 C 型陶鼎足
1. T18⑧：3　2. T17⑥：24　3. T21⑥：24　4. T17⑦：19　5. T40⑥：3

标本 T18⑧：3，灰褐陶。制作不规整。足根部有三个按窝。高 8 厘米（图一〇五，1）。标本 T17⑥：24，灰褐陶。足根部有一个按窝。高 7 厘米（图一〇五，2）。标本 T21⑥：24，灰褐陶。足面有三个按窝，足尖呈圆锥状。高 9 厘米（图一〇五，3）。标本 T17⑦：19，红褐陶。制作不甚规整，足尖切削成单面刃。高 9 厘米（图一〇五，4）。标本 T40⑥：3，灰褐陶。足根部有一个按窝。高 13 厘米（图一〇五，5）。

鬶　18 件。斜流，袋足，高分裆。分 3 型。

A 型　10 件。宽带状泥条两侧对折成环形把手，后足大于前足，后足足根内侧均有一个按窝。分 5 式。

Ⅰ式　4 件。斜长流近直，高颈，瘦袋足，高分裆，后足根按窝明显。标本 H110：10，夹砂红褐陶，器表磨光。长流近直，足根较高呈尖锥状，腹侧安装对折闭合带状把手。颈部饰三周凸弦纹。通高 28 厘米（图一〇六，1；彩版二八，1）。

Ⅱ式　3 件。斜长流，颈较高，袋足较Ⅰ式略肥，高分裆，后足根按窝略浅。标本 T39⑦：32，夹砂灰白陶。袋状三足微外撇，圆锥状实足根，把手对折微张开。颈部饰三道凸弦纹。通高 39.6 厘米（图一〇六，3；彩版二八，2）。

Ⅲ式　1 件。斜流，颈较短，分裆较高，后足按窝较浅。标本 H141：6，夹砂黄褐陶。斜流略短，袋状足外撇，把手张开，圆锥状实足根。颈饰三周凸弦纹，把手上端两侧有一对铆钉。通高 30.8 厘米（图一〇六，2；彩版二八，3）。

Ⅳ式　1 件。斜流较短，短颈，分裆，袋足较肥，后足按窝不甚明显。标本 H99：8，

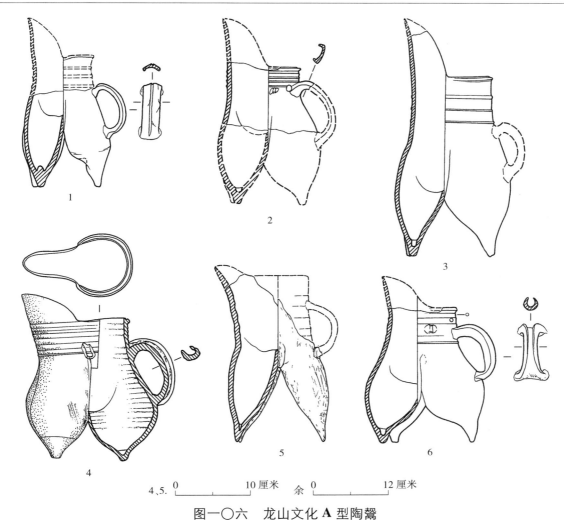

图一〇六　龙山文化 A 型陶鬶

1. A 型 I 式（H110：10）　　2. A 型Ⅲ式（H141：6）　　3. A 型Ⅱ式（T39⑦：32）　　4. A 型Ⅴ式（T9⑨：1）
5. B 型 I 式（H109：9）　　6. A 型Ⅳ式（H99：8）

夹砂灰褐陶。袋状足外撇，尖锥状实足根，把手张开呈圆形。颈饰四周凸弦纹，有两个铆钉。通高 28 厘米（图一〇六，6；彩版二八，4）。

Ⅴ式　1件。短斜流，短颈，分裆，肥袋足，后足按窝近乎消失。标本 T9⑨：1，夹砂灰白陶。肥袋足外撇，尖锥状实足根，把手近全张开。颈饰五周凸弦纹和两个盲鼻。通高 28 厘米（图一〇六，4；彩版二九）。

B 型　5件。短流，口部两侧向内捏压，颈较高，瘦袋足。宽带状环形把手。分3式。

Ⅰ式　2件。裆较高，短流，流两侧向内捏压。标本 H109：9，夹砂黑陶。短斜流，锥状瘦袋足，三足近直立。颈饰五周凹弦纹。通高 26.4 厘米（图一〇六，5；彩版三〇，1）。

Ⅱ式　1件。裆较低，瘦袋足。标本 H95：7，夹砂黑陶。高颈，三足外撇，实足根。通高 29.4 厘米（图一〇七，1；彩版三〇，2）。

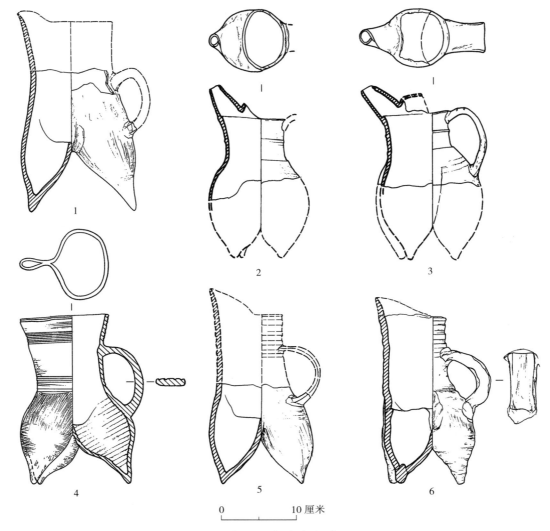

图一〇七　龙山文化陶器

1. B 型 II 式鬶（H95：7）　2、3. 盉（H58：2、H58：1）　4. B 型 III 式鬶（T9④：26）
5. C 型 I 式鬶（T21⑥：7）　6. C 型 II 式鬶（T11⑤：1）

　　III 式　2 件。裆较低，口部向内按压粘连成流。标本 T9④：26，夹砂黑陶。高颈，乳状足外撇，圆锥形实足根较短，把手有四道凹槽。颈饰两组 10 周凹弦纹，袋足内壁饰弦纹。通高 23.9 厘米（图一〇七，4；彩版三一）。

　　C 型　3 件。磨光黑陶，短斜流，高颈，分裆。分 2 式。

　　I 式　2 件。分裆较高。标本 T21⑥：7，泥质黑陶，褐胎。短斜流，高颈，宽带状环形把手，袋足近直立，尖锥形足根。颈饰五周凹弦纹。通高 27 厘米（图一〇七，5；彩版三〇，3）。

　　II 式　1 件。分裆，短斜流，袋足直立。标本 T11⑤：1，泥质磨光黑陶，器体制作粗糙。短流，宽带状环形把手较厚，三足相同，圆锥状实足根。颈饰四周凹弦纹。通高 25.8 厘米（图一〇七，6；彩版三〇，4）。

盉　5件。形制基本相同，袋足。

标本 H58：1，泥质磨光红褐陶。弧颈略短，弧形盖顶，卷筒状斜直流，宽带状把手，三足直立。通高24厘米（图一〇七，3；彩版三二，1）。标本 H58：2，泥质红褐陶。弧颈较低，卷筒状斜直流，器形略瘦。把手残。高23.6厘米（图一〇七，2）。标本 H31：6，泥质红褐陶。卷筒状斜直流（图一〇八，6）。

鬶盖　7件。大部分为夹砂陶，个别为泥质陶。分2型。

A型　5件。平盖。

标本 H32：1，夹砂灰陶。边缘有两个缺口、一周凹槽，顶面有两周凹弦纹，纽残。直径8.8、残高1.2厘米（图一〇八，1）。标本 T15⑦：32，夹砂褐陶，灰胎。局部变形，边缘有两个缺口、一个小圆孔，顶面边缘有一周凹槽。纽残。直径8.5、残高1厘米（图一〇八，2；彩版三二，2）。标本 T19⑦：3，夹砂红褐陶，灰胎。残，顶面边缘有一周凹槽、一个小圆孔。孔径0.5~0.7厘米（图一〇八，3）。标本 F14：6，夹砂灰陶。残，盖面有三周凹弦纹，蘑菇状纽。残高2.4厘米（图一〇八，4）。

B型　2件。弧盖。

标本 H120：20，红褐陶。残，盖面有一周凹槽，蘑菇状纽，纽缘下垂。残高2.5厘米（图一〇八，5；彩版三二，3）。标本 T12⑧：5，夹砂灰白陶。残高2.1厘米（图一〇八，7；彩版三二，4）。

甗　17件。均为夹砂陶。

标本 H101：11，夹砂灰褐陶。高分裆，肥袋足，圆锥形实足根。足内壁饰凹弦纹，表面敷抹一层草拌泥。残高31.2厘米（图一〇九，1）。标本 H118：17，夹砂灰陶。分裆，三袋足较瘦高，圆锥形实足根。器表敷抹一层草拌泥。残高26厘米（图一〇九，2）。标本 T16⑦：13，夹砂灰陶。袋足肥硕，分裆，圆锥状实足根近直立。袋足内壁有灰白色水垢。足部竖篮纹，表面敷抹一层草拌泥。残高26厘米（图一〇九，3）。标本 T12⑥：6，夹砂灰褐陶。仅残存甗腰，腰部内壁另附加一周泥条，上有三个起加固作用的竖向短泥条。残高9.6厘米（图一〇九，4）。标本 T19⑤：12，夹砂灰褐陶。仅残存甗腰，腰外壁粘贴竖向短泥条，上有一个按窝。残高8厘米（图一〇九，5）。标本 H6：14，夹砂灰褐陶。圆锥状足。高9.6厘米（图一〇九，6）。标本 T19⑤：10，夹砂灰陶，褐胎。仅残存腰，腰部粘贴起加固作用的竖向泥条。残高6厘米（图一一〇，1）。标本 T20⑤：23，夹砂灰陶。尖锥状高实足根。高10.8厘米（图一一〇，2）。标本 T19⑤：15，夹砂灰陶。仅残存足，上部残，高分裆。内壁饰弦纹，器表敷抹一层草拌泥。残高22.4厘米（图一一〇，3）。标本 T16⑤：6，夹砂灰陶，褐胎。鼓腹，足残，腰部内壁敷一周加固泥条。腹饰绳纹。残高11.2厘米（图一一〇，4）。标本 T19⑤：14，夹砂灰陶。斜腹，足残，腰部一周饰戳印纹的附加泥条，并有四个起加固作用的竖向泥条。内壁饰凹弦纹。残高10.5厘米（图一一〇，5）。标本 H118：11，夹砂灰陶。仅有足，

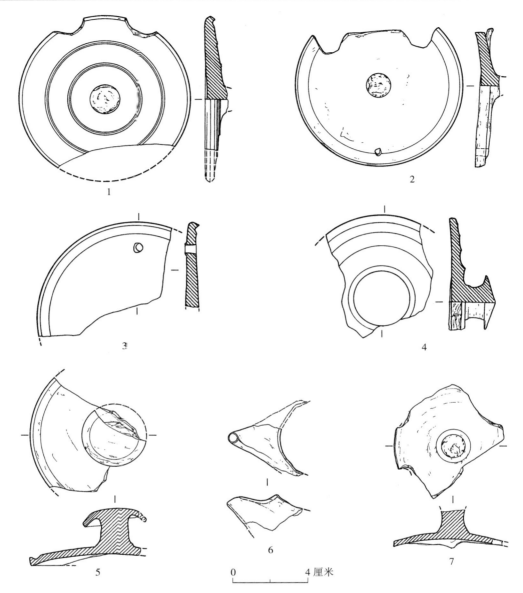

图一〇八　龙山文化陶器

1~4. A 型鬶盖（H32∶1、T15⑦∶32、T19⑦∶3、F14∶6）
5、7. B 型鬶盖（H120∶20、T12⑧∶5）　6. 盉流（H31∶6）

上部残，肥袋足，圆锥状实足根略低。残高 12 厘米（图一一〇，6）。标本 H118∶19，夹砂黑灰陶。乳状足，圆锥状实足根。残高 13.5 厘米（图一一〇，7）。

折沿罐　88 件。夹砂陶。由于大多为残口沿，与罐形鼎难以区别，我们只能根据复原器予以区分。分 3 型。

A 型　27 件。鼓腹。分 6 式。

Ⅰ式　7 件。整体较瘦，最大腹径稍偏下。标本 T18⑧∶26，夹蚌褐陶。方唇，斜折沿，沿面中间有一周凸棱，小平底微内凹。沿下有一周凹弦纹，腹部拍印六组篮纹。口径 14.1、底径 6、通高 18.3 厘米（图一一一，1；彩版三三，1）。标本 H110∶11，褐陶，

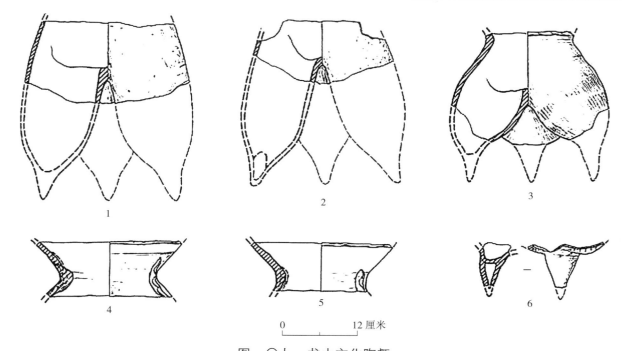

图一〇九　龙山文化陶甗

1. H101：11　2. H118：17　3. T16⑦：13　4. T12⑥：6　5. T19⑤：12　6. H6：14

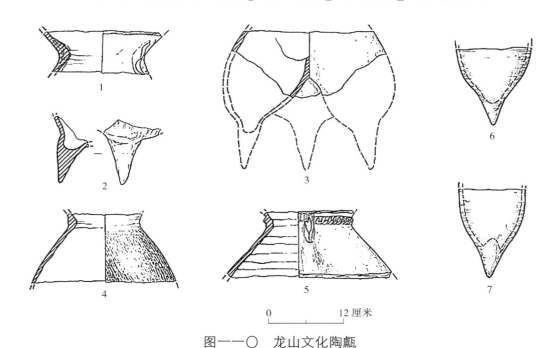

图一一〇　龙山文化陶甗

1. T19⑤：10　2. T20⑤：23　3. T19⑤：15　4. T16⑤：6　5. T19⑤：14　6. H118：11　7. H118：19

局部灰色。尖唇，斜折沿较窄，沿缘有一周凹槽，小平底微凹。上腹有两周凹弦纹，腹饰绳纹。口径 15.2、底径 6.5、通高 19.1 厘米（图一一一，4；彩版三三，2）。标本 H109：1，灰陶。尖唇，唇缘有一周凹槽，折沿较窄，沿面微凹，下腹残。上腹饰篮纹。口径 15.6、残高 9 厘米（图一一一，3）。

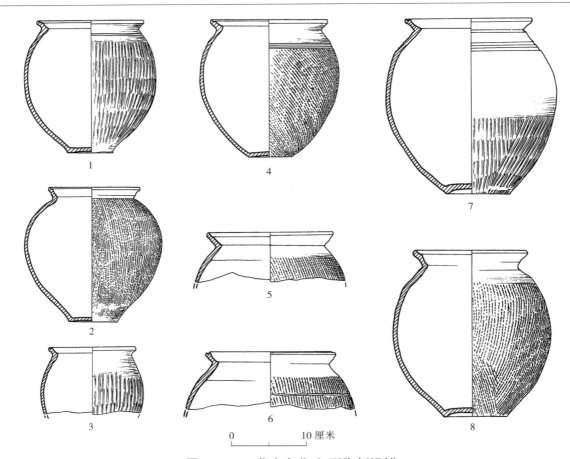

图一一一　龙山文化 **A** 型陶折沿罐
1、3、4. Ⅰ式（T18⑧：26、H109：1、H110411）　2、5、6、8. Ⅲ式（H98：20、H76：6、
H119：10、G5：2）　7. Ⅱ式（H85：9）

Ⅱ式　2件。腹较鼓，最大腹径上移。标本 H85：9，灰褐陶。圆唇，唇缘有一周凹槽，斜折沿较宽，沿面凹，凹底。上腹下部素面，上部饰三周凹弦纹，下腹篮纹。口径 16、通高 24 厘米（图一一一，7；彩版三三，3）。

Ⅲ式　5件。腹较Ⅱ式鼓，最大腹径偏上。标本 G5：2，灰褐陶。圆唇，斜折沿较宽，沿面有一周凹槽，小凹底。腹饰绳纹。口径 15、底径 8.9、通高 23 厘米（图一一一，8；彩版三三，4）。标本 H98：20，黑陶。尖唇，斜折沿较宽，沿面微凹，沿缘有一周凹槽，小底微凹。腹饰绳纹，上腹饰两周凹弦纹。口径 11.8、底径 6.7、通高 19 厘米（图一一一，2；彩版三四，1）。标本 H76：6，黑陶。圆唇，折沿较宽，沿面微凹，下腹残。腹饰绳纹。口径 17、残高 6.9 厘米（图一一一，5）。标本 H119：10，灰陶。圆唇，折沿较宽，沿面凹，沿缘有一周凹槽，下腹残。腹饰间断绳纹。口径 16、残高 10 厘米（图一一一，6）。

Ⅳ式　4件。鼓腹，最大腹径居中。标本 H148：4，黑陶。圆唇，宽折沿，沿面有一周凹槽，小凹底。内壁上腹有三周凹弦纹，腹饰有一周弦纹，通饰绳纹。口径 17.5、底径 8、通高 22.3 厘米（图一一二，1；彩版三四，2）。标本 T42⑥：2，黑陶，下腹抹草

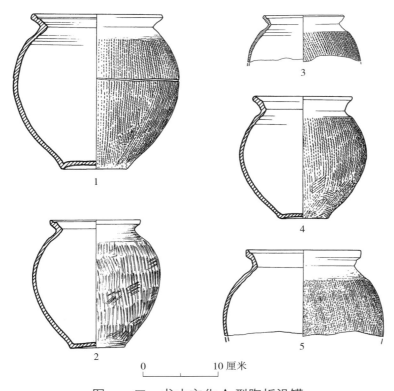

图一一二 龙山文化 A 型陶折沿罐
1、3. Ⅳ式（H148：4、G4：7） 2. Ⅴ式（H146：3） 4、5. Ⅵ式（H15：3、T13⑤：1）

拌泥。方唇，折沿，沿面凹，小凹底。腹通饰篮纹。口径 13.5、底径 7、通高 18 厘米（彩版三四，3）。标本 G4：7，灰陶。方唇，斜折沿，沿面有一周凹槽，下腹残。腹饰绳纹，内壁上腹饰三周凹弦纹。口径 16.5、残高 10 厘米（图一一二，3）。

Ⅴ式 6 件。鼓腹，最大腹径居中。标本 H146：3，黑灰陶，下腹有褐色斑。圆唇，斜折沿较宽，小凹底。腹饰篮纹，局部交错篮纹。口径 13.5、底径 7.5、通高 18.5 厘米（图一一二，2；彩版三四，4）。

Ⅵ式 3 件。腹更鼓，最大腹径居中。标本 H15：3，黑皮陶，褐胎。尖唇，斜折沿，沿缘有一周凹槽，小凹底。腹通饰绳纹。口径 14、底径 6、通高 17.3 厘米（图一一二，4；彩版三五，1）。标本 T13⑤：1，黑陶。圆唇，折沿，沿上缘有一周凹槽，下腹残。腹饰绳纹。口径 15.7、残高 12 厘米（图一一二，5）。

B 型 22 件。圆腹，腹部类似球形，个别器壁凹凸不平。分 4 式。

Ⅰ式 3 件。腹整体略瘦，最大腹径居中。标本 H90：12，泥质灰陶，胎较薄。方唇，唇缘有一周凹槽，斜折沿，沿面中间一周鼓棱，底残。腹饰菱形方格纹。口径 18、残高 17 厘米（图一一三，1）。标本 T16⑥：26，夹砂褐陶。圆唇，唇缘有一周凹槽，斜折沿，沿面微凹，下腹残。上腹饰方格纹。口径 19.2、残高 8 厘米（图一一三，2）。

Ⅱ式 5 件。球形腹较明显，最大腹径上移。标本 H120：5，夹砂灰陶。尖唇，斜折沿，沿面微凹，下腹残。上腹饰绳纹及四周凹弦纹。口径 19.6、残高 13.2 厘米（图

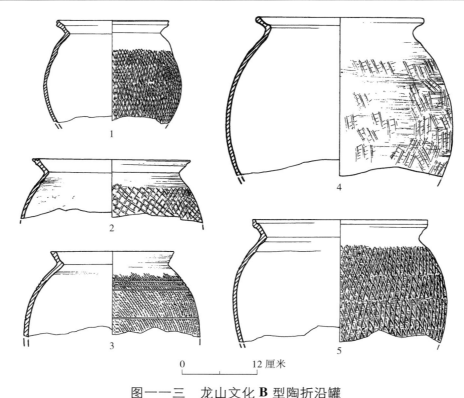

图一一三　龙山文化 **B** 型陶折沿罐
1、2. Ⅰ式（H90∶12、T16⑥∶26）　　3～5. Ⅱ式（H120∶5、H31∶12、T19⑥∶13）

一一三，3）。标本 H31∶12，夹砂黑陶。圆唇，斜折沿，沿面微凹，底残。腹饰交错方格纹，局部纹饰经擦抹。口径 17.4、残高 16.5 厘米（图一一三，4）。标本 T19⑥∶13，泥质灰陶。尖唇，斜折沿，沿缘有一周凹槽，下腹残。上腹饰菱形纹，内壁上腹饰两周凸弦纹。口径 27.6、残高 19.6 厘米（图一一三，5）。

　　Ⅲ式　8 件。球形腹愈明显。最大腹径居中。标本 T13⑤∶1，灰褐陶。圆唇，唇缘外有一周凹槽，斜折沿，下腹残。上腹饰方格纹。口径 16.9、残高 14 厘米（图一一四，1）。标本 H14∶2，灰褐陶。尖唇，斜折沿，沿面微凹，下腹残。上腹饰方格纹。口径 15、残高 6 厘米（图一一四，6）。

　　Ⅳ式　6 件。球形腹更加明显，最大腹径靠上。标本 H15∶1，夹砂灰陶。方唇，斜折沿，沿缘有一周凹槽，下腹残。上腹饰菱形纹。口径 26、残高 21.2 厘米（图一一四，2）。标本 T21⑤∶4，夹砂灰陶。圆唇，唇外缘有一周凹槽，斜折沿，凹沿面，下腹残。沿缘外侧有一周浅细槽，腹饰竖篮纹。口径 22.8、残高 15.6 厘米（图一一四，3）。标本 T18⑤∶24，灰陶。圆唇，斜折沿，沿面微凹，下腹残。上腹饰菱形纹。口径 18.5、残高 9.5 厘米（图一一四，4）。标本 T18⑤∶18，灰陶。圆唇，卷折沿，下腹残。上腹饰绳纹。口径 19.6、残高 6.4 厘米（图一一四，5）。

　　C 型　39 件。深腹。分 6 式。

　　Ⅰ式　8 件。腹深较瘦。标本 H111∶13，黄褐陶，局部灰色。圆唇，斜折沿略窄，沿面有

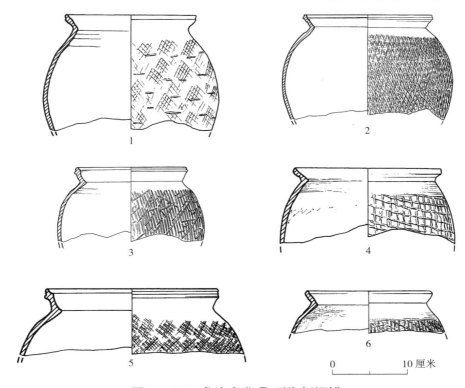

图一一四　龙山文化 **B** 型陶折沿罐
1、6. Ⅲ式（T13⑤：1、H14：2）　2~5. Ⅳ式（H15：1、T21⑤：4、T18⑤：24、T18⑤：18）

两周凹槽，小凹底。腹饰篮纹。口径 13.3、底径 7、通高 20.5 厘米（图一一五，1；彩版三五，2）。标本 H110：4，黄褐陶。圆唇，斜折沿较窄，沿面凹，沿上缘有一周凹槽，小平底。腹饰竖篮纹，沿下有一周凹弦纹。口径 14、底径 6、通高 18.5 厘米（彩版三五，3）。

　　Ⅱ式　6 件。腹稍浅。标本 H101：14，黑陶。尖唇，斜折沿，沿面有一周凹槽，小凹底。通体竖篮纹，腹饰四周凹弦纹。口径 15、底径 7.5、通高 21.3 厘米（图一一五，2；彩版三五，4）。

　　Ⅲ式　6 件。腹较Ⅱ式浅。标本 H41：29，灰陶。圆唇，斜折沿，沿缘向内勾，小底微凹。上腹饰一周凹弦纹，通体饰绳纹。口径 14.2、底径 8、通高 20.8 厘米（图一一五，3；彩版三六，1）。标本 H75：8，灰陶。尖唇，卷折沿，沿缘向内勾，凹底。腹饰竖篮纹，上腹内壁两周凹弦纹。口径 15.2、底径 6.8、通高 21.3 厘米（图一一五，4；彩版三六，2）。标本 H142：3，黑陶。圆唇，斜折沿，沿面两周凹槽，下腹残。腹饰细绳纹，腹部饰四周凹弦纹。口径 17、残高 17.5 厘米（图一一六，1）。

　　Ⅳ式　9 件。腹较浅。标本 H42：1，灰陶。尖唇，斜折沿，小底微凹。腹饰绳纹。口径 12、底径 6.9、高 19.2 厘米（图一一六，8；彩版三六，3）。标本 G4：14，夹砂灰褐陶。尖唇，斜折沿较宽，底残。菱形纹，内壁上腹饰三周凹弦纹。口径 13.5、残高 15.5 厘米（图一一六，4）。标本 T16⑥：2，灰陶，器表有褐色斑。尖唇，卷折沿，沿缘直立，下腹残。腹饰方格纹，上腹饰一周凹弦纹，内壁饰两周凹弦纹。口径 14.7、残高 9 厘米（图一一六，10）。

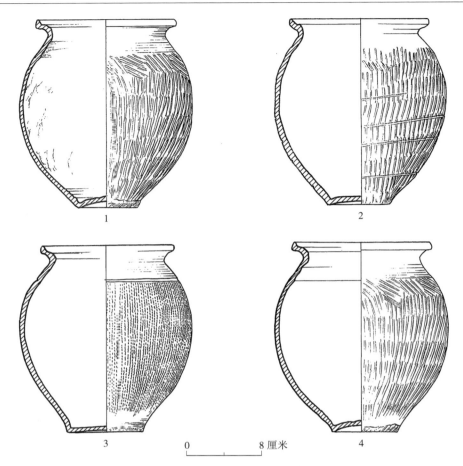

图一一五　龙山文化 C 型陶折沿罐
1. Ⅰ式（H111∶13）　2. Ⅱ式（H101∶14）　3、4. Ⅲ式（H41∶29、H75∶8）

　　Ⅴ式　5件。腹较浅。标本 H144∶3，褐陶。方唇，斜折沿，沿缘有一周凹槽，小平底。粗绳纹，下腹局部交错绳纹。口径12.5、底径6.5、高17.9厘米（图一一六，9；彩版三六，4）。标本 H61∶9，黑陶。有肩，圆唇，斜折沿，沿面微凹，下腹残。方格纹，内壁上腹饰两周凹弦纹。口径13.5、残高10.5厘米（图一一六，5）。标本 H14∶3，黄褐陶。方唇，斜折沿，沿面微鼓，下腹残。腹部饰方格纹，内壁上腹饰两周凹弦纹。口径12.6、残高7厘米（图一一六，6）。标本 H146∶7，黑陶。尖唇，唇缘一周凹槽，斜折沿，沿面凹，小凹底。腹饰篮纹，内壁近底有一周凹弦纹。口径16、底径6.9、高21.7厘米（图一一六，2；彩版三七，1）。

　　Ⅵ式　5件。浅腹。标本 H62∶9，灰陶，制作粗糙，口部变形。尖唇，斜折沿，沿面凹，小凹底。通体方格纹。口径16.8～17.2、底径7.5、通高18.7厘米（图一一六，3；彩版三七，2）。标本 H146∶8，灰陶。方唇，斜折沿，下腹残。细绳纹，内壁上腹饰三周凹弦纹。口径16.5、残高6.8厘米（图一一六，7）。

　　D 型　4件。

　　标本 T18⑤∶30，灰陶。圆唇，唇缘二周浅凹槽，斜折沿，下腹残。腹饰竖篮纹。口

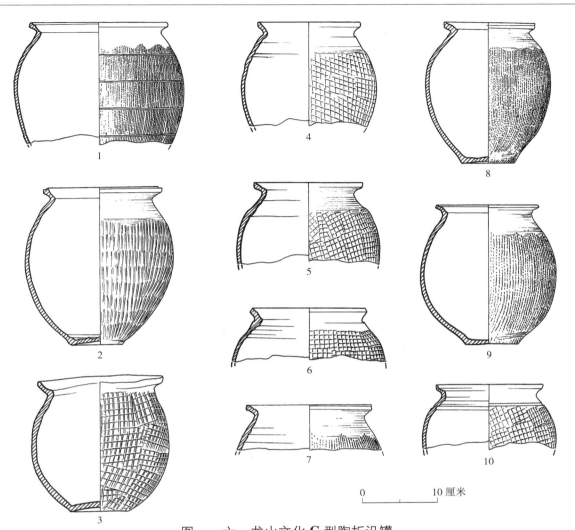

图一一六　龙山文化 **C** 型陶折沿罐

1. Ⅲ式（H142：3）　2、5、6、9. Ⅴ式（H146：7、H61：9、H14：3、H144：3）　3、7. Ⅵ式
（H62：9、H146：8）　4、8、10. Ⅳ式（G4：14、H42：1、T16⑥：2）

径 18、残高 8 厘米（图一一七，1）。标本 H105：1，灰陶，褐胎。圆唇，短沿近平折，下腹残。腹饰竖篮纹。口径 20.4、残高 7.6 厘米（图一一七，2）。标本 T13⑥：4，夹砂灰陶。圆唇，沿面凹，下腹残。腹饰绳纹。口径 32、残高 8.8 厘米（图一一七，3）。标本 H94：7，夹砂灰陶，褐胎。有肩，方唇，卷折沿，下腹残。上腹竖篮纹，三周刻划弦纹，内壁三周凹弦纹。口径 17、残高 8.5 厘米（图一一七，4）。

E 型　2 件。

标本 H14：5，夹砂灰陶，褐胎，器壁有灰褐色斑。圆唇，斜折沿，沿缘有一周凹槽，下腹残。腹饰细绳纹。口径 20.4、残高 6 厘米（图一一八，1）。标本 T17⑤：15，夹砂灰陶。方唇，唇缘一周凹槽，斜折沿，下腹残。腹饰间断绳纹。口径 20、残高 7.2 厘米（图一一八，2）。

F 型　1 件。

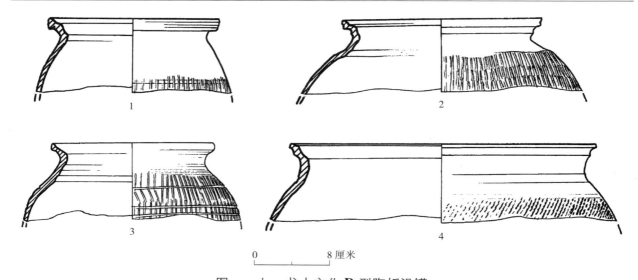

0            8 厘米

图一一七　龙山文化 **D** 型陶折沿罐

1. T18⑤：30　2. H105：1　3. T13⑥：4　4. H94：7

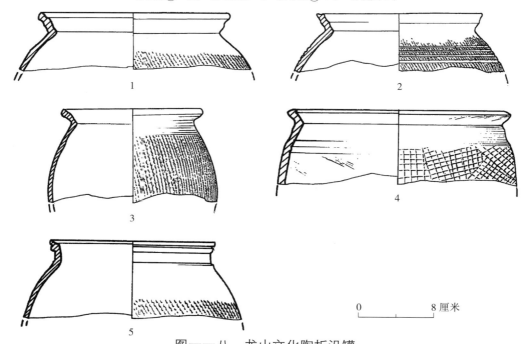

0            8 厘米

图一一八　龙山文化陶折沿罐

1、2. E 型（H14：5、T17⑤：15）　3. F 型（T19⑤：38）　4. G 型（H121：14）　5. H 型（H85：1）

标本 T19⑤：38，黑灰陶。圆唇，斜折沿，沿面鼓，下腹残。饰绳纹。口径 15、残高 11.5 厘米（图一一八，3）。

G 型　1 件。

标本 H121：14，泥质黄褐陶，内壁黑灰。圆唇，斜折沿，下腹残。腹拍印交错方格纹，内壁上腹三周凹弦纹。口径 25.6、残高 9.6 厘米（图一一八，4）。

H 型　1 件。

标本 H85：1，泥质灰陶。尖唇，唇外缘一周凹槽，窄折沿，下腹残。腹饰绳纹。口径17.2、残高8厘米（图一一八，5）。

卷沿罐 12件。卷沿，束颈，均为夹砂陶。分4式。

Ⅰ式 3件。整体较瘦标本T18⑧：24，黑陶。圆唇，唇缘有一周凹槽，沿下有一周凸棱，下腹残。腹饰细弦纹。口径24.8、残高3.8厘米（图一一九，1）。

Ⅱ式 4件。腹较鼓。标本H127：11，灰陶。圆唇，颈部有一周凸棱，沿面上缘有一周凹槽，下腹残。腹饰绳纹。口径14.6、残高5.6厘米（图一一九，2）。标本H132：10，灰陶。方唇，沿上缘一周凹槽，下腹残。颈部有一周凹弦纹，上腹饰细绳纹。口径17.6、残高7.2厘米（图一一九，3）。标本T18⑦：7，灰陶。圆唇，沿缘近直，下腹残。腹饰竖篮纹。口径20、残高7.6厘米（图一一九，4）。

Ⅲ式 3件。鼓腹。标本H58：4，黑陶。方唇，卷沿近直，下腹残。方格纹，上腹内壁饰四周凹弦纹。口径12、残高7.5厘米（图一一九，5）。

Ⅳ式 2件。鼓腹。标本T18⑥：23，灰黑陶。方唇，沿缘近直，下腹残。腹饰竖篮纹。口径20、残高7.6厘米（图一一九，6）。标本T19⑥：15，灰陶。方唇，沿缘近直，下腹残。肩饰细弦纹，腹饰交错绳纹。口径24.4、残高6.4厘米（图一一九，7）。

高领罐 17件。侈口，束颈，大部分为夹砂陶，个别泥质陶。分6式。

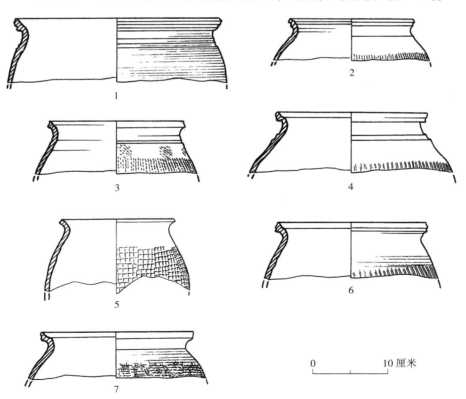

图一一九 龙山文化陶卷沿罐
1. Ⅰ式（T18⑧：24） 2~4. Ⅱ式（H127：11、H132：10、T18⑦：7）
5. Ⅲ式（H58：4） 6、7. Ⅳ式（T18⑥：23、T19⑥：15）

Ⅰ式　3件。整体较瘦。标本 H121：13，夹砂红褐陶。卷沿，沿上缘有一周凸棱，沿外侧有一周凹槽，下腹残。上腹饰细弦纹，腹饰绳纹（图一二〇，1）。标本 T13⑧：11，夹砂红褐陶。圆唇，卷沿，沿上缘有一周凹槽，领部有一周凸棱，下腹残。腹饰竖篮纹。口径20.4、残高8.4厘米（图一二〇，2）。

Ⅱ式　2件。腹稍鼓。标本 H127：5，夹砂灰陶。圆唇，折沿，沿面凹，下腹残。上腹饰两周凹弦纹，腹饰竖篮纹。口径20.4、残高8厘米（图一二〇，3）。

Ⅲ式　2件。腹较鼓。标本 H76：3，夹砂灰陶，略磨光。圆唇，折沿，沿上缘饰一周凹槽，下腹残。腹饰间断绳纹。口径27.6、残高6.8厘米（图一二〇，4）。

Ⅳ式　3件。腹较鼓。标本 T39⑥：6，夹砂黑陶。尖唇，领部有一周凸棱，下腹残。腹饰竖篮纹。口径17.6、残高1.5厘米（图一二〇，6）。

Ⅴ式　2件。鼓腹。标本 T16⑤：11，夹砂灰陶。方唇，折沿近平，下腹残。腹饰细绳纹。口径16.8、残高6厘米（图一二〇，7）。

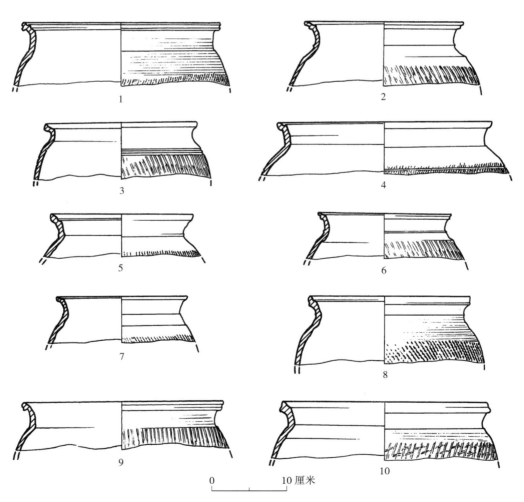

图一二〇　龙山文化陶高领罐

1、2. Ⅰ式（H121：13、T13⑧：11）　3. Ⅱ式（H127：5）　4. Ⅲ式（H76：3）　5、8～10. Ⅵ式（H15：11、
T36⑤：4、T21⑤：1、T21⑤：2）　6. Ⅳ式（T39⑥：6）　7. Ⅴ式（T16⑤：11）

Ⅵ式　5 件。鼓腹，有肩。标本 H15：11，灰陶。尖唇，沿面有一周凹槽，鼓肩，腹残。肩饰绳纹。口径 16.4、残高 5.6 厘米（图一二〇，5）。标本 T36⑤：4，夹砂灰陶。尖唇，沿缘有一周凹槽，下腹残。肩部饰弦纹，腹饰绳纹。口径 21.6、残高 9.6 厘米（图一二〇，8）。标本 T21⑤：1，泥质黑陶。方唇，唇缘有一周凹槽，下腹残。肩饰细弦纹，腹饰竖篮纹。口径 26.8、残高 4.4 厘米（图一二〇，9）。标本 T21⑤：2，夹砂灰陶。方唇，折沿，下腹残。肩饰细弦纹，腹饰竖篮纹，内壁上腹饰一周凸弦纹。口径 28、残高 7.6 厘米（图一二〇，10）。

大口罐　54 件。大部分为泥质磨光陶，少数夹砂。分 5 型。

A 型　18 件。分 2 亚型。

Aa 型　10 件。侈口，直领，鼓腹。分 4 式。

Ⅰ式　2 件。腹近直，领微外倾。标本 H41：8，夹砂灰陶，器表略磨光。方唇，唇缘有一周凹槽，底残。领、腹结合部装饰盲鼻，上腹素面，饰横耳，下腹饰竖向绳纹。口径 32、残高 19.2 厘米（图一二一，1）。

Ⅱ式　3 件。腹微鼓，领稍外倾。标本 T21⑥：12，泥质磨光黑陶。圆唇，卷沿，底残。领部内壁饰三周凹弦纹，腹饰竖篮纹，局部交错饰两周凹弦纹。口径 31.6、残高 17.2 厘米（图一二一，5）。

Ⅲ式　3 件。腹较鼓，标本 H6：5，泥质磨光红褐陶，内壁黑灰。圆唇，下腹残。上腹有对称横錾，錾手残，腹饰细绳纹。口径 36、残高 12.4 厘米（图一二一，7）。

Ⅳ式　2 件。鼓腹，领外倾。标本 T18⑤：16，泥质磨光红褐陶，内壁黑灰，器表局部灰褐色。尖唇，沿缘外侧有两周凹槽，小凹底。腹饰竖篮纹，上腹饰一对称宽横錾。口径 28.4、底径 10.4、高 24.8 厘米（图一二一，6；彩版三八，1）。

Ab 型　8 件。侈口，折沿，束颈，鼓腹。分 3 式。

Ⅰ式　2 件。腹微鼓。标本 H131：19，泥质磨光灰陶，局部有褐色斑。圆唇，唇缘有一周浅凹槽，下腹残。腹饰斜篮纹，上腹装饰横耳。口径 28.8、残高 10.4 厘米（图一二一，2）。

Ⅱ式　2 件。腹较鼓。标本 H6：20，泥质磨光黑陶，褐胎。圆唇，下腹残。腹饰菱形纹，内壁上腹饰四周凹弦纹。口径 28.4、残高 10.8 厘米（图一二一，4）。

Ⅲ式　4 件。鼓腹。标本 T39⑤：14，泥质磨光黑陶，红褐胎。尖唇，唇沿外侧有一周凹槽，下腹残。领、腹各有一周凹弦纹，腹饰绳纹。残高 10.8 厘米（图一二一，3）。

B 型　13 件。扁腹，斜领。分 5 式。

Ⅰ式　2 件。腹微鼓。标本 H110：9，夹砂黑陶，褐胎。圆唇，平沿，沿面有两周凹槽，下腹残。领部饰八周凹弦纹，内壁上腹五周凹弦纹。口径 24、残高 9.6 厘米（图一二二，1）。

Ⅱ式　3 件。腹略鼓。标本 H85：10，泥质磨光灰褐陶，胎较薄。方唇，沿缘有一周

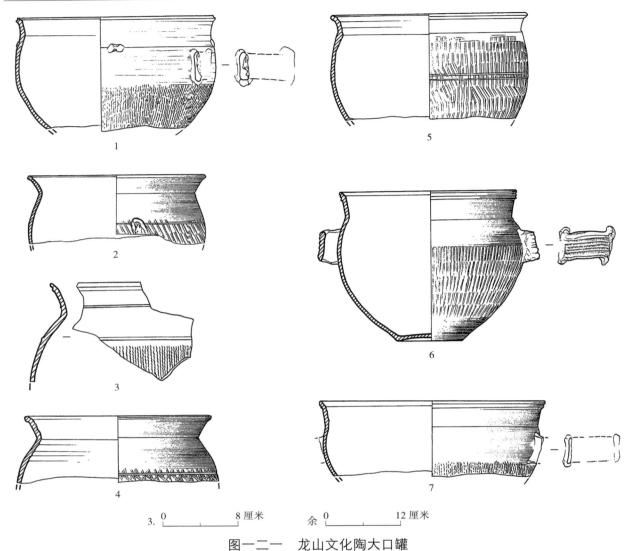

**图一二一　龙山文化陶大口罐**
1. Aa 型 I 式（H41：8）　2. Ab 型 I 式（H131：19）　3. Ab 型Ⅲ式（T39⑤：14）　4. Ab 型Ⅱ式（H6：20）
5. Aa 型Ⅱ式（T21⑥：12）　6. Aa 型Ⅳ式（T18⑤：16）　7. Aa 型Ⅲ式（H6：5）

凹槽，下腹残。领部有一周凹弦纹，上腹有盲鼻、泥饼各一对，内壁上腹有两周凹弦纹。口径 18.8、残高 7.6 厘米（图一二二，2）。

Ⅲ式　3 件。腹较鼓。标本 H41：10，夹砂红褐陶。方唇，唇缘有一周凹槽，折沿，沿面有两周凹槽，下腹残。肩饰一对盲鼻，腹饰间断绳纹。口径 26、残高 14 厘米（图一二二，4）。

Ⅳ式　2 件。鼓腹趋扁。标本 T13⑥：3，泥质磨光灰陶，口沿局部呈灰褐色。尖唇，沿上缘有一周凹槽，底残。腹饰间断篮纹。口径 28.8、残高 14 厘米（图一二二，5）。

Ⅴ式　3 件。扁腹。标本 T13⑤：14，泥质磨光红褐陶，局部灰褐色。圆唇，窄折沿近平，直领，圆肩，底残。领、肩饰两组刻划纹，下腹饰绳纹。口径 25.2、残高 8.8 厘米（图一二二，3）。

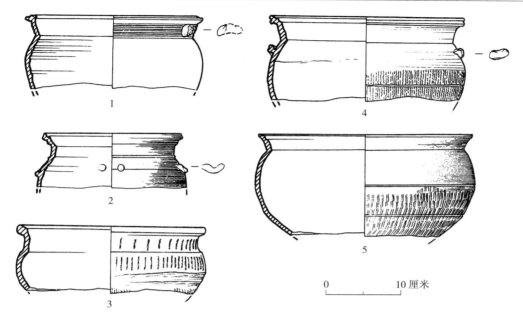

**图一二二　龙山文化 B 型陶大口罐**

1. Ⅰ式（H110∶9）　　2. Ⅱ式（H85∶10）　　3. Ⅴ式（T13⑤∶14）

4. Ⅲ式（H41∶10）　　5. Ⅳ式（T13⑥∶3）

C 型　12 件。折沿，斜腹，小平底。分 2 亚型。

Ca 型　8 件。有纹饰，分 3 式。

Ⅰ式　2 件。腹较瘦。标本 H129∶1，夹砂灰陶，器表局部黑色，内壁黄灰色。圆唇，底残。腹饰竖篮纹及四周凹弦纹，近底纹饰经擦抹。口径 29.2、残高 28.7 厘米（图一二三，1；彩版三七，3）。

Ⅱ式　3 件。腹较鼓。标本 H58∶7，夹砂黄褐陶。圆唇。腹饰细绳纹，腹部三组五周凹弦纹，内壁近底饰八周凸弦纹。口径 37.2、底径 18、通高 3.6 厘米（图一二三，2）。标本 H144∶2，夹砂灰褐陶。圆唇，沿外侧有一周凹槽，下腹残。腹饰竖篮纹。口径 20、残高 15.6 厘米（图一二三，5）。标本 G5∶1，夹砂灰陶。尖唇，下腹残。沿下细弦纹，腹饰竖篮纹。口径 33.6、残高 7.2 厘米（图一二三，8）。

Ⅲ式　3 件。鼓腹。标本 H64∶6，灰陶。方唇，沿上缘有一周凹弦纹，下腹残。腹饰方格纹，上腹内壁饰两周凹弦纹。口径 18.6、残高 10.3 厘米（图一二三，7）。标本 H64∶8，夹砂灰陶。尖唇，下腹残。沿下有两周凹弦纹，腹饰绳纹。口径 20.8、残高 7.6 厘米（图一二三，6）。

Cb 型　4 件。素面。分 2 式。

Ⅰ式　2 件。鼓腹。标本 H110∶8，泥质夹蚌黄褐陶，器表敷草拌泥。方唇。腹饰三组六周凹弦纹，内壁饰六周凹弦纹。口径 22.5、底径 12、通高 27 厘米（图一二三，3；彩版三七，4）。

Ⅱ式　2 件。腹较瘦。标本 H98∶5，夹砂灰陶。圆唇，沿面有一周凹槽，下腹残。

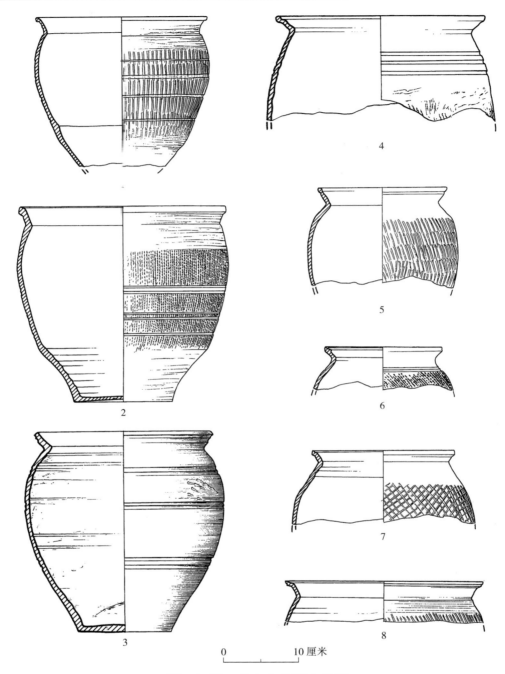

图一二三　龙山文化陶大口罐

1. Ca 型 I 式（H129：1）　　2、5、8. Ca 型 II 式（H58：7、H144：2、G5：1）　　3. Cb 型 I 式（H110：8）
4. Cb 型 II 式（H98：5）　　6、7. Ca 型 III 式（H64：8、H64：6）

上腹饰三周凹弦纹。口径 21.9、残高 9 厘米（图一二三，4）。

D 型　10 件。斜领，素面。分 4 式。

I 式　2 件。腹略鼓。标本 T18⑧：33，夹蚌灰褐陶。圆唇，唇缘内外各有一周浅凹槽，下腹残。残高 6.4 厘米（图一二四，1）。

II 式　2 件。腹较鼓。标本 T16⑦：6，泥质磨光灰褐陶。尖唇，下腹残。领、腹饰

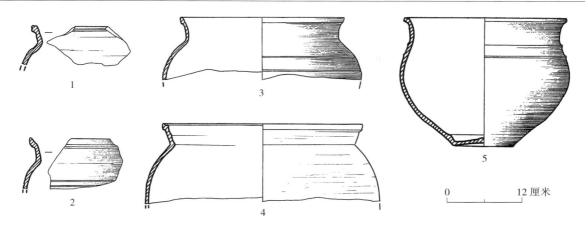

图一二四　龙山文化陶大口罐

1. D 型Ⅰ式（T18⑧：33）　　2. D 型Ⅱ式（T16⑦：6）　　3. D 型Ⅳ式（H16：5）
4. D 型Ⅲ式（H141：1）　　5. E 型（H120：18）

两组四周凹弦纹。残高 8.4 厘米（图一二四，2）。

Ⅲ式　4 件。腹较鼓。标本 H141：1，泥质磨光灰褐陶，局部红褐色。圆唇，下腹残。腹饰两组四周凹弦纹。口径 26、残高 10.2 厘米（图一二四，4）。

Ⅳ式　2 件。鼓腹。标本 H16：5，泥质磨光灰陶。圆唇，唇内有一周凹槽，下腹残。口径 28.8、残高 8 厘米（图一二四，3）。

E 型　1 件。

标本 H120：18，泥质黑陶，褐胎。方唇，沿缘微折，上腹鼓，下腹弧收，小凹底。上腹饰两周细弦纹，内壁近底有一周凸弦纹。口径 22、底径 8、高 18 厘米（图一二四，5；彩版三八，2）。

中口罐　18 件。侈口，斜领。分 3 型。

A 型　8 件。有纹饰。分 3 式。

Ⅰ式　2 件。溜肩。标本 T39⑦：11，泥质灰黑陶。圆唇，折沿，下腹残。领饰三周、肩饰一周凹弦纹，腹饰斜篮纹，内壁满饰细弦纹，沿下有四个泥饼。口径 22.8、残高 11.6 厘米（图一二五，1）。

Ⅱ式　3 件。圆肩。标本 H75：6，泥质磨光黑陶，褐胎。方唇，折沿，沿缘有一周凹槽，下腹残。肩饰两周凹弦纹、两个对称桥形耳，腹饰间断篮纹。口径 23.2、残高 16 厘米（图一二五，5）。

Ⅲ式　3 件。圆折肩。标本 T39⑥：8，泥质磨光黑陶，器腹局部灰褐色。尖唇，沿缘一周凹槽，上腹鼓，下腹急内收，小凹底。肩部一对桥形耳，腹饰斜篮纹、两周凹弦纹，近底纹饰抹尽。口径 24.8、底径 9.2、通高 34.8 厘米（图一二五，2）。

B 型　9 件。素面。分 3 式。

Ⅰ式　3 件。窄肩，腹近直。标本 T16⑧：14，泥质黑陶，褐胎。方唇，折沿，沿面有一周凹槽，下腹残。肩饰一对盲鼻，内壁饰两周凹弦纹。口径 20.4 厘、残高 8 厘米（一二五，3）。标本 T15⑧：10，泥质黑陶。圆唇，折沿，沿缘近直，下腹残。肩、腹各

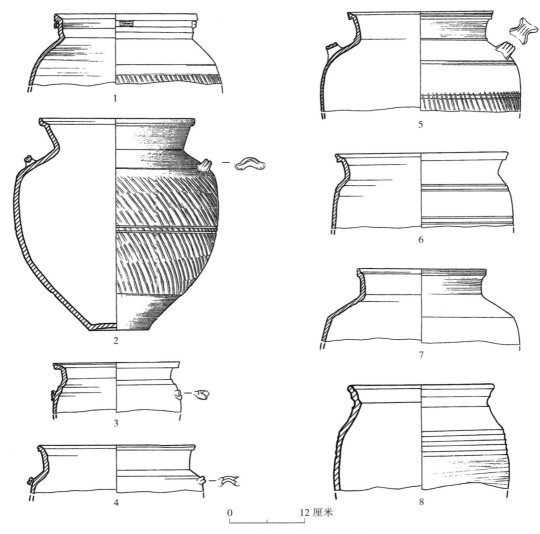

图一二五　龙山文化陶中口罐

1. A 型 I 式（T39⑦：11）　　2. A 型 III 式（T39⑥：8）　　3、6. B 型 I 式（T16⑧：14、T15⑧：10）
4. B 型 II 式（T19⑦：5）　　5. A 型 II 式（H75：6）　　7. B 型 III 式（T19⑥：23）　　8. C 型（H101：3）

饰两组四周凹弦纹。口径 28、残高 12 厘米（图一二五，6）。

II 式　4 件。折肩稍宽。标本 T19⑦：5，夹砂灰陶。圆唇，卷折沿，腹残。肩饰一对盲鼻。口径 25.2、残高 7.6 厘米（图一二五，4）。

III 式　2 件。宽折肩。标本 T19⑥：23，泥质磨光灰陶。尖唇，沿近直，下腹残。口径 24、残高 6 厘米（图一二五，7）。

C 型　1 件。

标本 H101：3，夹蚌黄褐陶。圆唇，斜折沿，沿面有两周凹槽，肩微折，上腹近直，下腹残。素面。上腹饰五周凹弦纹。口径 20、残高 17 厘米（图一二五，8）。

小口罐　5 件。

鼓肩或平肩。标本 T16⑥：6，泥质灰陶，局部磨光。口残，肩微鼓，肩以下残。素面。

残高 2.7 厘米（图一二六，1）。标本
T19⑥：12，泥质磨光黑陶。圆唇，侈
口，肩稍鼓，肩以下残。素面。口径
6.6、残高 2.4 厘米（图一二六，2）。标
本 H120：12，泥质磨光红褐陶。口残，
鼓肩，肩以下残。素面。残高 4.5 厘米
（图一二六，3）。标本 H61：4，磨光红
褐陶。口残，肩以下残。素面。残高 3
厘米（图一二六，4）。标本 T15⑤：28，
磨光灰陶。圆唇，侈口，高颈，宽平肩，
肩以下残。肩部饰一周凸弦纹，素面。
口径 4.5、残高 6 厘米（图一二六，5）。

　　小口高领罐　43 件。均为泥质
陶，大部分磨光。分 4 型。

　　A 型　15 件。侈口，圆肩。分 4 式。

　　Ⅰ式　2 件。矮领。标本 T16⑦：10，

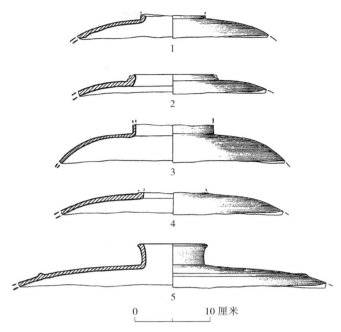

图一二六　龙山文化陶小口罐
1. T16⑥：6　2. T19⑥：12　3. H120：12
4. H61：4　5. T15⑤：28

磨光黑陶。斜方唇，肩以下残。口径 11、残高 5.11 厘米（图一二七，1）。

　　Ⅱ式　3 件。领稍高。标本 H117：4，磨光黑陶，褐胎。斜方唇，鼓腹，下腹残。颈
部饰一周凸弦纹，腹饰交错篮纹，腹部饰一周、肩饰两周凹弦纹。口径 12、残高 8.4 厘
米（图一二七，6）。标本 H142：1，灰陶，器表略磨光。斜方唇，肩以下残。肩、腹结
合部饰三周凹弦纹。口径 11、残高 7.8 厘米（图一二七，2）。

　　Ⅲ式　5 件。领较高。标本 H120：24，磨光黑陶，褐胎，器表局部灰色。斜方唇，
上腹鼓，下腹弧收，小底微凹。肩、腹结合部各有一对盲鼻和泥饼，腹饰粗绳纹，腹部
饰三组六周凹弦纹，近底纹饰经擦抹。口径 11.4、底径 10.5、通高 27.7 厘米（图
一二七，7；彩版三九，1）。标本 T15⑥：4，灰陶，器表略磨光。圆唇，肩下残。颈部饰
一周凸弦纹。口径 12.5、残高 6.1 厘米（图一二七，3）。

　　Ⅳ式　5 件。高领。标本 T15⑤：16，磨光灰陶。方唇，肩以下残。素面。口径 12、
残高 7.2 厘米（图一二七，4）。标本 H15：12，磨光褐陶。斜方唇，肩以下残。领部饰一
周凸弦纹。口径 12.6、残高 6 厘米（图一二七，5）。

　　B 型　9 件。敛口，圆肩。分 5 式。

　　Ⅰ式　2 件。矮领。标本 T13⑧：12，磨光灰陶，器表略磨光。圆唇，肩以下残。肩
部饰两周凹弦纹。口径 9.3、残高 4.8 厘米（图一二八，1）。

　　Ⅱ式　2 件。领稍高。标本 T16⑦：9，磨光灰陶。尖唇，肩以下残。口径 9.6、残高
5.1 厘米（图一二八，2）。

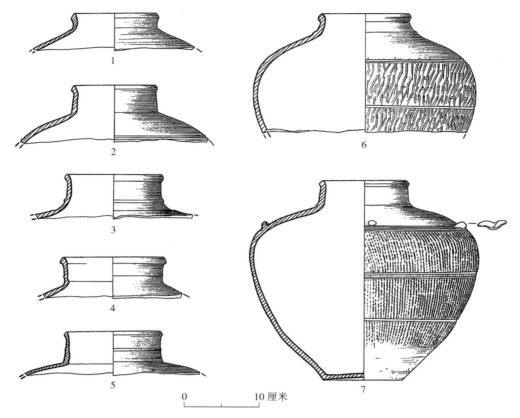

图一二七　龙山文化 **A** 型陶小口高领罐

1. Ⅰ式（T16⑦：10）　2、6.Ⅱ式（H142：1、H117：4）　3、7.Ⅲ式（T15⑥：4、H120：24）
4、5.Ⅳ式（T15⑤：16、H15：12）

　　Ⅲ式　2件。领较高。标本 H13：5，泥质磨光黑陶。圆唇，上腹近直，下腹残。肩部饰一周凹弦纹，腹饰竖篮纹。口径12、残高12.6厘米（图一二八，4）。

　　Ⅳ式　2件。高领。标本 H16：1，磨光灰陶。圆唇，上腹直，下腹急内收，底残。腹饰竖篮纹，肩部饰两周、腹部饰两周凹弦纹。口径12、底径10.2、高29.4厘米（图一二八，3）。

　　Ⅴ式　1件。高领，篮纹。标本 T19⑤：3，磨光灰陶，器表局部褐色。圆唇，肩以下残。斜篮纹。口径11、残高7.8厘米（图一二八，5）。

　　C 型　18件。分2亚型。

　　Ca 型　7件。直口，斜肩。分3式。

　　Ⅰ式　1件。领较弧。标本 T14⑧：7，磨光灰陶。圆唇，颈以下残。领内壁饰一周凹弦纹。口径12、残高6.8厘米（图一二九，1）。

　　Ⅱ式　3件。领微弧。标本 H13：1，磨光灰陶。圆唇，上腹近直，下腹残。肩部饰四周凹弦纹，上腹斜篮纹。口径12.3、残高12.6厘米（图一二九，2）。

　　Ⅲ式　3件。直领。标本 T15⑤：18，磨光黑陶。尖唇，上腹近直，下腹残。肩部饰两周凹弦纹，腹饰斜篮纹。口径12、残高3.6厘米（图一二九，3）。

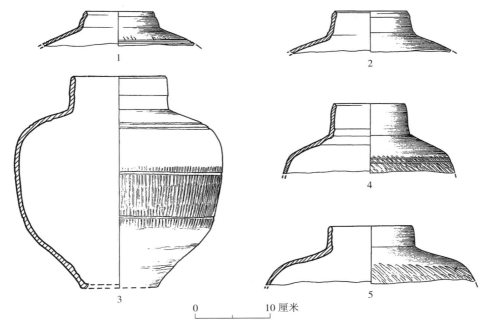

图一二八　龙山文化 **B** 型陶小口高领罐

1. Ⅰ式（T13⑧：12）　　2. Ⅱ式（T16⑦：9）　　3. Ⅳ式（H16：1）　　4. Ⅲ式（H13：5）　　5. Ⅴ式（T19⑤：3）

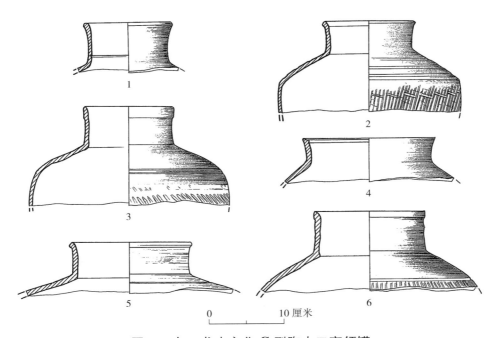

图一二九　龙山文化 **C** 型陶小口高领罐

1. Ca 型Ⅰ式（T14⑧：7）　　2. Ca 型Ⅱ式（H13：1）　　3. Ca 型Ⅲ式（T15⑤：18）
4. Cb 型Ⅰ式（T36⑧：1）　　5. Cb 型Ⅱ式（G5：5）　　6. Cb 型Ⅲ式（T13⑥：2）

Cb 型　11 件。直口，圆肩。分 4 式。

Ⅰ式　2 件。领稍外倾。标本 T36⑧：1，磨光灰陶。斜方唇，肩以下残。素面。口径 18、残高 6.2 厘米（图一二九，4）。

Ⅱ式　2件。领微外倾。标本G5：5，磨光灰陶。圆唇，肩以下残。肩饰一周凹弦纹，腹部素面。口径16.5、残高6.9厘米（图一二九，5）。

Ⅲ式　4件。直领。标本T13⑥：2，磨光黑陶，局部灰色，褐胎。尖唇，肩以下残。肩部饰竖篮纹及一周凹弦纹。口径15、残高11.1厘米（图一二九，6）。

Ⅳ式　3件。直领。标本T38⑤：3，磨光灰陶。尖唇，鼓肩，肩以下残。口沿外侧有一周凸棱，素面。口径15、残高6.8厘米（图一三〇，1）。标本T13⑤：10，黑陶，器表略磨光。尖唇，肩以下残。口径13.2、残高7.8厘米（图一三〇，2）。

D型　1件。

标本T17⑥：17，泥质磨光灰陶，器表有黑灰色斑。斜方唇，侈口，平肩，上腹鼓，下腹急内收，小凹底。领、肩部各有两周凹弦纹，肩中部装饰一对泥饼，腹通饰竖篮纹，近底纹饰被擦抹。口径4.7、底径4.7、高33.9厘米（图一三〇，3；彩版三九，2）。

小口鼓腹罐　22件。均为泥质磨光陶。分3型。

A型　7件。鼓腹。

标本H98：7，磨光黑陶。口残，高弧颈，小平底，素面。底径7.8、高13.5厘米（图一三一，1）。标本H110：3，磨光灰陶。口残，小平底。领饰一周、腹饰五周凹弦纹。底径6.6、残高15.6厘米（图一三一，2）。标本T14⑧：27，磨光灰陶。高颈，口残，小凹底。素面。底径6.6、残高12厘米（图一三一，3）。

B型　14件。扁腹。

标本H41：7，泥质黑陶。口、底残。上腹饰两周凹弦纹，下腹饰一"四边形"刻划图案，素面。残高11.4厘米（图一三二，1）。标本F10：2，磨光灰陶。口残，小底内

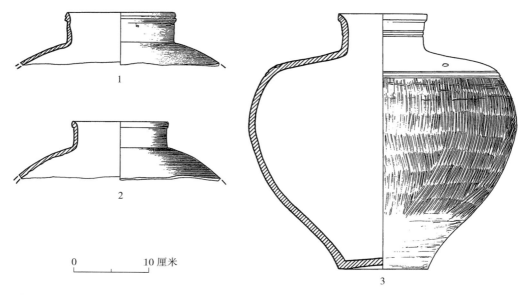

图一三〇　龙山文化陶小口高领罐

1、2. Cb型Ⅳ式（T38⑤：3、T13⑤：10）　3. D型（T17⑥：17）

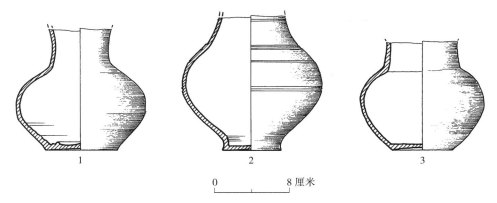

图一三一　龙山文化 **A** 型陶小口鼓腹罐
1. H98：7　2. H110：3　3. T14⑧：27

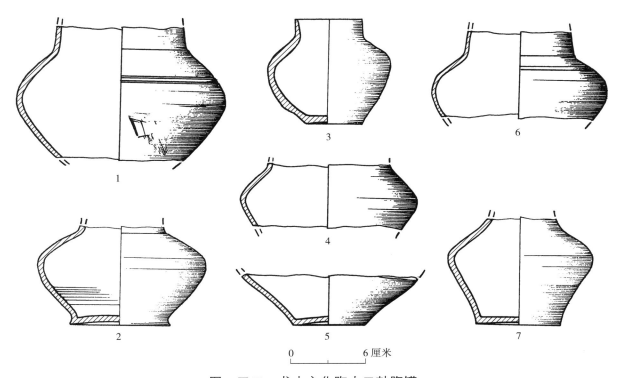

图一三二　龙山文化陶小口鼓腹罐
1、2、4~7.B 型（H41：7、F10：2、T19⑤：8、H65：3、H131：18、T39⑤：15）　3.C 型（H121：7）

凹。素面，内壁饰弦纹。底径 8.1、残高 7.8 厘米（图一三二，2）。标本 T19⑤：8，磨光黑陶，褐胎。口、底均残。素面。残高 5.4 厘米（图一三二，4）。标本 H65：3，磨光灰褐陶。腹以上残，小底内凹。素面。残高 4.2 厘米（图一三二，5）。标本 H131：18，磨光褐陶。口、底均残。素面。腹饰两周弦纹。残高 7.2 厘米（图一三二，6）。标本 T39⑤：15，磨光灰陶。领残，小平底微内凹，素面。底径 6.3、残高 8.4 厘米（图一三二，7）。

C 型　1件。

标本 H121：7，磨光黄褐陶。尖唇，口微侈，小平底。素面。口径 6、底径 4.5、高

8.1厘米（图一三二，3；彩版四〇）。

小罐　123件。均为夹砂陶，个别夹蚌。分2型。

A型　71件。有纹饰，分6式。

Ⅰ式　3件。整体较瘦。标本T17⑧：23，红褐陶。尖唇，斜折沿近直，沿面有两道凹槽，下腹残。腹饰斜篮纹。口径9.8、残高6.6厘米（图一三三，1）。

Ⅱ式　17件。腹稍胖。标本H102：2，灰陶。尖唇，斜折沿，沿面微凹，沿上缘有一周凹槽，小凹底。上腹饰三周凹弦纹，腹通饰竖篮纹。口径8.6、高14.9厘米（图一三三，3；彩版四一，1）。

Ⅲ式　12件。腹较胖。标本H60：4，灰陶。圆唇，斜折沿，沿面凹，下腹残。通饰篮纹。口径12.6、残高12.2厘米（图一三三，2）。标本H140：1，灰褐陶。方唇，唇缘有一周浅凹槽，卷折沿，下腹残。腹饰绳纹。口径13.2、残高10.9厘米（图一三三，4）。标本H75：4，黑陶。方唇，斜折沿，唇缘有一周浅凹槽，沿面凹，小凹底。腹通饰竖篮纹。口径10.8、底径6、高16.3厘米（图一三三，5；彩版四一，2）。

Ⅳ式　11件。腹较Ⅲ式胖。标本H99：7，黑陶。尖唇，斜折沿较窄，沿面凹，小凹底，腹部有红褐色斑。通饰篮纹。口径10.8、底径6.3、高14厘米（图一三三，6；彩版四一，3）。标本T20⑥：17，黑陶。圆唇，斜折沿，沿面有两周凹槽，下腹残。上腹饰篮纹。口径9.6、残高7.6厘米（图一三四，1）。

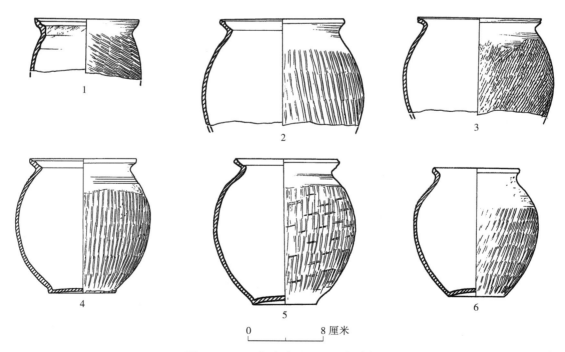

0　　　　8厘米

图一三三　龙山文化A型小陶罐

1. Ⅰ式（T17⑧：23）　　2、3、5. Ⅲ式（H60：4、H140：1、H75：4）　　4. Ⅱ式（H102：2）
6. Ⅳ式（H99：7）

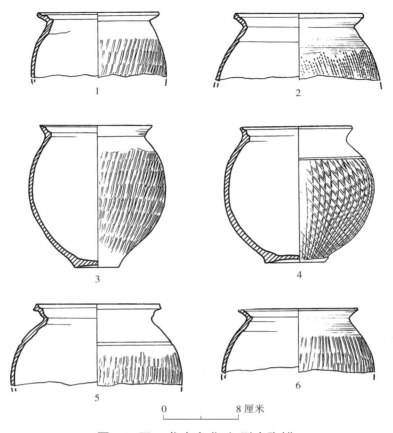

图一三四 龙山文化 **A** 型小陶罐

1. Ⅳ式（T20⑥：17） 2、3. Ⅴ式（T13⑤：6、H89：4） 4~6. Ⅵ式（H145：3、H32：10、H94：2）

Ⅴ式 19件。腹较矮胖。标本T13⑤：6，灰陶。圆唇，斜折沿较宽，沿上缘有1周浅凹槽，下腹残。腹饰绳纹。口径13.8、残高7.5厘米（图一三四，2）。标本H89：4，红褐陶，器表局部有灰色斑。尖唇，斜折沿，沿缘有一周凹槽，小凹底。通体饰篮纹。口径9.3、底径5.2、高14厘米（图一三四，3；彩版四一，4）。

Ⅵ式 9件。扁腹矮胖。标本H145：3，黑陶。圆唇，折沿较窄，沿面两周凹槽，小凹底。上腹有一周凹弦纹，腹饰菱形纹。口径11.4、底径6.3、高15厘米（图一三四，4；彩版四二，1）。标本H32：10，灰陶。方唇，斜折沿较宽，沿面饰两周凹槽，下腹残。上腹一周凹弦纹，腹饰篮纹。口径13、残高9厘米（图一三四，5）。标本H94：2，灰褐陶。尖唇，唇缘有一周凹槽，斜折沿，沿面微凹，下腹残。腹饰篮纹，上腹内壁饰两周凹弦纹。口径12、残高8.6厘米（图一三四，6）。

B型 52件。素面。分6式。

Ⅰ式 3件。整体瘦高。标本H109：2，灰褐陶，局部有灰黑斑。圆唇，斜折沿，沿面微凹，小平底。上腹饰两周凹弦纹。口径10.2、底径6.2、高13.8厘米（图一三五，1；彩版四二，2）。标本H109：3，灰褐陶。圆唇，斜折沿，沿面有两周凹槽，下腹残。口外缘有一周弦纹。残高7.5厘米（图一三五，2）。

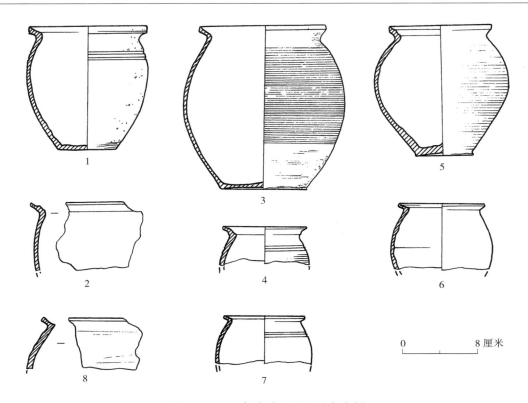

图一三五 龙山文化 **B** 型小陶罐

1、2. Ⅰ式（H109：2、H109：3） 3、4. Ⅱ式（H129：9、H132：12）
5~7. Ⅲ式（H98：21、H142：2、H140：2） 8. Ⅳ式（T13⑥：5）

Ⅱ式 8件。腹略鼓。标本 H129：9，灰褐陶。尖唇，斜折沿，沿面微凹，小凹底。上腹饰细弦纹，下腹素面。口径 9、底径 6.4、高 12.2 厘米（图一三五，3；彩版四二，3）。标本 H132：12，灰褐陶。圆唇，折沿较宽，沿面鼓，下腹残。上腹饰两周凹弦纹。口径 8.5、残高 4.5 厘米（图一三五，4）。

Ⅲ式 6件。腹较鼓。标本 H98：21，灰陶，局部有灰褐色斑。尖唇，斜折沿较宽，沿面饰 2 周凹槽，小平底微凹。腹部有不甚明显的细弦纹。口径 10.2、底径 5.3、高 13.6 厘米（图一三五，5；彩版四二，4）。标本 H142：2，黑陶。圆唇，斜折沿，沿面有两周浅凹槽，下腹残。腹内壁饰两周凸弦纹。口径 11.5、残高 7.3 厘米（图一三五，6）。标本 H140：2，灰陶。方唇，唇缘一周凹槽，斜折沿，沿面凹，口沿内壁折棱突尖，下腹残。残高 5.7 厘米（图一三五，7）。

Ⅳ式 16件。腹较鼓。标本 T13⑥：5，灰陶。方唇，唇缘一周浅凹槽，折沿较窄，沿缘有一周浅凹槽，下腹残。上腹饰两周凹弦纹。口径 8、残高 5.7 厘米（图一三五，8）。标本 H42：5，黑陶。圆唇，斜折沿，沿缘有一周凹槽，小平底。上腹有一周凹弦纹，下腹部弦纹经擦抹，底缘有一周突棱。口径 11、底径 6.3、高 13.5 厘米（图一三六，1；彩版四三，1）。标本 H124：21，红褐陶。局部有灰褐色斑，尖唇，折沿较窄，沿缘有一周凹槽，下腹残。上腹部饰一周凹弦纹，腹部两周细弦纹。口径 10.4、

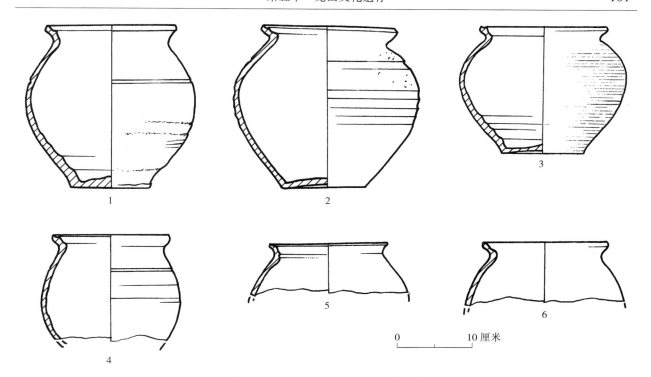

图一三六 龙山文化 **B** 型小陶罐

1、4~6. Ⅳ式（H42:5、H124:21、H42:3、H115:2） 2. Ⅴ式（H146:9） 3. Ⅵ式（H40:2）

残高9厘米（图一三六，4）。标本 H42:3，灰陶。方唇，折沿，沿上缘有一周凹槽，下腹残。口径9.6、残高4.2厘米（图一三六，5）。标本 H115:2，灰陶。圆唇，斜折沿，沿面有一周凹槽，下腹残。口径9.5、残高4.8厘米（图一三六，6）。

Ⅴ式 7件。腹较Ⅳ式鼓。标本 H146:9，红褐陶，局部灰色。方唇，斜折沿，沿面有两周凹槽，小凹底。腹饰五周凹弦纹。口径10.8、底径6.7、高14.4厘米（图一三六，2；彩版四三，2）。

Ⅵ式 12件。扁鼓腹。标本 H40:2，灰陶，局部灰褐色。圆唇，斜折沿，沿面凹，沿缘有一周凹槽，小凹底。腹通饰细弦纹，下腹内壁饰四周凸弦纹。口径9.4、底径6、高10.6厘米（图一三六，3；彩版四三，3）。

子母口罐 22件。均为泥质磨光陶。分2型。

A型 21件。敛口。

标本 T13⑦:10，磨光黑陶。尖唇，斜肩，肩以下残。素面。口径14.4、残高5.7厘米（图一三七，1）。标本 T21⑥:11，磨光黑陶。尖唇，斜肩，肩以下残。素面。残高7.8厘米（图一三七，3）。标本 G5:7，泥质磨光灰陶。圆唇，肩以下残。残高6厘米（图一三七，10）。标本 T39⑤:13，磨光黑陶。圆唇，斜肩，肩以下残。素面。残高6厘米（图一三七，7）。标本 H98:17，磨光黑陶。尖唇，口微敛，以下残。素面。残高6厘米（图一三七，4）。标本 T39⑤:2，磨光灰陶。圆唇，直口，肩以下残。素面。肩饰一周弦纹。残高7.8厘米（图一三七，9）。标本 T42⑥:4，磨光黑陶。圆唇，肩以下残。

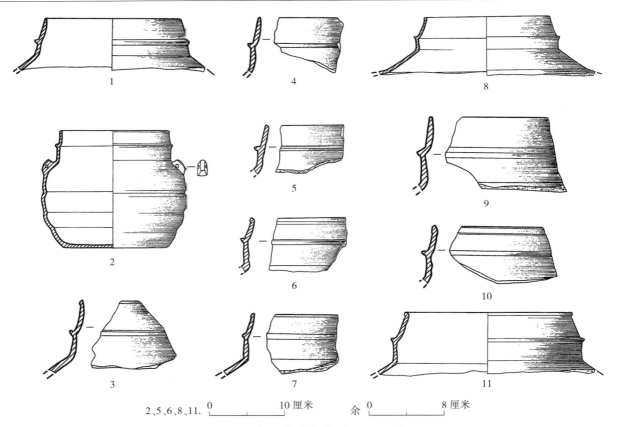

2、5、6、8、11. ┣━━━━━━━┫0　　　　　10厘米　　　余 ┣━━━━━━━┫0　　　8厘米

图一三七　龙山文化陶子母口罐

1、3～11. A 型（T13⑦：10、T21⑥：11、H98：17、T42⑥：4、T16⑥：20、T39⑤：13、H136：4、T39⑤：2、G5：7、T15⑤：5）　2. B 型（E7：5）

残高 8.1 厘米（图一三七，5）。标本 H136：4，磨光黑陶。圆唇，斜肩，肩以下残。素面。口径 20.1、残高 7.5 厘米（图一三七，8）。标本 T16⑥：20，磨光灰褐陶。圆唇，斜肩，肩以下残，素面。残高 7.6 厘米（图一三七，6）。标本 T15⑤：8，磨光灰陶。圆唇，斜肩，肩以下残。素面。口径 22.5、残高 8.4 厘米（图一三七，11）。

B 型　1 件。直口。

标本 H7：5，磨光黑陶。圆唇，窄圆肩，弧腹近直，平底。肩有一对盲鼻，腹饰三周凹弦纹。口径 14.7、底径 14.1、高 16.2 厘米（图一三六，2；彩版四三，4）。

大口尊　5 件。大敞口。

标本 H107：15，夹砂灰陶，褐胎。叠唇，宽斜折沿，上腹近直，下腹残。腹部两周附加堆纹，上有戳印纹，腹饰绳纹。口径 48、残高 16 厘米（图一三八，1）。标本 T40⑦：1，泥质磨光黑陶。圆唇，下腹残。腹饰两组六周凹弦纹。口径 38、残高 10.5 厘米（图一三八,2）。标本 H132：3，泥质磨光黑陶，灰胎。方唇，唇沿有一周凹槽，下腹残。内壁两周凹弦纹。残高 7.8 厘米（图一三八，3）。标本 G5：23，泥质磨光红褐陶。尖圆唇，下腹残。上腹饰两周凹弦纹。口径 22.2、残高 3.6 厘米（图一三八，4）。标本 T18⑦：41，泥质磨光红褐陶。圆唇，下腹残。口径 35.2、残高 10.5 厘米（图一三八，5）。

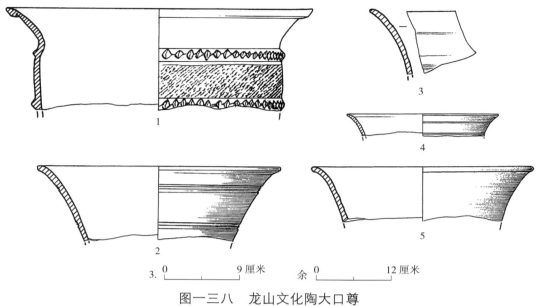

图一三八　龙山文化陶大口尊
1. H107：15　2. T40⑦：1　3. H132：3　4. G5：23　5. T18⑦：41

壶　8件。高颈，无完整器，均残存口、颈部，多泥质陶，少量夹砂陶。

标本 T15⑤：24，泥质黑陶，颈部红褐。圆唇，细高颈，扁腹，假圈足，平底。素面。口径10.1、底径7.6、高18.6厘米（彩版四四，1）。标本 T16⑥：7，泥质磨光黑陶。口残，扁腹，粗柄形足，平底内凹。足部有三周竹节棱，腹部有两个泥饼。底径6.7、残高12.5厘米（彩版四四，2）。标本 H111：4，泥质灰褐陶。圆唇，弧颈。素面。颈内壁饰三周、外壁饰两周凹弦纹。口径17.2、残高8厘米（图一三九，1）。标本 H119：2，泥质褐胎黑皮陶，方唇，颈部有四周刻划弦纹。口径16、残高14厘米（图一三九，2）。标本 T15⑧：1，泥质灰陶，褐胎。圆唇，高直颈。颈部绳纹被抹平。口径16、残高12.8厘米（图一三九，3）。标本 T14⑥：8，夹砂灰陶。高颈略弧。内壁有不规则凹弦纹。口径17.6、残高14.4厘米（图一三九，4）。标本 T15⑧：5，泥质灰褐陶。圆唇，侈口，弧颈，颈下部残。颈部饰一周凹弦纹。口径16.8、残高7.2厘米（图一三九，5）。标本 H119：1，夹细砂灰陶。圆唇，窄沿平折，颈部饰两周凸棱，内壁饰四周宽凹弦纹。口径16、残高8.8厘米（图一三九，6）。

瓮　18件。无完整器，分2型。

A型　12件。高领，多数为泥质磨光陶，个别未磨光。分4式。

Ⅰ式　2件。领近直。标本 T18⑦：24，泥质磨光灰陶，褐胎。圆唇，圆肩，肩以下残。领部饰有不规则的细弦纹，局部被抹平，腹饰竖向篮纹。口径22.8、残高9.6厘米（图一四○，1）。

Ⅱ式　3件。直领稍向内倾。标本 H16：3，泥质磨光灰褐陶。圆唇，斜肩，肩以下残。肩饰两周细弦纹，腹饰竖向篮纹。口径26.4、残高8厘米（图一四○，2）。

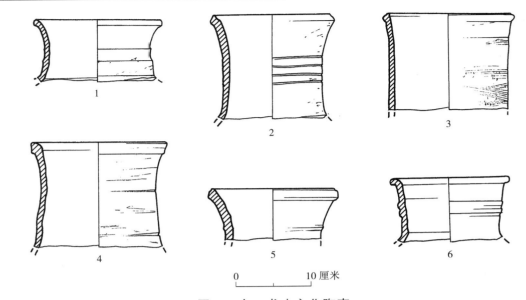

图一三九　龙山文化陶壶
1. H111：4　2. H119：2　3. T15⑧：1　4. T14⑥：8　5. T15⑧：5　6. H119：1

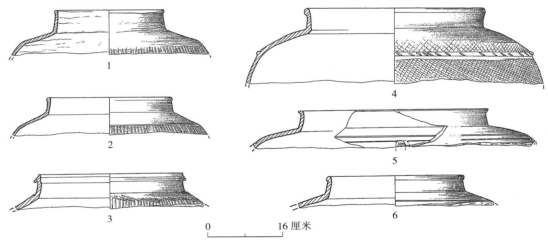

图一四〇　龙山文化 A 型陶瓮
1. Ⅰ式（T18⑦：24）　2. Ⅱ式（H16：3）　3、5、6. Ⅳ式（T18⑤：17、H64：7、T19⑤：11）
4. Ⅲ式（H14：9）

　　Ⅲ式　4件。弧领内倾。标本 H14：9，泥质磨光褐陶，器壁局部有黑、灰色斑。圆折肩，鼓腹，下腹残。颈部饰三周细弦纹，肩部方格纹被抹平，肩腹结合部饰一周附加堆纹，腹饰方格纹。口径37.6、残高16厘米（图一四〇，4）。

　　Ⅳ式　3件。直领内倾。标本 T18⑤：17，泥质磨光黑陶，褐胎。平沿出窄棱，鼓肩，肩以下残。肩饰两周刻划弦纹。口径38.4、残高8厘米（图一四〇，3）。标本 T19⑤：11，泥质灰陶。尖唇，口外侧一周凸棱，斜肩，肩以下残。肩饰竖篮纹，局部右斜篮纹。口径30.8、残高7.8厘米（图一四〇，6）。标本 H64：7，泥质磨光黑陶。圆唇，肩近平，肩以下残。肩饰一周刻划弦纹。口径28、高5.2厘米（图一四〇，5）。

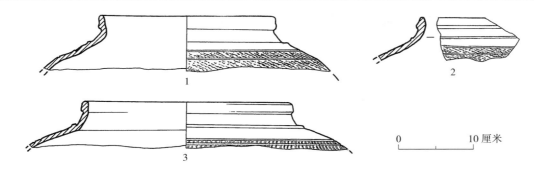

图一四一　龙山文化 **B** 型陶瓮
1. H70：9　2. T39⑥：9　3. T18⑥：17

B 型　6 件。低领，领外侧均有一周凸棱，无完整器，皆泥质陶。

标本 H70：9，灰陶。侈口，圆唇，宽肩，肩以下残，颈、肩结合部有一周凸棱，肩饰弦纹一周，并饰绳纹。口径 22.8、残高 7.2 厘米（图一四一，1）。标本 T39⑥：9，黑灰陶。圆唇，口微敛，颈、肩近平，肩以下残。肩部饰篮纹。口径 28、残高 6 厘米（图一四一，2）。标本 T18⑥：17，灰褐陶。圆唇，敛口。斜肩，肩以下残。领部有一周凸棱，肩饰间断绳纹。残高 6 厘米（图一四一，3）。

缸　2 件。均为泥质陶。

标本 H91：9，灰陶。子母口，方唇，上腹近直，下腹残。素面，腹饰两组四周刻划弦纹。口径 38.4、残高 18 厘米（图一四二，1）。标本 G4：4，细泥灰陶。侈口，圆唇，弧领，圆肩，肩以下残。领饰细弦纹，肩饰篮纹。口径 40、残高 8 厘米（图一四二，2）。

盆　111 件。均为泥质陶，大部分磨光。分 13 型。

A 型　20 件。卷沿，折腹。分 6 式。

Ⅰ式　2 件。深腹近直。标本 H109：6，磨光灰陶。圆唇，底残。内壁有一周凹槽。残高 11.4 厘米（图一四三，1）。

Ⅱ式　3 件。腹略浅稍外倾。标本 T18⑦：40，磨光黑陶，褐胎。方唇，唇缘有一周凹槽，底残。高 8.5 厘米（图一四三，2；彩版四五，1）。

Ⅲ式　3 件。腹较外倾。标本 H41：15，磨光黑灰陶，褐胎。口残，凹底。内壁有一周凹槽。底径 17.7、残高 6.9 厘米（图一四三，3）。

Ⅳ式　5 件。腹外倾。标本 T13⑥：8，磨光黑陶，灰胎。口残，平底微内凹。内壁底部有一周凹弦纹。底径 16.2、残高 6.9 厘米（图一四三，4）。标本 T28⑥：5，磨光黑陶，灰胎。圆唇，下腹残。腹饰五周凹弦纹，上腹有宽带状把手。残高 11 厘米（图一四三，6）。

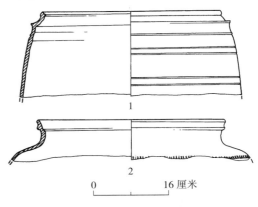

图一四二　龙山文化陶缸
1. H91：9　2. G4：4

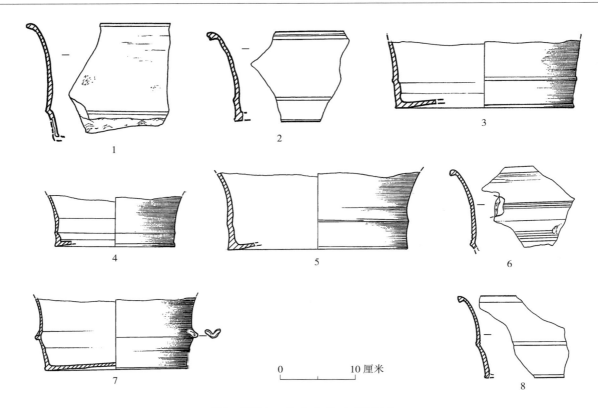

图一四三 龙山文化 A 型陶盆

1. I式（H109：6） 2. II式（T18⑦：40） 3. III式（H41：15） 4、6. IV式（T13⑥：8、T28⑥：5）
5. V式（H61：14） 7、8. IV式（T35⑤：8、H62：8）

V式 4件。腹外倾。标本 H61：14，磨光黑陶，褐胎。口部残，凹底。底径24.3、残高10.5厘米（图一四三，5）。

VI式 3件。腹壁外倾更明显。标本 T35⑤：8，磨光黑陶，褐胎。口残，凹底。折腹处一对盲鼻，内壁有两周凸弦纹。底径19.2、残高9.6厘米（图一四三，7）。标本 H62：8，磨光红褐陶。方唇，卷沿，底残。素面。残高12厘米（图一四三，8；彩版四五，2）。

B型 7件。折沿，折腹。分3式。

I式 2件。折沿近直。标本 H102：5，磨光黑陶。圆唇，直壁，平底。腹内壁饰三周凹弦纹。口径21.3、底径17.1、高8.4厘米（图一四四，1；彩版四五，3）。

II式 2件。折沿近平。标本 H41：25，磨光黑陶，褐胎。圆唇，腹壁稍外倾，凹底。口径22.8、底径18、高9厘米（图一四四，2；彩版四五，4）。

III式 3件。平折沿。标本 H97：6，磨光黑陶，褐胎。方唇，腹壁外倾，凹底。下腹饰一周凹弦纹。口径22.5、底径15.6、高9厘米（图一四四，3；彩版四六，1）。

C型 1件。双腹盆。

标本 T15⑤：32，磨光灰陶，褐胎。圆唇，折沿，平底。腹内壁饰四周凸弦纹。口径23.4、底径19.2、高4厘米（图一四四，4；彩版四六，2）。

D 型　15 件。侈口，斜壁，分 5 式。

Ⅰ式　2 件。直壁。标本 T15⑦：10，磨光黑陶，褐胎。圆唇，凹底。下腹饰两周凹弦纹。口径 20.1、底径 16.2、高 7.8 厘米（图一四五，1；彩版四六，3）。

Ⅱ式　2 件。腹壁稍斜直。标本 G5：38，磨光红褐陶。圆唇，内壁底缘饰一周凹弦纹。口径 21.3、底径 15.3、高 8.7 厘米（图一四五，2；彩版四六，4）。

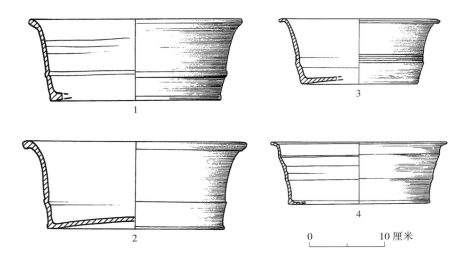

图一四四　龙山文化陶盆

1. B 型Ⅰ式（H102：5）　2. B 型Ⅱ式（H41：25）　3. B 型Ⅲ式（H97：6）　4. C 型陶盆（T15⑤：32）

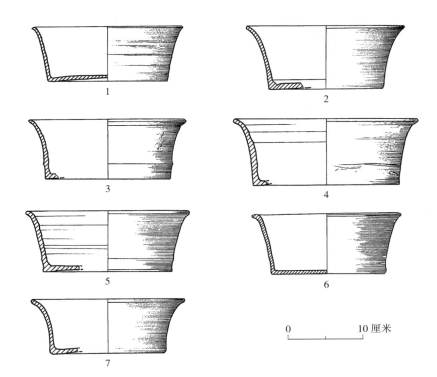

图一四五　龙山文化 D 型陶盆

1. Ⅰ式（T15⑦：10）　2. Ⅱ式（G5：38）　3、4. Ⅲ式（H148：13、H108：11）
5、6. Ⅳ式（H147：3、H14：11）　7. Ⅴ式（H62：11）

Ⅲ式　4件。斜壁。标本 H148：13，磨光灰陶。尖唇，平底，下腹有一周鼓棱。口径 21、底径 16.5、高 8 厘米（图一四五，3；彩版四六，5）。标本 H108：11，磨光黑陶，灰胎。圆唇，平底。内壁上复饰三周凹弦纹。口径 24.6、底径 19.2、高 9 厘米（图一四五，4；彩版四六，6）。

Ⅳ式　3件。斜壁外倾。标本 H147：3，磨光黑陶，褐胎。圆唇，平底。内壁饰四周凹弦纹。口径 21.9、底径 17、高 8 厘米（图一四五，5；彩版四七，1）。标本 H14：11，磨光黑陶。圆唇，卷沿，平底。口沿下有一周凹弦纹。口径 19.8、底径 14.4、高 8.3 厘米（图一四五，6；彩版四七，2）。

Ⅴ式　4件。斜壁。标本 H62：11，磨光黑陶，褐胎。圆唇，平底。口径 18.9、底径 15、高 7.5 厘米（图一四五，7；彩版四七，3）。

E 型　19件。侈口，折沿，弧壁，平底。分4式。

Ⅰ式　3件。腹近直。标本 H70：8，磨光黑陶。方唇，深腹，平底。内壁饰两周凸弦纹。口径 36.4、底径 29.2、高 17.2 厘米（图一四六，1；彩版四七，4）。标本 H58：23，磨光黑陶。圆唇，平底。腹饰一周凹弦纹。口径 19.5、底径 14.5、高 7.8 厘米（图一四六，9；彩版四七，5）。标本 Y3：3，磨光灰陶。圆唇，平底。高 9 厘米（图一四六，4；彩版四七，6）。

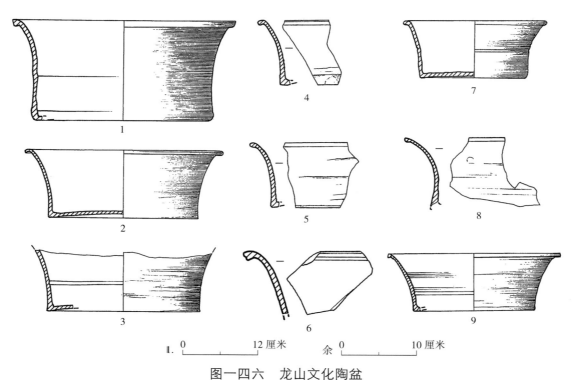

图一四六　龙山文化陶盆

1、4、9. E 型Ⅰ式（E70：8、Y3：3、H58：23）　2、7. E 型Ⅱ式（G4：11、T17⑥：40）
3. E 型Ⅲ式（H6：4）　5、6. E 型Ⅳ式（T40⑤：2、T16⑤：12）　8. G 型Ⅱ式（采：11）

Ⅱ式　4件。上腹壁外倾。标本G4：11，磨光黑陶，褐胎。圆唇，凹底。口径26、底径20.4、高9.3厘米（图一四六，2；彩版四八，1）。标本T17⑥：40，磨光黑陶，褐胎。方唇，平底。内壁饰五周凹弦纹。口径22.8、底径16、高8厘米（图一四六，7）。

Ⅲ式　5件。弧壁外倾。标本H6：4，磨光灰陶。口部残，平底内凹。内壁饰一周凹弦纹。底径20.4、残高8.1厘米（图一四六，3）。

Ⅳ式　7件。弧壁，大敞口。标本T16⑤：12，黑陶。方唇，唇缘有一周凹槽，下腹残。残高7.5厘米（图一四六，6）。标本T40⑤：2，黑灰陶，褐胎。圆唇，平底。高8.7厘米（图一四六，5；彩版四八，2）。

F型　3件。折沿，斜壁，平底。分2式。

Ⅰ式　2件。窄折沿。标本T15⑥：31，磨光灰陶，褐胎。方唇，平底，沿下有一周鼓棱。内壁上腹饰三周凹弦纹。口径23、底径15.8、高8.3厘米（图一四七，1）。

Ⅱ式　1件。宽折沿。标本H136：5，灰陶。方唇，下腹残。上腹饰三周、内壁饰两周凹弦纹。口径10.8、残高4.2厘米（图一四七，2）。

G型　2件。弧腹盆。分2式。

Ⅰ式　1件。敞口。标本T15⑥：9，磨光灰陶，褐胎。圆唇，凹底。内壁下腹有一周凹槽。口径26.7、底径20.7、高11.4厘米（图一四七，3；彩版四八，3）。

Ⅱ式　1件。大敞口，弧腹更明显。标本采：11，灰陶。圆唇，底残。素面。残高10厘米（图一四六，8）。

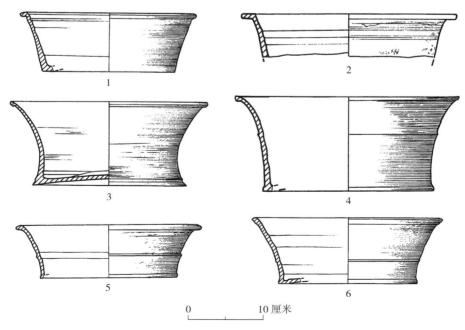

图一四七　龙山文化陶盆
1. F型Ⅰ式（T15⑥：31）　　2. F型Ⅱ式（H136：5）　　3. G型Ⅰ式（T15⑥：9）
4. H型Ⅰ式（H70：10）　　5. H型Ⅱ式（T40⑥：6）　　6. H型Ⅲ式（H147：2）

H 型　7 件。敞口，斜壁。分 3 式。

Ⅰ式　3 件。下腹近直。标本 H70：10，磨光灰陶，褐胎。方唇，卷沿，平底，底缘有一周凸棱。口径 22、底径 17.1、高 9.6 厘米（图一四七，4；彩版四八，4）。

Ⅱ式　2 件。腹壁外倾。标本 T40⑥：6，磨光黑灰陶，褐胎。尖唇，折沿，平底。腹及底缘有一周出凸棱。口径 24.6、底径 18.3、高 7.2 厘米（图一四七，5；彩版四九，1）。

Ⅲ式　2 件。腹壁更外倾。标本 H147：2，磨光红褐陶，局部黑色。圆唇，凹底。腹壁及底缘有一周出凸棱，内壁饰三周凸弦纹。口径 25.5、底径 9.3、高 9 厘米（图一四七，6；彩版四九，2）。

Ⅰ型　16 件。敛口，均为夹砂陶。

标本 T42⑦：4，灰陶。方唇，弧腹，底残。口沿外侧有一周凸棱，上腹饰两周凹弦纹，下腹饰绳纹。残高 8 厘米（图一四八，1）。标本 T15⑦：29，灰陶。圆唇，口沿内、外各有一周凹槽，下腹残。腹饰竖篮纹。残高 6.5 厘米（图一四八，5）。标本 G5：28，灰陶。口沿外侧三周凹槽，下腹残。口沿下有一对鸡冠状錾，腹饰竖篮纹。残高 7.8 厘米（图一四八，6）。标本 G5：29，灰褐陶。圆唇，直腹，下腹残。上腹有一周凸棱，腹饰间断篮纹。残高 9.5 厘米（图一四八，2）。标本 T15⑥：32，灰陶。圆唇，弧腹，素面。上腹有一对鸡冠状錾。残高 5.1 厘米（图一四八，3）。标本 T40⑥：8，灰褐陶。尖唇，唇缘外侧有一周凹槽，下腹残。素面。残高 4 厘米（图一四八，4）。标本 T16⑤：8，灰陶。绳索状口沿，口沿外侧有一周凹槽。素面。残高 6.3 厘米（图一四八，7）。

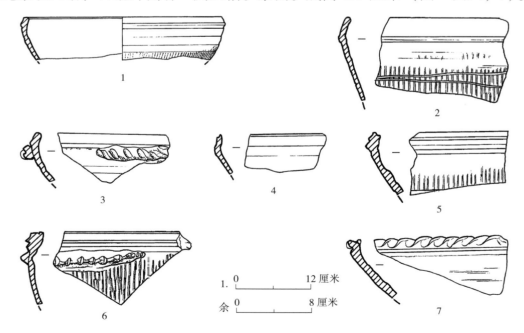

图一四八　龙山文化Ⅰ型陶盆
1. T42⑦：4　2. G5：29　3. T15⑥：32　4. T40⑥：8　5. T15⑦：29　6. G5：28　7. T16⑤：8

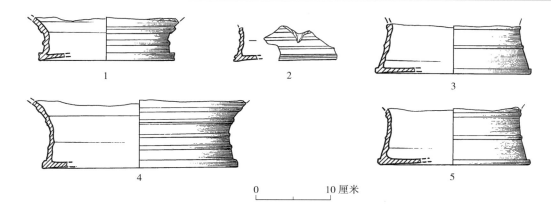

图一四九 龙山文化 **J** 型陶盆
1. T19⑥∶8 2. T18⑧∶10 3. T18⑥∶20 4. T19⑥∶18 5. G5∶27

J 型 17 件。曲腹，腹部有数量不等的竹节棱，底缘一周外凸。均为泥质磨光陶。

标本 T19⑥∶8，灰陶。口残，凹底。腹壁有两周竹节棱，内壁饰两周凹弦纹。底径18.3、残高6厘米（图一四九，1）。标本 T18⑧∶10，灰陶。口残，平底。腹部有四周竹节棱。残高4.5厘米（图一四九，2）。标本 T18⑥∶18，黑陶，褐胎。口残，平底。腹部有两周凸节棱。底径20.7、残高6.6厘米（图一四九，3）。标本 T19⑥∶20，灰陶。口残，平底。腹部有四周凸节棱。底径26.4、残高24.6厘米（图一四九，4）。标本 G5∶27，灰褐陶。口残，平底。腹部有两周竹节棱。底径20.4、残高7.5厘米（图一四九，5）。

K 型 2 件。

标本 H99∶9，黑陶，褐胎。口残，内壁饰三凹弦纹。底径13.5、残高6厘米（图一五○，1）。标本 H127∶4，灰陶。口部残，直腹，凹底，腹部有两周凸棱。底径13.2、残高5厘米（图一五○，2）。

L 型 1 件。

标本 T40⑦∶4，黑陶。尖唇，斜折沿，沿上缘有一周凹槽。腹饰竖篮纹。口径11、残高5.1厘米（图一五○，3）。

M 型 1 件。

标本 H120∶25，夹细砂灰陶。圆唇，口微敞，斜直腹，平底。素面。口径32.4、底径30、高8.4厘米（图一五○，4）。

盒 26 件。子母口。素面，多为泥质陶，少量磨光。分3型。

A 型 18 件。子母口较高，内倾。

标本 T18⑧∶24，黑陶。尖唇，唇缘外侧有

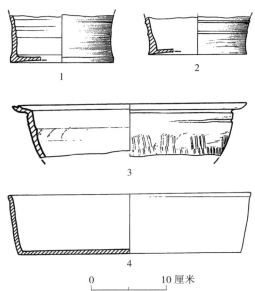

图一五○ 龙山文化陶盆
1、2. K 型（H99∶9、H127∶4） 3. L 型（T40⑦∶4）
4. M 型（H120∶25）

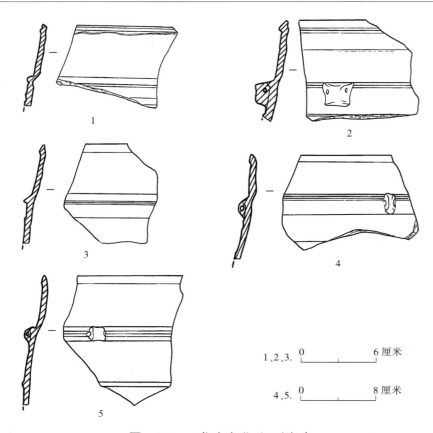

图一五一　龙山文化 A 型陶盒
1. T18⑧：24　2. T16⑦：30　3. H58：19　4. T15⑥：17　5. T40⑤：1

一周凹槽，下腹残。腹饰两周凹弦纹。残高 7 厘米（图一五一，1）。标本 T16⑦：30，泥质灰陶。斜唇，下腹残。口下有一对近似长方形耳。残高 8 厘米（图一五一，2）。标本 H58：19，磨光灰陶。尖唇，底残。内壁饰三周凹弦纹。残高 8.5 厘米（图一五一，3）。标本 T15⑥：17，磨光灰陶。尖唇，唇缘外侧有一周凹槽。口下有一对牛鼻状耳。残高 7 厘米（图一五一，4）。标本 T40⑤：1，磨光灰陶。尖唇，下腹残。口下有一对横柱状耳，腹部有一周凸棱。残高 15 厘米（图一五一，5）。

B 型　4 件。子母口较低。分 2 式。

标本 G5：44，泥质磨光黑陶。尖唇，底残。下腹有一周凹槽。口径 33.6、残高 9.5 厘米（图一五二，1）。标本 H124：14，磨光黑陶。圆唇，凹底。内壁有两周凸棱。口径 22.5、底径 21、高 9 厘米（图一五二，2；彩版四九，3）。

C 型　4 件。敛口。

标本 T19⑤：7，泥质黄褐磨光陶。圆唇，底残。口下一对牛鼻状耳。残高 9.5 厘米（图一五二，3）。标本 T13⑤：5，泥质磨光褐陶，器壁为黄灰色。圆唇，唇缘外有一周凹槽，底残。残高 8.5 厘米（图一五二，4）。

匜　10 件。有流，平底。素面，少完整器。多为夹细砂陶，泥质陶较少。分 2 型。

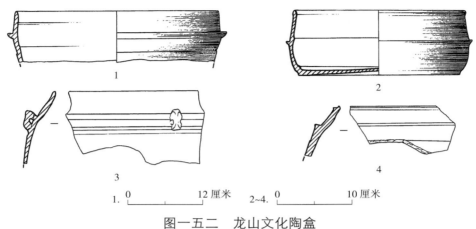

1. 0 _____ 12 厘米　2~4. 0 _____ 10 厘米

图一五二　龙山文化陶盒

1、2. B 型（G5∶44、H124∶14）　　3、4. C 型（T19⑤∶7、T13⑤∶5）

A 型　8 件。器形似小罐，口两侧向内捏压。

标本 T15⑦∶30，泥质褐胎灰陶。颈口斜直内收，鼓腹，底内凹。素面，颈腹间饰两周弦纹。口径 11、底径 9.4、高 10.8 厘米（图一五三，1；彩版四九，4）。标本 T15⑥∶15，泥质灰陶。口残，弧腹，近底一周凹曲，凹底。底径 10、残高 3.2 厘米（图一五三，2）。标本 H6∶19，泥质灰陶。口残，圆腹，平底，底中心微凹。底径 9.2、残高 3.2 厘米（图一五三，3）。标本 H5∶5，泥质灰陶。直领稍外倾，浅鼓腹，口沿外有一周浅凹槽。内壁饰数道凹弦纹。残高 4.8 厘米（图一五三，4）。标本 H119∶12，夹细砂灰陶。口沿外有一周凹槽，腹微鼓，残。内壁饰数周凹弦纹。残高 9 厘米（图一五三，5）。

B 型　2 件。

标本 H63∶4，夹砂灰陶。直口，高颈，从残痕看，流口两侧应各有一个铆钉，浅鼓腹。颈腹间有一周弦纹。残高 6 厘米（图一五三，6）。

覆钵形器盖　25 件。盖面隆起，大平顶，多为夹砂陶，少量为泥质陶，个别磨光。分 6 式。

Ⅰ 式　3 件。器腹矮扁。标本 H110∶6，泥质灰陶，器壁略磨光。方唇，平顶微凹。口径 20、高 5.6 厘米（图一五四，1）。标本 H121∶12，泥质磨光红褐陶。方唇，顶残。盖面饰细弦纹。高 4.4 厘米（图一五四，4）。

Ⅱ 式　4 件。腹略高。标本 H101∶8，夹砂黄褐陶。方唇，平顶微凹。内壁饰五周凹弦纹。口径 16、高 6 厘米（图一五四，3）。

Ⅲ 式　5 件。器形稍高。标本 H98∶19，夹砂灰陶，褐胎。重唇，平顶微凹。高 5.8 厘米（图一五四，6）。标本 G5∶34，夹砂灰褐陶。重唇，凹顶。内壁上腹饰两周凹弦纹。口径 19.6、高 7.6 厘米（图一五四，5）。

Ⅳ 式　5 件。器形较高。标本 H95∶13，夹砂灰陶。重唇，平顶。盖面饰四周凹弦纹。口径 19.2、高 8.8 厘米（图一五四，2；彩版五〇，1）。

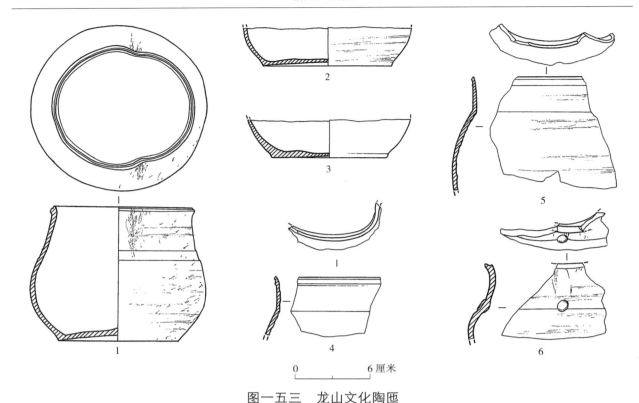

图一五三　龙山文化陶匜
1～5. A 型（T15⑦：30、T15⑥：15、H6：19、H5：5、H119：12）　　6. B 型（H63：4）

V式　6件。盖面较Ⅳ式陡，器形较高。标本 H89：5，夹砂黑陶，褐胎。重唇，平顶微凹。口径 13.4、高 7.6 厘米（图一五四，7）。标本 H14：7，夹砂灰陶。重唇，凹顶，顶缘外凸，内壁饰四周凹弦纹。口径 15.2、高 6 厘米（图一五四，8；彩版五〇，2）。标本 H61：1，夹砂红褐陶。方唇，凹顶。口径 15.2、高 7 厘米（图一五四，9；彩版五〇，3）。

Ⅵ式　2件。盖面陡直，口内敛，器形高。标本 H74：2，夹砂黑陶。重唇，平顶微凹。口径 17.6、高 7.6 厘米（图一五四，10；彩版五〇，4）。

覆碗形器盖　86件。多为夹砂陶，少量为泥质陶和磨光陶。分9型。

A型　12件。弧壁，平顶较大。分6式。

Ⅰ式　2件。盖面近平，器形较低。标本 T33⑧：14，夹砂黄褐陶。重唇，平顶。口径 15.6、高 5.4 厘米（图一五五，1；彩版五一，1）。

Ⅱ式　2件。盖面微凹，器形略高。标本 H132：7，夹砂黑陶。方唇，平顶微凹。盖面饰六周凹弦纹。口径 16.6、高 5.6 厘米（图一五五，2；彩版五一，2）。

Ⅲ式　3件。器形稍高。标本 G5：38，夹砂灰褐陶。重唇，平顶微凹。口径 16.6、高 5.4 厘米（图一五五，3；彩版五一，3）。

Ⅳ式　1件。器形较高。标本 H108：8，夹砂灰陶。重唇，平顶，盖面饰四周凹弦纹。盖面凹曲，器体稍矮。口径 15.4、高 6 厘米（图一五五，4）。

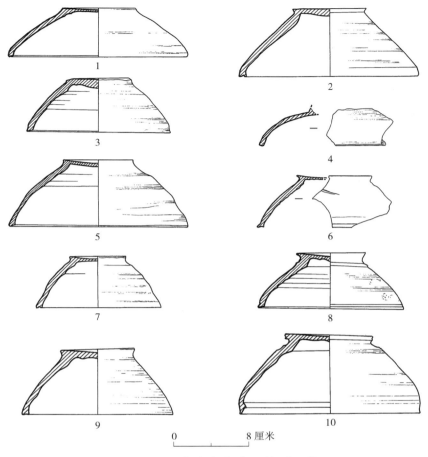

**图一五四　龙山文化陶覆钵形器盖**

1、4. Ⅰ式（H110：6、H121：12）　　2. Ⅳ式（H95：13）　3. Ⅱ式（H101：8）　5、6. Ⅲ式（G5：34、H98：19）　　7～9. Ⅴ式（H89：5、H14：7、H61：1）　10. Ⅵ式（H74：2）

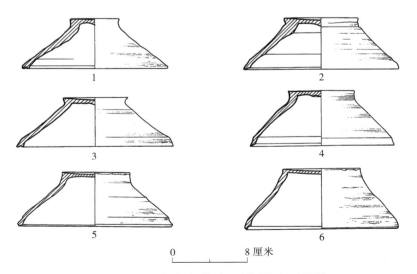

**图一五五　龙山文化 A 型陶覆碗形器盖**

1. Ⅰ式（T33⑧：14）　2. Ⅱ式（H132：7）　3. Ⅲ式（G5：38）
4. Ⅳ式（H108：8）　5、6. Ⅴ式（采：5、H136：3）

Ⅴ式　3件。器形较Ⅳ式高。标本采：5，夹砂灰陶。圆唇，平顶微凹。口径16.2、高5.6厘米（图一五五，5；彩版五一，4）。标本 H136：3，夹砂灰陶。重唇，大平顶微凹。口径16、高6.4厘米（图一五五，6）。

Ⅵ式　1件。器形高。标本 H32：11，夹砂灰陶。方唇，凹顶。口径22、高7厘米（图一五七，6）。

B型　18件。盖面斜直，小平顶。分5式。

Ⅰ式　2件。器形较高。标本 H118：14，夹砂灰陶。方唇，折沿，盖内壁饰六周凹弦纹。口径14.6、高6.8厘米（图一五六，1；彩版五一，5）。标本 T19⑦：11，夹砂灰陶略磨光。折沿，重唇，平顶微凹。口径14、高6厘米（图一五六，2；彩版五二，1）。

Ⅱ式　3件。器形略低。标本 H119：21，夹砂黑陶。重唇，沿外侧有一周凹槽，小凹顶。口径14、高6.2厘米（图一五六，3；彩版五二，2）。标本 H108：3，夹砂灰褐陶。重唇，平顶微凹。口径15.8、高6厘米（图一五六，4；彩版五二，3）。

Ⅲ式　5件。器形稍低。标本 H120：22，夹砂灰陶。圆唇，平顶，内壁饰三周凹弦纹。口径16.5、高5.9厘米（图一五六，5；彩版五二，4）。标本 H81：15，夹砂灰褐陶。重唇，平顶，内壁饰两周凹弦纹。口径15.4、高6.2厘米（图一五六，6；彩版五二，5）。

Ⅳ式　5件。器形较低。标本 H5：3，夹砂黄褐陶。重唇，平顶微凹。口径16.8、高6.4厘米（图一五七，1；彩版五三，1）。标本 H107：14，夹砂灰陶。重唇，平顶，

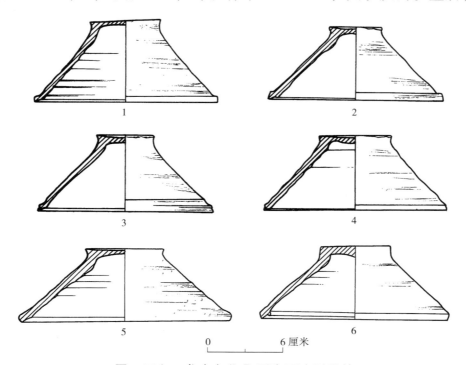

图一五六　龙山文化 **B** 型陶覆碗形器盖
1、2. Ⅰ式（H118：14、T19⑦：11）　　3、4. Ⅱ式（H119：21、H108：3）
5、6. Ⅲ式（H120：22、H81：15）

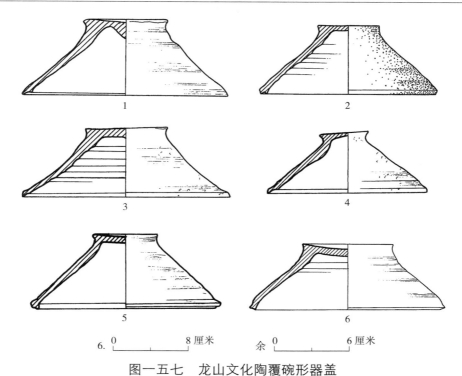

图一五七　龙山文化陶覆碗形器盖
1、2. B 型Ⅳ式（H5∶3、H107∶14）　3～5. B 型Ⅴ式（H32∶7、T31⑤∶1、T14⑤∶4）
6. A 型Ⅵ式（H32∶11）

盖面内壁饰五周凹弦纹。口径 14.2、高 6.2 厘米（图一五七，2；彩版五二，6）。

Ⅴ式　3件。器形低。标本 H32∶7，夹砂灰陶。圆唇，沿内侧有一周凹槽，平顶，内壁饰六周凹弦纹。口径 16.8、高 5.8 厘米（图一五七，3；彩版五三，3）。标本 T31⑤∶1，夹砂灰褐陶。圆唇，沿内侧有一周凹槽，平顶出檐。口径 13、高 5 厘米（图一五七，4）。标本 T14⑤∶4，夹砂黑陶。圆唇，沿内侧有一周凸棱。口径 15.4、高 6.2 厘米（图一五七，5；彩版五三，2）。

C 型　23件。盖面微鼓，小平顶。分 7 式。

Ⅰ式　3件。器形较高。标本 H111∶12，泥质黑陶。方唇，小凹顶，内壁饰两周凹弦纹。口径 15.5、高 7.1 厘米（图一五八，1；彩版五三，4）。

Ⅱ式　3件。器形略低。标本 H102∶6，夹砂灰陶，褐胎。重唇，小凹顶。口径 18.8、高 6.1 厘米（图一五八，2；彩版五四，1）。标本 H102∶7，夹砂黑陶，褐胎。重唇，凹顶，内壁饰一周凹弦纹。口径 15、高 6.5 厘米（图一五八，3；彩版五四，2）。

Ⅲ式　5件。器形较Ⅱ式稍矮。标本 H75∶5，夹砂黑陶。圆唇，小凹顶，内壁饰两周凹弦纹。口径 15.8、高 7 厘米（图一五八，4）。标本 H84∶1，夹砂黑陶，褐胎。重唇，小凹顶，盖面下部饰一周凹弦纹。口径 16.7、高 7.2 厘米（图一五八，5；彩版五四，3）。

Ⅳ式　5件。器形略低。标本 H120∶23，夹砂灰陶。重唇，平顶出檐。口径 14.6、高 5.8 厘米（图一五八，6；彩版五四，4）。标本 H108∶9，夹砂黑陶。重唇，小平顶微

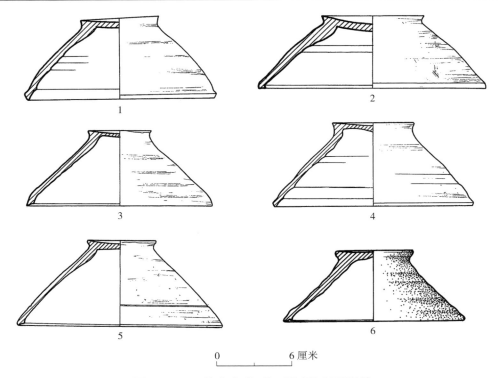

0　　　　　6厘米

图一五八　龙山文化 C 型陶覆碗形器盖
1. Ⅰ式（H111∶12）　2、4. Ⅱ式（H102∶6、H102∶7）　4、5. Ⅲ式（H75∶5、H84∶1）　6. Ⅳ式（H120∶23）

凹，内壁饰四周凹弦纹。口径 16.8、高 6.8 厘米（图一五九，1；彩版五四，5）。标本 T39⑥∶11，夹砂红褐陶。圆唇，平顶微凹，盖面下部饰一周凸弦纹。口径 18.1、高 6.8 厘米（图一五九，2）。

　　Ⅴ式　3 件。器形较低。标本 H61∶7，夹砂灰陶。重唇，凹顶出檐。口径 19.2、高 7.8 厘米（图一五九，3；彩版五五，1）。标本 H4∶2，夹砂黑陶。重唇，口沿外侧有一周凹槽，平顶。口径 20.4、高 7 厘米（图一五九，4；彩版五四，6）。

　　Ⅵ式　3 件。器形较低呈扁状。标本 H62∶12，夹砂黑陶。方唇，平顶，内壁饰两周凹弦纹。口径 18、高 6.4 厘米（图一五九，5；彩版五五，2）。标本 H7∶2，夹砂黑陶。重唇，凹顶。口径 18.2、高 6.4 厘米（图一五九，6；彩版五五，3）。

　　Ⅷ式　1 件。标本 H92∶5，夹砂灰褐陶。圆唇，盖面陡直，小平顶。口径 14、高 6.4 厘米（图一五九，7）。

　　D 型　17 件。小型盖。多为夹砂陶，个别为泥质陶。

　　标本 T16⑧∶12，夹砂红褐陶。方唇，平顶微凹，内壁饰两周、盖面饰两周凹弦纹。口径 12、高 4.2 厘米（图一六〇，1）。标本 T13⑦∶2，夹砂黑陶。圆唇，小凹顶，盖面饰四周凹弦纹。口径 10、高 4 厘米（图一六〇，2）。标本 H127∶9，泥质灰褐陶。重唇，平顶。口径 13.4、高 5 厘米（图一六〇，3；彩版五六，1）。标本 T16⑦∶51，泥质红褐陶。圆唇，小凹顶，盖面饰四周凹弦纹。口径 10.8、高 4 厘米（图一六〇，4）。标本 H70∶7，夹

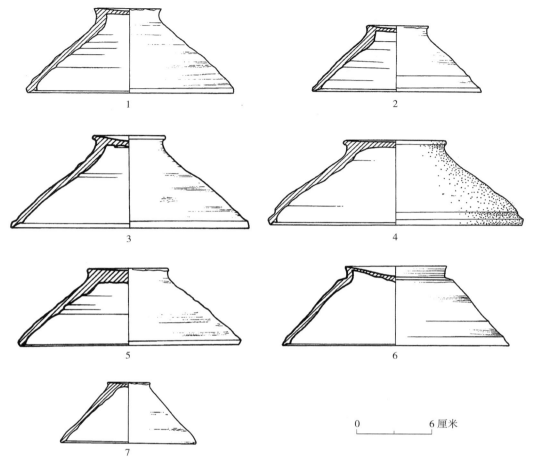

图一五九　龙山文化 **C** 型陶覆碗形器盖
1、2. Ⅳ式（H108：9、T39⑥：11）　　3、4. V式（H61：7、H4：2）
5、6. Ⅵ式（H62：12、H7：2）　　7. Ⅷ式（H92：5）

砂黑陶。圆唇，盖面弧曲，平顶微凹。口径 10、高 4 厘米（图一六○，6；彩版五六，2）。
标本 G4：13，夹砂红褐陶。圆唇，折沿，小平顶。口径 9.2、高 3.4 厘米（图一六○，5）。
标本 H95：11，夹砂灰褐陶。方唇，折沿，盖面鼓。高 4.6 厘米（图一六○，11）。标本
H16：6，夹砂红褐陶。方唇，平顶，内壁饰两周凹弦纹。口径 11、高 3.6 厘米（图一六○，7）。
标本 H6：18，夹砂灰陶。圆唇，盖面微内弧，平顶。口径 10.4、高 4 厘米（图一六○，8）。
标本 T20 ⑤ ：17，夹砂灰褐陶。器形较矮呈扁状。平顶。口径 10.5、高 3 厘米
（图一六○，9；彩版五六，3）。标本 T18⑤：53，夹砂黑陶，手制。圆唇，大平顶。口径
11.4、高 4 厘米（图一六○，10；彩版五六，4）。标本 H110：7，夹砂红褐陶。重唇，盖
面陡直，平顶较大。口径 18.4、高 7 厘米（图一六○，12；彩版五五，4）。

　　E 型　3 件。盖面弧曲，小平顶。均为泥质磨光陶。

　　标本 H132：11，灰陶。圆唇，折沿，平顶微凹。口径 26.1、高 11.4 厘米（图
一六一，1）。标本 H131：11，灰陶。方唇，折沿，平顶出檐。盖面内壁饰五周凹弦纹。口
径 14.5、高 6.5 厘米（图一六一，2；彩版五六，5）。标本 H33：8，灰陶。圆唇，折沿，

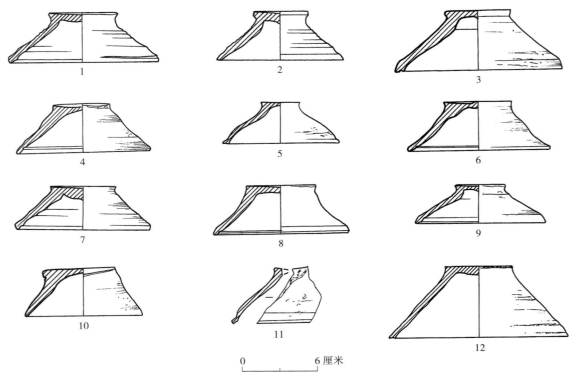

0 ——————— 6 厘米

图一六〇　龙山文化 **D** 型陶覆碗形器盖

1. T16⑧：12　2. T13⑦：2　3. H127：9　4. T16⑦：51　5. G4：13　6. H70：7　7. H16：6
8. H6：18　9. T20⑤：17　10. T18⑤：53　11. H95：11　12. H101：7

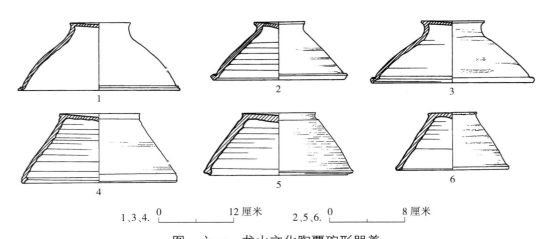

1、3、4. 0 ——————— 12 厘米　　2、5、6. 0 ——————— 8 厘米

图一六一　龙山文化陶覆碗形器盖

1～3. E 型（H132：11、H131：11、H33：8）　4～6. F 型（G5：37、G3：4、T13⑤：18）

捉手较高。口径 17.6、高 7 厘米（图一六一，3）。

F 型　3 件。盖面陡直，大平顶，均为夹砂陶。

标本 G5：37，灰陶。重唇，盖面微凹，内壁饰十周凹弦纹。口径 23.2、高 11.4 厘米（图一六一，4；彩版五六，6）。标本 G3：4，灰陶。方唇，沿内侧一周凸棱，内壁饰七周凹弦纹。口径 14.6、高 6.9 厘米（图一六一，5）。标本 T13⑤：18，红褐陶。圆唇，盖面内壁饰五周凹弦纹。口径 11、高 6.4 厘米（图一六一，6；彩版五七，1）。

G型　9件。顶置圆形小捉手，有肩，磨光。多为泥质陶，个别夹砂。分4式。

Ⅰ式　1件。折肩。标本H129∶7，夹砂黑陶。圆唇，折沿，盖面饰四周凹弦纹。口径15、高9.4厘米（图一六二，1；彩版五七，3）。

Ⅱ式　2件。圆折肩。标本H58∶22，夹砂黑陶，褐胎。圆唇，折沿。口径13、高8.9厘米（图一六二，2；彩版五七，2）。

Ⅲ式　3件。圆肩。标本H32∶8，泥质黑陶。折沿，方唇，唇缘有一周凹槽。口径11、高7.8厘米（图一六二，4；彩版五七，4）。

Ⅳ式　3件。溜肩。标本H124∶18，泥质灰褐陶。圆唇，捉手较高。口径13.3、高8.7厘米（图一六二，3；彩版五八，1）。

H型　1件。

标本H4∶14，夹砂灰陶，褐胎。方唇，折沿，小平顶。口径20、高6.4厘米（图一六二，5）。

Ⅰ型　1件。

标本H105∶3，夹砂灰陶。圆唇，沿内侧有一周凸棱，盖面陡直，平顶。口径21、高8厘米（图一六二，6）。

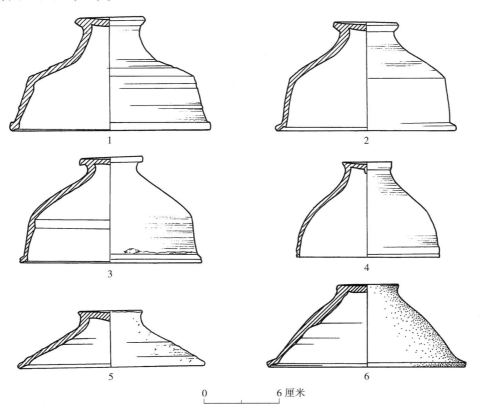

图一六二　龙山文化陶覆碗形器盖
1. G型Ⅰ式（H129∶7）　2. G型Ⅱ式（H58∶22）　3. G型Ⅳ式（H124∶18）
4. G型Ⅲ式（H32∶8）　5. H型（H4∶14）　6. Ⅰ型（H105∶3）

覆盘形器盖　78 件。均为泥质陶，绝大多数磨光。分 9 型。

A 型　22 件。圆折肩，顶置圆形捉手。分 5 式。

Ⅰ式　3 件。斜壁内敛。标本 H129：10，磨光黑陶，褐胎。圆唇，捉手顶面出檐。盖壁有四周凸棱，内壁饰七周凸弦纹，盖面饰两周凹弦纹，顶缘饰两个盲鼻。口径 38、高 16 厘米（图一六三，1；彩版五八，2）。标本 H101：5，磨光黑陶。尖唇，唇缘内侧有一周凹槽，顶残。盖壁有一周凸棱。口径 46.2、残高 6 厘米（图一六三，4）。

Ⅱ式　6 件。盖壁稍内倾。标本 H98：3，泥质磨光黑陶，褐胎。方唇，顶面残。盖壁饰四周凸棱。口径 39.3、残高 7.8 厘米（图一六三，2）。

Ⅲ式　5 件。盖壁略内倾。标本 H95：6，磨光黑陶。方唇，顶残。口径 24.3、残高 7.5 厘米（图一六三，5）。

Ⅳ式　4 件。盖壁略直。标本 T15⑥：25，磨光灰褐陶。方唇，沿外侧有一周凹槽，顶残。口径 40.2、残高 9 厘米（图一六三，3）。标本 H5：6，磨光黑灰陶。圆唇，顶残。盖壁有三周凸棱。口径 28.8、残高 6 厘米（图一六三，6）。

Ⅴ式　4 件。盖壁近直。标本 H32：12，磨光灰陶。圆唇，盖壁饰三周、内壁饰五周凹弦纹。口径 19.8、高 8.4 厘米（图一六三，7；彩版五九，1）。

B 型　13 件。折肩，均为泥质陶。分 5 式。

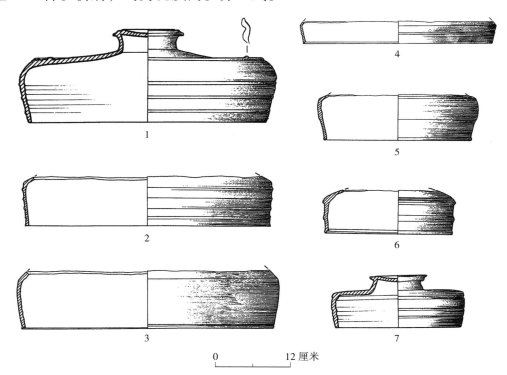

图一六三　龙山文化 A 型陶覆盘形器盖

1、4. Ⅰ式（H129：10、H101：5）　2. Ⅱ式（H98：3）　3、6. Ⅳ式（T15⑥：25、H5：6）
5. Ⅲ式（H95：6）　7. Ⅴ式（H32：12）

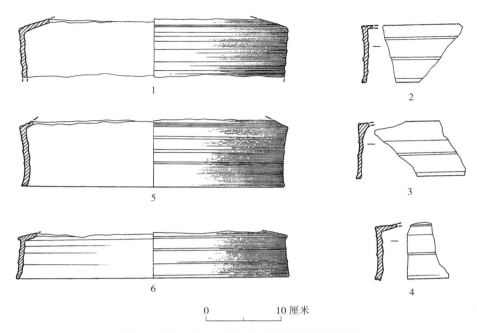

0　　　　　　10 厘米

图一六四　龙山文化 **B** 型陶覆盘形器盖

1、2. Ⅰ式（T18⑦：20、H85：17）　3. Ⅱ式（H117：8）
4. Ⅲ式（T19⑥：9）　5. Ⅳ式（H14：8）　6. Ⅴ式（T13⑤：4）

Ⅰ式　3件。盖壁稍内斜。标本 T18⑦：20，磨光黑陶。口、顶残。盖壁有四周凸棱，顶缘饰两周凹弦纹。口径 36、残高 8.1 厘米（图一六四，1）。标本 H85：17，磨光灰陶。重唇，盖壁有两周凸棱，顶缘饰一周凹弦纹。残高 8.1 厘米（图一六四，2）。

Ⅱ式　2件。盖壁近直。标本 H117：8，磨光灰陶。重唇，盖壁有两周凸棱，顶残。残高 7.8 厘米（图一六四，3）。

Ⅲ式　3件。盖壁略外撇。标本 T19⑥：9，灰陶略磨光。重唇，盖壁有两周凸棱，顶缘饰一周凹弦纹，顶残。残高 7.5 厘米（图一六四，4）。

Ⅳ式　3件。盖壁微外撇。标本 H14：8，磨光黑陶，褐胎。重唇，盖壁有三周凸棱，顶缘饰两周凹弦纹，顶残。口径 35.7、残高 9 厘米（图一六四，5）。

Ⅴ式　2件。斜壁较外撇。标本 T13⑤：4，磨光灰褐，局部红褐色。圆唇，盖壁有周凸棱，折肩出檐，顶残。口径 36.6、残高 6 厘米（图一六四，6）。

C 型　18件。圆肩，均为泥质磨光陶。分 2 亚型。

Ca 型　11件。斜壁。分 5 式。

Ⅰ式　1件。盖壁稍外斜。标本 T15⑦：8，磨光红褐陶。圆唇，顶残。残高 7.2 厘米（图一六五，1）。

Ⅱ式　3件。盖壁微外撇。标本 H91：5，磨光黑陶。侈口，重唇，盖壁有一周凸棱，顶残。口径 22.2、残高 5.1 厘米（图一六五，3）。

Ⅲ式　3件。斜壁外撇。标本 H120：11，磨光黑陶。圆唇，折沿，顶残。盖壁有两周凸棱。口径27.2、残高8.1厘米（图一六五，2）。标本H13：2，磨光灰陶，内壁灰黑。重唇，盖壁有一周凸棱，顶缘饰一周凹弦纹，顶残。残高6厘米（图一六五，7）。

Ⅳ式　2件。壁略直。标本H67：2，磨光黑陶。侈口，圆唇，盖顶陡直，捉手残。盖顶内壁饰五周凹弦纹。口径15.6、残高7.8厘米（图一六五，4）。

Ⅴ式　2件。壁近直。标本H143：1，磨光红褐陶，内壁黑灰。口残，小平顶。口径13.8、残高6厘米（图一六五，5）。

Cb型　7件。直壁。分3式。

Ⅰ式　1件。壁略斜微外撇。标本H117：3，磨光灰陶。圆唇，盖顶残，盖壁中部有一周凸棱，顶缘有一对盲鼻。残高7厘米（图一六五，6）。

Ⅱ式　3件。壁近直。标本H16：2，磨光红褐陶。重唇，内壁饰三周凸弦纹，顶残。口径19.8、残高6厘米（图一六五，10）。

Ⅲ式　3件。直壁。标本T39⑤：19，磨光灰陶。圆唇，盖壁饰一周、内壁饰三周凹弦纹，顶残。口径12.9、残高7.5厘米（图一六五，9）。标本H45：5，泥质黑陶，褐胎。尖唇，捉手残。高4.4厘米（图一六五，8）。

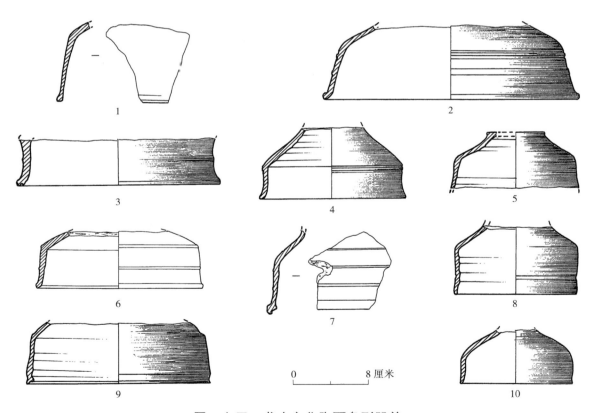

图一六五　龙山文化陶覆盘形器盖

1. Ca型Ⅰ式（T15⑦：8）　　2、7. Ca型Ⅲ式（H120：11、H13：2）　　3. Ca型Ⅱ式（H91：5）
4. Ca型Ⅳ式（H67：2）　　5. Ca型Ⅴ式（H143：1）　　6. Cb型Ⅰ式（H117：3）
8、9. Ⅲ式（H45：5、T39⑤：19）　　10. Cb型Ⅱ式（H16：2）

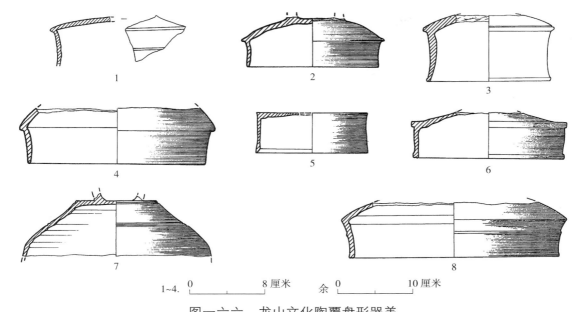

图一六六　龙山文化陶覆盘形器盖

1. D 型 I 式（H31：8）　2. D 型 II 式（H120：21）　3. D 型 IV 式（T17⑤：3）　4. D 型 III 式（H128：1）
5. H 型（H4：1）　6. G 型（H136：6）　7. F 型（T17⑥：14）　8. I 型（T40⑤：6）

D 型　8 件。弧壁，盖顶出檐。分 4 式。

I 式　1 件。盖壁略矮。标本 H31：8，灰褐陶。口及捉手残。残高 5 厘米（图一六六，1）。

II 式　2 件。盖壁稍高。标本 H120：21，磨光黑陶。尖唇，弧顶，捉手残。口径 14.1、残高 4.8 厘米（图一六六，2）。

III 式　4 件。盖壁较高。标本 H128：1，磨光红褐陶。尖唇，顶残。口径 18.9、残高 6 厘米（图一六六，4）。

IV 式　1 件。盖壁高。标本 T17⑤：3，磨光褐陶。圆唇，弧壁，捉手残，顶缘饰一周凹弦纹。残高 8 厘米（图一六六，3）。

E 型　13 件。圆肩，顶置蘑菇状捉手。分 3 式。

I 式　2 件。盖壁内敛。标本 T16⑦：26，磨光褐陶。口、顶残。肩部装饰泥饼。残高 3 厘米（图一六七，1）。

II 式　4 件。盖壁稍内敛。标本 H60：1，泥质磨光黑陶。方唇，弧顶，捉手残。顶缘饰两周凹弦纹。口径 13.6、残高 4 厘米（图一六七，4）。标本 H117：5，泥质磨光黑陶，红褐胎。方唇，顶残。肩饰两个对称盲鼻。口径 31.8、残高 10.8 厘米（图一六七，6）。

III 式　7 件。斜壁微内敛。标本 H131：1，磨光红褐陶。捉手保存完整。圆唇，弧顶，肩饰两个盲鼻。口径 28.2、高 14.4 厘米（图一六七，5；彩版五九，2）。标本 H120：13，磨光黑陶，褐胎。圆唇，弧顶，捉手残。口径 18.3、残高 5.4 厘米（图一六七，3）。标本 T15⑥：24，磨光黑陶，灰胎。方唇，顶残。肩饰一周凹弦纹。口径 48.6、残高 9 厘米（图一六七，2）。

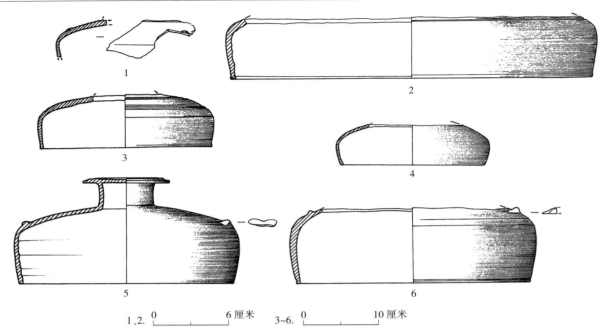

图一六七　龙山文化 E 型陶覆盘形器盖

1. I 式（T16⑦∶26）　　2、3、5. Ⅲ式（T15⑥∶24、H120∶13、H131∶1）　　4、6. Ⅱ式（H60∶1、H117∶5）

F 型　1 件。

标本 T17⑥∶14，泥质磨光黑陶。形如倒置大口碗，口残，小平顶，顶置宽带状桥形纽，纽残。顶缘饰一周、盖壁饰两周、内壁饰六周凹弦纹。顶径 10.5、残高 7.5 厘米（图一六六，7）。

G 型　1 件。

标本 H136∶6，泥质磨光褐陶。方唇，直壁，肩出檐，盖面中间隆起，捉手残。口径 20.1、残高 6 厘米（图一六六，6）。

H 型　1 件。

标本 H4∶1，泥质磨光灰陶。尖唇，直壁，折肩，平顶。口径 15、高 6 厘米（图一六六，5）。

I 型　1 件。

标本 T40⑤∶6，泥质磨光黑陶。方唇，弧壁，折肩，顶残。外壁饰一周凸弦纹。口径 28.5、残高 7.5 厘米（图一六六，8）。

覆筒形器盖　18 件。弧壁或直壁，均为泥质磨光陶。

标本 T19⑧∶23，黄褐陶。顶面凹，弧腹，口残。腹部有一周凸棱。残高 6 厘米（图一六八，1）。标本 T16⑦∶52，黑陶。蘑菇状捉手，弧顶，顶以下残。纽径 6、残高 3 厘米（图一六八，2）。标本 H104∶2，黑陶。圆唇，腹近直，顶出檐，纽残。顶缘饰两个对称盲鼻。残高 7.5 厘米（图一六八，5）。标本 T16⑦∶1，红褐陶。折肩，平顶，弧腹，口残。顶缘饰一周凹弦纹。残高 7.5 厘米（图一六八，4）。标本 H41∶22，灰褐陶。圆唇，腹近直，平顶微凹，捉手残。顶缘有一对盲鼻，腹饰两周凸弦纹。口径 10.8、残高 9.6 厘米（图一六九，1）。标本 T18⑥：40，灰褐陶。圆唇，弧壁，折肩出檐，平顶，纽残。顶缘有一对盲鼻，腹饰两周凸弦纹。口径 11.7、残高 7.5 厘米（图一六九，2）。标本 T11⑥：3，灰陶。下腹残，折肩，平顶，捉手残。腹上部有两周凸棱，顶缘有一对盲鼻。残高 6 厘米（图一六九，3）。标本 H124：8，黑陶。平顶，腹残。顶缘饰两周凹弦纹。残高 18 厘米（图一六九，4）。标本 H16：4，黑陶。下腹残，平顶出檐，捉手残。残高 3.6 厘米（图一六九，5）。标本 H99：5，黑陶。平顶出檐，腹、捉手残。顶缘饰一周凹弦纹。残高 3.3 厘米（图一六九，6）。标本 T16⑤：4，黑陶。平顶，折肩，下腹、捉手残。顶缘有一对盲鼻、上腹有三周凸棱。残高 3.9 厘米（图一六九，7）。标本 T36⑤：1，黑陶。倒喇叭形捉手，平顶，折肩，直腹，下腹残。顶缘饰三周弦纹、两个盲鼻。残高 8.7 厘米（图一六九，8）。标本 H7：3，黑陶。蘑菇状捉手，盖面微鼓，折肩，上腹近直，下腹残。顶缘饰两周凹弦纹、两个盲鼻，上腹饰两周凹弦纹。残高 9 厘米（图一六九，9）。标本 H61：10，红褐陶。倒喇叭形捉手，平顶以下残。残高 1.8 厘米（图一六八，3）。

盘形盖捉手　10 件。可分为 3 型。

A 型　2 件。提梁状捉手。

标本 T15⑤：14，夹砂灰陶。捉手残。残高 8 厘米（图一七〇，1）。标本 T12⑧：3，泥质磨光黑灰陶，褐胎。捉手残。高 10 厘米（图一七〇，3）。

B 型　2 件。桥形耳状捉手。

标本 T18⑧：47，泥质黑陶。高 3 厘米（图一七〇，2）。标本 H81：8，泥质黑陶。高 3.6 厘米（图一七〇，4）。

C 型　6 件。蘑菇状捉手。

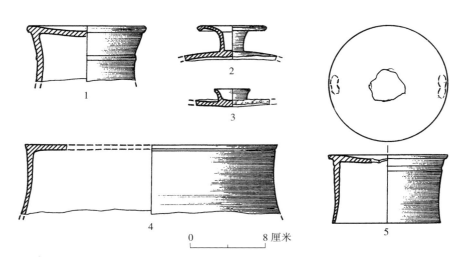

图一六八　龙山文化陶覆筒形器盖
1. T19⑧：23　2. T16⑦：52　3. H61：10　4. T16⑦：1　5. H104：2

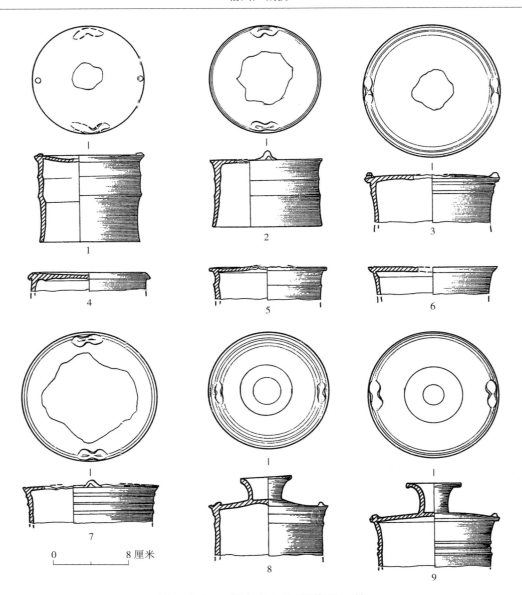

图一六九　龙山文化陶覆筒形器盖
1. H41∶22　2. T18⑥∶40　3. T11⑥∶3　4. H124∶8　5. H16∶4　6. H99∶5
7. T16⑤∶4　8. T36⑤∶1　9. H7∶3

　　标本 G5∶39，泥质磨光红褐陶。平顶出檐，弧颈。高 4 厘米（图一七〇，6）。标本 T19⑦∶10，泥质磨光黑陶。凹顶，弧颈较高，顶缘出檐。高 4 厘米（图一七〇，7）。标本 T17⑤∶5，泥质磨光灰褐陶。平顶微凹，顶出檐，下部残。残高 2.8 厘米（图一七〇，5）。标本 T12⑤∶5，泥质灰陶。凹顶出檐，下部残。残高 2.2 厘米（图一七〇，9）。标本 H45∶7，泥质黑皮褐胎。顶出檐，高直颈，顶残，颈部饰三周凹弦纹。高 4.4 厘米（图一七〇，8）。标本 H67∶3，泥质磨光灰陶。弧颈，顶面隆起，颈部两周凹弦纹。高 4.4 厘米（图一七〇，10）。

　　高圈足盘　64 件。均为泥质磨光陶。素面。分 6 型。

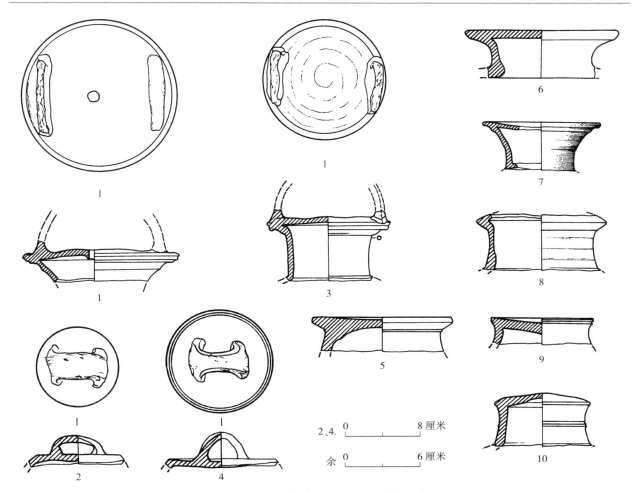

图一七〇 龙山文化陶盘形盖捉手

1、3. A 型（T15⑤：14、T12⑧：3） 2、4. B 型（T18⑧：47、H81：8）

5~10. C 型（T17⑤：5、G5：39、T19⑦：10、H45：7、T12⑤：5、H67：3）

A 型 5 件。折沿，盘部斜腹。分 3 式。

Ⅰ式 1 件。浅盘，圈足下部方折。标本 H121：6，磨光灰陶，褐胎。圆唇，沿下有一周凹槽。圈足中部有两周凸棱、两个圆形镂孔。口径 25.5、底径 19.5、高 15.3 厘米（图一七一，1；彩版六〇，1）。

Ⅱ式 2 件。盘较深。标本 T19⑥：2，磨光黑陶。方唇，折沿下垂，盘以下残。残高 4.5 厘米（图一七一，3）。

Ⅲ式 2 件。深盘。标本 T36⑤：6，磨光灰陶。方唇，折沿下垂明显，盘以下残。残高 5.7 厘米（图一七一，5）。

B 型 14 件。折沿，盘部圆腹。分 4 式。

Ⅰ式 1 件。浅盘，圈足下部方折。标本 H76：4，磨光黑陶，褐胎。方唇，折沿稍下垂，盘底平。圈足中部有两周、近下部有三周凸棱，上腹有两个对称圆形镂孔。口径 33.6、底径 33、高 18.6 厘米（图一七一，2；彩版六〇，2）。

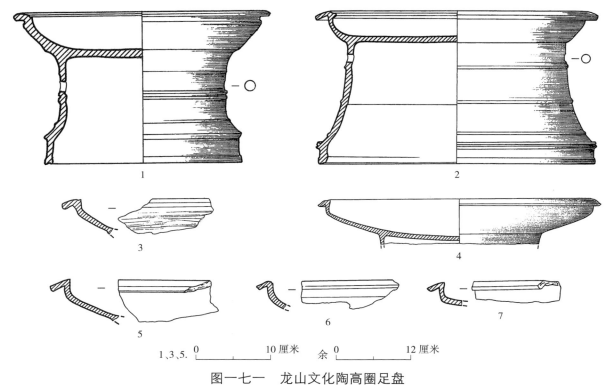

图一七一　龙山文化陶高圈足盘

1. A 型 I 式（H121：6）　2. B 型 I 式（H76：4）　3. A 型 II 式（T19⑥：2）
4、7. B 型 III 式（H128：3、H4：6）　5. A 型 III 式（T36⑤：6）　6. B 型 II 式（T15⑥：7）

II式　3 件。盘略深标本 T15⑥：7，磨光黑陶。方唇，折沿稍下垂，盘以下残。残高 3.9 厘米（图一七一，6）。

III式　5 件。盘较深。标本 H4：6，黑灰陶。方唇，折沿下垂，盘以下残。残高 3 厘米（图一七一，7）。标本 H128：3，磨光黑陶，褐胎。尖唇，盘底凹，盘以下残。口径42、残高 7.5 厘米（图一七一，4）。

IV式　5 件。深盘。标本 H7：4，黑灰陶略磨光。方唇，盘底有排列不规则的小圆孔，盘以下残。口径 45.3、残高 6 厘米（图一七二，1）。标本 T17⑤：2，磨光黑陶。圆唇，平折沿，直口，深弧盘以下残。口径 36、残高 5.1 厘米（图一七二，9）。标本 T18⑤：9，磨光黑陶。方唇，唇缘下有凸棱，盘以下残。口径 49.5、残高 3.9 厘米（图一七二，2）。

C 型　9 件。折沿，侈口，盘部折腹。分 4 式。

I 式　3 件。盘较浅。标本 H101：4，黑陶，褐胎。圆唇，唇缘下有凸棱，盘以下残。口径 33.3、残高 3.3 厘米（图一七二，5）。标本 T17⑦：22，磨光灰陶，内黑外灰褐。方唇，盘以下残。残高 3.9 厘米（图一七二，7）。

II式　2 件。盘略深。标本 H117：2，磨光灰陶，局部黑灰。方唇，盘心凹，喇叭形圈足。圈足中部有两周凸棱。口径 38、底径 31.2、高 16.8 厘米（图一七二，6；彩版六一，1）。

III式　1 件。盘较深。标本 H16：8，磨光黑陶。方唇，折腹，弧盘，盘以下残。口径 35.7、残高 3.3 厘米（图一七二，10）。

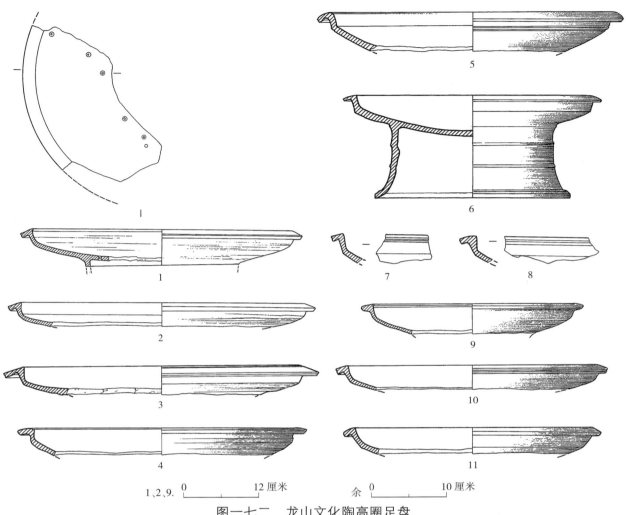

图一七二　龙山文化陶高圈足盘

1、2、9. B 型Ⅳ式（H7：4、T18⑤：9、T17⑤：2）　3、4. D 型Ⅰ式（T18⑧：30、T18⑧：29）
5、7. C 型Ⅰ式（H101：4、T17⑦：22）　6. C 型Ⅱ式（H117：2）　8. D 型Ⅱ式（H104：1）
10. C 型Ⅲ式（H16：8）　11. C 型Ⅳ式（H84：2）

Ⅳ式　3件。深盘。标本 H84：2，磨光黑陶。方唇，唇缘下有一周凸棱，盘以下残。口径 39.9、残高 3.6 厘米（图一七二，11）。

D 型　20件。折沿，直口，折腹盘。分5式。

Ⅰ式　3件。盘较浅。标本 T18⑧：30，磨光灰陶，褐胎。方唇，盘以下残。口径 38、残高 3.6 厘米（图一七二，3）。标本 T18⑧：29，磨光灰陶。方唇，沿下有一周鼓棱，盘以下残。口径 41.7、残高 3.9 厘米（图一七二，4）。

Ⅱ式　5件。腹略深。标本 H104：1，黑灰陶。方唇，盘以下残。残高 3.6 厘米（图一七二，8）。

Ⅲ式　6件。盘较深。标本 H95：8，磨光灰陶。尖圆唇，弧盘，圈足近直。圈足中部有两周凸棱，上部有两个对称圆形镂孔。口径 24.9、底径 14.7、高 14.8 厘米（图一七三，1；彩版六一，2）。标本 H42：4，磨光黑陶。方唇，盘以下残。口沿内侧有一周凹弦纹。口径 37.5、残高 4.5 厘米（图一七三，2）。标本 T40⑥：7，磨光灰陶，褐胎。

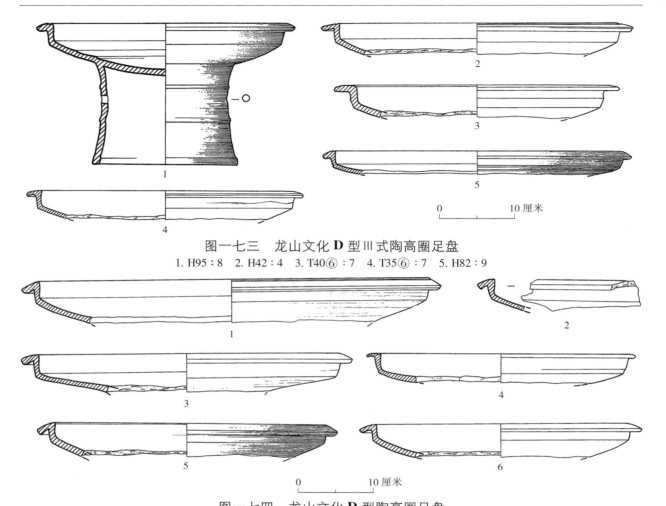

图一七三　龙山文化 **D** 型Ⅲ式陶高圈足盘
1. H95：8　2. H42：4　3. T40⑥：7　4. T35⑥：7　5. H82：9

图一七四　龙山文化 **D** 型陶高圈足盘
1. Ⅳ式（H89：6）　2～6. Ⅴ式（T19⑤：21、H40：3、T18⑤：36、H145：2、H143：2）

圆唇，盘以下残。口径 34.5、残高 3.9 厘米（图一七三，3）。标本 T35⑥：7，灰陶。圆唇，唇缘下垂，盘以下残。口径 37.5、残高 3.9 厘米（图一七三，4）。标本 H82：9，磨光黑陶。圆唇，盘以下残。口径 41.7、残高 3 厘米（图一七三，5）。

Ⅳ式　1 件。盘较深。标本 H89：6，磨光黑陶，灰胎。方唇，唇缘下有突棱，盘以下残。口径 56.4、残高 5 厘米（图一七四，1）。

Ⅴ式　5 件。深盘。标本 H40：3，黑灰陶。方唇，唇缘下有一周鼓棱，盘以下残。口径 40.5、残高 4.5 厘米（图一七四，3）。标本 T18⑤：36，黑陶。方唇，盘以下残。口径 33、残高 3 厘米（图一七四，4）。标本 T19⑤：21，磨光灰陶。方唇，盘以下残。残高 4.2 厘米（图一七四，2）。标本 H145：2，磨光灰陶。方唇，盘以下残。口径 37.5、残高 4.5 厘米（图一七四，5）。标本 H143：2，灰陶略磨光。斜方唇，盘以下残。口径 34.5、残高 4.5 厘米（图一七四，6）。

E 型　15 件。折沿，敛口，折腹盘。分 5 式。

Ⅰ式　2 件。浅盘。标本 T16⑦：3，磨光黑陶，褐胎。方唇，盘以下残。口径 38.1、残高 4.8 厘米（图一七五，1）。

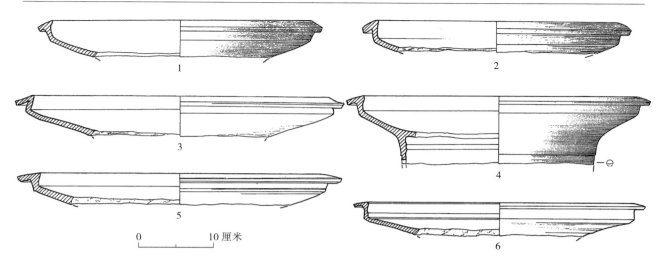

图一七五　龙山文化 **E** 型陶高圈足盘

1. I 式（T16⑦：3）　2. II 式（H116：4、H140：3）　4～6. III 式（H120：15、T19⑥：31、H95：10）

II 式　3 件。盘略深。标本 H116：4，磨光黑陶。厚圆唇，盘以下残。口径 33、残高 4.5 厘米（图一七五，2）。标本 H140：3，磨光黑灰陶。方唇，盘以下残。口径 40.5、残高 5.7 厘米（图一七五，3）。

III 式　6 件。盘稍深。标本 H120：15，磨光黑陶，褐胎。方唇，弧盘，盘以下残。口径 40.2、残高 9 厘米（图一七五，4）。标本 T19⑥：31，磨光灰陶，胎较厚。圆唇，盘以下残。口径 43.5、残高 4.2 厘米（图一七五，5）。标本 H95：10，灰黑陶。方唇，盘以下残。腹内壁饰两周凹弦纹。口径 48、残高 6 厘米（图一七五，6）。标本 H90：13，磨光黑灰陶。方唇，盘以下残。口径 50.7、残高 4.5 厘米（图一七六，1）。标本 H13：4，黑陶。斜方唇，盘以下残。残高 4.5 厘米。

IV 式　1 件。盘较深。标本 H63：3，磨光黑灰陶。圆唇，唇缘下有凸棱，盘以下残。口径 34.2、残高 5.1 厘米（图一七六，2）。

V 式　3 件。深盘。标本 T19⑤：20，磨光黑陶。方唇，弧盘，盘以下残。口径 49.5、残高 6 厘米（图一七六，3）。标本 T15⑤：9，磨光灰陶。方唇，盘以下残。口径 45、残高 3 厘米（图一七六，4）。

F 型　1 件。碟形浅盘。

标本 H117：7，泥质磨光灰陶。敞口，尖圆唇，盘底平，高圈足，底部方折。圈足上有七周凸棱、一个长方形镂孔及两个对称圆形镂孔。口径 30.6、底径 30.5、高 24 厘米（图一七七，1；彩版六二，1）。

低圈足盘　4 件。均为泥质磨光陶。分 2 式。

I 式　1 件。浅盘。标本 H119：23，磨光黑灰陶。尖唇，直口，弧盘。圈足中部有一周凸棱。口径 36、底径 21.9、通高 9.6 厘米（图一七七，3；彩版六二，2）。

II 式　3 件。盘较深。圆唇，侈口。标本 T19⑤：16，黑陶。尖圆唇，弧壁，平底，

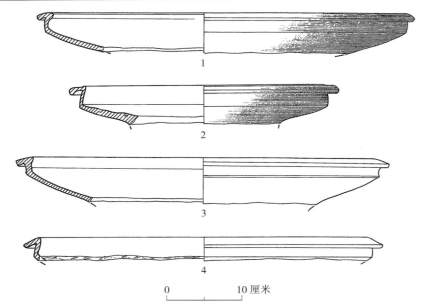

图一七六　龙山文化 E 型陶高圈足盘

1. Ⅲ式（H90∶13）　2. Ⅳ式（H63∶3）　3、4. Ⅴ式（T19⑤∶20、T15⑤∶9）

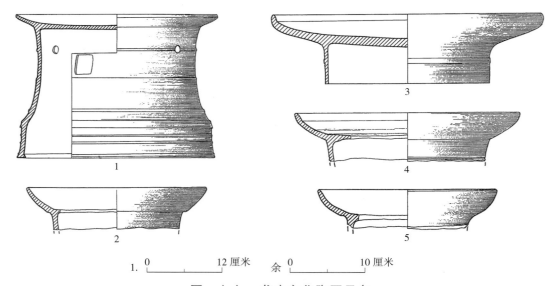

图一七七　龙山文化陶圈足盘

1. F 型高圈足盘（H117∶7）　2、4、5. Ⅱ式低圈足盘（T19⑤∶16、T18⑤∶2、T18⑤∶28）
3. Ⅰ式低圈足盘（H119∶23）

圈足残。口径 24、残高 5.7 厘米（图一七七，2）。标本 T18⑤∶2，黑灰陶。尖圆唇，弧壁，圈足残。口径 30、残高 6 厘米（图一七七，4）。标本 T18⑤∶28，灰陶。圆唇，弧壁，圈足残。口径 24、残高 5 厘米（图一七七，5）。

圈足盘　5 件。浅盘，敞口，平底。

标本 T13⑥∶13，泥质磨光黑陶。方唇，碟形盘。口径 23.4、底径 16.2、高 3.6 厘米（图一七八，1；彩版六二，3）。标本 H90∶4，泥质磨光红褐陶。圆唇，弧壁。口径 21.6、底径 13.2、高 3.6 厘米（图一七八，2；彩版六二，4）。标本 H16∶9，泥质磨光黑陶。圆唇，弧壁。口径 21.3、底径 13.2、高 3 厘米（图一七八，3；彩版六二，5）。标本 H41：28，泥质磨光黑陶。尖唇，敞口，深弧盘，凹底，方形圈足。口径 15.6、底径 9.9、高 6 厘米（图一七八，5；彩版六二，6）。标本 H121：4，泥质磨光灰陶。圆唇，弧壁，盘以下残。口径 24.6、残高 3 厘米（图一七八，4）。

三足盘　1 件。

标本 H67：15，夹砂灰陶。口部残，斜直腹，平底，环形足。腹饰方格纹，近底饰三周凹弦纹。底径 21、残高 5.1 厘米（图一七八，6）。

圈足　13 件。为高圈足盘的圈足部分，因无法与盘一一对应，故单做介绍。依形制不同，分 2 型。

A 型　11 件。圈足底部方折。

标本 T15⑧：2，泥质磨光黑陶。上部残，底部内敛。底缘有一周凹槽。底径 33.9、残高 10.5 厘米（图一七九，1）。标本 T19⑦：32，泥质磨光灰陶，褐胎。上部残，弧腹。内壁饰五周凹弦纹。残高 10.5 厘米（图一七九，5）。标本 T19⑦：2，泥质磨光黑陶，褐胎。上部残，底缘向内折。残高 8.7 厘米（图一七九，12）。标本 G5：18，泥质磨光灰陶。上部残。腹部饰一周凸弦纹。底径 28.5、残高 15 厘米（图一七九，2）。标本 H98：4，泥质磨光黑陶，褐胎。上部残。底径 31、残高 6.3 厘米（图一七九，4）。标本 H98：15，泥质磨光黑陶。上部残。腹部饰两周凸弦纹，内壁饰数周凹弦纹。底径 27.9、残高 9.2 厘米（图一七九，7）。标本 H82：2，泥质磨光红褐陶，局部灰褐色。上部残。内壁

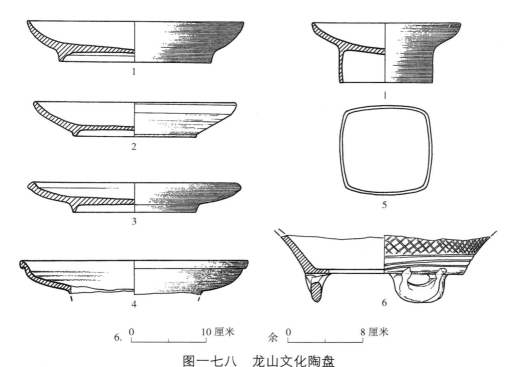

图一七八　龙山文化陶盘

1~5. 圈足盘（T13⑥：13、H90：4、H16：9、H121：4、H41：28）　6. 三足盘（H67：15）

饰六周、器表饰三周凸弦纹。底径 26.7、残高 13.8 厘米（图一七九，10）。标本 H23：8，泥质黑陶。上部残。底径 30、残高 6.9 厘米（图一七九，11）。标本 T19⑤：26，泥质磨光黑陶，褐胎。上部残。器表饰四周凹弦纹。底径 38.7、残高 9 厘米（图一七九，3）。标本 T19⑤：28，泥质磨光灰陶。上部残。残高 7.5 厘米（图一七九，6）。标本 T15⑤：2，泥质磨光黑陶。上部残。残高 6.9 厘米（图一七九，8）。

B 型　2 件。喇叭形圈足。

标本 H108：1，泥质灰陶。盘残，足底外撇，沿内有一周凹槽。圈足有两周凸棱。底径 27.5、高 24.3 厘米（图一七九，13）。标本 T19⑥：3，泥质磨光灰陶。上部残，足近直。圈足有一周凸棱。残高 9.3 厘米（图一七九，9）。

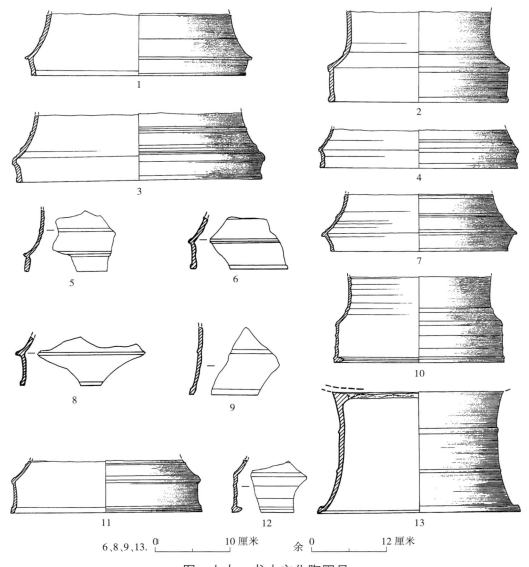

图一七九　龙山文化陶圈足

1～8、10～12. A 型（T15⑧：2、G5：18、T19⑤：26、H98：4、T19⑦：32、T19⑤：28、H98：15、T15⑤：2、H82：2、H23：8、T19⑦：2）　9、13. B 型（T19⑥：3、H108：1）

豆　35件。均为泥质磨光陶。分4型。

A型　19件。高柄，弧壁。分5式。

Ⅰ式　3件。盘较深。标本H121：19，黄褐陶。圆唇，盘底平，喇叭形座。柄上部饰四周凹弦纹（图一八〇，1；彩版六三，1）。

Ⅱ式　4件。盘略浅。标本T39⑦：10，灰陶。圆唇，盘以下残。外壁有两周凸棱。口径18.6、残高5.1厘米（图一八〇，2）。

Ⅲ式　3件。盘稍浅。标本H83：1，黑陶。圆唇。盘以下残。内壁饰四周凹弦纹。口径18.9、残高4.5厘米（图一八〇，3）。

Ⅳ式　4件。盘较浅。标本H90：5，黑陶。圆唇，盘以下残。口外侧饰一周凹弦纹。口径19.2、残高4.2厘米（图一八〇，4）。

Ⅴ式　5件。浅盘。H144：16，灰陶。圆唇，盘以下残。盘心有一周凸棱。口径17.7、残高4.2厘米（图一八〇，5）。

B型　13件。浅盘，弧壁。

标本T18⑧：34，灰陶。方唇，盘以下残。口径17.1、残高3厘米（图一八〇，7）。标本H58：8，红褐陶。圆唇，盘以下残。口径16.8、残高3厘米（图一八〇，8）。标本G5：3，黑陶。圆唇。盘以下残。口径22.8、残高3.9厘米（图一八〇，9）。标本T17⑥：23，灰陶。圆唇，盘以下残。口径19.2、残高3厘米（图一八〇，6）。标本T39⑤：3，黄褐陶。圆唇，盘底平，盘以下残。口径21.6、残高3.6厘米（图一八〇，10）。

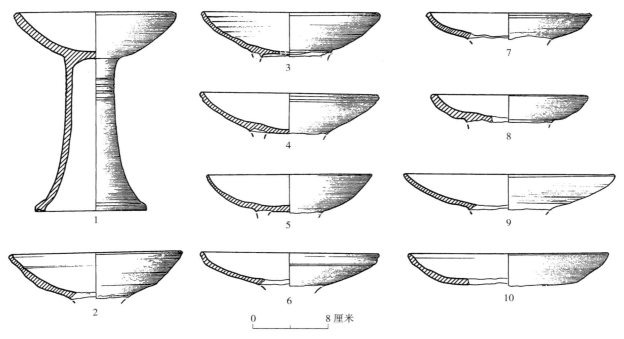

图一八〇　龙山文化陶豆

1. A型Ⅰ式（H121：19）　2. A型Ⅱ式（T39⑦：10）　3. A型Ⅲ式（H83：1）　4. A型Ⅳ式（H90：5）
5. A型Ⅴ式（H144：16）　6～10. B型（T17⑥：23、T18⑧：34、H58：8、G5：3、T39⑤：3）

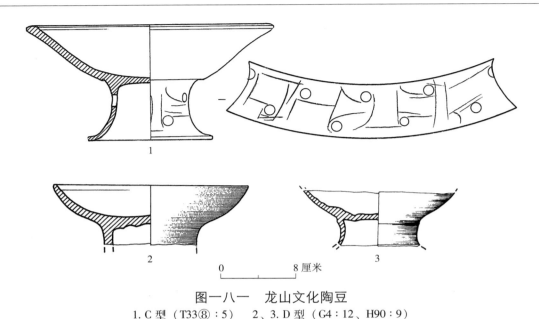

图一八一　龙山文化陶豆
1. C 型（T33⑧：5）　2、3. D 型（G4：12、H90：9）

C 型　1 件。

标本 T33⑧：5，泥质夹蚌灰褐陶。圆唇，敞口，盘底平，喇叭形座。柄上、下分两组排列八个圆形镂孔。口径 27、底径 13.5、高 12.9 厘米（图一八一，1；彩版六三，2）。

D 型　2 件。

标本 G4：12，灰陶，褐胎。圆唇，弧盘，盘心鼓，柄残。口径 20.7、残高 6.6 厘米（图一八一，2）。标本 H90：9，灰陶，褐胎。口部及座残。残高 7 厘米（图一八一，3）标本 H90：9，灰陶，褐胎。口部及座残。残高 7 厘米（图一八一，3）。

豆柄　10 件。均为泥质陶，少量磨光。

标本 H119：4，磨光黑陶。盘、座残，盘上部饰一周凸弦纹。残高 12 厘米（图一八二，1）。标本 H119：3，磨光灰陶。高柄，盘、座残，柄上部饰三周凹弦纹。残高 12 厘米（图一八二，2）。标本 T12⑤：11，灰陶，褐胎。座残。残高 6 厘米（图一八二，3）。标本 T11⑤：28，灰陶。弧柄，喇叭形座。底径 9、残高 9 厘米（图一八二，4）。标本 T18⑤：27，灰褐陶。粗柄，座残。残高 12 厘米（图一八二，5）。标本 H127：8，灰褐陶。矮粗柄，座残。残高 7.5 厘米（图一八二，6）。标本 T14⑧：12，灰陶。粗柄，下部残，柄部有圆形镂孔。残高 4.5 厘米（图一八二，7）。标本 H132：5，黄褐陶。矮粗柄，喇叭形座，柄部有一周凸棱。底径 12.3、高 6.3 厘米（图一八二，8）。标本 T20⑤：16，磨光黑陶。矮粗柄，座残。残高 6 厘米（图一八二，9）。标本 H58：15，红褐陶。喇叭形矮座。底径 9、残高 3.9 厘米（图一八二，10）。

单耳杯　29 件。均为泥质陶，大部分器表磨光。分 4 型。

A 型　15 件。杯体瘦高。分 4 式。

Ⅰ 式　4 件。壁近直。标本 H85：15，磨光黑陶。口残，凹底，杯柄残。底径 9、残

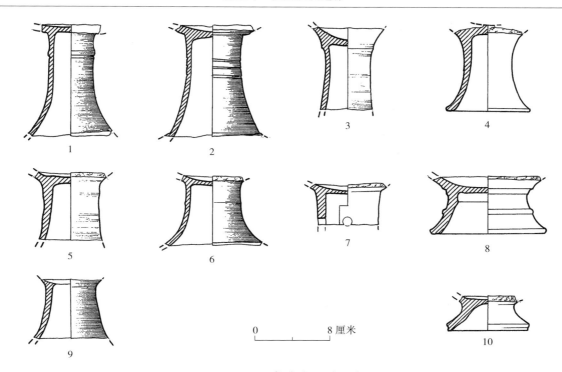

**图一八二　龙山文化陶豆柄**

1. H119：4　2. H119：3　3. T12⑥：11　4. T11⑤：28　5. T18⑤：27
6. H127：8　7. T14⑧：12　8. H132：5　9. T20⑤：16　10. H58：15

高 8.6 厘米（图一八三，1）。

Ⅱ式　3件。壁略直。标本 H31：14，磨光黑陶。口部残，凹底，杯柄残。底径5、残高 7.6 厘米（图一八三，2）。

Ⅲ式　5件。壁较弧。标本 H95：15，黑陶。凹底，口及杯柄残。上腹饰一个泥饼、三周凸棱、内壁六周凹弦纹。底径6、残高 8.4 厘米（图一八三，3）。标本 H124：2，灰陶。凹底，口部及杯柄残。底径 7.2、残高 12.4 厘米（图一八三，4）。

Ⅳ式　3件。弧壁。标本 H67：8，磨光黑陶。凹底，口及杯柄残。底径5、残高 8.6 厘米（图一八三，5）。标本 H63：5，磨光黑陶。凹底，上腹及杯柄残。近底饰一周浅凹槽。底径6、残高 4.2 厘米（图一八三，6）。

B 型　12件。杯体较粗。

标本 H121：5，磨光黑陶。尖唇，侈口，壁近直，凹底，杯柄残。口径 10.8、底径 8.6、高 11.6 厘米（图一八四，1；彩版六四，1）。标本 H92：6，磨光黑陶。口残，弧壁。凹底，杯柄残。底径7、残高 9.4 厘米（图一八四，2）。标本 H127：6，磨光黑陶。口部残，直壁，底缘外撇，凹底，杯柄残。腹饰两组四周凹弦纹。底径8、残高 5.2 厘米（图一八四，3）。

C 型　1件。

标本 F15：2，泥质磨光黑陶。圆唇，高领，鼓腹，凹底，腹部有一横桥形杯柄。口径 7.2、底径 5.4、高 8.4 厘米（图一八四，4；彩版六三，3）。

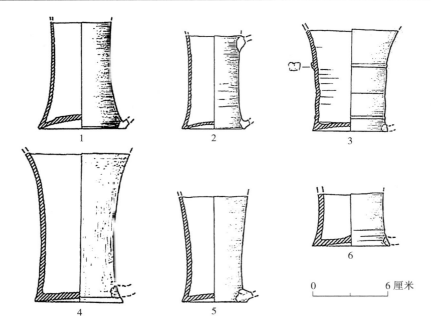

**图一八三　龙山文化 A 型陶单耳杯**

1. Ⅰ式（H85：15）　　2. Ⅱ式（H31：14）　　3. Ⅲ式（H95：15、H124：2）　　5、6. Ⅳ式（H67：8、H63：5）

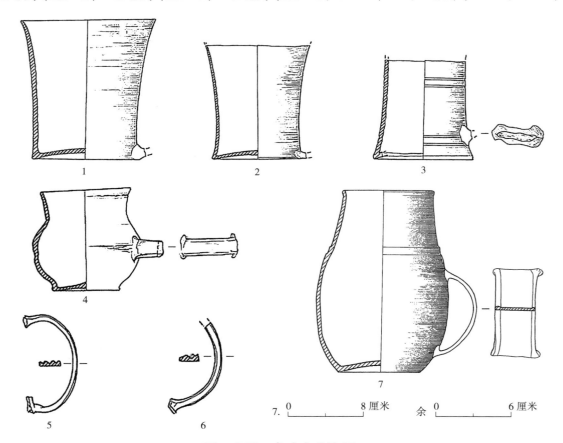

**图一八四　龙山文化陶器**

1～3. B 型单耳杯（H21：5、H92：6、H127：6）　　4. C 型单耳杯（F15：2）

5、6. 杯柄（T15⑦：20、H107：2）　　7. D 型单耳杯（H41：9）

D 型　1 件。

标本 H41：9，泥质磨光黑陶。圆唇，高颈，腹微鼓，凹底，宽带状把手。素面。口径 12.4、底径 11.1、高 25.2 厘米（图一八四，7；彩版六三，4）。

杯柄　5 件。多数残，形状呈带状环形，正面有两道或三道凹弦纹。

标本 T15⑦：20，泥质磨光黑陶。杯柄有三道凹槽（图一八四，5）。标本 H107：2，泥质磨光黑陶。杯柄有两道凹槽（图一八四，6）。

弧形杯　3 件。泥质陶。

标本 T17⑥：38，黑陶。侈口，圆唇，弧壁，凹底。口径 8、底径 7、高 6.4 厘米（图一八五，1；彩版六四，2）。标本 T39⑤：10，磨光黑陶。口残，弧壁，凹底。底径 6、残高 4 厘米（图一八五，2）。标本 T15⑦：11，磨光黑陶。口残，弧壁，平底。底径 6、残高 4.2 厘米（图一八五，3）。

杯　6 件。泥质陶，大部分磨光。分 5 型。

A 型　2 件。

标本 T15⑥：6，灰陶。尖唇，卷沿，敞口，弧壁，下部残。口径 6.4、残高 9.6 厘米（图一八五，4）。标本 H70：4，磨光灰褐陶。尖唇，敞口，卷折沿，弧壁，下部残。口径 10、残高 6 厘米（图一八五，5）。

B 型　1 件。

标本 H70：5，磨光黑陶。尖圆唇，敞口，下部残。口径 9.6、残高 4 厘米（图一八五，6）。

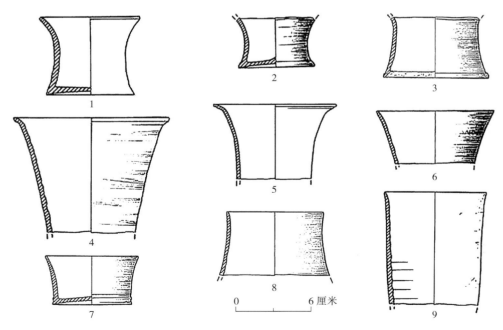

图一八五　龙山文化陶杯

1～3. 弧形杯（T17⑥：38、T39⑤：10、T15⑦：11）　4、5. A 型杯（T15⑥：6、H70：4）
6. B 型杯（H70：5）　7. C 型杯（T14⑥：3）　8. E 型杯（H95：17）　9. D 型杯（H119：13）

C 型　1 件。

标本 T14⑥：3，黑陶。尖唇，侈口，弧壁，凹底。近底饰两周凹弦纹。口径 7.4、底径 6.4、高 4 厘米（图一八五，7；彩版六四，3）。

D 型　1 件。

标本 H119：13，泥质灰陶。尖唇，直口，腹近直，底残。内壁饰四周凹弦纹。口径 8.4、残高 9.6 厘米（图一八五，9）。

E 型　1 件。

标本 H95：17，尖唇，弧壁，下部残。口径 8、残高 5.2 厘米（图一八五，8）。

觯　18 件。均为泥质陶，个别器表磨光。分 3 型。

A 型　11 件。直壁或弧壁。分 5 式。

Ⅰ式　1 件。直壁。标本 T19⑧：5，灰陶。口部残，近底内收，小平底。腹部饰一周凹弦纹。底径 5.2、残高 6.4 厘米（图一八六，1）。

Ⅱ式　2 件。壁略直。标本 T15⑦：16，灰陶。侈口，尖唇，底残。下腹饰一周凹弦纹。口径 7、残高 7.4 厘米（图一八六，2）。

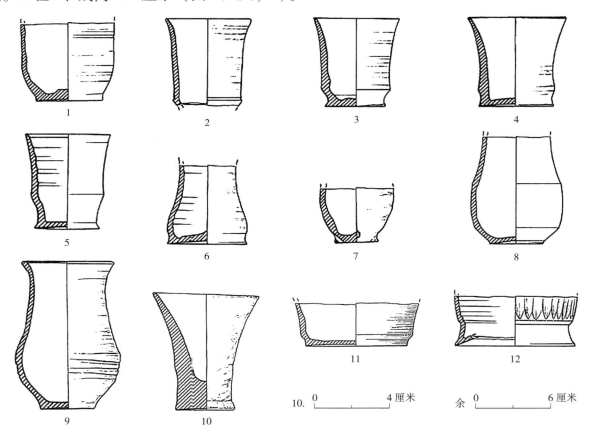

图一八六　龙山文化陶器

1. A 型Ⅰ式觯（T19⑧：5）　2. A 型Ⅱ式觯（T15⑦：16）　3. A 型Ⅲ式觯（H91：6）　4、5. A 型Ⅳ式觯（H75：7、F15：1）　6、7. A 型Ⅴ式觯（T40⑤：9、T17⑤：28）　8. B 型Ⅰ式觯（H121：17）　9. B 型Ⅱ式觯（T14⑤：8）　10、11. C 型觯（T18⑦：16、T19⑤：17）　12. 瓠（采：3）

Ⅲ式　2件。壁稍弧。标本 H91：6，黑陶。侈口，尖唇，近底处内收，平底。口径7、底径4.8、高7.4厘米（图一八六，3；彩版六四，4）。

Ⅳ式　3件。壁较弧。标本 H75：7，灰陶。侈口，尖唇，近底处内收，平底微凹。口径8、底径6、高7.4厘米（图一八六，4；彩版六四，5）。标本 F15：1，黑陶。侈口，尖唇，平底。内壁饰四周凸弦纹。口径6.8、底径5、高8厘米（图一八六，5；彩版六四，6）。

Ⅴ式　3件。弧壁。标本 T40⑤：9，灰褐陶。口残，下腹鼓，平底微凹。内壁饰四周凹弦纹。底径6.4、残高6厘米（图一八六，6）。标本 T17⑤：28，灰褐陶。口残，下腹弧收，小平底。底径3.4、残高4.4厘米（图一八六，7）。

B 型　5件。鼓腹。分2式。

Ⅰ式　2件。腹微鼓。标本 H121：17，泥质灰陶。口残，高颈，凹底。底径5.2、残高6.4厘米（图一八六，8）。

Ⅱ式　3件。腹较鼓。标本 T14⑤：8，泥质灰陶，褐胎。侈口，圆唇，高颈，小平底。下腹饰三周凹弦纹。口径7.4、底径2.4、高12.4厘米（图一八六，9；彩版六五，1）。

C 型　2件。大平底。

标本 T18⑦：16，泥质磨光黑陶。上腹残，平底微凹。底径8.4、残高3.6厘米（图一八六，10）。标本 T19⑤：17，泥质磨光灰陶。上腹残，假圈足，凹底。下腹饰一周莲瓣图案，内壁饰满细弦纹。底径10、残高4厘米（图一八六，11）。

觚　1件。

标本 采：3，灰陶。圆唇，喇叭形口，平底较厚。口径5.7、底径3.1、高6.4厘米（图一八六，12；彩版六五，2）。

高柄杯　21件。无完整器，均为泥质陶，形制各异。

标本 T17⑧：6，泥质灰陶，褐胎。弧柄，下部残。上、下各有一圆形小孔，中部饰三周凹弦纹。残高8厘米（图一八七，1）。标本 T12⑤：7，泥质黑陶。高柄，柄中部鼓。下部残。残高10.8厘米（图一八七，2）。标本 H124：11，磨光黑陶。高柄，座残。残高16.5厘米（图一八七，3）。标本 T14⑧：23，泥质灰陶。柄饰排列整齐的小圆孔，下部残。残高5.4厘米（图一八七，4）。标本 T12⑥：9，泥质灰陶。杯残，弧柄较细，喇叭形座。底径5.6、残高6.4厘米（图一八七，5）。标本 H76：7，磨光黑陶。高弧柄，座残。柄饰两组七周凹弦纹。残高12.6厘米（图一八七，6）。标本 T14⑧：5，泥质灰陶。柄上部残，喇叭形圈足，足缘平折。底径12、残高8厘米（图一八七，7）。标本 T17⑤：29，泥质灰陶。仅残存杯体，圆唇，折沿，直腹。口径5.4、残高4厘米（图一八七，8）。标本 H119：18，泥质磨光黑陶。杯残，柱形矮柄，喇叭形座。底径5、残高4厘米（图一八七，9）。

盂　2件。泥质陶。

标本 H64：4，灰褐陶。侈口，圆唇，束颈，鼓腹，大平底。素面。口径12.4、底径

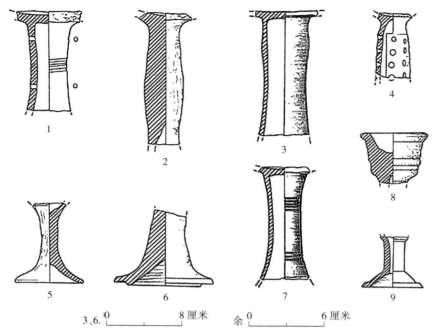

3、6. 0 —— 8厘米    余 0 —— 6厘米

图一八七　龙山文化陶高柄杯

1. T17⑧：6　2. T12⑤：7　3. H124：11　4. T14⑧：23　5. T12⑥：9
6. H76：7　7. T14⑧：5　8. T17⑤：29　9. H119：18

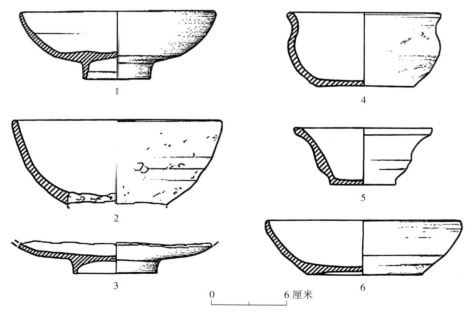

0 —— 6厘米

图一八八　龙山文化陶器

1～3. 碗（H64：5、H131：4、T39⑤：16）　4、5. 盂（H64：4、H116：3）　6. 钵（H108：2）

8.2、通高6厘米（图一八八，4；彩版六五，3）。标本H116：3，灰陶。敞口，圆唇，唇内缘有一周凹槽，弧腹，小平底。素面。口径11.2、底径5.2、高5厘米（图一八八，5；彩版六五，4）。

碗　3件。形制基本相同。

标本 H64：5，泥质磨光黑陶。敞口，尖唇，弧腹，圈足较高。口径16、底径5.4、高5.6厘米（图一八八，1；彩版六五，5）。标本 T39⑤：16，泥质磨光黑陶。上腹残，圈足较矮。底径7、残高4.6厘米（图一八八，3）。标本 H131：4，泥质红褐陶。敞口，圆唇，深腹，底残。口径16.8、残高6.8厘米（图一八八，2）。

钵　1件。

标本 H108：2，泥质磨光黑陶。微敛口，尖唇，斜弧腹，平底。素面。口径15.8、底径9.3、高4.6厘米（图一八八，6；彩版六五，6）。

漏器　7件。无完整器，仅见有器物的足、底残片。分2型。

A 型　6件。圜底，凿形足。

标本 T18⑧：11，泥质灰褐陶。足较高。残高8厘米（图一八九，1）。标本 T18⑧：12，泥质灰褐陶。足略底，足面中间有一道竖凹槽。残高5.6厘米（图一八九，2）。标本 T17⑦：16，泥质红褐陶。足尖外撇，器底饰篮纹。残高6厘米（图一八九，3）。标本 H15：4，泥质灰褐陶。矮凿形足，底饰稀疏的篮纹。残高4.6厘米（图一八九，4）。

B 型　1件。平底。

标本 T13⑧：10，泥质红褐陶，手制，胎质厚，斜直壁，底部有排列不规整的圆形小孔。残高4厘米（图一八九，5）。

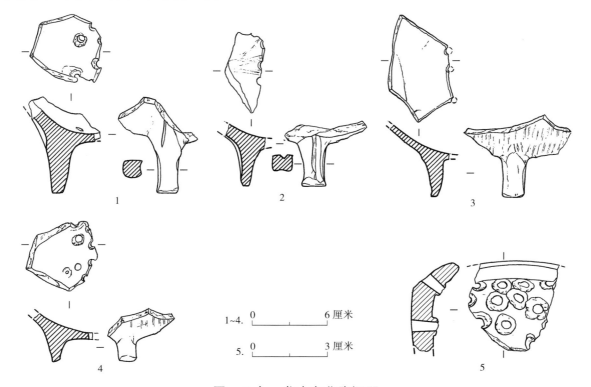

1~4.　0　　　　　6厘米

5.　0　　　　　3厘米

图一八九　龙山文化陶漏器

1~4. A 型（T18⑧：11、T18⑧：12、T17⑦：16、H15：4）　5. B 型（T13⑧：10）

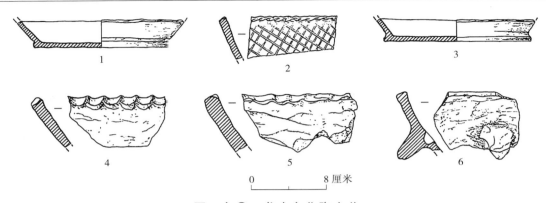

0　　　　8厘米

图一九〇　龙山文化陶火盆
1. T18⑦：32　2. T17⑦：12　3. H132：1　4. T18⑧：25　5. H33：6　6. H45：10

火盆　39件。陶质为夹粗砂或草拌泥夹砂。手制，器表按痕清晰，制作粗糙，个别有錾，均残碎。

标本 T18⑦：32，草拌泥夹蚌灰褐陶。内壁褐色。仅残存底。斜直壁，平底，底缘出棱，植物的茎、叶痕明显。底径 28.8、残高 6 厘米（图一九〇，1）。标本 T18⑧：25，草拌泥夹粗砂，灰陶。下腹残。口部为均匀的波浪状按窝。残高 6 厘米（图一九〇，4）。标本 H132：1，夹砂灰褐陶。仅残存底。斜直壁，平底，底缘有一周出棱。底径 31.6、残高 4.8 厘米（图一九〇，3）。标本 T17⑦：12，夹砂灰陶。下腹残。口部为波浪状的浅按窝，器壁饰方格纹。残高 4.7 厘米（图一九〇，2）。标本 H33：6，夹砂灰陶。下腹残。口部为浅按窝。残高 6 厘米（图一九〇，5）。标本 H45：10，草拌泥夹砂灰陶。下腹及底残。上腹装饰圆锥柱形錾，器表敷一层草拌泥。残高 7 厘米（图一九〇，6）。标本 H81：15，草拌泥夹砂黑陶。底残。口部为排列稀疏的按窝，器表有稻壳、植物的叶、茎痕。残高 6 厘米（图一九一，1）。标本 T19⑤：46，草拌泥夹砂黑陶。底残，口部为排列稀疏的按窝。残高 10 厘米（图一九一，2）。标本 Y3：4，草拌泥夹砂灰陶。底残。口部为半圆形按窝，器表有稻壳以及植物的茎、叶痕。残高 11 厘米（图一九一，3）。标本 T19⑥：21，草拌泥夹砂灰陶。底残。口部有浅按窝。残高 6 厘米（图一九一，4）。标本 Y3：5，草拌泥夹砂灰陶。上腹残。斜壁，平底。残高 3 厘米（图一九一，5）。标本 H32：4，草拌泥夹砂灰陶。口、底残。上腹装饰鸡冠状錾手。残高 8.4 厘米（图一九一，8）。标本 H81：16，夹砂灰陶。下腹残。口部有按窝，口下有一角状錾手，錾手残。残高 8 厘米（图一九一，7）。标本 H81：17，草拌泥夹粗砂粒。底残。口部为较宽的按窝，上腹有一角状錾手。残高 9 厘米（图一九一，6）。标本 H81：18，夹砂灰陶。上腹残。斜弧壁，平底，器表敷抹一层草拌泥。残高 7 厘米（图一九一，9）。

箅子　11件。少见完整器，绝大多数为残碎片，仅修复一件。陶质均为夹砂陶，个别表面粘敷一层砂粒，有的一面有灰色烟渍痕迹。依制法不同分 2 型。

A 型　6件。圆形，底缘外伸呈锯齿状。

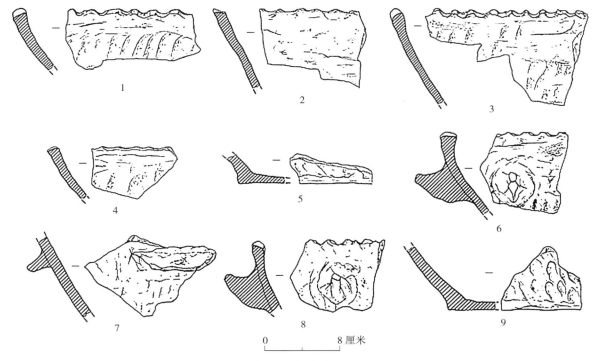

图一九一 龙山文化火盆

1. H81：15 2. T19⑤：46 3. Y3：4 4. T19⑥：21 5. Y3：5
6. H81：17 7. H81：16 8. H32：4 9. H81：18

标本 H121：9，夹砂灰陶。直壁，口沿中间有一周浅槽，外缘起圆形凸棱，底残，从残存痕迹看，镂刻长方形孔由中间向四周呈辐射状分布。口径 20.4、底径 24、高 4.2 厘米（图一九二，1）。标本 H81：13，夹砂灰陶。直壁，平沿，沿下有一周刻划槽，壁有一长方形缺口，底部镂孔略呈弧形，由中间向周围呈均匀状辐射分布。口径 22.2、底径 27、高 4.8 厘米（图一九二，2）。

B 型 5 件。圆形，直壁略高。

标本 H117：1，夹砂黑陶。斜沿，壁有一长方形缺口，底部镂刻两组十条左右对称的长方形孔。口径 22.5、底径 24、高 7.2 厘米（图一九二，3；彩版六六，1）。

鋬手 为器物的把手，除常见有较多的宽带状把手外，另有少量的索状、鸡冠状等把手。

索状把手 9 件。完整者 4 件。

标本 T18⑧：18，泥质灰陶。环形把手，截面呈圆形，表面刻划出均匀的扭曲条纹（图一九三，1）。标本 T17⑦：7，泥质灰陶。用泥条弯曲成环形，表面刻划出不规则的浅槽，两端各有两个或三个按窝（图一九三，2）。标本 H61：3，泥质灰陶。用三根泥条拧结成麻花状环形把手，两端按压在一起，上有排列整齐的戳印纹（图一九三，3）。标本 H6：13，泥质灰黑陶。用两根泥条拧成麻花状，两端按压于器壁（图一九三，4）。

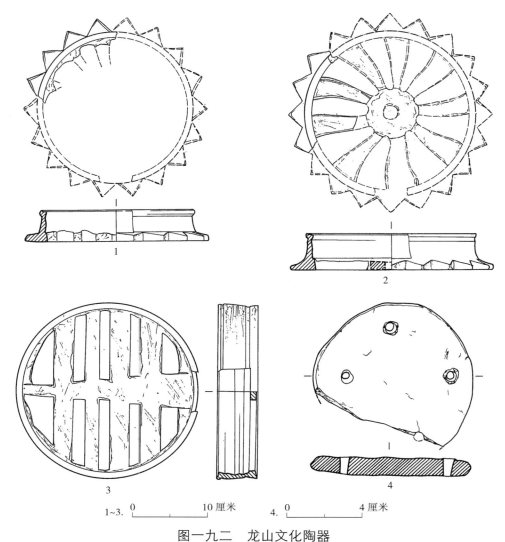

图一九二　龙山文化陶器
1、2. A 型算子（H121：9、H81：13）　　3. B 型算子（H117：1）　　4. 饼（H121：15）

鸡冠状把手　4 件。形制基本相同。

标本 T20⑦：19，泥质灰褐陶。手制，截面呈梯形，上有不规则的按窝（图一九三，5）。

（二）生产工具

共 53 件。有陶纺轮、陶网坠、陶拍等。

纺轮　22 件。圆饼形，中间一小圆孔。素面。分 4 型。

A 型　9 件。上、下两面齐平，边缘圆弧。

标本 H12：18，泥质夹砂黑灰陶。表面饰两周弦纹。直径 5.8、孔径 0.6 厘米（图一九四，1；彩版六七，1 左 1）。标本 T15⑤：7，泥质灰黑陶，表面磨光。直径 3.8、厚 0.8、孔径 0.5 厘米（图一九四，2；彩版六七，1 左 4）。标本 T18⑧：23，细泥红褐陶。中间无穿孔，边缘有四个分布均匀的小孔。直径 5、厚 1.8 厘米（图一九四，3）。标本

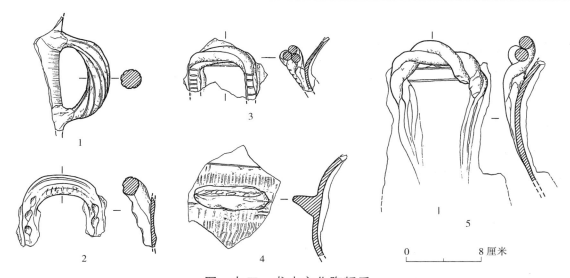

图一九三　龙山文化陶鬶手

1. T18⑧：18　2. T17⑦：7　3. H61：3　4. H6：13　5. T20⑦：19

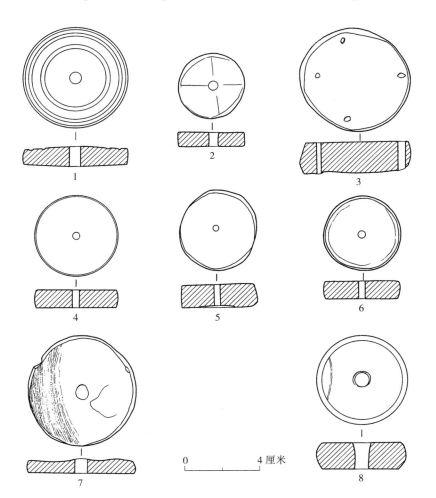

图一九四　龙山文化 **A** 型陶纺轮

1. H12：18　2. T15⑤：7　3. T18⑧：23　4. H90：11　5. H82：11　6. H131：13　7. H149：4　8. T19⑤：50

H90：11，泥质灰陶。边缘中间起一周浅棱。直径4.5、厚0.5、孔径0.4厘米（图一九四，4；彩版六七，1左2）。标本H82：11，泥质黑陶。直径4.5、厚1.2、孔径0.3厘米（图一九四，5）。标本H131：13，泥质红陶。直径4.3、厚1、孔径0.4厘米（图一九四，6；彩版六七，1左3）。标本H149：4，泥质灰褐陶。制作不甚规整。直径6、厚0.6、孔径0.6厘米（图一九四，7）。标本T19⑤：50，细泥黑陶。直径5、厚1.5、孔径1厘米（图一九四，8）。

B型 6件。边缘竖直平齐。

标本H13：3，泥质灰陶。边缘有一周刻划弦纹。直径5.7、厚1、孔径0.6厘米（图一九五，1；彩版六七，2左1）。标本H64：2，夹砂黑陶。单面绕孔一周弦纹。直径5、厚1.2、孔径0.4厘米（图一九五，2；彩版六七，2左3）。标本T17⑤：40，泥质灰陶。正面有呈双"十"字形按压细绳纹。直径5.5、厚1.4、孔径0.9厘米（图一九五，3；彩版六七，2左2）。标本T16⑥：14，泥质黑陶。正面绕孔两周弦纹。直径5、厚0.7、孔径0.5厘米（图一九五，4；彩版六七，2左4）。标本T16⑤：7，泥质红褐陶。表面手捏痕明显。直径5.3、厚0.7、孔径0.8厘米（图一九五，5）。标本T18⑧：51，泥质磨光黑陶。边缘饰两周凹弦纹。直径3.4、厚0.6、孔径0.4厘米（图一九五，6）。

C型 5件。边缘呈梯形。

标本T18⑦：50，夹砂红褐陶。表面光滑。直径5.2、厚1.1、孔径0.7厘米（图一九六，1；彩版六七，3左4）。标本T18⑦：49，泥质褐陶。造型不甚规整，表面粗糙。直径5、厚1.2、孔径0.6厘米（图一九六，2；彩版六七，3左3）。标本H80：1，夹砂

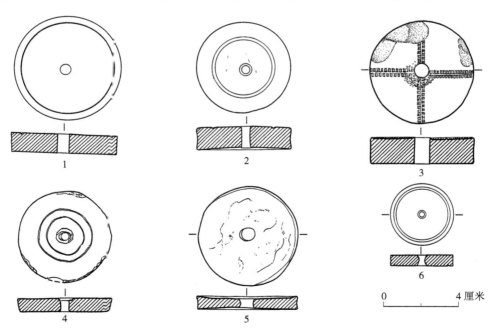

图一九五 龙山文化 B 型陶纺轮
1. H13：3 2. H64：2 3. T17⑤：40 4. T16⑥：14 5. T16⑤：7 6. T18⑧：51

黄褐陶。表面磨光。直径6、厚0.8、孔径0.5厘米（图一九六，3；彩版六七，3左2）。标本T11⑥：10，泥质红褐陶。表面平滑，底面手指按窝较明显。直径6.8、厚1.5、孔径0.6厘米（图一九六，6；彩版六七，3左1）。

D型　2件。底面平，顶面中间隆起，磨光，边缘有一周凹槽。

标本T19⑥：24，泥质灰褐。直径5.5、厚0.5~0.9、孔径0.5厘米（图一九六，4；彩版六七，4右）。标本T16⑥：15，泥质磨光黑陶。直径6.3、厚0.5~0.9、孔径0.5厘米（图一九六，5；彩版六七，4左）。

拍　5件。修饰和加工陶坯的工具。

标本H101：15，泥质灰陶。平面形状长方形，制作粗糙，表面有裂纹，上、下面微鼓。长9、宽6.5、孔径1.5厘米（图一九七，1；彩版六八，1）。标本H136：8，泥质黑陶。器表磨光呈灰白色，残半，柄与顶面结合处有一周排列不均匀的凹槽。残高5.3厘米（图一九七，4）。标本T21⑥：26，泥质褐陶。顶面呈蘑菇状，圆柱柄，柄中空，表面磨光。柄端直径3、高5.8厘米（图一九七，2）。标本T20⑤：25，泥质灰褐陶。器表磨光，柄与顶面结合处有一周排列整齐的圆形穿孔。残高3厘米（图一九七，3；彩版六八，2）。标本H121：16，泥质灰陶。柄残。残高4厘米（图一九七，5）。

饼　1件。

标本H121：15，夹砂灰陶。边缘一周有四个圆形穿孔。直径8.5、厚1、孔径0.3厘米（图一九二，4；彩版六六，2）。

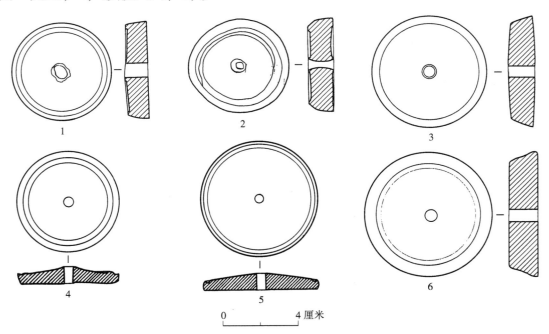

图一九六　龙山文化陶纺轮
1~3、6. C型（T18⑦：50、T18⑦：49、H80：1、T11⑥：10）
4、5. D型（T19⑥：24、T16⑥：15）

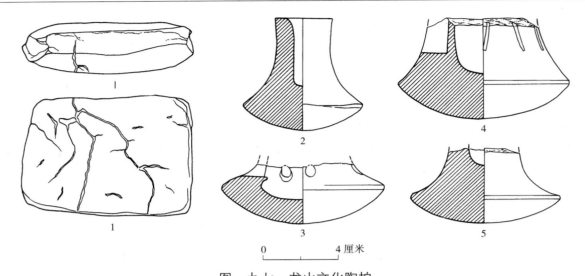

图一九七　龙山文化陶拍
1. H101：15　2. T21⑥：26　3. T20⑤：25　4. H136：8　5. H121：16

网坠　20 件。根据其形状不同分为 6 型。

A 型　9 件。圆柱状，中间略鼓，两端及中间各有对称横、竖用于拴绳用的凹槽。

标本 T18⑤：45，泥质灰褐陶。长 5.8、直径 2 厘米（图一九八，1）。标本采：8，泥质磨光灰陶。长 4 厘米（图一九八，2）。标本 T15⑤：5，泥质磨光黑灰陶。长 3.2 厘米（图一九八，3）。标本 T15⑤：23，泥质灰褐陶。长 3.2 厘米（图一九八，4）。标本采：7，泥质红褐陶。长 3 厘米（图一九八，5）。标本 T35⑥：4，泥质红褐陶。表面颜色不匀。长 6.2、直径 3.5 厘米（图一九八，8）。标本 T14⑤：6，泥质灰陶。两端中间内凹。长 6.3 厘米（图一九八，9；彩版六八，3）。标本 H31：15，泥质黄褐陶。器形较粗壮。长 6、直径 4.5 厘米（图一九八，10；彩版六八，4）。标本 T18⑤：5，泥质灰褐陶。长 4 厘米。

B 型　2 件。椭圆形，中间有一周竖凹槽。

标本 H6：8，泥质磨光红褐陶。制作规整精致。长 2.5 厘米（图一九八，6；彩版六八，5）。标本采：9，泥质红褐陶。器形较矮圆，制作粗糙，一端略凸起。长 2.5 厘米（图一九八，7）。

C 型　1 件。圆柱形，中间一圆形穿孔，两端各有一周凹槽。

标本 F14：4，泥质红褐陶，陶色不匀。一端内凹，另一端略残。长 8.3、直径 3、孔径 0.4 厘米（图一九八，11；彩版六八，6）。

D 型　4 件。梭形，中间贯穿孔。

标本 T16⑤：10，泥质灰褐陶。高 5.5、孔径 0.6 厘米（图一九九，1；彩版六九，1 左 1）。标本采：6，夹砂灰褐陶。高 6、孔径 1 厘米（图一九九，2；彩版六九，1 左 2）。标本 T16⑦：6，泥质灰褐陶。表面布满凹窝。高 7、孔径 0.3 厘米（图一九九，3；彩版六九，1 左 3）。标本 T19⑥：22，泥质灰褐陶。两端圆孔偏向一侧。高 6、孔径 0.5 厘米（图一九九，4；彩版六九，1 左 4）。

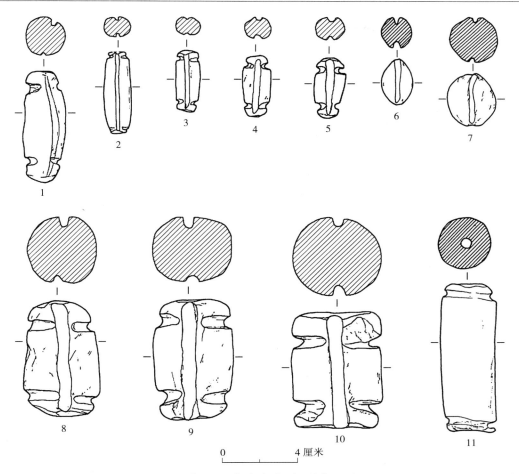

图一九八 龙山文化 **A** 型陶网坠

1～5、8～10. A 型（T18⑤：45、采：8、T15⑤：5、T15⑤：23、采：7、T35⑥：4、T14⑤：6、H31：15）
6、7. B 型（H6：8、采：9）  11. C 型（F14：4）

E 型 4 件。近圆柱形。

标本 T19⑤：2，泥质灰褐陶。一端圆孔偏向一侧。长 8.5、孔径 0.4 厘米（图一九九，5；彩版六九，2 左 1）。标本 T13⑥：15，夹砂灰陶。略变形。长 7.5、孔径 0.8 厘米（图一九九，6；彩版六九，2 左 2）。标本 H65：4，夹砂灰褐陶。器表颜色不匀，两端圆孔偏向一侧。高 6、孔径 0.7 厘米（图一九九，7；彩版六九，2 左 3）。标本 T18⑥：12，泥质灰褐陶，两端切齐。长 6、孔径 0.3 厘米（图一九九，8；彩版六九，2 左 4）。

二 石器

计 49 件。磨制，除个别完整外，绝大部分都有不同程度的残损，按照形制及使用功能分为两大类，即生产用具和兵器。生产工具包括石锛、石斧、石杵、石铲、石刀和砺石，兵器为石矛、石镞。

锛 20 件。单面刃，通体磨光。

标本 F10：3，灰色石料制成。平面略呈梯形，顶端残，刃部有崩损疤痕，通体磨光。

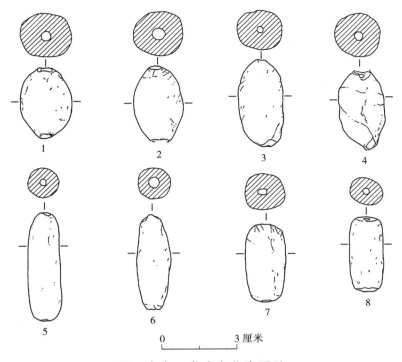

图一九九　龙山文化陶网坠

1~4. D 型（T16⑤：10、采：6、T16⑦：6、T19⑥：22）
5~8. E 型（T19⑤：2、T13⑥：15、H65：4、T18⑥：12）

残长 10、宽 6~6.8、厚 3.4 厘米（图二〇〇，1）。标本 H132：8，灰色石料制成。顶有疤痕，通体磨光。长 7、宽 4、厚 1.5~2.2 厘米（图二〇〇，2；彩版七〇，1）。标本 T20⑥：32，青灰色石料制成。平面形状略呈长方形，上段残失，刃部有崩损疤痕，通体磨光。残长 5.5、宽 4.5、厚 2.2 厘米（图二〇〇，3）。标本 T21⑥：56，青灰色石料有灰蓝色条纹。平面形状呈梯形，顶部磨平，下部残，通体磨光。残长 8.5、宽 3.2~5、厚 3.7 厘米（图二〇〇，7）。标本 T19⑤：47，灰褐色石料制成。刃部一端残失，通体磨光。长 7.5、宽 4.4、厚 2 厘米（图二〇〇，8）。标本 H83：3，黑灰色石料制成。通体磨光。残长 6、厚 2.5 厘米（图二〇〇，6）。标本 T16⑥：1，灰色石料。通体磨光。长 3.4、宽 2.8 厘米（图二〇〇，5）。标本 T15⑧：22，黑色石料制成。器体残损较甚，刃部残，通体磨光。残长 7.8、宽 3~3.3、厚 2.3 厘米（图二〇〇，9）。标本 T15⑦：25，黑色石料制成，顶略崩损，刃部有残损痕。长 9.5、宽 0.8~2 厘米（图二〇一，1；彩版七〇，2）。标本 T20⑤：22，黑色石料有灰色条纹，残损严重，通体磨光。残长 7.8、宽 4、厚 1.2~3 厘米（图二〇一，4；彩版七〇，3）。标本 T20⑥：7，黑色石料有灰白色条纹。长 7.5、宽 5、厚 1~1.5 厘米（图二〇一，8）。标本 H74：1，深灰色石料制成。刃部略有残损，平面呈梯形，顶面磨平，通体磨光。长 5、宽 2.8、厚 1.4 厘米（图二〇〇，4）。标本 T28⑤：1，青灰色石料制成，刃部有崩损，通体磨光。长 7.2、宽 3.4、厚 1.5~2 厘米（图二〇一，9；彩版七〇，4）。标本 F2：1，黑色石料制成。平面形状呈梯

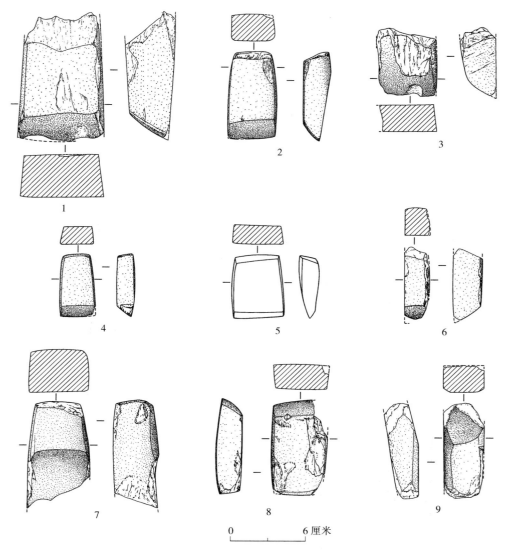

0　　　　6厘米

图二〇〇　龙山文化石锛

1. F10：3　2. H132：8　3. T20⑥：32　4. H74：1　5. T16⑥：1　6. H83：3
7. T21⑥：56　8. T19⑤：47　9. T15⑧：22

形，上半部残，通体磨光。残长7.4、宽4.7~5.9、厚2.5~3厘米（图二〇一，2）。标本H98：2，黑灰色石料制成。顶面弧形，刃部有使用残痕，通体磨光。残长5.2、宽4、厚1.5厘米（图二〇一，5）。标本T16⑥：9，灰白色页岩磨制。双面弧刃，顶端呈弧形，刃部稍残损。长6.4、宽5~5.8、厚2.2厘米（图二〇一，7）。标本T16⑦：29，灰色石料磨制。顶、刃残。残长9、宽4.5~5、厚2~3厘米（彩版七〇，5）。标本H16：7，黑色石料磨制，顶残。残长7、宽3.5~4、厚3厘米（彩版七〇，6）。标本T17⑧：39，灰色石料。顶、刃略残。长8、宽4、厚1.5~2.5厘米。

斧　9件。双面弧刃，多为琢制，刃部磨光。分2型。

A型　6件。器形较小。

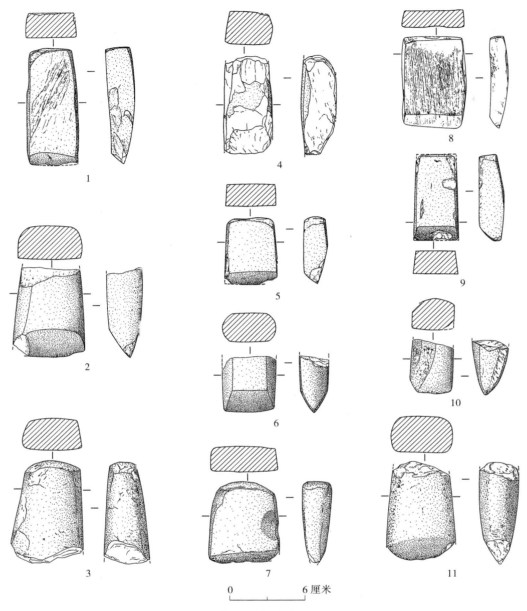

图二〇一　龙山文化石器

1、2、4、5、7～9. 锛（T15⑦：25、F2：1、T20⑤：22、H98：2、T16⑥：9、T20⑥：7、T28⑤：1）

3、6、10、11. A 型斧（T16⑥：8、T15⑦：27、T20⑦：17、T15⑤：3）

　　标本 T16⑥：8，黑色石料制成。刃部残。残长 8.5、宽 4.5～5.8、厚 2～3.8 厘米（图二〇一，3；彩版七一，1）。标本 T20⑦：17，黑色石料制成。上段残。残长 4.4、宽 3.5、厚 2.5 厘米（图二〇一，10）。标本 T15⑦：27，黑色石料制成。上部残，刃部锋利。残长 4.6、宽 4.3、厚 2.5 厘米（图二〇一，6）。标本 T15⑤：3，黑色石料制成。顶残，刃部崩损。残长 8.2、宽 4.7～5.5、厚 3 厘米（图二〇一，11；彩版七一，2）。

　　B 型　3 件。器形较大。

　　标本 H127：3，黑色石料磨制。顶残，刃部有崩损痕。残长 12.2、宽 5～6.9、厚4.4厘米（图二〇二，1；彩版七一，6）。标本H101:2，黑色石料磨制。顶面有崩损疤痕。长12、宽4.5~6、厚2.5~4厘米（图二〇二，2；彩版七一，5）。标本T15⑤:4，黑灰色麻石琢制。顶部残，存大半。残长11、宽5.4厘米（图二〇二，3；彩版七一，4）。

杵　2件。

标本H121:10，红褐色砂石制成。截面近似正方形，器表磨光，上部残。残长8.4厘米（图二〇二，4；彩版七二，1）。标本H131:15，红褐色砂岩制成。截面近似圆形，器表磨光，两端有崩损痕。长10厘米（图二〇二，5；彩版七二，2）。

锤　2件。

标本采:10，红灰色砂石制成。截面略呈椭圆形，顶面斜直，通体磨光。长11、厚5~6.7厘米（图二〇二，6）。标本G5:41，青灰色石料制成。截面近似椭圆形，器表磨光。长10、宽7、厚4.6厘米（图二〇二，7；彩版七二，3）。

穿孔斧　3件。双面刃，中间或上部有一圆形穿孔。

标本T15⑦:24，灰色石料制成。弧顶，刃部残，单面钻孔，通体稍磨光。长13.2、宽8.5、厚1.1厘米（图二〇三，1；彩版七二，4）。标本H116:5，灰褐色石料制成。仅残存刃部，通体磨光。残长5.3、宽7、厚1.2厘米（图二〇三，2）。标本T36⑦:1，黑色石料制成。弧形刃，刃部崩损，双面钻孔，通体磨光。长10.5、宽6~6.5、厚1.5厘米（图二〇三，6；彩版七二，5）。

刀　3件。

标本T18⑤:7，青灰色石料制成。顶部向一侧倾斜，对面穿孔，刃部残，通体磨光。残长11、宽7.6、厚1.1厘米（图二〇三，5；彩版七二，6）。标本H101:6，红褐色石料磨制。仅残存尖部，双面弧刃，双面钻孔。残长8.5、宽4.8、厚0.8厘米（图二〇三，3；彩版七三，1）。标本T18⑤:51，青灰色石料制成。直背，两端弧，双面刃，刃部有崩损痕，器表略磨制。长9、宽4、厚0.8厘米（图二〇三，4；彩版七三，2）。

镞　1件。

标本T15⑤:31，黑色石料制成，通体磨光。镞身截面三角形，锥形铤。长5.5厘米（图二〇三，7；彩版七一，3）。

砺石　7件。均残。

标本T20⑤:24，黄灰色石料制成。一面略磨光，一侧有琢制的圆凸棱。厚1.2厘米（图二〇四，1）。标本T19⑥:14，灰白色石料磨制。残长8、厚1.3厘米（图二〇四，2）。标本F10:5，红褐色砂石。两面磨光，正面有一道磨制的浅凹槽。厚1.5厘米（图二〇四，3）。标本T39⑥:1，灰褐色石料制成。两面磨光。残长4.4、厚2.7厘米（图二〇四，4；彩版七三，4）。标本F14:3，黄褐色石料制成。两面琢制，一面磨光。残长9、厚2.2厘米（图二〇四，6；彩版七三，3）。

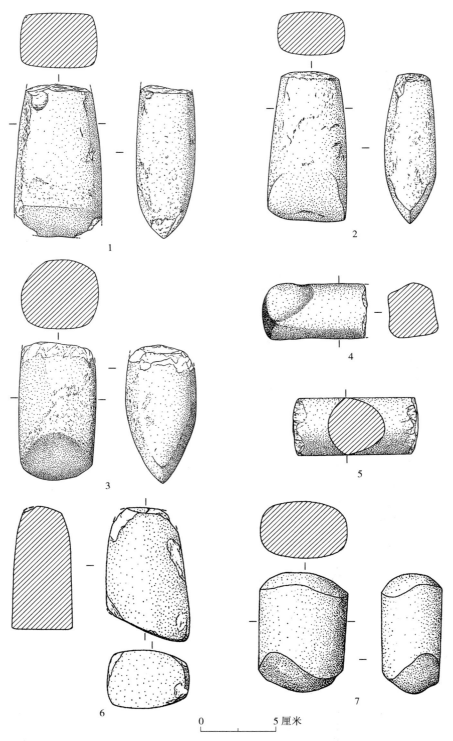

图二〇二　龙山文化石器

1~3. B 型斧（H127∶3、H101∶2、T15⑤∶4）　　4、5. 杵（H121∶10、H131∶15）
6、7. 锤（采∶10、G5∶41）

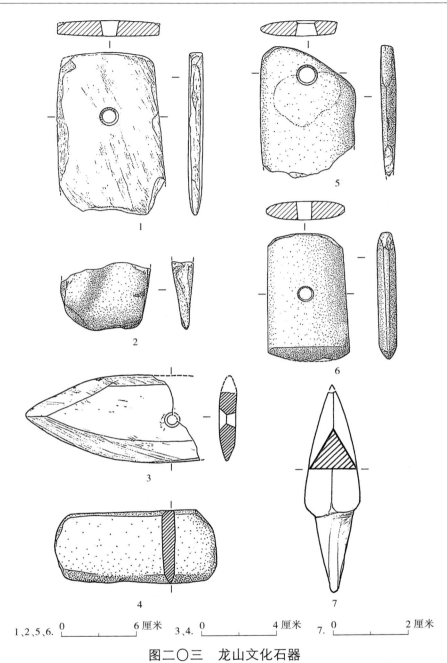

图二〇三　龙山文化石器

1、2、6. 穿孔斧（T15⑦：24、H116：5、T36⑦：1）　3~5. 刀（H101：6、T18⑤：51、T18⑤：7）
7. 镞（T15⑤：31）

研磨石　2 件。均残。

标本 T16⑧：4，黄灰色砂石制成。正面为凹窝，平底，背面有三道深槽。厚 2~4.7
厘米（图二〇四，7；彩版七三，5）。标本 T17⑤：4，红褐色石料制成。整体形状不清，
正面为弧盘状，底部粘敷有红色遗物，背面琢制粗糙。厚 1.7~2.2 厘米（图二〇四，5；
彩版七三，6）。

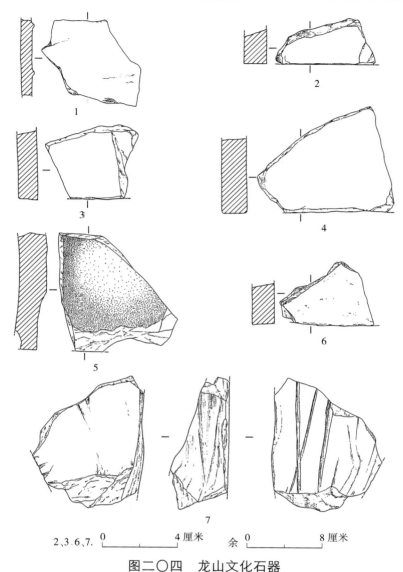

图二〇四　龙山文化石器

1~4、6. 砺石（T20⑤：24、T19⑥：14、F10：5、T39⑥：1、F14：3）
5、7. 研磨石（T17⑤：4、T16⑧：4）

三　骨器

计42件。器形有骨锥、骨簪、骨镞、骨匕等。

锥　15件。分3型。

A型　8件。用劈裂的动物骨骼削成尖锥状，锥体一般都未经刻意打磨或磨制，制作粗糙，基本保留有管腔凹面。

标本H127：10，形状不规整，切削痕明显。长17.8厘米（图二〇五，1；彩版七四，1左1）。标本H141：2，制作粗糙，尖部残。残长12厘米（图二〇五，2；彩版七四，1左2）。标本H2：1，形状略呈弧形，顶部残，表面略磨光。残长10厘米（图二〇五，3；

彩版七四，1左3）。标本G5：43，圆顶微残，锥尖锐利，通体磨光。长8.3厘米（图二〇五，5；彩版七四，1左5）。标本T18⑦：44，顶端残，尖部锐利。残长7厘米（图二〇五，6；彩版七四，1左8）。标本T18⑥：5，顶部残，通体磨光。残长8.5厘米（图二〇五，4；彩版七四，1左7）。标本T16⑦：27，顶端略残，锥尖锐利，通体磨光。长10厘米（图二〇五，7；彩版七四，1左6）。标本H97：2，尖部残，顶端磨成双面刃。残长8厘米（图二〇五，8；彩版七四，1左4）。

B型　2件。磨制，截面呈圆形。

标本T17⑧：41，顶残，锥身通直，尖部呈圆锥状。残长11.8厘米（图二〇六，1；

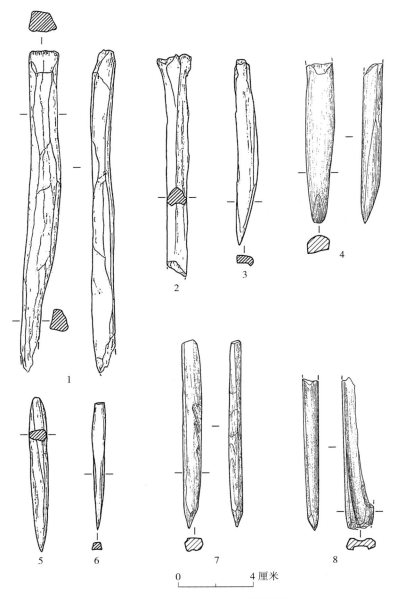

0　　　　　　　4厘米

图二〇五　龙山文化A型骨锥

1. H127：10　2. H141：2　3. H2：1　4. T18⑥：5　5. G5：43　6. T18⑦：44　7. T16⑦：27　8. H97：2

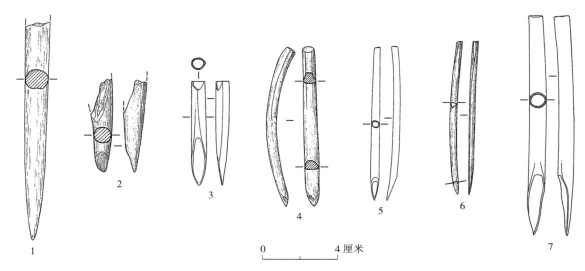

图二〇六　龙山文化骨锥

1、2. B 型（T17⑧：41、F14：1）　　3～7. C 型（T13⑥：7、T18⑦：45、H65：7、H95：15、T13⑥：6）

彩版七四，2 左）。标本 F14：1，残，尖部削成斜刃，通体磨光。残长 5 厘米（图二〇六，2；彩版七四，2 右）。

C 型　5 件。用管状骨骼制成。

标本 T13⑥：7，顶残，通体磨光。残长 8.5 厘米（图二〇六，3；彩版七四，3 左4）。标本 T18⑦：45，用动物肋骨磨制，平顶，通体磨光。长 13.5 厘米（图二〇六，4；彩版七四，3 左 2）。标本 H65：7，锥体较细长，通体磨光。长 15.5 厘米（图二〇六，5）。标本 H95：15，用动物肋骨制成，通体磨光。长 15.5 厘米（图二〇六，6；彩版七四，3 左 3）。标本 T13⑥：6，锥体稍弧，平顶略残，通体磨光。长 18 厘米（图二〇六，7；彩版七四，3 左 1）。

匕　3 件。用骨片磨制成。

标本 T16⑥：11，器身微曲，刃残。残长 14、宽 1.1、厚 0.5 厘米（图二〇七，1；彩版七五，1）。标本 T16⑦：28，顶残。残长 5、宽 1.5、厚 0.3～0.8 厘米（图二〇七，3；彩版七五，3）。标本 T39⑥：3，顶端残，磨制精美，器身光亮。残长 10、宽 1.2 厘米（图二〇七，2；彩版七五，2）。

簪　4 件。

标本 H132：12，簪身似玉，尖及顶部残。残长 7.5 厘米（图二〇七，5；彩版七五，6）。标本 H35：1，平顶。长 10.9 厘米（图二〇七，4；彩版七五，4）。标本 G5：42，整体呈圆锥状，通体磨光。长 17 厘米（图二〇七，6；彩版七五，7）。标本 T16⑤：1，两端残。残长 7 厘米（彩版七五，5）。

镞　16 件。分 4 型。

A 型　4 件。整体呈梭状，制作粗糙不规整，通体有锋刃。

标本 T16⑥：13，铤残，镞身尖部切削随意，制作不规整。残长 7.9 厘米（图二〇八，1；彩版七六，1 左 1）。标本 T20⑤：19，铤与身略有分界，一面磨制光滑。长 7.5 厘米（图二〇八，2；彩版七六，1 左 4）。标本 T18⑤：54，铤与身分界不明显。长 7 厘米（图二〇八，3；彩版七六，1 左 2）。标本 G5：45，铤与身分界明显，尖部残。残长 8.7 厘米（图二〇八，4；彩版七六，1 左 3）。

B 型　7 件。铤与身有一周棱界。

标本 H35：2，镞身较长，前锋与铤略残，二次利用。残长 9.3 厘米（图二〇八，5；彩版七六，2 左 1）。标本 T16⑦：31，镞身较短，铤及尖部残。残长 5 厘米（图二〇八，10）。标本 T16⑦：32，镞身较短，尖微残。长 4.5 厘米（图二〇八，11）。标本 T39⑤：5，镞身较长，铤及尖部残，通体磨光。残长 8.5 厘米（图二〇八，6）。标本 T39⑤：4，镞身较长，锋刃有倒勾，铤与尖残。残长 8.7 厘米（图二〇八，7）。标本 H60：7，镞身较长，尖部残，通体磨光。残长 8.7 厘米（图二〇八，8；彩版七六，2 左 2）。标本 T15⑥：26，镞身较短，通体磨光。长 6 厘米（图二〇八，9；彩版七六，2 左 3）。

C 型　4 件。镞身呈圆锥形，铤与身一周界棱。

标本 T12⑤：14，尖部微残，通体磨光。长 5.6 厘米（图二〇九，1；彩版七六，3 左 4）。标本 H95：4，铤残，通体磨光。残长 3.5 厘米（图二〇九，2；彩版七六，3 左 2）。标本 T18⑤：50，铤与镞身以榫卯结合，铤失，通体磨光。长 3.5 厘米（图二〇九，3；彩版七六，3 左 3）。标本 H75：3，尖部微残，通体磨光。长 6.3 厘米（图二〇九，4；彩版七六，3 左 1）。

D 型　1 件。

标本 T13⑥：9，镞身经粗加工制成，镞身留有刮削痕迹，铤与镞身无分界。长 10 厘米（图二〇九，6）。

步摇　2 件。锥形，顶端一横槽。

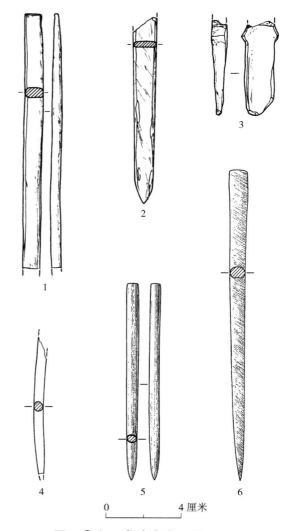

图二〇七　龙山文化骨器

1~3. 匕（T16⑥：11、T39⑥：3、T16⑦：28）
4~6. 簪（H35：1、H132：12、G5：42）

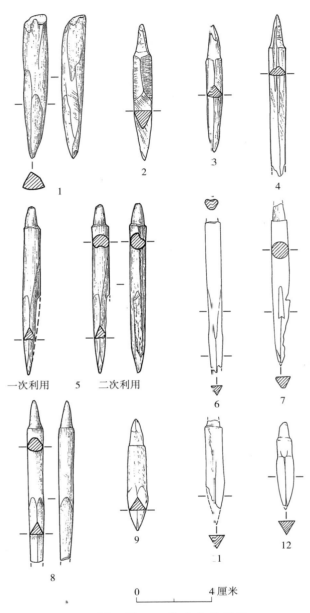

图二〇八　龙山文化骨镞

1~4. A 型（T16⑥：13、T20⑤：19、T18⑤：54、G5：45）
5~11. B 型（H35：2、T39⑤：5、T39⑤：4、H60：7、
T15⑥：26、T16⑦：31、T16⑦：32）

标本 T16⑥：10，上宽下窄，表面有三个浅凹窝，尖部残。残长 11.5 厘米（图二〇九，7；彩版七七，1）。标本 T15⑤：6，体较细，通体磨光。长 7 厘米（图二〇九，5；彩版七七，2）。

矛　1 件。

标本 F14：14，用劈裂的兽骨制成，保留骨髓腔，器体未经磨制，弧刃微残。长 17.5 厘米（图二〇九，8；彩版七七，3）。

耙　1 件。

标本 T18⑥：14，利用动物骨骼的分叉制成，一大一小两叉，一叉残，顶部为榫卯结构，器体未经磨制，表面有刮削痕迹。长 20.6 厘米（图二〇九，9；彩版七七，4）。

四　蚌器

共 10 件。器形有铲、镰、刀等。

铲　4 件。用蚌壳的外缘磨出单面刃。

标本 T20⑥：31，中部有一不规则的穿孔，内壁面边缘有手握形成的指窝。长 14.5 厘米（图二一〇，1；彩版七八，1 左 1）。标本 T18⑤：46，背及两端残，刃部锋利。残长 6.5 厘米（图二一〇，6；彩版七八，1 左 3）。标本 T19⑥：20，背部中间琢一小圆孔。残长 9 厘米（图二一〇，4；彩版七八，1 左 4）。标本 H85：12，弧形刃，两端残。残长 11.5 厘米（图二一〇，3；彩版七八，1 左 2）。

镰　1 件。

标本 H131：14，用蚌壳内缘磨制出刃部，前端残。通体磨光。残长 14.5 厘米（图二一〇，2；彩版七八，3）。

刀　5 件。以蚌壳薄处作刀背，并钻有孔，蚌壳边缘较厚处磨出刀刃，两端圆弧。

标本 T20⑥：30，直背有双孔，单面刃斜直，前端残。残长 9.5、宽 4 厘米（图二

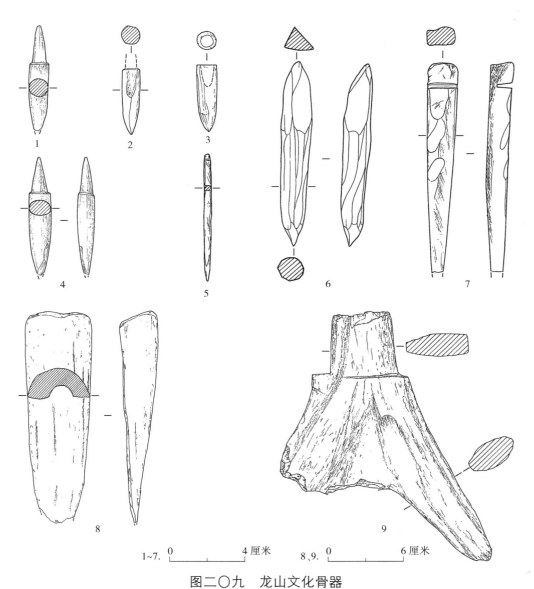

图二〇九　龙山文化骨器

1~4. C 型镞（T12⑤：14、H95：4、T18⑤：50、H75：3）　5、7. 步摇（T15⑤：6、T16⑥：10）
6. D 型镞（T13⑥：9）　8. 矛（F14：14）　9. 耜（T18⑥：14）

一〇，7；彩版七八，2 左 4）。标本 T20⑥：29，单面斜直刃，刀背有双孔，前端残。残长 12、宽 3.5 厘米（图二一〇，5；彩版七八，2 左 3）。标本 H85：13，弧形刃，直背，双面穿孔，两端残。残长 10、宽 3.5 厘米（图二一〇，9；彩版七八，2 左 1）。标本 G4：1，刃残，背部有三个大小相等的圆孔。残长 10、孔径 0.5 厘米（图二一〇，8）。标本 T18⑤：47，弧刃，直背，上有三个圆孔，两端残。残长 8.5、宽 3 厘米（图二一〇，10；彩版七八，2 左 2）。

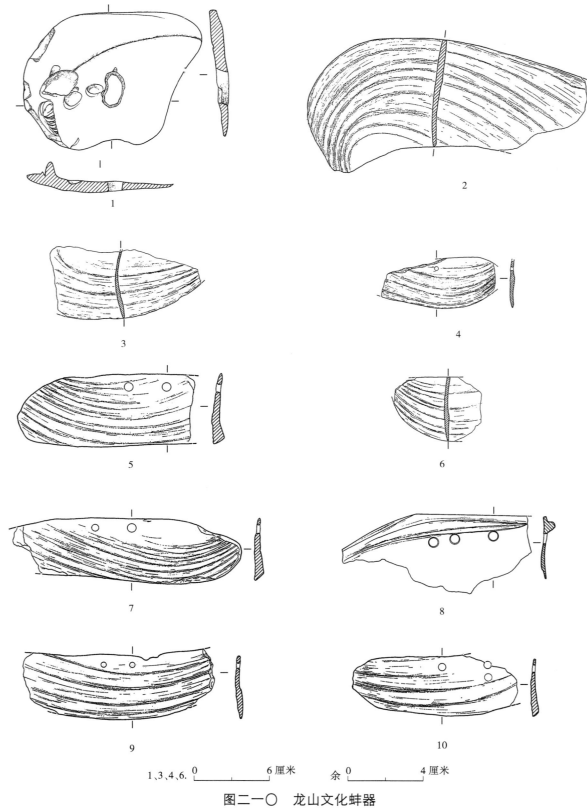

1、3、4、6. 　　　0 ＿＿＿＿＿ 6厘米　　　余 0 ＿＿＿＿ 4厘米

**图二一〇　龙山文化蚌器**

1、3、4、6. 铲（T20⑥：31、H85：12、T19⑥：20、T18⑤：46）　　2. 镰（H131：14）

5、7~10. 刀（T20⑥：30、T20⑥：29、G4：1、H85：13、T18⑤：47）

五　角器

27件。有镐、锄、叉、锥、钩等。

镐　3件。

标本T19⑤：1，取鹿角主干枝制成，镐顶端略平，内侧截成齐面，下端磨出弧刃，长柄，柄末端略残，有切割痕。高20.5、柄长39厘米（图二一一，1；彩版七九，1）。标本T16⑤：13，镐身略呈圆柱形，柄末端残。长柄，柄末端起翘。高15、柄长29厘米（图二一一，2；彩版七九，2）。标本T16⑧：16，镐身内侧磨出脊梁，柄残。残高13.5厘米（图二一一，3）。

锄　5件。取鹿角叉形主干枝制成。

标本T36⑤：9，两叉残。残长27厘米（图二一二，1；彩版七九，6）。标本T14⑧：28，顶端使用成圆锥状，两叉残。残长24厘米（图二一二，2；彩版七九，3）。标本T14⑧：17，两叉残。残长21厘米（图二一二，3）。标本T12⑤：13，两叉残。残长29厘米（图二一二，4；彩版七九，5）。标本H145：5，顶端内侧有砍砸痕，两叉残。残长29厘米（图二一二，5；彩版七九，4）。

叉　7件。取鹿角分叉制成。

标本H58：17，顶有三叉，尖部使用光滑，柄残。高31厘米（图二一三，1）。标本F5：4，通体光滑，一叉残，另一杈磨成斜刃，两杈之间有刻划痕。高19厘米（图二一三，2）。标本T18⑥：13，两叉呈直角，尖部光滑，柄残。残高18厘米（图二一三，3）。

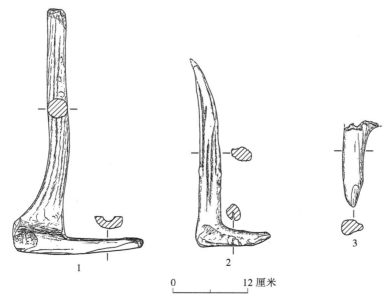

0　　　　　　12厘米

图二一一　龙山文化角镐

1. T19⑤：1　2. T16⑤：13　3. T16⑧：16

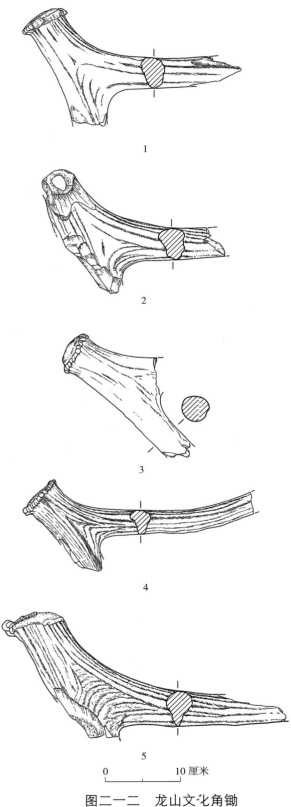

图二一二　龙山文化角锄
1. T36⑤：9　2. T14⑧：28　3. T14⑧：17
4. T12⑤：13　5. H145：5

标本 T13⑥：10，一叉完整，另一叉及柄残。残高 12.6 厘米（图二一三，4）。标本 T17⑤：42，柄末端残。残高 10.5 厘米（图二一三，5）。标本 T13⑤：16，柄末端残。残高 14 厘米（图二一三，6）。标本 T33⑤：16，柄有刻划痕，柄末端残。残高 15.5 厘米（图二一三，7）。

锥　10 件。分 2 型。

A 型　4 件。用鹿角主干杈枝制成，整体形状呈弧形。

标本 T13⑦：6，顶端尖锐，下端残，通体光滑。残长约 25 厘米（图二一四，1）。标本 T14⑧：18，尖部圆钝，下端残，通体光滑。残长 28 厘米（图二一四，2；彩版八〇，1 左）。标本 H64：19，尖部残，末端有切割痕。残长 37 厘米（图二一四，3；彩版八〇，1 右）。标本 T16⑤：14，尖部残，末端有切割痕，通体光滑。残长 29 厘米（图二一四，4）。

B 型　6 件。取鹿角枝杈的角尖。

标本 H132：9，末端残。残长 12 厘米（图二一四，5）。标本 T19⑤：49，末端残。残长 11.5 厘米（图二一四，6）。标本 T11⑦：4，末端残。残长 15 厘米（图二一四，7；彩版八〇，3 左 2）。标本 T13⑥：11，截面椭圆形，末端残。残长 18 厘米（图二一四，8；彩版八〇，3 左 1）。标本 T17⑧：42，尾部残，通体磨光。残长 16 厘米（图二一四，9；彩版八〇，3 左 4）。标本 H64：21，末端残。残长 19 厘米（图二一四，10；彩版八〇，3 左 3）。

钩　2 件。用鹿角尖自然弯曲部位磨制，通体光滑。

标本 T17⑧：43，末端完整。残长 9 厘

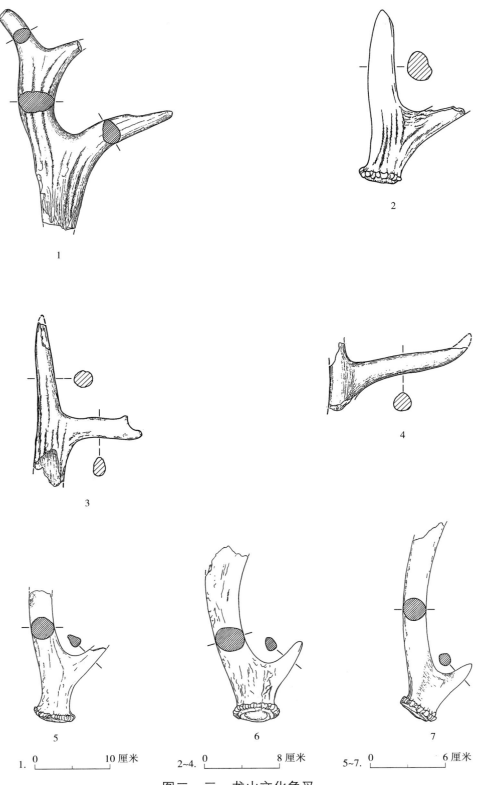

图二一三　龙山文化角叉
1. H58：17　2. F5：4　3. T18⑥：13　4. T13⑥：10
5. T17⑤：42　6. T13⑤：16　7. T33⑤：16

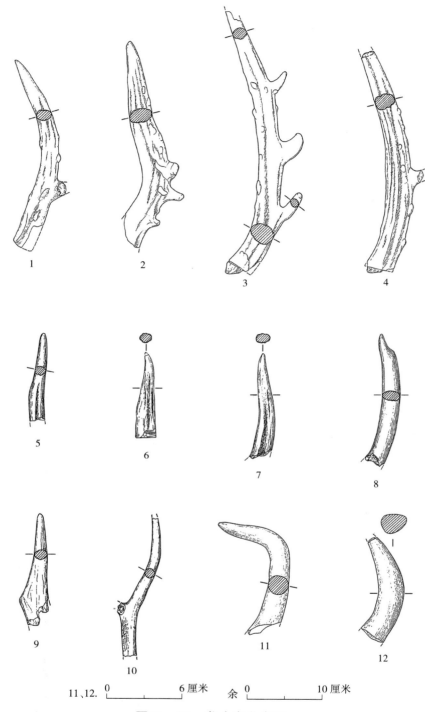

11、12. 0 ────── 6厘米　余 0 ────── 10厘米

**图二一四　龙山文化角器**

1~4. A型锥（T13⑦：6、T14⑧：18、H64：19、T16⑤：14）　　5~10. B型锥
（H132：9、T19⑤：49、T11⑦：4、T13⑥：11、T17⑧：42、H64：21）　　11、
12. 钩（T17⑧：43、T20⑦：18）

米（图二一四，11；彩版八〇，2右）。标本T20⑦：18，两端均残，表面有刻划痕。残
长8厘米（图二一四，12；彩版八〇，2左）。

## 第三节　分期与年代

芦城孜遗址龙山文化遗存有第⑤、⑥、⑦、⑧共四个地层和大量的灰坑、房屋、墓葬等遗迹单位，它们之间存在着众多的叠压或打破关系，反映出这一时期不同遗存间的相对年代序列，通过层位关系所确定的相对序列，了解不同遗存表现出的变化，把握这一时期发展变化的阶段性规律，进而对众多的遗存进行归纳与分期。

众多的层位关系，仅表示着不同遗存之间的相对年代顺序，要进一步了解各阶段遗存的发展变化则还需要对其中出土的各类遗物进行分析。

因此，以下选取几组存在着先后关系且所出土遗物又具备一定可比性的单位，来探讨芦城孜遗址龙山文化遗存的阶段性变化。

（1）H110→生土

（2）H121→⑧层

（3）H101→H111→生土

（4）⑦层→H129

（5）H102→⑦层

（6）H58→H118

（7）H95→H119

（8）H108→H98

（9）⑥层→H124

（10）H149→H148→⑥层

（11）H35→H61

（12）⑤层→H32

（13）H15→⑤层

（箭头方向表示叠压或打破）

以上13组层位关系共涉及19个遗迹单位，从各单位所在的不同层位的年代看，基本涵盖了这一时期的各个环节。综合考察各单位出土7类13型典型陶器的情况（统计结果见附表五、六），从中不难发现，在层位关系中处于最早一环的单位，它们所出土陶器的型式也基本居于排序结果的最前列。同样，其他层位关系中环节相当的单位，其所包含的陶器形式也大体具有相当多的一致性。从附表七中直接反映的情况可以看出，打破第⑧层或生土的H110、H111、H121出土的B型Ⅰ式、Cb型Ⅰ式罐形鼎，A型Ⅰ式、C型Ⅰ式折沿罐、Ⅰ式钵形器盖、C型Ⅰ式碗形器盖，A型Ⅰ式鬶，上述器物绝不见于打破H111的H101内，这些遗迹单位处于龙山文化堆积最下层，因此可定为最早的1段。

H101、H102、H118、H129 同出的 Ca 型 II 式罐形鼎，B 型 II 式、C 型 II 式折沿罐，A 型 II 式、B 型 II 式小型罐，II 式钵形器盖，C 型 II 式碗形器盖，A 型 II 式鬶，定为 2 段。

H58 打破 H118，其中出土的 Ca 型 III 式罐形鼎，A 型 III 式小型罐，C 型 III 式折沿罐均较 H118 有所变化。除此之外，H58、H98、H119 同出了 Cb 型 III 式罐形鼎，B 型 III 式小型罐，A 型 III 式、C 型 II 式折沿罐，III 式钵形器盖，A 型 III 式鬶，定为 3 段。

H95、H108、H124、H148 同出的 B 型 IV 式、Ca 型 IV 式罐形鼎，A 型 IV 式、B 型 IV 式小型罐，A 型 IV 式、C 型 IV 式折沿罐，D 型 III 式盆，IV 式钵形器盖，B 型 II 式鬶，定为 4 段。

H149 打破 H148，其中所出 A 型 V 式折沿罐有别于 H148 所出 A 型 IV 式折沿罐，另外出有 A 型 V 式鬶，所以将其定为 5 段，H61 同出 A 型 V 式折沿罐亦归入此段。

H15、H32、H35 同出了 Ca 型 VI 式罐形鼎，A 型 VI 式、B 型 VI 式小型罐，A 型 VI 式、C 型 VI 式折沿罐，将其定为 6 段。

芦城孜遗址龙山文化遗存共有第⑤、⑥、⑦、⑧四个地层，第⑧层除个别探方叠压第⑩层（新石器早期）或第⑨层（大汶口文化尉迟寺类型），其余大部压在生土上，此外第⑧层还叠压 1 段灰坑 H111，又被 1 段灰坑 H121 打破，其时代应为 1 段。第⑦层叠压 H129 等 2 段灰坑，又被 2 段灰坑 H102 打破，时代当为 2 段。第⑥层下叠压 H124 等 4 段灰坑，又被 4 段灰坑 H148 打破，其时代应为 4 段。第⑤层叠压 H32 等 6 段灰坑，又被 H15 等 6 段灰坑打破，说明第⑤层时代应定在 6 段。

综合以上 13 组 19 个典型单位陶器出土情况，根据遗迹单位层位关系和陶器比较结果，我们归纳出了反映前后顺序的 6 个时间段。其中 1 段遗迹单位，以 H121、H111、H109、H96、H110 为代表；2 段遗迹单位，以 H132、H129、H118、H104、H102、H101、H85、H27 为代表；3 段遗迹单位，以 H141、H119、H117、H98、H75、H65、H41、H12、G5 为代表；4 段遗迹单位，以 H148、H124、H109、H99、H97、H95、H42、H13、G4 为代表；5 段灰坑，以 H149、H146、H144、H89、H67、H61、H14、H107 为代表；6 段灰坑，以 H150、H145、H105、H62、H35、H32、H15 为代表。

这 7 类 13 型典型陶器组合情况仅是据前面 13 组具有层位关系的典型单位综合分析而得出的，此陶器组合情况并未涵盖所有出土相同器类的型式，因此，可参照其他相关遗存的层位及出土陶器的共存关系，再增加一些出有相同器类的遗迹单位，对上述 7 类 13 型典型陶器组合情况作一些补充、验证和修订，使每种器类的型式排序得以贯穿而没有缺环，同时每段的器类组合也会完整，将更全面了解各阶段典型陶器组合变化情况，这就构成了芦城孜遗址龙山时期文化遗存 8 类典型陶器的分期标尺（图二一五；附表四）。以此表衡量其他龙山时期遗迹单位，得知层位关系均不相悖，各类器物的型式顺序与各段的组合关系也能吻合。这就将所有出 8 类典型器类的遗迹单位确定了时间段。对未出这8种典型器类中的遗迹单位，则对应已定段遗迹单位中与8类典型器类共存的同型器物进行定段，并用层位关系检验，最后得出40种陶器的型式对照表（附表五），此表基本覆盖了芦城孜遗址龙山时期文化遗存的陶器群。

1段：A型Ⅰ式、B型Ⅰ式、Ca型Ⅰ式、Cb型Ⅰ式罐形鼎，D型罐形鼎。A型Ⅰ式、B型Ⅰ式盆形鼎，D型盆形鼎，A型Ⅰ式、B型Ⅰ式鬶，A型Ⅰ式、C型Ⅰ式折沿罐，Ⅰ式卷沿罐、Ⅰ式高颈罐、B型Ⅰ式、Ca型Ⅰ式、D型Ⅰ式大口罐，B型Ⅰ式、Ca型Ⅰ式小口高颈罐，B型Ⅰ式中口罐，A型Ⅰ式小口鼓腹罐，A型Ⅰ式、B型Ⅰ式小型罐，大口尊，Ⅰ式壶，A型Ⅰ式、K型盆，Ⅰ式盒，Ⅰ式覆钵形器盖，A型Ⅰ式、C型Ⅰ式筒形器盖，A型Ⅰ式、D型Ⅰ式高圈足盘，A型Ⅰ式豆，A型Ⅰ式、B型Ⅰ式斝。

2段：A型Ⅱ式、B型Ⅰ式、B型Ⅱ式、Ca型Ⅰ式、Ca型Ⅱ式罐形鼎，A型Ⅰ式、B型Ⅱ式、D型盆形鼎，A型Ⅱ式鬶，A型Ⅱ式、C型Ⅱ式折沿罐，Ⅰ式、Ⅱ式卷沿罐，Ⅱ式高领罐，A型Ⅰ式、B型Ⅱ式、C型Ⅱ式小口高领罐，A型Ⅰ式、B型Ⅰ式、B型Ⅱ式小型罐，A型Ⅱ式、B型Ⅰ式、D型Ⅰ式、D型Ⅱ式覆钵形器盖，A型Ⅱ式、B型Ⅰ式、C型Ⅱ式、G型Ⅰ式覆碗形器盖，A型Ⅰ式、B型Ⅰ式、Ca型Ⅰ式、E型Ⅰ式覆盘形器盖，Ⅱ式筒形器盖，C型Ⅰ式、D型Ⅱ式、E型Ⅰ式高圈足盘，A型Ⅰ式、A型Ⅱ式豆，A型Ⅰ式单耳杯，A型Ⅱ式斝。

3段：B型Ⅲ式、Ca型Ⅱ式、Ca型Ⅲ式罐形鼎，A型Ⅱ式、Ⅲ式、B型Ⅲ式、C型Ⅲ式盆形鼎，A型Ⅲ式、C型Ⅲ式鬶，A型Ⅲ式、B型Ⅰ式、C型Ⅱ式、C型Ⅲ式折沿罐，Ⅲ式卷沿罐，Ⅲ式高领罐，Aa型Ⅰ式、B型Ⅲ式、Ca型Ⅱ式、Cb型Ⅱ式、D型Ⅲ式大口罐，Ⅱ式中口罐，A型Ⅱ式、B型Ⅱ式、B型Ⅲ式、D型Ⅱ式小口高领罐，A型Ⅱ式、A型Ⅲ式、B型Ⅲ式小型罐，A型Ⅲ式、B型Ⅱ式、D型Ⅱ式、E型Ⅰ式、H型Ⅰ式、H型Ⅲ式覆钵形器盖，A型Ⅲ式、B型Ⅱ式、C型Ⅲ式、D型、E型、G型Ⅰ式覆碗形器盖。A型Ⅱ式、B型Ⅱ式、Ca型Ⅱ式Cb型Ⅰ式、D型Ⅰ式、E型Ⅱ式覆盘形器盖，Ⅱ式、Ⅲ式筒形器盖，B型Ⅰ式、C型Ⅱ式、E型Ⅱ式、F型圈足盘，Ⅰ式低圈足盘，A型Ⅱ式豆，A型Ⅱ式单耳杯，A型Ⅲ式斝。

4段：A型Ⅲ式、B型Ⅲ式、B型Ⅳ式、Ca型Ⅲ式、Ca型Ⅳ式、D型罐形鼎，A型Ⅳ式、B型Ⅲ式、B型Ⅳ式、C型盆形鼎，A型Ⅳ式、B型Ⅱ式、C型Ⅰ式鬶，A型Ⅲ式、A型Ⅳ式、B型Ⅱ式、C型Ⅳ式折沿罐，A型Ⅱ式、Ab型Ⅰ式、B型Ⅳ式、D型Ⅲ式、D型Ⅳ式大口罐，A型Ⅲ式、B型Ⅱ式中口罐，小口罐，A型Ⅲ式、B型Ⅳ式、C型Ⅲ式小口高领罐，B型小口鼓腹罐，A型Ⅳ式、B型Ⅲ式、B型Ⅳ式小型罐，A型Ⅳ式、B型Ⅲ式、D型Ⅲ式、E型Ⅱ式、F型Ⅰ式、G型Ⅰ式、H型Ⅱ式盆，A型Ⅳ式豆，A型Ⅲ式单耳杯，A型Ⅳ式斝。

5段：A型Ⅳ式、B型Ⅴ式、Ca型Ⅳ式、Cb型Ⅲ式、D型罐形鼎，A型Ⅳ式、A型Ⅴ式、C型盆形鼎，A型Ⅴ式、B型Ⅲ式鬶，A型Ⅳ式、A型Ⅴ式、B型Ⅲ式、C

型Ⅳ式、C型Ⅴ式折沿罐，Ⅳ式、Ⅴ式高领罐，B型Ⅳ式、B型Ⅴ式小口高颈罐，A型Ⅳ式、A型Ⅴ式、B型Ⅴ式小型罐，A型Ⅲ式鬶，A型Ⅴ式、D型Ⅳ式、E型Ⅲ式、F型Ⅱ式、HⅢ式盆，Ⅴ式覆体形器盖，A型Ⅴ式、B型Ⅳ式、C型Ⅴ式、D型覆碗形器盖，Ⅴ式筒形器盖，B型Ⅲ式、C型Ⅳ式、D型Ⅳ式、E型Ⅳ式高圈足盘，A型Ⅳ式、型Ⅴ式豆，A型Ⅳ式单耳杯。

6段：A型Ⅴ式、Ca型Ⅵ式罐形鼎，B型Ⅳ式、B型Ⅴ式、B型Ⅵ式、C型盆形鼎，C型Ⅱ式鬶，A型Ⅳ式、B型Ⅲ式、B型Ⅳ式、C型Ⅴ式、C型Ⅵ式折沿罐，Ⅴ式、Ⅵ式高领罐，Aa型Ⅲ式、Ab型Ⅲ式、B型Ⅴ式、Ca型Ⅲ式大口罐，B型Ⅳ式、B型Ⅴ式、B型Ⅵ式、C型Ⅳ式、D型Ⅲ式小口高颈罐，B型小口鼓腹罐，A型Ⅴ式、A型Ⅵ式、B型Ⅵ式小型罐，A型Ⅵ式鬶，A型Ⅵ式、C型、D型Ⅴ式、E型Ⅵ式、G型Ⅵ式盆，Ⅵ式覆钵形器盖，A型Ⅵ式、B型Ⅴ式、C型Ⅵ式、D型、E型、F型、G型Ⅵ式覆碗形器盖，A型Ⅴ式、B型Ⅴ式、Ca型Ⅴ式、Cb型Ⅲ式、Cb型Ⅳ式、D型Ⅳ式覆盘形器盖，Ⅴ式筒形器盖，A型Ⅲ式、B型Ⅳ式、D型Ⅴ式、E型Ⅴ式高圈足盘，A型Ⅴ式、B型Ⅲ式觯。

芦城孜龙山文化遗存1~5段之间是6个连续发展的阶段，各段既有各自的阶段性，又有持续发展的连续性。同时在上述6段的典型陶器组合中各段之间的差异和变化表现出的程度并不相同，有的阶段性明显，有些则反映着更多的连续性，所以需要分析归纳，以确定各段之间关系，从而进行分期。其中分期主要着眼各自的区别，而被归并在同期中的各段则主要以相互间的联系为依据。根据芦城孜遗址龙山文化发展阶段性，可以把6个阶段归并为三期，即1段、2段为第一期，3段、4段、5段为第二期，6段为第三期。

1段和2段同类器物形制虽有一定差别，发现的器物种类也不完全一致，但这两段中同类器物的共同点还是很明显的。例如罐形鼎和折沿罐腹较深，体形瘦，器表多饰竖篮纹；钵形器盖和A型鬶的形制也比较接近，至于1段比2段器类少，这与形成期的初创阶段和1段保存状况差有一定的关联。总之，两段之间共性多于差异性，因而可以归为第一期。

3段与2段的陶器相比有了明显的变化。首先器物种类增加了，如B型折沿罐、Aa型大口罐、E型盆、D型覆盘形器盖、B型高圈足盘等。其次，同类型器物形制有大的变化，罐形鼎和折沿罐腹浅了许多，体形变胖。钵形器盖增高，A型鬶流和颈均变短，袋足变肥。凿形鼎足和夹蚌陶已绝迹。方格纹已显现。3、4、5段是该遗址龙山文化的主要遗存，在这三段中大部分器类贯穿演变的，新旧型式的交叉并存现象十分普遍，同类型器物在同段中可共存2式以上，这些情况足以说明3、4、5段发展的连续性，而与第一期差异性是较大的，因此可将3、4、5段归为芦城孜遗址龙山文化的第二期。

6段的文化面貌与5段基本相同，其大部分器物都是由5段直接发展而来，鼎、罐、盆、盖、高圈足盘等主要器类形制变化较显著。而 A 型鬶、B 型罐形鼎、C 型高圈足盘等已消失。有些陶器制作没有那么精致，这说明 6 段已进入一个新的时期，我们把 6 段定为芦城孜龙山文化第三期。

芦城孜龙山文化的年代经<sup>14</sup>C 测定并进行树轮较正，早期曾送检三个样品。编号 BA111155（T16H121），植物腐殖质，因不能满足实验要求，无检测结果。编号 BA111156（T16H121∶2），碳化物（疑似粮食），检测结果的年代为 2210BC～2120BC。编号 BA111157（T18F16）（柱洞内）Ⅰ段，植物腐殖质检测结果的年代为 2470BC～2290BC。BA111155、BA111156 均出自同一灰坑。BA111155 不能满足实验要求，BA111156 疑似检查数值偏低，故而采信 BA111157 检测结果的年代 2470BC。结合大汶口文化晚期样品 BA111154 检测结果为 2580BC～2460BC 以及蒙城尉迟寺类型的年代为 2800BC～2460BC，将芦城孜龙山文化早期定在 2550BC 较为合适。晚期送检两个样品：编号 BA111162（H64）兽骨，检测结果为 2050BC～1920BC；编号 BA111163（T18）段兽骨，检测结果的年代为 2150BC～1970BC。我们将晚期年代定为 1950BC。综上所述，芦城孜龙山文化的年代范围可定在 2550BC～1950BC。

# 第六章 岳石文化遗存

芦城孜遗址岳石文化遗存，仅有零星发现；未见这一时期的地层，遗迹单位也只发现一个灰坑。考虑到这一时期的遗存在这一区域是首次发现，故在此单独介绍。

## 第一节 遗 迹

（一）灰坑

仅发现 1 个。

H23 位于 T18 东南角。平面呈不规则形，坑口长 2.2～3、深 0.7、坑口距地表 0.5 米。坑内填土为深灰色土，略软，含灰屑。出土遗物均为陶片，均不可复原，可辨器形有罐、盆、碗、器盖等（图二一六）。

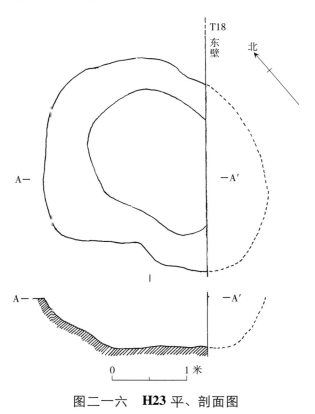

图二一六 **H23** 平、剖面图

# 第二节　遗　物

以陶器为主，器形包括罐、盆、碗、器盖等。陶质有夹砂、夹蚌和泥质三类。陶器色泽多样化，以褐色为主，黑灰和灰色次之。陶色往往表里不一，深浅不均，一器多色。以素面为主，个别器物有划纹。在制作工艺方面，多为泥条盘筑手制成型，然后经慢轮修整，内壁泥条痕迹明显，陶胎厚薄不均，器形不规整。小型器物以及口底等为捏塑成型。

陶罐　7 件。有夹砂、夹蚌两类，均为手制。分 3 型。

A 型　3 件。侈口，卷沿，束颈，鼓腹。

标本 H23：6，夹砂夹蚌陶，红褐色，一器多色。素面。口径 16.2、残高 11.7 厘米（图二一七，1；彩版八一，1）。标本 H23：5，夹砂夹蚌陶，灰褐色，深浅不均。素面。口径 17.4、残高 11.2 厘米（图二一七，2；彩版八一，2）。标本 H23：4，夹砂陶，灰褐色。腹部有划纹。口径 14.4、残高 13.5 厘米（图二一七，3；彩版八一，3）。

B 型　3 件。侈口，折沿，鼓腹。

标本 H23：8，夹砂陶，黑灰色。素面。残高 9.6 厘米（图二一七，4；彩版八一，6）。标本 H23：1，夹砂陶，黑灰色，表里不一。素面。口径 14.7、残高 6.6 厘米（图二一七，5；彩版八一，4）。标本 H23：2，夹砂夹蚌陶，灰褐色，表里不一。素面。口径 13.8、残高 13.5 厘米（图二一七，6；彩版八一，5）。

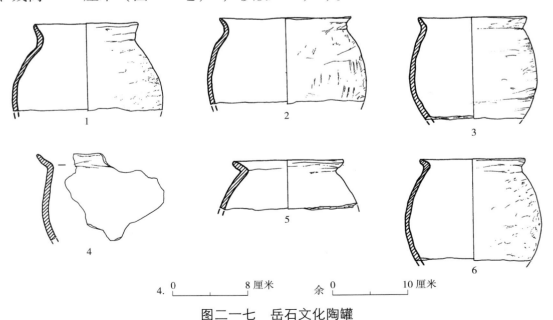

4. 0 ————— 8 厘米　　余 0 ————— 10 厘米

图二一七　岳石文化陶罐

1~3. A 型（H23：6、H23：5、H23：4）　4~6. B 型（H23：8、H23：1、H23：2）

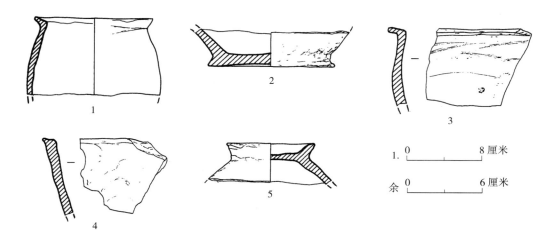

图二一八　岳石文化陶器

1. C 型罐（H23：3）　　2. 罐底（H23：10）　　3. 盆（H23：7）
4. 碗（H23：9）　　5. 器盖（H23：11）

C 型　1 件。

标本 H23：3，夹砂黑灰陶，内壁白黄色似水碱。口微侈，折沿近平，腹较直，似筒形。素面。口径 12.3、残高 7.6 厘米（图二一八，1；彩版八二，1）。

陶罐底　1 件。

标本 H23：10，夹砂夹蚌陶，灰褐色。手制，罐底与罐壁衔接处捏塑一圈扉棱。素面。底径 10、残高 4 厘米（图二一八，2；彩版八二，2）。

陶盆　1 件。

标本 H23：7，泥质，掺有少许蚌粉，磨光黑灰陶。折沿近平，口微敛，鼓腹。上腹部饰有小泥饼。残高 6 厘米（图二一八，3；彩版八二，4）。

陶碗　1 件。

标本 H23：9，泥质夹蚌陶，灰褐色，捏塑成型。侈口，尖唇，斜直壁。残高 6 厘米（图二一八，4；彩版八二，5）。

陶器盖　1 件。

标本 H23：11，泥质灰陶。纽似圈足，手制。素面。纽直径 7、残高 3.4 厘米（图二一八，5；彩版八二，3）。

# 第七章　周代文化遗存

周代文化遗存是芦城孜遗址的主要堆积之一，分布范围主要集中在 A 发掘区。

## 第一节　遗　迹

周代文化遗存以灰坑为最多，共清理灰坑 25 座，此外还清理灰沟 3 条、墓葬 4 座（图二一九、二二○）。

### 一　灰坑

按坑口形状可分为圆形、长方形、椭圆形及不规则形四种。

#### （一）圆形

14 个。形制一般较为规整，分斜壁平底、直壁平底、直壁圜底三种。

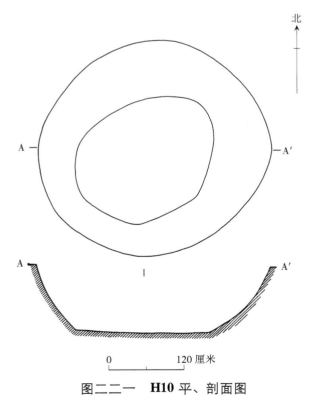

北

图二二一　**H10** 平、剖面图

0　　120 厘米

1. 斜壁平底

6 个。

H10　位于 T18 东北部，开口于第③层下，打破第⑥层。坑口直径 3.6、坑底直径 0.22、坑口至坑底 1.1 米。坑壁和底部均较平整，坑内堆积为灰褐色土，土质结构较为松散，含有大量的草木灰、料礓石粒等。出土有鬲、大口盆、小盆、豆、盂、筒瓦、纺轮等（图二二一）。

H36　位于 T15 中部，开口于第③层下，打破第④层。坑口直径 1.4～1.6、坑底直径 1.2、坑口至坑底 0.3、坑口距地面 1 米。坑壁、底均较规整。坑内堆积为灰褐色土，质地较硬，含有木炭粒、烧土粒等。出土有鬲、盆、罐、豆、板瓦等（图二二二）。

H79　位于 T14 东北部，约三分之一被

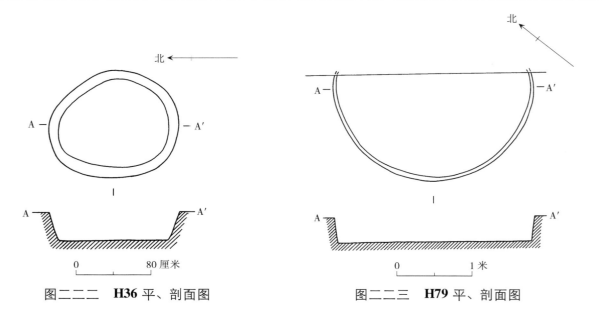

图二二二　**H36** 平、剖面图　　　　　图二二三　**H79** 平、剖面图

压在未发掘的北隔梁下，开口于第③层下，打破第⑤层、F15、垫土层，壁及底极为规整。坑口直径 2.7、坑底直径 2.5、坑口至坑底 0.35、坑口距地面 0.9～1 米。坑内填土为灰褐色的沙质土，含有大量的红色烧土粒（块）、草木灰以及粗沙。出土有鬲、大口盆、小盆、瓮、筒瓦、板瓦等（图二二三）。

2. 直壁平底

7 个。

H103　位于 T4 东北部，开口于第③层下，打破第④层。坑口直径 1.4、坑口至坑底 0.4、坑口距地面 1.2 米。坑内填土为灰褐色沙质土，含有草木灰、烧土粒。出土有鬲、豆、盆、盂、瓦等（图二二四）。

H39　位于 T12 东南角，开口于第④层下，打破第⑥层及 H77。近底坑壁有工具痕迹。坑口直径 2.3、坑口至坑底 0.5、坑口距地面 1.1 米。坑内堆积为松散的灰土，含有大量的草木灰以及烧土粒（块）等。出土有鬲、盆、甑、豆、盂、板瓦等（图二二五；彩版八三，1）。

H21　位于 T18 中北部，开口于第③层下，打破第⑤层。坑口直径 0.8、坑口至坑底 1、坑口距地面 0.5 米。坑内堆积为松散的灰黑土，含有大量草木灰、料礓石及红色的烧土粒。出土有鬲、罐、豆、板瓦等（图二二六）。

3. 直壁圜底

1 个。

H133　位于 T38 中部，开口于第③层下，打破第⑦层

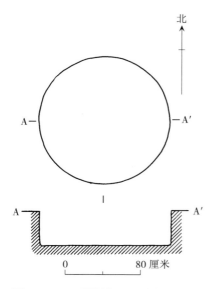

图二二四　**H103** 平、剖面图

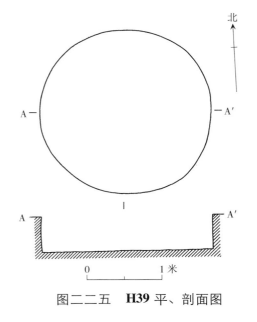

图二二五　**H39** 平、剖面图

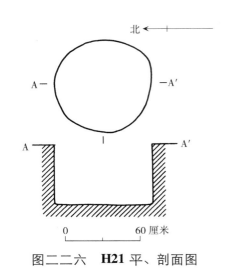

图二二六　**H21** 平、剖面图

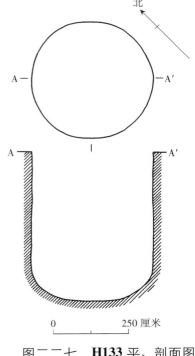

图二二七　**H133** 平、剖面图

及生土层。坑口直径 4、坑口至坑底 5、坑口距地面 0.8 米。坑壁、底极为规整，坑壁光滑硬实。坑内堆积为灰褐色土，含有大量的木灰及红色的烧土粒（块）等，质地较硬。出土陶片均为黑灰色，器形有鬲、豆、盆、盂、甑、筒瓦、板瓦、骨器等（图二二七）。

（二）长方形

2 个。均为直壁圜底。

H37　位于 T7 西部，西北角被压在未发掘的隔梁下，开口于第⑥层下，打破第⑧层及 H72。坑口长 2.3、宽 1.2、坑口至坑底 0.6、坑口距地面 1.4~1.5 米。坑内堆积为松散的灰褐土，含有大量的草木灰及红色烧土粒（块）等。出土有鬲、罐、豆、盂、瓮、甑、钵、板瓦等，另有少量的兽骨（图二二八）。

（三）椭圆形

3 个。

H27　位于 T15 北部，开口于第③层下，打破第④层及 H64。坑口长径 0.98、短径 0.5、坑口至坑底 0.4、坑口距地面 0.9 米。坑口较为规整，圜底。坑内堆积为深色灰土，含有丰富的木灰、烧土粒，质地松软。出土有豆、甑、瓮、板瓦等，另有一些铜器碎片（图二二九）。

（四）不规则形

6个。

1. 斜壁平底

5个。

H22　位于T18中部，开口于第③层下，打破第⑤层。坑口长径1.5、短径1、坑口至坑底0.2、坑口至地面0.9～1米。坑口不甚规整，坑底不平。坑内堆积为灰褐色土，含有灰屑、料礓石以及烧土粒（块）等。出土有鬲、盆、缸、筒瓦、板瓦等（图二三〇）。

H72　位于T7西北角，开口于第③层下，打破生土，坑口北端被H37打破。坑口长约2.1、坑口至坑底1、坑口距地面1.5米。坑壁上部较直，下部呈弧形，平底。坑内堆积为灰褐色土，含有大量的木炭粒、草木灰及沙粒，质地较硬。出土有鬲、盆、板瓦等（图二三一）。

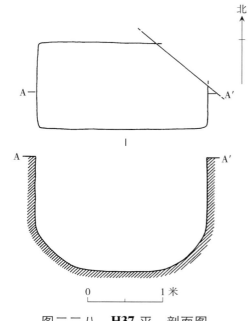

图二二八　**H37**平、剖面图

H73　位于T7中南部，开口于第③层下，打破第⑧层及生土。坑口近似长方形，坑口长3.6、宽1.2、坑口至坑底1.7、坑口距地面约1.8～2米。坑内堆积为灰褐色土，质地较硬，含有木灰，红色的烧土粒（块）等，另有一些兽骨、蚌壳，个别兽骨经烧烤。出土有鬲、罐、盆、钵、盂、板瓦等（图二三二）。

2. 锅底状

1个。

H126　位于T29西南角，开口于第⑧层下，打破第⑨层及生土。坑口长2.8、宽1.8、

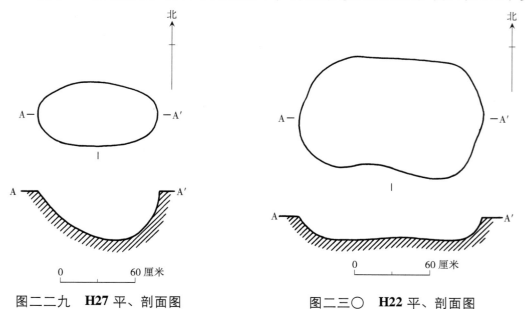

图二二九　**H27**平、剖面图　　　　　图二三〇　**H22**平、剖面图

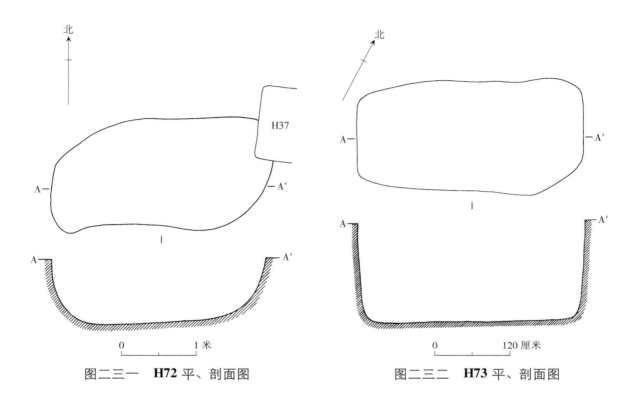

图二三一　**H72** 平、剖面图　　　　　　　图二三二　**H73** 平、剖面图

坑口至坑底 0.6、坑口距地面 1.8 米。坑壁呈斜弧状，圜底。坑内堆积为灰褐土，含有较多木灰，质地较松散。出土有鬲、罐、盆、筒瓦、板瓦等（图二三三）。

二　灰沟

G1　位于 T18 西北角，开口于第③层下，打破第⑤层，沟的东端被 H10 打破，沟口距地面约 0.7、长 8、宽 0.4~0.9、深 0.3~0.4 米。沟口平面呈"人"字形，不规整，圜底。沟内堆积较为杂乱，土色多呈灰褐，局部有灰色，质地较为松散，含有木灰粒、红色的烧土粒（块）、料礓石。出土有鬲、豆、盆、板瓦等（图二三四）。

G3　位于 T14 南部，南北向，南端延伸至发掘区外，开口于第③层下，打破第⑧层及 F15、G4、H127。沟口距地面 1.1~1.2、发掘长度约 6、宽 2.10~3.3、深 1~1.4 米。沟底较为平整，圜底。沟内堆积较为杂乱，土色灰褐，含有炭粒、红色的烧土粒（块）等，质地略硬。出土有鬲、盆、豆、筒瓦、板瓦等，另有一些碎蚌片和螺壳（图二三五）。

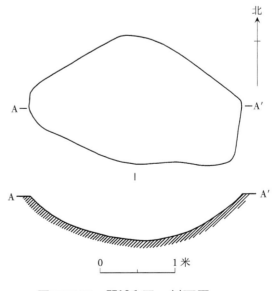

图二三三　**H126** 平、剖面图

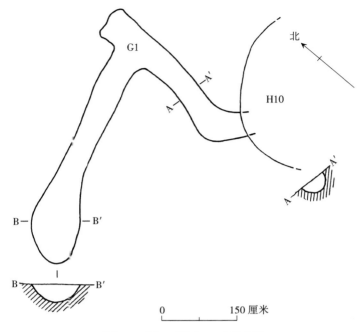

图二三四　**G1** 平、剖面图

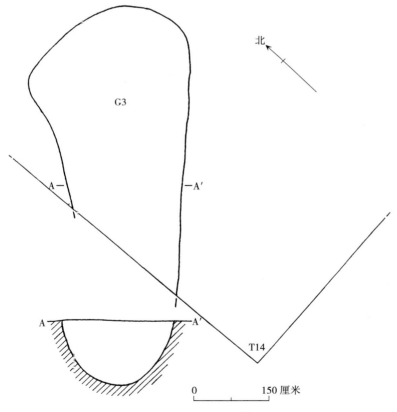

图二三五　**G3** 平、剖面图

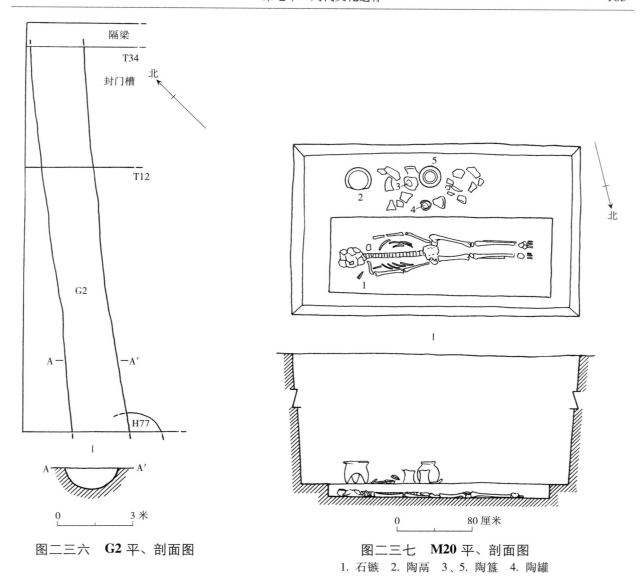

图二三六　**G2** 平、剖面图　　　　　图二三七　**M20** 平、剖面图
1. 石镞　2. 陶鬲　3、5. 陶簋　4. 陶罐

　　G2　位于 T12、T34 西部，南北向，两端分别延至发掘区外，开口于第④层下，打破第⑥层及 F15。沟口距地面 1.8～1.9、发掘长度为 16、宽 0.85～1、深 0.8～1 米。沟内堆积为灰褐色土，含有草木灰、红色烧土粒（块）等。出土有鬲、罐、豆、盆等（图二三六；彩版八三，2）。

三　墓葬

　　发现并清理周代墓葬 4 座，均为成人墓，形制均为口大底小的长方形土坑竖穴。

　　M20　位于 T16 西南角，开口于第④层下，打破第⑨层及垫土层。方向 75°。墓口长 3.1、宽 1.9、距地面 0.75、深 2 米。墓底四周有活土二层台，宽 0.35～0.75、高 0.15 米。墓内填土略呈灰色，质地较硬，含有少量碎陶片。葬式为仰身直肢，人骨保存较好。葬具为木质单棺，位于墓室北侧。有 1 件石镞放置于墓主头部右侧，另有 1 件陶鬲、2 件陶簋、1 件陶罐放置于墓室南侧二层台上（图二三七）。

M23　位于 T14 西北角，开口于第④层下，打破第⑦层。方向 110°。墓口长 3、宽 1.9、距地面约 1.5、深 1.5 米。墓内填土为灰色，质地松散，含有少量龙山时期的绳纹碎陶片。葬具为木棺，人骨保存极差。随葬陶器均置于墓室南侧，计有陶鬲 2 件、陶罐 2 件、陶簋 2 件、豆 2 件（图二三八；彩版八四，1）。

M26　位于 T17 东北角。开口于第④层下，打破第⑥层。方向 65°。墓口长 2.7、宽 1.8、距地面 0.7、深 1.1 米。直壁，墓底四周有二层台，宽 0.2～0.65、高 0.2 米。墓内填土为灰褐色土，含有木灰，烧土粒，质地较软。墓主面向上，仰身直肢，人骨保存极差，葬具为木质单棺。2 件玉玦分别置于左右两肩，其余 4 件陶器均放在二层台上，计有陶鬲 1 件、陶簋 1 件、陶罐 1 件、陶豆 1 件（图二三九；彩版八四，2）。

M24　位于 T8 西北部，开口于第⑤层下，打破至第⑨层及生土，同时又被 H30 打破。方向 9°。墓口长 5.4、宽 4.6、距地面 0.13、发掘深度 6.4 米。因排水困难，无法继续清理。可知此墓双椁，外椁室长 3.42、宽 2.34、深 1.5 米。椁木直径 0.14～0.16 米，椁室内侧一周有 8 根立柱，内椁长 2、宽 1.5、高 1.5 米，内椁板宽 0.3～0.7、厚 0.25

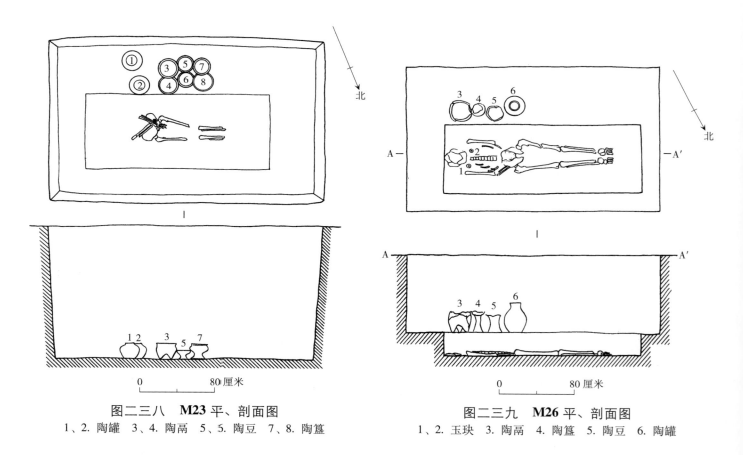

图二三八　**M23 平、剖面图**
1、2. 陶罐　3、4. 陶鬲　5、5. 陶豆　7、8. 陶簋

图二三九　**M26 平、剖面图**
1、2. 玉玦　3. 陶鬲　4. 陶簋　5. 陶豆　6. 陶罐

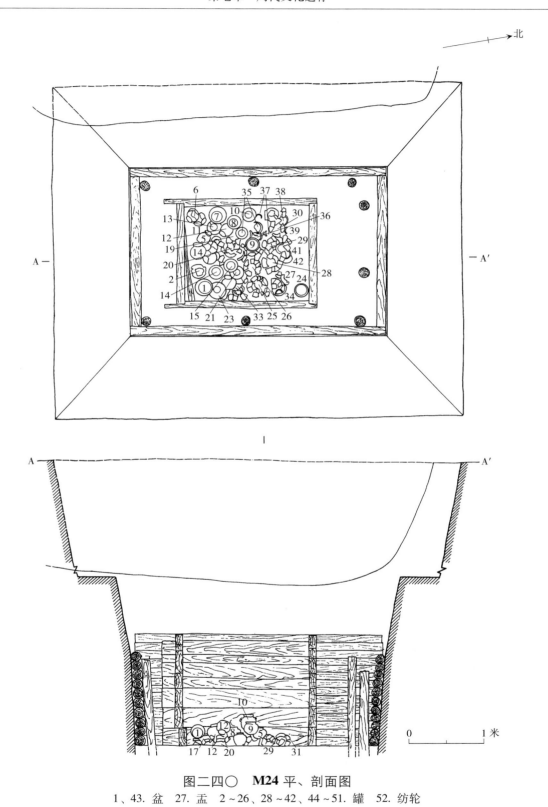

图二四〇　**M24** 平、剖面图

1、43. 盆　27. 盂　2～26、28～42、44～51. 罐　52. 纺轮

米。墓坑内填土为松散的灰褐色花土。出土各类陶器 52 件，其中陶罐 48 件、陶盆 2 件、陶盂 1 件、陶纺轮 1 件。（图二四〇；彩版八五）。

## 第二节 遗 物

芦城孜遗址周代文化遗物绝大多数是日常生活中所使用的各类容器以及建筑所用板瓦、筒瓦等，另有少量石器、纺轮等生产工具及少许骨器。

一 陶器

除墓葬中出土的以外，完整器不是很多。

（一）生活用具

鬲 167 件。除墓葬中出土的 4 件完整外，其余均残破。依形制不同分为 7 型。

A 型 51 件。卷沿，均为夹砂陶。分 5 式。

I 式 5 件。束颈，腹稍鼓。标本 H80：3，灰陶。圆唇，沿缘一周浅槽，下腹残。腹饰弦断绳纹，沿下纹饰抹平。残高 11.2 厘米（图二四一，1）。标本 T7⑧：3，灰褐陶。圆唇，腹以下残。上腹粗绳纹，沿下绳纹抹平。残高 6.4 厘米（图二四一，2）。

II 式 9 件。束颈。腹略鼓。标本 H126：6，黑陶，灰胎。圆唇，沿面有两周凹槽，下腹残。腹饰交错绳纹，沿下绳纹抹平。口径 38、残高 13.6 厘米（图二四一，3）。标本 H72：4，灰褐陶。方唇，唇缘下垂，下腹残。腹饰交错绳纹及一周弦纹，沿下绳纹抹平。口径 43.6、残高 12.8 厘米（图二四一，4）。

III 式 11 件。束颈，腹较鼓。标本 T6⑥：2，方唇，唇沿下垂，下腹残。腹饰弦断绳纹。口径 29.6、残高 9.6 厘米（图二四一，5）。标本 T29⑥：4，红褐陶。圆唇，沿缘下垂，下腹残。腹饰粗绳纹。口径 32、残高 7.2 厘米（图二四一，6）。标本 H133：9，黑陶。圆唇，沿面两周浅凹槽，下腹残。腹饰绳纹，颈部绳纹抹平，沿下三周凹弦纹。口径 33.2、残高 8.4 厘米（图二四一，7）。

IV 式 12 件。折沿，鼓腹明显。标本 T3⑤：3，红褐陶。圆唇，敛口，腹残。腹饰粗绳纹。口径 27.2、残高 6 厘米（图二四一，8）。标本 T3⑤：2，灰陶。方唇，直颈，腹残。粗绳纹，颈部纹饰抹平。口径 30、残高 6 厘米（图二四一，9）。

V 式 14 件。平折沿下垂，圆腹。标本 H22：2，褐陶。敛口，方唇，直颈，下腹残。腹饰绳纹。口径 30、残高 10 厘米（图二四一，10）。标本 T3④：3，灰陶。敛口，方唇，沿内缘一周凹槽，腹残。腹饰弦断绳纹。口径 33.6、残高 7.2 厘米（图二四一，11）。

B 型 48 件。折沿，筒形腹，均夹砂陶。分 5 式。

I 式 4 件。弧颈，腹微鼓。标本 H59：6，灰褐陶。圆唇，口沿内侧一周浅凹槽，下腹残。上腹饰弦断绳纹，颈部纹饰经擦抹。口径 30.4、残高 8.8 厘米（图二四二，1）。

II 式 14 件。弧颈，腹略鼓。标本 H68：6，黑陶，褐胎。方唇，唇缘一周浅凹槽，

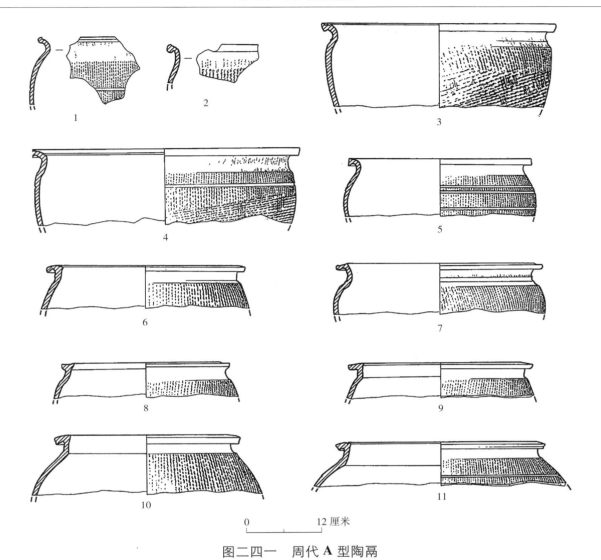

图二四一　周代 A 型陶鬲

1、2. I 式（H80：3、T7⑧：3）　　3、4. II 式（H126：6、H72：4）　　5～7. III 式（T6⑥：2、T29⑥：4、H133：9）
8、9. IV 式（T3⑤：3、T3⑤：2）　　10、11. V 式（H22：2、T3④：3）

下腹残。上腹弦断绳纹。口径 28.4、残高 8.4 厘米（图二四二，2）。

III式　12 件。腹较鼓。标本 T9⑥：4，红褐陶。方唇，下腹残。腹饰粗绳纹，颈部绳纹经抹擦。口径 29.2、残高 8 厘米（图二四二，3）。标本 H133：11，黑陶。斜唇，下腹残。腹饰粗绳纹。口径 34、残高 6.4 厘米（图二四二，4）。

IV式　9 件。鼓腹。标本 H66：6，灰褐陶。方唇，直口，颈部一周浅棱，下腹残。上腹饰绳纹，颈部纹饰抹平。口径 23.6、残高 14 厘米（图二四二，5）。标本 H30：7，灰褐陶。方唇，侈口，下腹残。沿面三周凹弦纹，上腹饰粗绳纹。口径 27.6、残高 12 厘米（图二四二，6）。

V式　9 件。鼓腹，有肩。标本 T3④：1，红褐陶。方唇，沿面三周凹槽，下腹残。上腹饰粗绳纹，颈部绳纹擦抹。口径 28、残高 6.8 厘米（图二四二，7）。标本 H36：4，

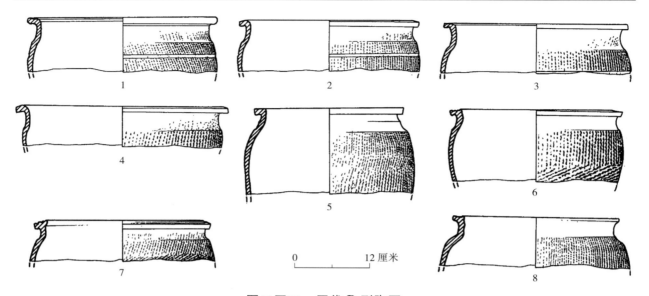

图二四二　周代 **B** 型陶鬲

1．Ⅰ式（H59：6）　　2．Ⅱ式（H68：6）　　3．Ⅲ式（T9⑥：4、H133：11）
5．Ⅳ式（H66：6、H30：7）　　7．Ⅴ式（T3④：1、H36：4）

红褐陶。方唇，直颈，口沿一周凸棱，下腹残。上腹饰绳纹。口径 26.4、残高 8 厘米（图二四二，8）。

C 型　46 件。折沿，高颈，器形一般较大，胎较厚，夹砂陶。分 3 式。

Ⅰ式　9 件。腹相对较瘦。标本 T7⑥：2，灰陶。方唇，唇缘下垂，敛口，沿面三周凹槽，下腹残。上腹饰粗绳纹。口径 35.2、残高 10 厘米（图二四三，1）。标本 T35⑥：1，灰陶，褐胎。方唇，斜折沿，沿面微凹，颈部一周凸棱，下腹残。上腹饰细绳纹。残高 2.5 厘米（图二四三，6）。标本 H39：8，红褐陶。方唇，沿面四周凹槽，下腹残。上腹饰粗绳纹。残高 9.6 厘米（图二四三，7）。标本 T6⑥：3，红褐陶。方唇，口缘一周凸棱，下腹残。上腹饰粗绳纹。口径 33.2、残高 8.8 厘米（图二四三，2）。标本 H133：10，黑灰陶，褐胎。方唇，沿面两周凹槽，下腹残。上腹饰粗绳纹，上腹一周凹弦纹。口径 42.4、残高 16.8 厘米（图二四三，11）。

Ⅱ式　13 件。腹较鼓。标本 T4⑤：3，红褐陶。方唇。敛口，下腹残。上腹饰粗绳纹。残高 11.4 厘米（图二四三，8）。标本 T8⑤：5，红褐陶。方唇，沿面微鼓，下腹残。上腹饰粗绳纹。口径 28、残高 10.8 厘米（图二四三，10）。标本 T7⑤：4，灰陶。方唇，沿内缘有一周凹槽，下腹残。上腹饰绳纹，沿面饰两周凹弦纹。口径 23.4、残高 6.3 厘米（图二四三，3）。标本 H103：4，红褐陶。方唇，敛口，沿面中间一周凹槽，下腹残。上腹饰粗绳纹，沿下纹饰抹平。口径 32.8、残高 10 厘米（图二四三，12）。

Ⅲ式　24 件。鼓腹。标本 H21：6，红褐陶。方唇，沿内缘一周凹槽，下腹残。上腹饰粗绳纹。残高 7.5 厘米（图二四三，9）。标本 T4④：2，红褐陶。方唇，沿面微鼓，沿内缘一周凹槽，下腹残。上腹饰弦断绳纹，颈部绳纹经擦抹。残高 7.8 厘米（图二四三，

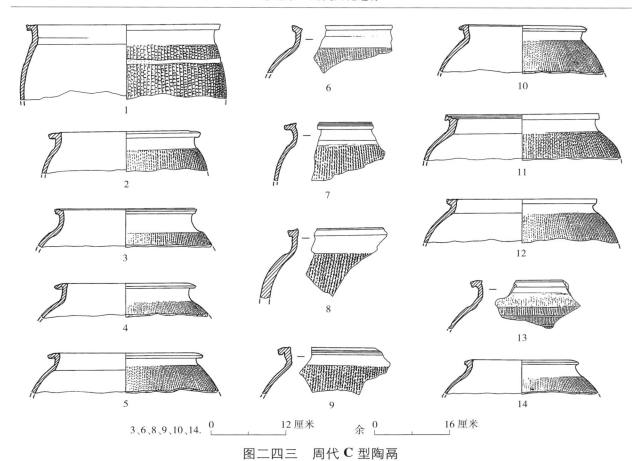

3、6、8、9、10、14. |— 0    12厘米 |   余 |— 0    16厘米 |

图二四三　周代 C 型陶鬲

1、2、6、7、11. Ⅰ式（T7⑥：2、T6⑥：3、T35⑥：1、H39：8、H133：10）

3、8、10、12. Ⅱ式（T7⑤：4、T4⑤：3、T8⑤：5、H103：4）

4、5、9、13、14. Ⅲ式（H21：5、T8④：3、H21：6、T4④：2、T5④：2）

13）。标本 T5④：2，灰褐陶。方唇，窄折沿，敛口，下腹残。上腹饰细绳纹。口径 24.8、残高 8 厘米（图二四三，14）。标本 H21：5，红褐陶。方唇，沿下垂，下腹残。上腹饰绳纹。口径 30.8、残高 8 厘米（图二四三，4）。标本 T8④：3，红褐陶。圆唇，沿微下垂，下腹残。上腹饰粗绳纹。口径 34、残高 9.2 厘米（图二四三，5）。

D 型　18 件。斜折沿，束颈。均为夹砂陶。分 3 式。

Ⅰ式　8 件。腹略瘦。标本 M23：3，磨光灰陶。方唇，圆柱形实足根，弧裆较高。腹饰细绳纹，局部绳纹抹平，上腹两周弦纹。口径 19.8、通高 18.9 厘米（图二四四，1；彩版八六，1）。标本 M23：4，磨光灰陶。与标本 M23：3 形制相同。上腹饰三周凹弦纹，足部绳纹经擦抹。口径 19.2、通高 17.7 厘米（图二四四，2；彩版八六，2）。标本 H59：3，灰褐陶。圆唇，斜折沿较直，下腹残。上腹饰弦断绳纹，颈部绳纹抹平。口径 22.5、残高 6.6 厘米（图二四五，1）。

Ⅱ式　6 件。腹较鼓。标本 H68：7，黑陶。圆唇，沿缘一周凹槽，下腹残。上腹饰弦断绳纹，颈部绳纹抹平。口径 22.5、残高 5.4 厘米（图二四五，2）。标本 H126：7，

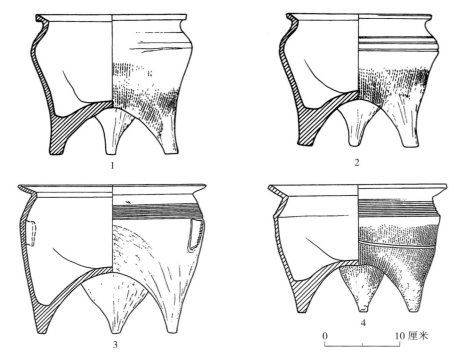

图二四四　周代陶鬲
1、2. D 型 I 式（M23：3、M23：4）　3. E 型 I 式（M26：3）　4. E 型 II 式（M20：2）

灰陶。圆唇，下腹残。上腹饰绳纹，三周凹弦纹。口径17.1、残高9.9厘米（图二四五，4）。标本 H47：1，灰陶。方唇，沿上缘一周凹槽，下腹残。上腹饰弦断绳纹，颈部绳纹经擦抹。口径19.5、残高5.7厘米（图二四五，3）。

　　III式　4件。圆肩，鼓腹。标本 H133：12，红褐陶。圆唇，沿上缘一周凹槽，下腹残。上腹饰绳纹和一周凹弦纹，颈部绳纹抹平。口径19.8、残高8.1厘米（图二四五，6）。标本 T29⑥：3，灰陶。圆唇，沿上缘一周凹槽，下腹残。上腹饰弦断绳纹。残高3.6厘米（图二四五，5）。

　　E 型　2件。仿铜鬲，均出自墓葬。分2式。

　　I 式　1件。标本 M26：3，泥质磨光黑陶。圆唇，宽折沿，鼓腹，高弧裆，柱状实足根。腹部贴敷与三足相对称的竖向扉棱。沿下饰七周弦纹，裆部及足部修抹的刮削痕迹。口径25.5、通高20.7厘米（图二四四，3；彩版八七，1）。

　　II 式　1件。标本 M20：2，泥质磨光黑灰陶。方唇，宽折沿，折腹，弧裆较低，柱状实足根。沿下四周凹弦纹，腹饰绳纹，一周凹弦纹。口径24、高17.7厘米（图二四四，4；彩版八七，2）。

　　F 型　1件。

　　标本 H72：6，夹砂灰陶，褐胎。方唇，卷沿，束颈，鼓腹，下腹残。上腹一周附加堆纹，上有斜向按窝。口径28、残高13.8厘米（图二四五，7）。

　　G 型　1件。

　　标本 H77：5，泥质灰陶。折沿，耸肩。上腹一周附加堆纹。口径35.6、残高10厘米

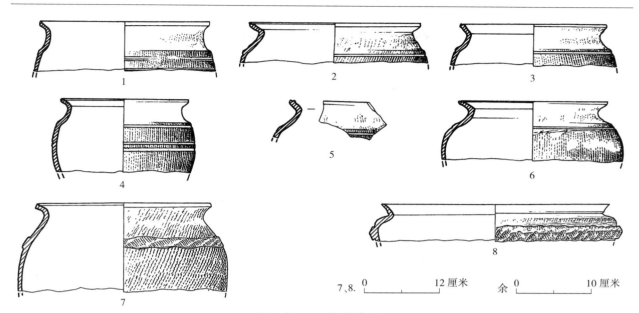

图二四五　周代陶鬲
1. D 型 I 式（H593）　2~4. D 型 II 式（H687、H471、H1267）
5、6. D 型 III 式（T29⑥：3、H13312）　7. F 型（H726）　8. G 型（H775）

（图二四五，8）。

罐　75 件。多为泥质陶，个别羼和粗砂粒。分 10 型。

A 型　20 件。折沿。分 5 式。

I 式　5 件。腹略瘦。标本 T6⑧：3，红褐陶。方唇，束颈，下腹残。上腹饰弦断绳纹。口径 13.2、残高 8.8 厘米（图二四六，1）。

II 式　3 件。腹较鼓。标本 T9⑦：3，灰陶。方唇，敞口，束颈，下腹残。腹饰绳纹。口径 23.2、残高 8 厘米（图二四六，2）。标本 T4⑥：2，夹砂灰褐陶。圆唇，沿面微凹，下腹残。上腹饰绳纹，三周凹弦纹。口径 21.6、残高 14 厘米（图二四六，3）。标本 T14④：1，灰褐陶，方唇，束颈，腹残。沿下饰弦断绳纹。口径 12、残高 15 厘米（图二四六，4）。

III 式　5 件。鼓腹，圆肩。标本 H37：8，灰陶，局部红褐色。方唇，直口，沿面两周凹槽，小凹底，上腹竖绳纹，下腹横向绳纹，底部交错绳纹。口径 22、底径 14、通高 28 厘米（图二四六，5；彩版八八，1）。标本 M24：7，黑陶。方唇，斜折沿，束颈，上腹鼓，下腹弧收，小凹底。肩及上腹竖绳纹，下腹斜绳纹，肩饰一周弦纹。口径 16、底径 9.2、通高 19.4 厘米（图二四六，6；彩版八八，2）。标本 T5⑥：5，灰褐陶。方唇，下腹残。上腹饰弦断绳纹。口径 20.8、残高 7.2 厘米（图二四六，7）。标本 T7⑥：1，泥质灰陶。圆唇，敞口，弧颈，下腹残。颈部有两周浅凸棱，上腹饰粗绳纹。口径 19.2、残高 12 厘米（图二四六，8）。

IV 式　3 件。鼓腹，直颈稍矮。标本 T8⑤：3，红褐陶。方唇，圆肩，上腹近直，下腹残。上腹绳纹，肩饰五周凹弦纹，颈部绳纹抹平。口径 22.4、残高 13.5 厘米（图二四六，9）。

Ｖ式　4件。折沿下垂，高直颈。标本T3④：2，红褐陶。圆唇，直口，腹以下残。腹饰弦断绳纹。残高8.4厘米（图二四六，10）。标本H21：4，灰褐陶。方唇，直口，底残。颈部五周细弦纹，上腹竖绳纹及两周凹弦纹，下腹饰斜绳纹。口径14、残高20厘米（图二四六，11）。

B型　9件。鼓腹，泥质陶，素面。分2式。

Ⅰ式　4件。折沿，束颈。标本H59：2，磨光黑陶。圆唇，斜折沿，上腹鼓，下腹斜直收，小平底。口径12.6、底径10、通高27.6厘米（图二四七，1；彩版八八，3）。标本M26：6，磨光黑陶。圆唇，上腹鼓，下腹斜直收，底内凹。沿面饰一周凹弦纹。口径12.9、底径11.1、通高18厘米（图二四七，2；彩版八八，4）。

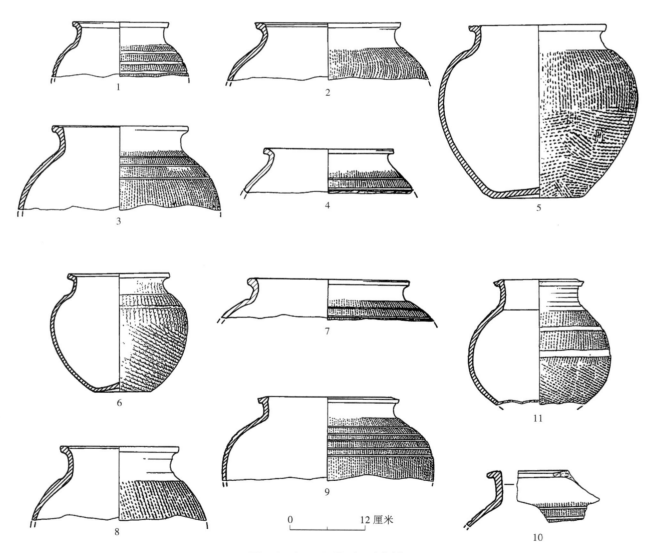

0　　　　　　　12厘米

**图二四六　周代 A 型陶罐**

1. Ⅰ式（T6⑧：3）　　2~4. Ⅱ式（T9⑦：3、T4⑥：2、T14④：1）　　5~8. Ⅲ式（H37：8、M24：7、T5⑥：5、T7⑥：1）
9. Ⅳ式（T8⑤：3）　　10、11. Ⅴ式（T3④：2、H21：4）

Ⅱ式　5件。卷折沿，弧颈。标本 M20∶4，磨光灰陶。圆唇，圆肩，鼓腹，大平底。口径 19.6、底径 16.8、通高 25.6 厘米（图二四七，3；彩版八九，1）。

C 型　9件。鼓腹。分 5 式。

Ⅰ式　2件。腹较矮胖。标本 M23∶1，磨光灰陶。方唇，敞口，折沿近直，平底。上腹素面，下腹绳纹，近底一周经擦抹。口径 10.5、底径 10.5、通高 17.7 厘米（图二四七，4；彩版八九，2）。标本 M23∶2，磨光灰陶。形制与标本 M23∶1 相同。口径 11.7、底径 11.1、通高 19.4 厘米（图二四七，5；彩版八九，3）。

Ⅱ式　1件。腹稍矮。标本 T8⑦∶4，灰褐陶。圆唇，折沿，上腹鼓，下腹斜收，平底较大。上腹饰一周弦纹，下腹饰绳纹。口径 26、底径 10.6、高 16.4 厘米（图二四七，6；彩版八九，4）。

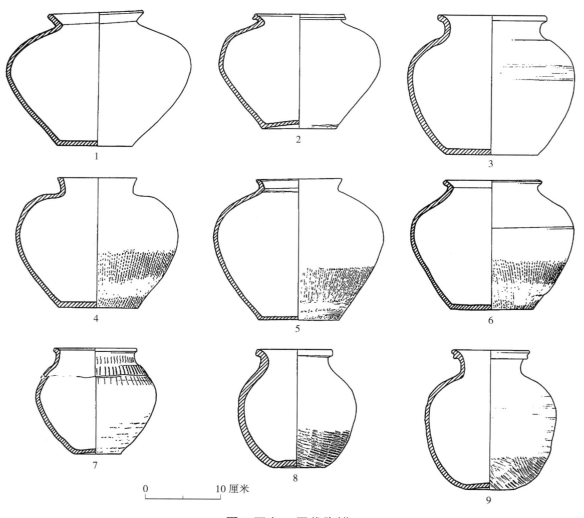

0　　　　　10厘米

图二四七　周代陶罐

1、2. B 型Ⅰ式（H59∶2、M26∶6）　3. B 型Ⅱ式（M20∶4）　4、5. C 型Ⅰ式（M23∶1、M23∶2）
6. C 型Ⅱ式（T8⑦∶4）　7. C 型Ⅲ式（H133∶13）　8. C 型Ⅳ式（T6⑤∶14）　9. C 型Ⅴ式（T4④∶4）

　　Ⅲ式　3件。腹趋瘦。标本 H133：13，灰陶，器表略磨光。方唇，口微敛，窄折沿，小底微凹。上腹饰两组上下对称的竖刻划暗纹，下腹素面。口径 14.8、底径 8.8、高 14.8 厘米（图二四七，7）。

　　Ⅳ式　2件。腹较瘦高。标本 T6⑤：14，泥质灰陶。圆唇，侈口，卷沿，小凹底。上腹素面，下腹及底饰绳纹。口径 13.6、底径 9.2、通高 21.6 厘米（图二四七，8；彩版九〇，1）。

　　Ⅴ式　1件。腹瘦高。标本 T4④：4，灰陶。卷沿，侈口，弧颈，腹近直，凹底。上腹素面，下腹及底饰交错绳纹。口径 13.6、底径 9.2、通高 25.2 厘米（图二四七，9；彩版九〇，2）。

　　D 型　8件。垂腹，高颈，鸟首形双耳（图二四八）。

　　标本 M24：9，黑陶，颈部略磨光。圆唇，小凹底。腹饰横绳纹，罐底交错绳纹。口径 12.8、底径 7.5、高 25.5 厘米（图二四八，1；彩版九〇，3）。标本 M24：8，黑陶。

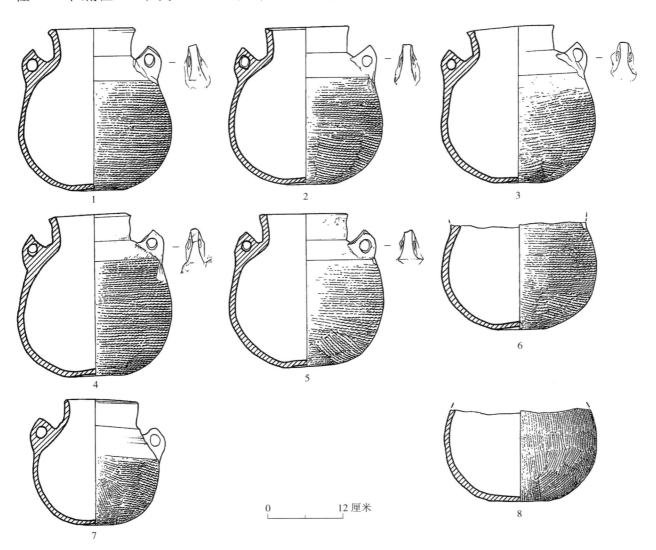

图二四八　周代 D 型陶罐

1. M24：9　2. M24：8　3. M24：33　4. M24：10　5. M24：11　6. M24：25　7. M24：23　8. M24：31

颈略斜，小凹底。上腹横绳纹，下腹及底交错绳纹口径 12.8、底径 7.6、高 24.9 厘米（图二四八，2）。标本 M24：33，灰陶，颈部略磨光。尖唇，斜颈，小平底。腹饰横绳纹，底部交错绳纹。口径 12.8、底径 7.6、高 24.9 厘米（图二四八，3）。

E 型　10 件。鼓腹，桥形耳（图二四九）。

标本 M24：21，黑陶。圆唇，敛口，小凹底。腹饰绳纹，上腹一周凹弦纹。口径 10.8、底径 8、高 27.2 厘米（图二四九，1；彩版九一，1）。标本 M24：22，黑陶。圆唇，直口，小凹底。通体饰绳纹，上腹一周凹弦纹，口径 10.8、底径 7.6、高 17.6 厘米（图二四九，3；彩版九一，2）。标本 M24：15，灰陶，局部黑色。圆唇，敛口，凹底。腹饰绳纹，上腹一周凹弦纹。口径 10.1、底径 8.4、高 16 厘米（图二四九，4；彩版九〇，4）。

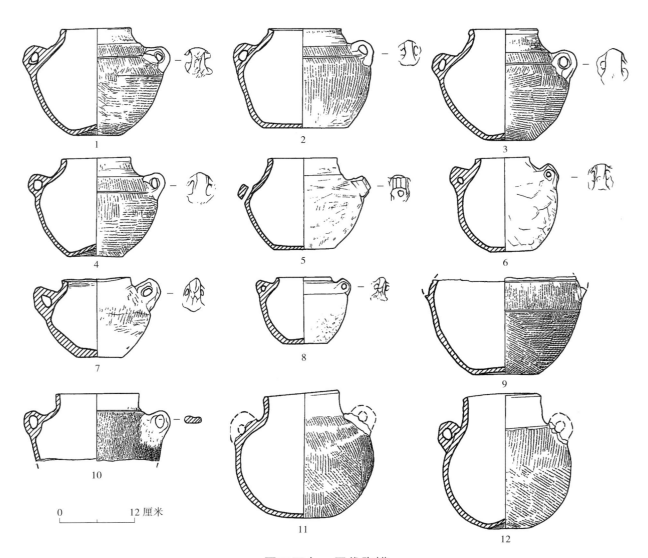

图二四九　周代陶罐

1~10. E 型（M24：21、M24：20、M24：22、M24：15、M24：14、M24：19、M24：16、M24：18、M24：46、M24：40）　11、12. F 型（M24：17、M24：13）

标本 M24：14，灰陶。方唇，敛口，小平底。素面。口径10.8、底径9.4、高14.6厘米（图二四九，5）。标本 M24：19，灰陶。敛口，腹微鼓，素面，小平底。口径8.4、底径6.8、高15.2厘米（图二四九，6）。标本 M24：16，黑陶。尖唇，敛口，小平底。腹部绳纹不甚清晰。口径10.4、底径7.2、高12.4厘米（图二四九，7）。标本 M24：18，黑陶略磨光。圆唇，敛口，小平底，双耳靠近口部，素面。口径8.8、底径6.8、高10.4厘米（图二四九，8）。

F 型　6件。圆腹，直口，高颈，桥形耳。

标本 M24：17，黑陶。圆唇，口微敞，底近平，耳残。腹饰绳纹。口径11.6、底径8、高20厘米（图二四九，11）。标本 M24：13，红褐陶。方唇，小凹底。腹饰绳纹。口径12、底径7.2、高21.6厘米（图二四九，12；彩版九二，1）。

G 型　2件。敞口，束颈，鸟首形耳，鼓腹，大平底。

标本 M24：45，黑陶。鸟首耳。素面。颈部饰七周、肩部饰五周凹弦纹。口径11.6、底径13.6、通高22.4厘米（图二五〇，1；彩版九二，2）。

H 型　1件。

标本 M24：5，灰陶。敛口，方唇，垂腹，小平底，上腹有鸟首双耳。腹上部饰绳纹，并有一周凹弦纹，近底纹饰经擦抹。口径10、底径7.8、通高20.4厘米（图二五〇，2；彩版九二，3）。

I 型　10件。折沿，束颈。

标本 M24：4，灰陶。圆唇，斜折沿，鼓腹，凹底。颈部一周竖暗纹，肩饰一周锯齿状暗纹，腹部绳纹。口径17.2、底径8.8、通高19.5厘米

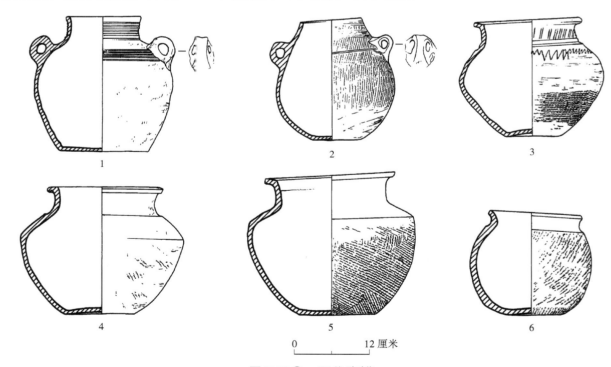

0 ——————— 12 厘米

图二五〇　周代陶罐

1. G 型（M24：45）　2. H 型（M24：5）　3～5. I 型（M24：4、M24：3、M24：2）　6. J 型（M24：12）

（图二五〇，3；彩版九二，4）。标本 M24：3，黑陶。圆唇，平折沿，折肩，凹底。腹部略饰绳纹。口径 18.4、底径 11.2、通高 20.9 厘米（图二五〇，4；彩版九三，1）。标本 M24：2，灰陶。方唇，折肩，上腹微鼓，平底。腹饰绳纹。口径 20.8、底径 12、通高 23.4 厘米（图二五〇，5）。

J 型　1 件。

标本 M24：12，黑陶。敞口，卷沿，圆腹，小凹底。腹饰绳纹。口径 14.8、底径 9.2、通高 17.3 厘米（图二五〇，6；彩版九三，2）。

豆　74 件。泥质陶，个别羼和粗砂粒。素面。分 8 型。

A 型　24 件。浅盘方折。分 5 式。

Ⅰ式　1 件。标本 M23：6，矮粗柄。灰陶，略磨光。平沿，敞口，盘底下凹，喇叭形圈足。口径 16.2、底径 10.2、高 9.6 厘米（图二五一，1；彩版九四，1）。

Ⅱ式　3 件。柄略细稍高。标本 T38⑦：1，灰陶，器表略磨光。平沿，盘底近平，喇叭形座。口径 17.1、底径 12.9、高 16.2 厘米（图二五一，3；彩版九四，2）。

Ⅲ式　7 件。柄较高。标本 H133：4，磨光灰陶。尖唇，斜沿，盘壁外倾，柄残。口径 15、残高 5.4 厘米（图二五一，2）。标本 H36：1，灰陶，略磨光。尖唇，直壁，柄部有握痕，座残。口径 15、残高 15 厘米（图二五一，4）。标本 H133：14，黑陶，略磨光。圆唇，直壁，柄中部有 5 周握痕，底残。口径 17、残高 21 厘米（图二五一，8）。

Ⅳ式　9 件。盘较Ⅲ式浅。标本 H30：4，磨光黑陶。尖唇，斜沿，直壁，盘以下残。口径 17.1、残高 5.4 厘米（图二五一，5）。标本 H27：1，黑陶。尖唇，直壁，盘底微鼓，柄残。口径 15、残高 4.5 厘米（图二五一，7）。标本 H30：5，磨光黑陶。方唇，盘壁微内凹，柄残。口径 16.2、残高 4.5 厘米（图二五一，6）。标本 H27：5，黑陶。尖唇，直壁，盘以下残。口径 15、残高 5 厘米（图二五一，9）。标本 T7⑤：5，黑陶，褐胎。斜沿，直壁，座残。口径 14.1、残高 17.7 厘米（图二五一，10）。

Ⅴ式　4 件。浅盘，高柄。标本 H11：6，磨光黑陶。圆唇，盘壁内凹，外壁出折棱，柄部有握痕，座残。口径 15.9、残高 20.7 厘米（图二五一，12）。标本 H21：1，磨光黑陶。圆唇，直壁微内凹，柄残。口径 13.5、残高 5.7 厘米（图二五一，11）。

B 型　15 件。深盘方折。分 5 式。

Ⅰ式　1 件。柄较粗。标本 M23：5，灰陶。平沿，直壁，喇叭形圈足。口径 15.3、底径 10.2、高 10.8 厘米（图二五二，1；彩版九五，1）。

Ⅱ式　3 件。柄略细。标本 H68：10，磨光灰陶。圆唇，直壁外倾，盘底下凹，喇叭形圈足。柄部两周手指握痕。口径 14.4、底径 9、高 12 厘米（图二五二，2；彩版九五，2）。

Ⅲ式　4 件。柄稍细，器形略高。标本 H37：2，红褐陶。尖圆唇，斜直壁，盘底平，喇叭形圈足。口径 15、底径 9.9、高 11.1 厘米（图二五二，3；彩版九五，3）。标本 H39：1，灰

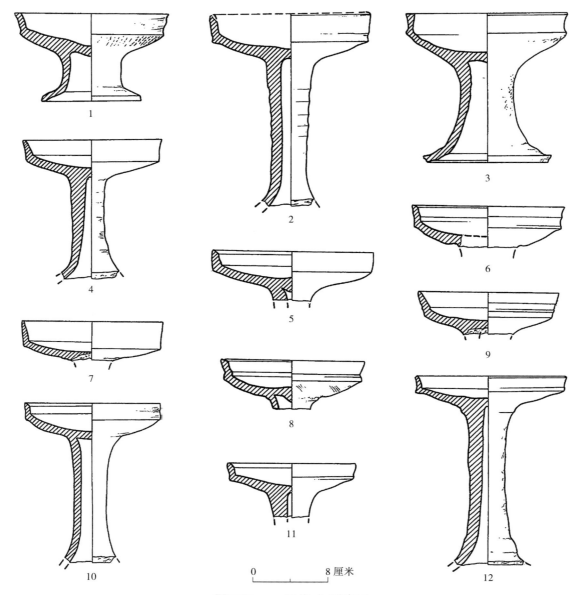

图二五一　周代 A 型陶豆

1. I 式（M23：6）　3. II 式（T38⑦：1）　2、4、8. III 式（H133：14、H36：1、H133：4）　5~7、9、10. IV式
（H30：4、H30：5、H27：1、H27：5、T7⑤：5）　11、12. V 式（H21：1、H11：6）

陶。平沿，喇叭形圈足。口径 15、底径 8.6、高 11.7 厘米（图二五二，4；彩版九五，4）。

　　IV 式　3 件。盘趋浅，柄较细。标本 H27：3，灰陶。尖圆唇，斜壁，盘以下残。口
径 15、残高 4.5 厘米（图二五二，5）。

　　V 式　4 件。柄较细，盘较浅。标本 H57：1，黑陶。尖圆唇，直壁稍外倾，平底，
柄残。口径 15.3、残高 6 厘米（图二五二，6）。标本 T5④：3，红褐陶。尖唇，直壁，
柄下端残。口径 12.9、残高 5.4 厘米（图二五二，8）。

　　C 型　12 件。深盘圆折。分 4 式。

　　I 式　1 件。微敛口，矮柄。标本 H72：5，灰陶。尖唇，盘平底，短弧柄，座残。

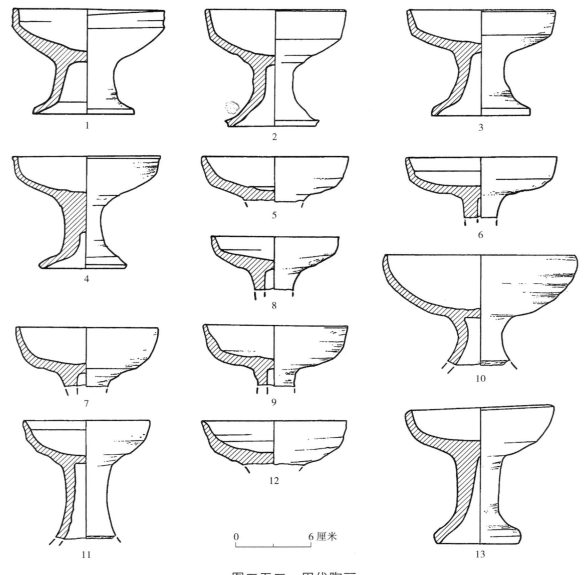

图二五二　周代陶豆

1. B 型 I 式（M23：5）　2. B 型 II 式（H68：10）　3、4. B 型 III 式（H37：2、H39：1）
5. B 型 IV 式（H27：3）　6、8. B 型 V 式（H57：1、T5④：3）　9. C 型 I 式（H72：5）
7. C 型 II 式（H39：4）　11. C 型 III 式（H38：1）
10、12、13. C 型 IV 式（T5④：1、T8④：6、T9④：4）

口径 18.9、残高 11 厘米（图二五二，9）。

　　II 式　3 件。口近直。标本 H39：4，红褐陶。圆唇，盘以下残。口径 14.1、残高 6 厘米（图二五二，7）。

　　III 式　3 件。盘壁微外倾，盘略浅。标本 H38：1，灰陶。圆唇，盘底下凹，柄残。口径 14.1、残高 6 厘米（图二五二，11）。

　　IV 式　5 件。盘壁较外倾，柄较高。标本 T9④：4，灰陶。圆唇，弧盘，柱状柄，喇叭形座。口径 14.7、底径 8.1、高 13.8 厘米（图二五二，13；彩版九六，1）。标本

T5④：1，红褐陶。尖唇，圆弧腹，座残。口径12.6、残高12厘米（图二五二，10）。标本 T8④：6，红褐陶。尖唇，圆弧盘，内壁两周浅凸棱，盘以下残。口径14.4、残高4.5厘米（图二五二，12）。

D型 16件。浅弧盘。器体制作粗糙，泥质陶。分4式。

Ⅰ式 4件。盘稍深。标本 H73：1，黑陶，褐胎。圆唇，盘以下残。口径15、残高6厘米（图二五三，1）。标本 H77：11，灰陶。口略残，盘底近平，柱状柄，喇叭形座，口径15.6、底径9.6、高13.2厘米（图二五三，2）。

Ⅱ式 3件。盘略浅。标本 T3⑥：1，灰陶羼粗砂粒。圆唇，敞口，盘以下残。口径16.2、残高4.5厘米（图二五三，3）。标本 H66：2，红褐陶。圆唇，直口，盘平底，柄残。口径15.9、残高5.1厘米（图二五三，5）。

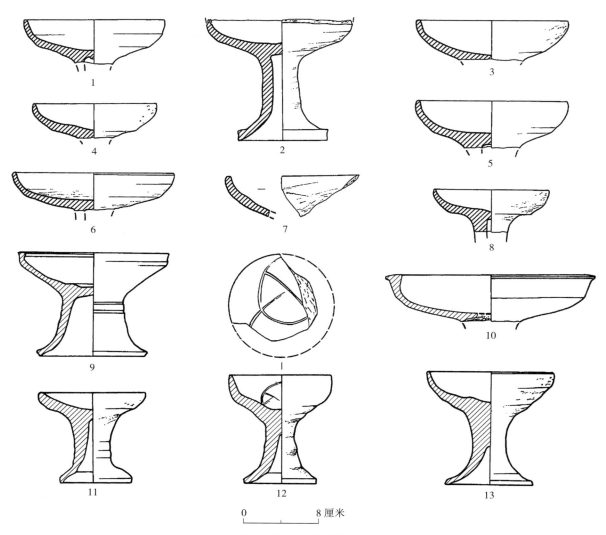

0 ⸺ 8厘米

图二五三 周代陶豆

1、2. D 型Ⅰ式（H73：1、H77：11） 3、5. D 型Ⅱ式（T3⑥：1、H66：2） 4. D 型Ⅲ式（H103：1）
6～8. D 型Ⅳ式（H57：2、T2④：1、H36：2） 9. E 型Ⅰ式（M26：4） 10. E 型Ⅱ式（H72：1）
11. G 型（H30：9） 12. F 型（H39：9） 13. H 型（H10：7）

Ⅲ式　4件。盘较浅。标本 H103：1，灰陶。圆唇，盘底下凹，柄残。口径 13.2、残高 4.5 厘米（图二五三，4）。

Ⅳ式　5件。浅盘。标本 H57：2，黑陶。圆唇，盘底平，柄残。口径 17.1、残高 4.2 厘米（图二五三，6）。标本 T2④：1，灰陶。厚圆唇，盘壁凹凸不平。残高 4.5 厘米（图二五三，7）。标本 H36：2，灰褐陶。尖唇，盘底下凹，柄较细，柄下端残。口径 12.3、残高 6 厘米（图二五三，8）。

E型　4件。宽沿。分2式。

Ⅰ式　1件。粗柄。标本 M26：4，磨光黑陶，褐胎。敛口，平沿略窄，圆折腹，盘底下凹，喇叭形座。柄上部饰两周凹弦纹。口径 17.4、底径 11.1、高 11.4 厘米（图二五三，9；彩版九六，2）。

Ⅱ式　3件。标本 H72：1，磨光黑陶。敛口，宽沿微鼓，沿外缘一周凸棱，直壁圆折，盘底平，盘以下残。口径 22.5、残高 5 厘米（图二五三，10）。

F型　1件。

标本 H30：9，泥质灰陶，厚胎。敞口，碟形浅盘，弧柄较粗，喇叭形座。柄中部有三周凹弦纹。口径 11.7、底径 7.5、高 9.9 厘米（图二五三，11）。

G型　1件。

标本 H39：9，泥质灰褐陶。侈口，尖唇，喇叭形座。盘内底部有不规则的刻划纹。口径 11、底径 7.8、高 12 厘米（图二五三，12）。

H型　1件。

标本 H10：7，夹砂灰褐陶。直口，尖圆唇，弧盘，盘底下凹，喇叭形座。口径 13.8、底径 9.3、高 12 厘米（图二五三，13；彩版九六，3）。

簋　6件。其中5件出自墓葬，皆为泥质磨光陶。分2型。

A型　3件。分2亚型。

Aa型　2件。折腹，均出自墓葬内。分2式。

Ⅰ式　1件。柄较细，腹较深。标本 M26：5，磨光黑陶，褐胎，器壁较薄。折沿近平，沿缘有一周凹槽，喇叭形座，底脚平折。腹、柄各饰七周和两周凹弦纹。口径 21.3、底径 14.4、高 17.1 厘米（图二五四，1；彩版九六，4）。

Ⅱ式　1件。柄较粗，腹较浅。标本 M20：3，磨光黑陶。圆唇，斜折沿，大喇叭座。柄部饰两周凹弦纹。口径 24、底径 18.6、高 16.8 厘米（图二五四，2；彩版九七，1）。

Ab型　1件。深腹。标本 M20：5，磨光黑陶。方唇，斜折沿，折腹较深，柱状矮柄，喇叭状座近平折，足部制作不规整。柄饰四道浅凹弦纹。口径 24、底径 20.4、高 16.5 厘米（图二五四，3；彩版九七，2）。

B型　3件。鼓腹，分2式。

Ⅰ式　2件。深腹。均出自 M23 内。标本 M23：8，泥质磨光灰陶。方唇，窄折沿，沿上缘一周浅凹槽，凹底，大喇叭形粗座。口径 20.1、底径 18.6、高 17.6 厘米（图二五

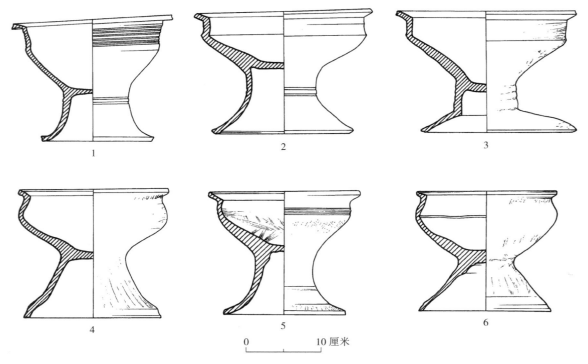

图二五四　周代陶簋
1. Aa 型 I 式（M26：5）　　2. Aa 型 II 式（M20：3）　　3. Ab 型（M20：5）
4、6. B 型 I 式（M23：8、M23：7）　　5. B 型 II 式（T11④：1）

四，4）。标本 M23：7，磨光灰陶。圆唇，窄折沿，平底，大喇叭形座。内壁上腹一周凹弦纹。口径 18.9、底径 17.7、高 16.5 厘米（图二五四，6；彩版九七，3）。

II 式　1 件。腹较浅。标本 T11④：1，磨光黑陶。圆唇，折沿较宽，凹底，喇叭形座近平折。上腹三周凹弦纹。内壁饰叶脉纹。口径 21.1、底径 17.1、高 16.2 厘米（图二五四，5；彩版九七，4）。

盂　41 件。大多为泥质陶，个别夹砂，素面。分 6 型。

A 型　7 件。小型器。分 3 式。

I 式　2 件。腹较深。标本 H80：2，泥质灰褐陶。圆唇，卷沿，大平底微凹。口径 12.6、底径 7.8、通高 8.7 厘米（图二五五，1）。标本 H59：4，泥质灰黑陶。圆唇，卷折沿，沿面鼓，小平底。腹饰细弦纹。口径 13.8、底径 5.4、高 8.1 厘米（图二五五，2）。

II 式　2 件。腹较浅。标本 H77：3，泥质黑陶。圆唇，窄折沿，小平底。下腹两周弦纹。口径 12.3、底径 4.5、高 8.1 厘米（图二五五，3）。

III 式　3 件。腹较浅。标本 H37：1，泥质红褐陶。方唇，平折沿，沿面凹，小平底。内壁两周凹弦纹。口径 14.1、底径 6、高 7.2 厘米（图二五五，4）。

B 型　6 件。侈口，鼓腹。分 3 式。

I 式　1 件。腹微鼓。标本 H126：5，夹砂灰陶。圆唇，卷沿，下腹残。口径 16.8、残高 4.8 厘米（图二五五，5）。

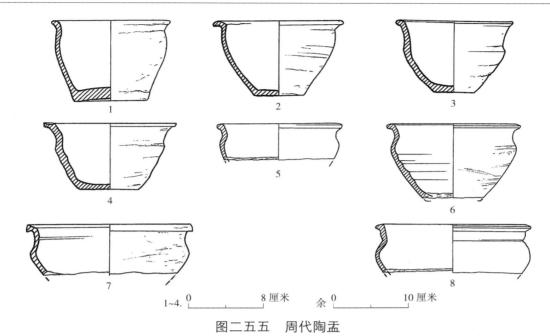

1~4. 0 　　　　　　　　8 厘米　　　　余 0 　　　　　　　　10 厘米

图二五五　周代陶盂

1、2. A 型 I 式（H80：2、H59：4）　　3. A 型 II 式（H77：3）　　4. A 型 III 式（H37：1）　　5. B 型 I 式（H126：5）
6. B 型 II 式（T5⑥：4）　　7、8. B 型 III 式（M24：27、H30：6）

II 式　3 件。腹较鼓。标本 T5⑥：4，泥质红灰陶。方唇，窄平折沿，底残。内壁三周宽凹弦纹。口径 18、残高 10.2 厘米（图二五五，6）。

III 式　2 件。鼓腹明显。标本 M24：27，磨光灰陶。方唇，折沿，折腹，底残。素面。口径 22.4、残高 6.8 厘米（图二五五，7）。标本 H30：6，泥质灰陶。尖唇，窄平折沿，下腹残。沿下一周弦纹。口径 21、残高 6.6 厘米（图二五五，8）。

C 型　11 件。侈口，大平底。分 4 式。

I 式　1 件。腹微鼓。标本 H59：5，泥质红褐陶。方唇，平沿，沿内缘一周凹槽。上腹一周凹弦纹，器表局部有修抹痕迹。口径 21.9、底径 12、高 11.4 厘米（图二五六，1）。

II 式　3 件。腹略鼓。标本 H68：5，泥质红褐陶。方唇，折沿，底残。器壁有刮抹痕迹，上腹一周弦纹。口径 22.2、残高 9 厘米（图二五六，2）。

III 式　4 件。鼓腹。标本 T9⑥：2，泥质灰陶。圆唇，沿内缘一周凸棱，底残。口径 18、残高 6 厘米（图二五六，3）。

IV 式　3 件。折腹。标本 H38：3，夹砂红褐陶。方唇，沿内缘一周凸棱，折腹。腹壁布满刮抹痕迹。口径 21.6、底径 10.8、高 10.8 厘米（图二五六，4；彩版九八，1）。

D 型　10 件。折腹。分 4 式。

I 式　3 件。腹略浅。标本 H77：7，泥质灰褐陶，器表略磨光。方唇，平底微凹。上腹三周凹弦纹，下腹绳纹经擦抹。口径 21、底径 10.5、高 16.8 厘米（图二五六，5；彩版九八，2）。

II 式　3 件。腹稍浅。标本 H133：8，泥质灰陶。方唇，沿缘一周浅凹槽，平底。下腹有刮抹痕。口径 19.5、底径 11.1、高 10.8 厘米（图二五六，6；彩版九八，3）。

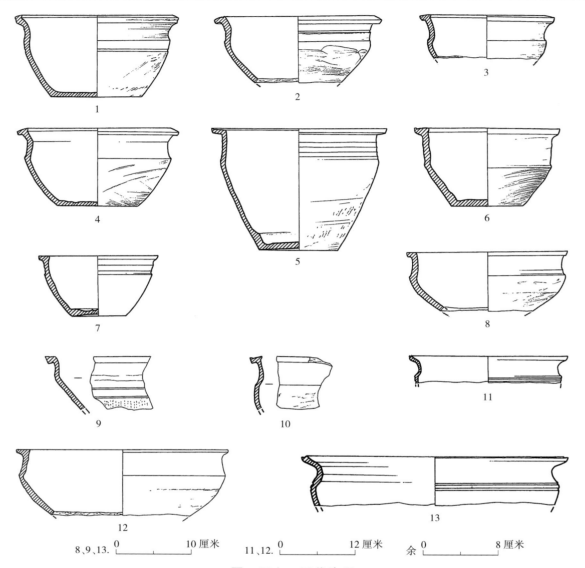

图二五六　周代陶盂

1. C 型 I 式（H59∶5）　2. C 型 II 式（H68∶5）　3. C 型 III 式（T9⑥∶2）　4. C 型 IV 式（H38∶3）　5. D 型 I 式（H77∶7）　6. D 型 II 式（H133∶8）　7. D 型 III 式（H103∶3）　8. E 型 I 式（H39∶7）　9. E 型 II 式（T6⑤∶1）　10. D 型 IV 式（T9④∶1）　11、13. F 型（T6⑧∶2、H80∶4）　12. E 型 III 式（H10∶4）

　　III式　2件。腹较浅。标本 H103∶3，夹砂灰陶。方唇，小平底。口径 15.6、底径 7.2、高 8.4 厘米（图二五六，7；彩版九八，4）。

　　IV式　2件。浅腹。标本 T9④∶1，泥质灰陶。方唇，沿内缘一周凸棱，底残。残高 7.5 厘米（图二五六，10）。

　　E 型　5件。扁腹。分 3 式。

　　I式　1件。腹略浅。标本 H39∶7，泥质灰陶。方唇，平折沿，底残。口径 21.6、残高 12 厘米（图二五六，8）。

　　II式　1件。腹稍深。标本 T6⑤∶1，泥质红褐陶。方唇，窄折沿，折腹圆缓，底残。上腹饰两周弦纹，下腹饰稀疏绳纹。残高 7.5 厘米（图二五六，9）。

Ⅲ式 3 件。腹较深。标本 H10：4，泥质灰陶。方唇，平折沿，口微敛，底残。口径 30.6、残高 11.1 厘米（图二五六，12）。

F 型 2 件。卷沿，束颈。

标本 T6⑧：2，灰陶。方唇，沿缘一周凹槽，腹以下残。上腹饰两周弦纹。口径 25.8、残高 4.5 厘米（图二五六，11）。标本 H80：4，灰陶，褐胎。尖唇，沿缘一周凹槽，下腹残。腹饰两周凹弦纹。口径 36、残高 6.9 厘米（图二五六，13）。

盆 44 件。均为泥质陶。分 4 型。

A 型 18 件。折沿，敛口。分 5 式。

Ⅰ式 2 件。弧腹稍内收。标本 H59：1，红褐陶。方唇，斜折沿，沿外缘一周凹槽，上下腹残。腹饰横粗绳纹。口径 45.6、残高 14.8 厘米（图二五七，1）。标本 H126：3，灰陶。方唇，斜折沿，沿内缘一周凸棱，下腹残。上腹交错粗绳纹，沿下绳纹抹平。口径 50.4、残高 14.8 厘米（图二五七，3）。

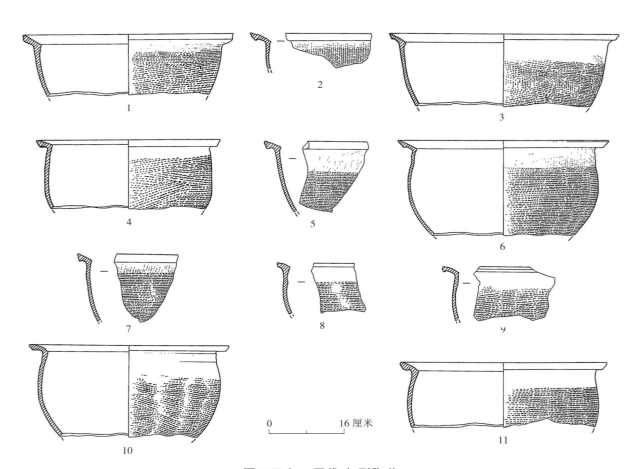

图二五七 周代 A 型陶盆

1、3. Ⅰ式（H59：1、H126：3） 2、5. Ⅱ式（T6⑦：1、H77：2） 4、7. Ⅲ式（H39：5、H133：7）
6、10. Ⅳ式（H103：5、H66：4） 8、9、11. Ⅴ式（T3④：4、H10：3、H10：12）

Ⅱ式　3件。腹微内收。标本 T6⑦：1，灰陶。斜折沿，沿下修抹出凸棱，下腹残。残高 8 厘米（图二五七，2）。标本 H77：2，灰黑陶。方唇，折沿，沿下修抹出凸棱，下腹残。上腹饰横粗绳纹，沿下绳纹抹平。残高 16 厘米（图二五七，5）。

Ⅲ式　5件。腹近直。标本 H39：5，红陶。方唇，折沿，沿下修抹出凸棱，下腹残。上腹交错粗绳纹。口径 40.4、残高 15.6 厘米（图二五七，4）。标本 H133：7，灰褐陶。方唇，斜折沿，沿下出凸棱，下腹残。腹饰粗横绳纹，沿下绳纹抹平。残高 14.8 厘米（图二五七，7）。

Ⅳ式　3件。腹较鼓。标本 H103：5，红陶。斜折沿，沿下修抹出凸棱，底残。腹饰横粗绳纹，沿下绳纹抹平。口径 46.4、残高 21.6 厘米（图二五七，6）。标本 H66：4，红褐陶。方唇，沿面弧曲，底残。腹饰横粗绳纹。口径 44、残高 22.8 厘米（图二五七，10）。

Ⅴ式　5件。鼓腹。标本 T3④：4，灰陶。方唇，窄折沿，下腹残。腹饰粗绳纹。残高 12 厘米（图二五七，8）。标本 H10：3，灰陶。方唇，折沿，下腹残。腹饰粗绳纹。残高 12 厘米（图二五七，9）。标本 H10：12，灰陶。圆唇，沿下有凸棱，下腹残。腹饰横绳纹。口径 45.6、残高 14.8 厘米（图二五七，11）。

B 型　12件。卷折沿。分 4 式。

Ⅰ式　5件。腹近直。标本 H73：2，内黑外灰。方唇，下腹残。腹饰竖绳纹，沿下局部有指掐纹。口径 32.8、残高 11.6 厘米（图二五八，1）。标本 H126：2，褐陶。方唇，腹残。腹饰竖绳纹，沿下绳纹经擦抹。残高 6.4 厘米（图二五八，2）。

Ⅱ式　3件。腹微鼓。标本 H72：2，灰褐陶，器表磨光。方唇，折沿，沿下出凸棱，下腹残。腹饰竖粗绳纹，沿下绳纹经擦抹。残高 8.8 厘米（图二五八，5）。

Ⅲ式　2件。腹较鼓。标本 T4⑥：3，灰陶。方唇，下腹残。上腹粗绳纹，沿下绳纹经修抹。残高 10.4 厘米（图二五八，11）。

Ⅳ式　2件。鼓腹。标本 H103：6，灰陶。方唇，沿面一周浅凹槽，下腹残。腹饰绳纹，颈部绳纹抹平。口径 32.8、残高 11.6 厘米（图二五八，4）。标本 H49：6，磨光黑陶。方唇，沿下缘一周出凸棱，底残。腹饰粗绳纹，上腹饰两周凹弦纹。口径 39.2、残高 17.2 厘米（图二五八，3）。

C 型　13件。折沿，直腹。分 5 式。

Ⅰ式　2件。直口。标本 H126：4，灰黑陶。方唇，下缘修抹出棱，底残。腹饰横绳纹，沿下竖向绳纹经擦抹。口径 44、残高 15.2 厘米（图二五八，6）。

Ⅱ式　3件。口微敛。标本 H72：3，灰陶。方唇，下缘修抹出棱，下腹残。微敛口，上腹饰横粗绳纹，沿下竖绳纹。口径 44、残高 10.8 厘米（图二五八，7）。

Ⅲ式　3件。敛口。标本 H39：6，灰陶。方唇，底残。上腹饰粗绳纹。口径 40、残高 14 厘米（图二五八，12）。

Ⅳ式　4件。敛口。标本 H38：2，灰陶。方唇，下缘修抹出尖凸，下腹残。上腹横粗绳纹。残高 15.2 厘米（图二五八，8）。

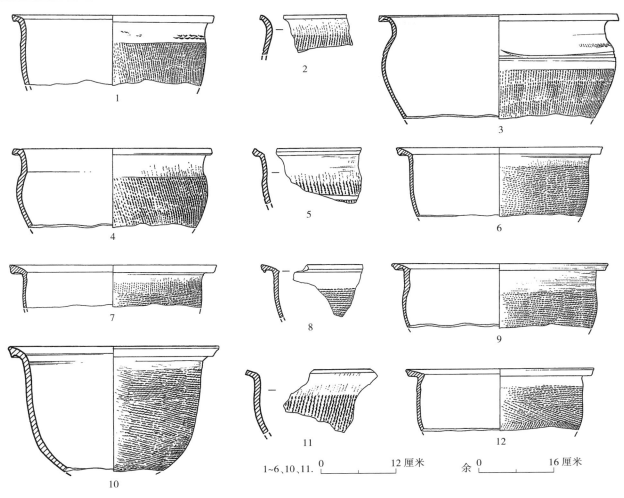

图二五八 周代陶盆

1、2. B 型 I 式（H73：2、H126：2） 3、4. B 型 IV 式（H49：6、H103：6） 5. B 型 II 式（H72：2）
6. C 型 I 式（H126：4） 7. C 型 II 式（H72：3） 8. C 型 IV 式（H38：2） 9. C 型 V 式（H11：3）
10. D 型（M24：43） 11. B 型 III 式（T4⑥：3） 12. C 型 III 式（H39：6）

V 式 1 件。敛口。鼓腹。标本 H11：3，黑陶夹粗砂粒。方唇，沿下修抹出凸棱，下腹残。上腹横粗绳纹。口径 45.6、残高 14 厘米（图二五八，9）。

D 型 1 件。标本 M24：43，灰陶。卷沿，腹壁近直，底残。腹饰绳纹。口径 34、残高 21.6 厘米（图二五八，10）。

小盆 35 件。均为泥质陶。分 6 型。

A 型 11 件。折沿，弧腹。分 4 式。

I 式 1 件。标本 T7⑦：1，灰陶，褐胎。直口，方唇，唇缘一周凹槽，小凹底。上腹竖绳纹多被抹，下腹横绳纹。口径 22.8、通高 11 厘米（图二五九，1；彩版九九，1）。

II 式 5 件。口微敛。标本 H133：5，灰陶，方唇，底残。腹饰交错绳纹，局部纹饰擦抹。口径 29.4、残高 10.8 厘米（图二五九，2）。标本 T29⑥：1，灰陶。沿内缘出凸棱，下腹残。上腹饰绳纹，沿下绳纹抹尽。残高 8.4 厘米（图二五九，3）。

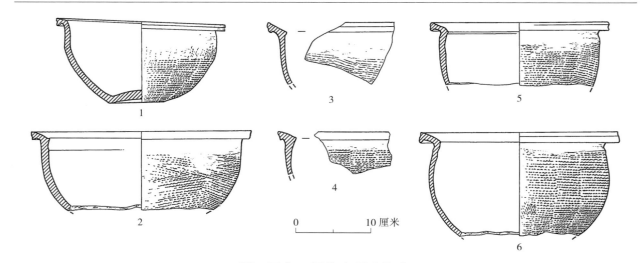

图二五九　周代 A 型小陶盆
1. Ⅰ式（T7⑦：1）　　2～4. Ⅱ式（H133：5、T29⑥：1、T3⑥：3）　　5. Ⅲ式（T8⑤：2）
6. Ⅳ式（H79：2）

标本 T3⑥：3，灰陶。方唇，下腹残。上腹横绳纹，沿下纹饰抹尽。残高 5.7 厘米（图二五九，4）。

Ⅲ式　3 件。口较敛。标本 T8⑤：2，黑陶，褐胎。方唇，上腹近直，下腹残。腹饰横绳纹，沿下纹饰经擦抹。口径 24、残高 8.4 厘米（图二五九，5）。

Ⅳ式　2 件。敛口。标本 H79：2，红陶。方唇，唇上缘一周浅凹槽，底残。腹饰横绳纹，沿下纹饰几乎抹尽。口径 26.4、残高 13.8 厘米（图二五九，6）。

B 型　6 件。宽折沿。分 2 式。

Ⅰ式　5 件。腹近直。标本 H37：4，灰陶。方唇，下腹残。腹饰横绳纹，沿下绳纹抹净。口径 25.8、残高 3.8 厘米（图二六○，1）。标本 T15⑥：1，灰陶。方唇，沿上缘一周浅凹槽，下腹残。上腹横绳纹，沿下纹饰抹净。口径 30、残高 9.3 厘米（图二六○，2）。标本 H37：5，红陶。圆唇，凹底。通饰绳纹，上腹横饰，下腹交错，沿下抹尽。口径 27.6、底径 9.9、通高 15.3 厘米（图二六○，4；彩版九九，2）。

Ⅱ式　1 件。腹较鼓。标本 H57：3，红褐陶。方唇，敛口，斜折沿，沿缘一周凹槽，底残。腹饰横绳纹，沿下绳纹抹尽。口径 24、残高 9.3 厘米（图二六○，3）。

C 型　10 件。窄沿。分 4 式。

Ⅰ式　2 件。腹微鼓。标本 H126：1，磨光黑陶，褐胎。方唇，卷沿近直，底残。上腹素面，下腹竖绳纹。口径 25.5、残高 12 厘米（图二六○，6）。

Ⅱ式　2 件。腹近直。标本 T4⑥：1，磨光红褐陶。方唇，折沿，沿下修抹出棱，下腹残。腹饰横绳纹，沿下纹饰抹尽。残高 10.5 厘米（图二六○，5）。

Ⅲ式　3 件。弧腹稍内收。标本 H103：2，红褐陶。方唇，折沿，沿下修抹出棱，底残。通饰交错绳纹，沿下绳纹经擦抹。口径 24.9、残高 12.3 厘米（图二六○，7）。

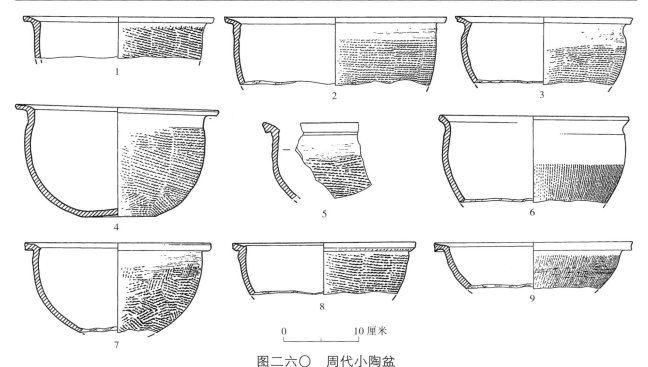

图二六〇　周代小陶盆

1、2、4. B 型 I 式（H37∶4、T15⑥∶1、H37∶5）　3. B 型 II 式（H57∶3）　5. C 型 II 式（T4⑥∶1）

6. C 型 I 式（H126∶1）　7. C 型 III 式（H103∶2）　8. C 型 IV 式（H22∶1）　9. F 型（H47∶3）

IV式　3件。弧腹内收。标本 H22∶1，红褐陶。方唇，沿下一周凹槽，沿内缘出凸棱，下腹残。上腹饰横粗绳纹。口径 25.2、残高 6.9 厘米（图二六〇，8）。

D 型　6件。窄折沿，有颈。分5式。

I式　1件。敛口，鼓腹。标本 M24∶1，黑灰陶。圆唇，窄折沿，小平底。通饰绳纹，上腹竖饰，下腹横饰，颈部抹尽。口径 21.9、底径 7.5、高 14.7 厘米（图二六一，1；彩版九九，3）。

II式　3件。直口，腹较鼓。标本 H66∶3，磨光黑陶。方唇，平折沿，底残。腹饰绳纹，多经抹光，肩有一周弦纹，并有一周弦纹，上腹饰菱形方格暗纹并有一周弦纹，下腹饰交错绳纹。口径 24.6、残高 11.7 厘米（图二六一，2）。

III式　2件。直口，腹稍鼓。标本 T8④∶1，红褐陶。方唇，折沿，沿内缘一周凸棱，下腹残。上腹横绳纹，局部擦抹。口径 22.2、残高 10.2 厘米（图二六一，3）。

E 型　1件。

标本 T8⑦∶1，泥质黑陶，褐胎。方唇，折沿，上腹直，下腹残。腹饰交错绳纹。口径 24.4、残高 9 厘米（图二六一，4）。

F 型　1件。

标本 H47∶3，泥质黑陶，褐胎。方唇，平折沿，沿下修抹出凸棱，弧腹，底残。腹饰绳纹，沿下抹尽。口径 31.5、残高 10.5 厘米（图二六一，5）。

甗　6件。盆形，深腹，薄胎，夹砂陶，个别羼和粗砂颗粒。分3式。

I式　2件。斜折沿。标本 H68∶4，灰褐陶。方唇，上腹微鼓，下腹斜直，底残。

沿下三周弦纹，腹通饰绳纹。口径34.4、残高19.2厘米（图二六二，1）。

Ⅱ式 1件。标本H133：6，夹粗砂颗粒灰褐陶。圆唇，平折沿，沿面凹，鼓腹，底残。腹通饰横向绳纹，沿下竖绳纹抹平。口径34、残高22.4厘米（图二六二，2）。

Ⅲ式 3件。折沿较宽。标本T8④：2，灰陶。方唇，沿下修抹出凸棱，下腹残。上腹横绳纹，沿下绳纹近乎抹尽。口径34、残高10.4厘米（图二六二，3）。

瓮 18件。高颈，泥质陶，胎较厚。分3式。

Ⅰ式 7件。敛口。标本H37：10，红褐陶。斜方唇，窄平折沿，沿面三周浅凹槽，腹残。沿下饰粗绳纹，并抹两周凹弦纹。残高8厘米（图二六三，1）。标本H66：7，红褐陶。方唇，窄平折沿，沿面凹，腹残。沿下饰粗绳纹。口径40、残高9.6厘米（图二六三，3）。

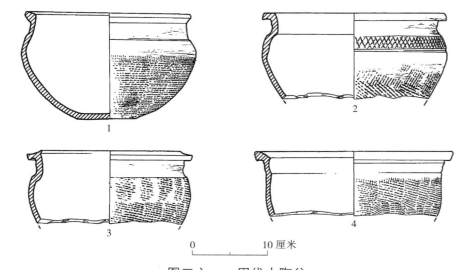

图二六一 周代小陶盆

1. D型Ⅰ式（M24：1） 2. D型Ⅱ式（H66：3） 3. D型Ⅲ式（T8④：1） 4. E型（T8⑦：1）

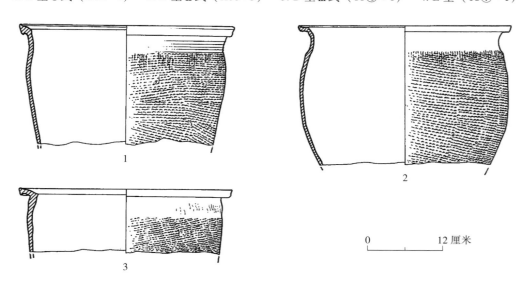

图二六二 周代陶甑

1. Ⅰ式（H68：4） 2. Ⅱ式（H133：6） 3. Ⅲ式（T8④：2）

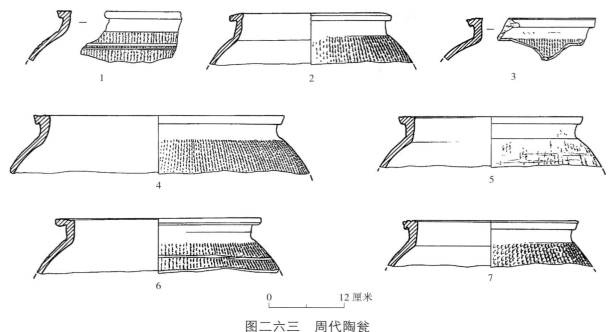

0　　　　　　12厘米

图二六三　周代陶瓮

1、3. Ⅰ式（H37：10、H66：7）　　2、4、5. Ⅱ式（H27：4、H49：7、H38：4）

6、7. Ⅲ式（T3④：4、H79：4）

Ⅱ式　5件。微敛口。标本H27：4，灰褐陶。方唇，窄折沿，沿面三周凹槽，腹残。沿下饰粗绳纹。口径26、残高8厘米（图二六三，2）。标本H49：7，红褐陶。斜方唇，平折沿，沿面饰两周浅凹槽，腹残。沿下饰稀疏粗绳纹，颈部绳纹近抹尽。口径29.2、残高8.4厘米（图二六三，4）。标本H38：4，灰褐陶。方唇，平折沿，沿面饰两周凹槽，沿下修抹出鼓棱，腹残。沿下饰粗绳纹，并刻划两周凹弦纹。口径33.2、残高8.8厘米（图二六三，5）。

Ⅲ式　6件。直口。标本T3④：4，灰陶。方唇，窄折沿，沿面刻两周凹槽，腹残。肩饰粗绳纹。残高6.8厘米（图二六三，6）。标本H79：4，红褐陶。方唇，平折沿，沿面刻两周凹槽，腹残。沿下饰粗绳纹。口径28、残高7.6厘米（图二六三，7）。

钵　2件。

标本H11：7，泥质灰陶。捏制。圆唇，微敛口，上腹鼓，下腹斜收，平底较大，口部有一周不规则的小按窝。口径10.8、底径3.9、高5.1厘米（图二六四，1）。标本T9④：3，泥质灰陶，胎厚。敞口，方唇，弧腹，上腹有一道凸棱，小平底偏向一侧，器体内外壁凹凸不平，素面。口径15、底径4.5、高6厘米（图二六四，3；彩版九九，4）。

缸　1件。

标本H49：8，灰褐陶夹粗砂颗粒，厚胎。圆唇，卷折沿，沿面刻两周凹槽，上腹微鼓，下腹残。腹饰粗绳纹，上腹饰一周附加堆纹。口径52、残高20厘米（图二六四，5）。

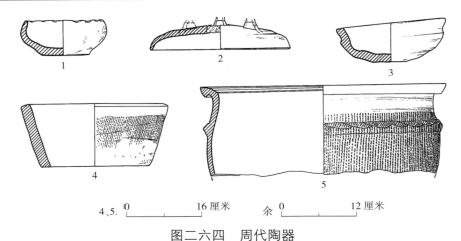

图二六四　周代陶器

1、3. 钵（H11：7、T9④：3）　2. 器盖（T14④：4）　4. 器座（T2⑤：2）　5. 缸（H49：8）

器座　1 件。

标本 T2⑤：2，泥质黄褐陶，胎厚。斜壁，口大底小。器壁饰绳纹，上、下绳纹被刮抹。口径 31.2、底径 22.8、高 14 厘米（图二六四，4）。

器盖　1 件。

标本 T14④：4，泥质灰陶。圆唇，弧顶，盖顶有三个长方形纽，纽残。素面，器壁有刮削痕。口径 20.1、残高 4.5 厘米（图二六四，2）。

（二）建筑瓦件

筒瓦　25 件。半圆形，泥质陶，均外切。分 4 式。

Ⅰ式　5 件。瓦舌较短，瓦身制作较为精致。标本 H47：4，灰陶。瓦头残，内壁凹凸不平。瓦身细绳纹，并刻划弦断纹。残长 18.4、厚 0.8～1.2 厘米（图二六五，1）。标本 T9⑦：13，灰陶。瓦尾残，表面饰绳纹，瓦舌绳纹基本抹尽。残长 18.4、厚 0.8 厘米（图二六五，2）。标本 H47：2，灰陶。残存瓦头，瓦身饰细绳纹，瓦舌表面绳纹基本被抹尽。残长 8.8、厚 1～1.2 厘米（图二六五，3）。

Ⅱ式　4 件。瓦舌略长。标本 H31：1，红褐陶。残存瓦头，瓦舌近直。瓦身饰细绳纹，局部纹饰经擦抹。残长 8、厚 0.7 厘米（图二六五，4）。标本 T3⑥：6，灰陶。瓦头残，截面弧度较大，表面交错细绳纹。残长 12、厚 0.8 厘米（图二六五，5）。

Ⅲ式　10 件。瓦舌较长。瓦身制作较为粗糙。标本 H49：4，灰陶。残存瓦尾，瓦身饰粗绳纹，内壁凹凸不平。残长 9.2、厚 0.8～1.5 厘米（图二六五，6）。标本 H30：3，灰陶。瓦面微弧曲，内壁未修抹，瓦身表面饰粗绳纹，局部刮抹。残长 10、厚 0.8 厘米（图二六五，7）。

Ⅳ式　6 件。长瓦舌，制作粗糙。标本 H10：2，灰陶。舌面弧凹，瓦身通饰粗绳纹，局部纹饰擦抹，内壁泥条盘筑痕迹明显。残长 12、厚 1.2 厘米（图二六五，8）。

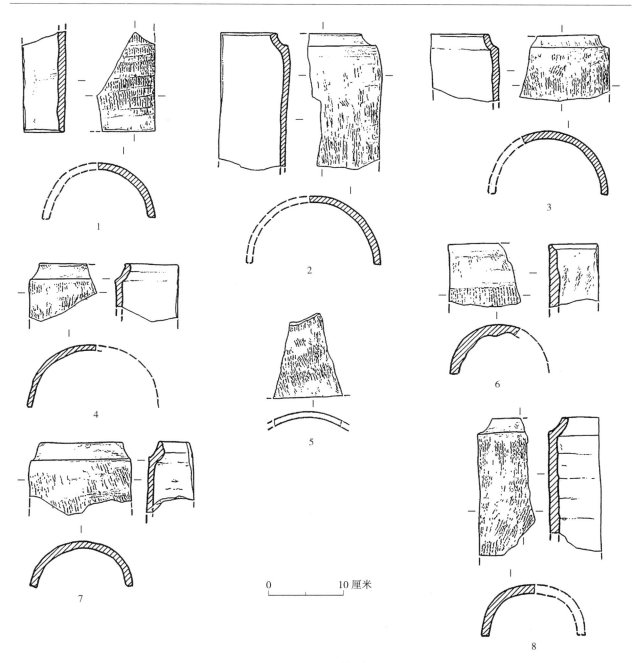

图二六五　周代筒瓦

1～3. Ⅰ式（H47：4、T9⑦：13、H47：2）　　4、5. Ⅱ式（H31：1、T3⑥：6）

6、7. Ⅲ式（H49：4、H30：3）　　8. Ⅳ式（H10：2）

板瓦　45 件。通施绳纹，均为泥质陶。分 4 式。

Ⅰ式　5 件。绳纹一般较为密集。标本 T7⑦：2，灰陶。制作较精致，瓦头残。瓦身饰细绳纹及九道指抹弦纹。残长 24、厚 0.8～1.2 厘米（图二六六，1）。

Ⅱ式　16 件。绳纹较显稀疏。标本 H133：18，灰陶。粗绳纹，局部交错，内壁修抹较为光滑。残长 18、厚 0.8 厘米（图二六六，3）。标本 T5⑥：1，灰陶。瓦头残，饰粗

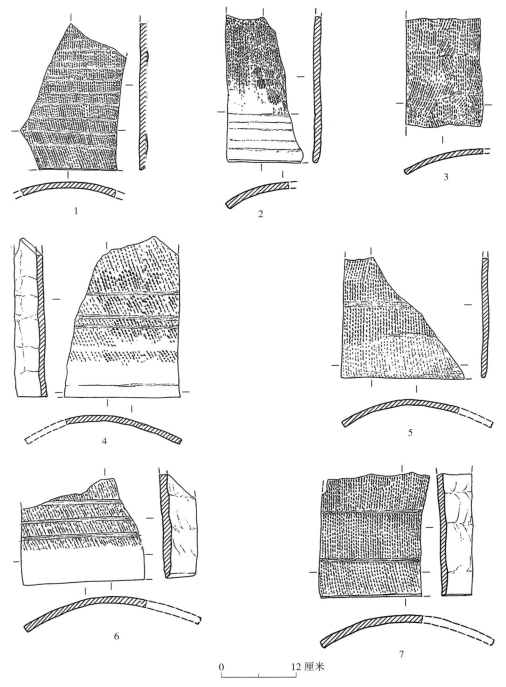

图二六六　周代板瓦

1. Ⅰ式（T7⑦：2）　　2、7. Ⅳ式（H10：17、T6④：1）　　3、5. Ⅱ式（H133：18、T5⑥：1）
4、6. Ⅲ式（H66：9、H56：8）

绳纹，弦断纹不甚明显。残长20、厚0.8厘米（图二六六，5）。

　　Ⅲ式　10件。绳纹排列稀疏，瓦尾往往抹光。标本H66：9，红褐陶。瓦头残，饰粗绳纹及三道指抹弦纹。残长26、厚1厘米（图二六六，4）。标本H66：8，红褐陶。瓦头残，饰粗绳纹及三道指抹弦纹。残长20、厚1.2～1.6厘米（图二六六，6）。

Ⅳ式　14 件。瓦尾往往有瓦棱纹。标本 H10 ：17，灰陶。瓦头残，粗绳纹，瓦尾有五道瓦棱。残长 24、厚 0.8 ~ 1.2 厘米（图二六六，2）。标本 T6④：1，灰褐陶。瓦头残，瓦身略弧曲，饰粗绳纹及两道指抹弦纹，泥条盘筑痕明显。残长 20、厚 0.8 ~ 1.2 厘米（图二六六，7）。

（三）生产工具

网坠　30 件。分 2 型。

A 型　28 件。泥质陶，平面形状近长方形，截面呈圆形，两端微弧，边缘一周及中间各有竖、横对称用于系绳的凹槽。

标本 T8⑥：2，灰褐陶。两端凹。长 5 厘米（图二六七，1）。标本 T5⑤：1，灰陶。两端微凹。长 6 厘米（图二六七，2）。标本 T11④：2，黄褐陶。两端凹。残长 5.2 厘米（图二六七，3）。标本 T10④：1，红褐陶。两端微残损。长 5.2 厘米（图二六七，4）。标本 T14④：2，灰陶。表面颜色不匀，两端凹。长 5.5 厘米（图二六七，5）。标本 T8⑥：1，

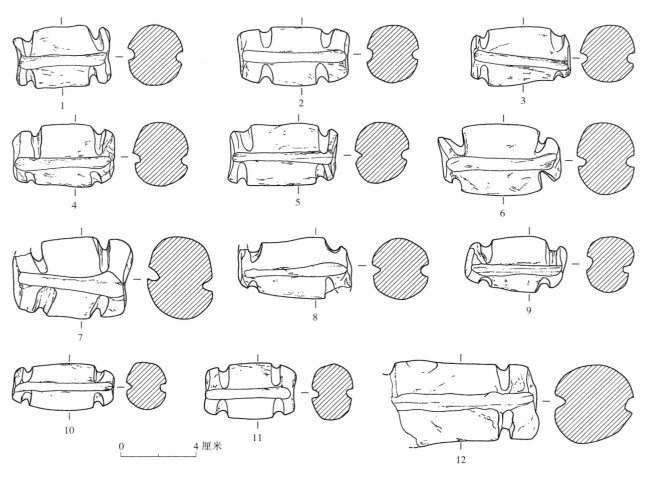

图二六七　周代 A 型陶网坠
1. T8⑥：2　2. T5⑤：1　3. T11④：2　4. T10④：1　5. T14④：2　6. T8⑥：1
7. T15④：1　8. T3⑤：6　9. H11：8　10. T7④：1　11. T8⑥：3　12. T3⑤：4

红褐陶。长4.7厘米（图二六七，6）。标本T15④：1，红褐陶。制作粗糙，略扁。长6厘米（图二六七，7）。标本T3⑤：6，灰褐陶。表面颜色不匀。长6厘米（图二六七，8）。标本H11：8，灰褐陶。表面颜色不匀。长4.3厘米（图二六七，9）。标本T7④：1，灰陶。两端微凹。长5.5厘米（图二六七，10）。标本T8⑥：3，红褐陶。制作不规整，两端微凹。长6.3厘米（图二六七，11）。标本T3⑤：4，灰褐陶。器体较大，制作不规整，一端残。残长8.5厘米（图二六七，12）。

　　B型　2件。泥质陶。手制，素面。

　　标本T17④：17，黑陶。制作不甚规整，平面略呈圆柱形，两端圆弧，中间有贯穿孔。长7.5、直径2.8厘米（图二六八，1；彩版一〇〇，1）。标本T4④：1，黑灰陶。近橄榄形，两端有贯穿孔，表面粗糙有指按窝。长5.5、直径3.9厘米（图二六八，2；彩版一〇〇，2）。

　　拍　1件。

　　标本T17④：6，泥质灰陶。蘑菇状，短粗柄，柄中空。直径6、通高5.3厘米（图二六八，3）。

　　纺轮　5件。圆饼形，中间一穿孔，泥质陶。素面。分3型。

　　A型　4件。截面呈长方形。

　　标本M24：52，算珠形，褐陶，边缘稍鼓，通体磨光。直径3、厚1.2、孔径0.6厘米（图二六八，4）。标本T15④：6，褐陶。表面布满裂纹。直径4.5、厚1.3、孔径0.4厘米（图二六八，5；彩版一〇〇，4）。标本T17④：5，褐陶。边缘一周弦纹，正面磨光，背面饰满细弦纹。直径

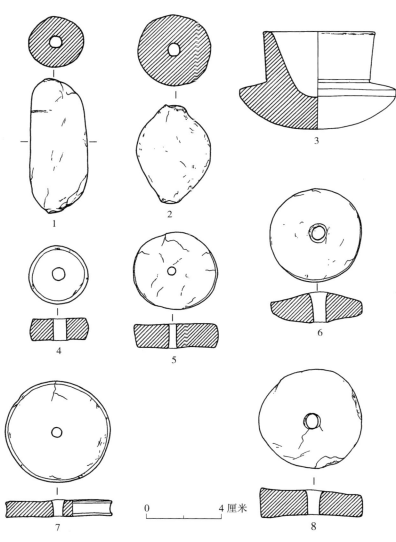

图二六八　周代陶器

1、2. B型网坠（T17④：17、T4④：1）　　3. 拍（T17④：6）
4、5、7、8. A型纺轮（M24：52、　T15④：6、T17④：5、T13④：2）
6. B型纺轮（T14④：3）

5.6、厚0.8、孔径0.6厘米（图二六八，7；彩版一〇〇，5）。标本T13④：2，灰褐陶。制作不规整，边缘有残损痕，中间穿孔较大。直径5.5、厚1.2～1.6厘米（图二六八，8；彩版一〇〇，6）。

B型　1件。两面鼓。

标本T14④：3，红褐陶。手捏制，制作不太规整，表面有按窝，边缘圆弧。直径5、厚0.6～1.6、孔径1厘米（图二六八，6；彩版一〇〇，7）。

二　石器

斧　11件。双面弧刃。

标本T17④：4，黑色石料磨制，平面形状呈梯形，截面略呈长方形，顶略弧。长11、宽4.5～7.3、厚4.5厘米（图二六九，1）。标本T17④：3，黑灰色石料，平面形状呈梯形，截面略呈圆形，弧顶，刃部崩损。长10.3厘米（图二六九，2）。标本T12④：4，黑灰色石料，为半成品。长8、厚2.5厘米（图二六九，3）。标本T12④：2，平面形状呈长方形，黑色石料磨制，截面略呈圆形，顶部残。残长9.5、宽5.4厘米（图二六九，4）。标本T9⑤：1，青灰色石料，残损严重，器体断裂。残长11.8厘米（图二六九，5）。标本T5⑥：3，灰色石料磨制，残损严重，整体形状不清，边缘有两个穿孔。厚0.8厘米（图二六九，6；彩版一〇一，1左1）。标本T15④：2，灰白色石料磨制。平面略呈梯形，顶部残。双面刃，刃部锋利，一角残损，中部双面钻一穿孔。残长8.5、宽7.5～8、厚1～1.4厘米（图二七〇，1；彩版一〇一，1左2）。标本T15④：8，灰色石料磨制。平面呈梯形，顶部残，双面刃，一角残损，中间一对钻孔。残长8.5、宽7.5～8、厚1～1.4厘米（图二七〇，2；彩版一〇一，1左3）。

锛　6件。单面刃。

标本T15④：3，黑色石料磨制，顶部残。刃部锋利，一角残失。残长7.5、宽3～4.3、厚1.8厘米（图二七〇，3；彩版一〇一，2左1）。标本T8⑥：5，黑色石料磨制，刃部有崩裂痕，一角残失。长7.1、宽3.7～5、厚1.5～2.2厘米（图二七〇，4）。标本T12④：1，平面形状呈长方形，截面呈正方形，顶部残，平刃偏锋，通体磨光。残长8.3、厚3.3厘米（彩版一〇一，2左2）。标本T8④：11，黑色石料磨制，上部残。残高3.5厘米（彩版一〇一，2左3）。标本T7④：2，灰色石料磨制，刃部崩损。长7厘米（彩版一〇一，2左4）。

磨石　2件。

标本T4⑤：4，一端残，红褐色砂石制成。平面略长方形，三面磨制平整，顶面磨成凹形。残长13、宽5.5～6厘米（图二七一，1）。标本T17④：8，残，红褐色砂石制成。形状不清，一面使用成凹面，侧面琢制。残长11厘米（图二七一，3）。

砺石　1件。

标本T18④：1，残损，略呈三角形，扁平，一面磨光，其余为毛坯面。厚3.5厘米

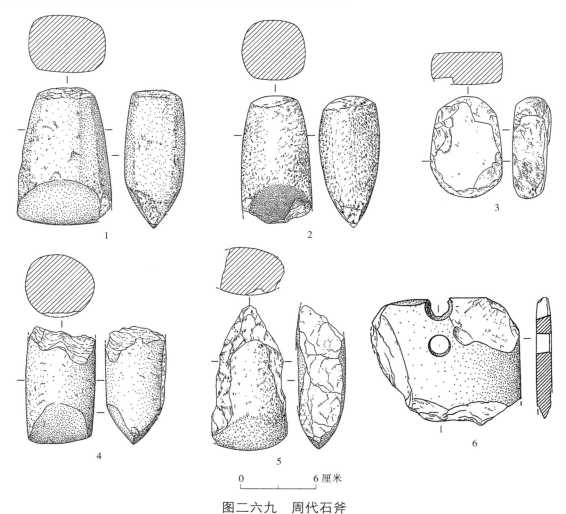

图二六九 周代石斧
1. T17④:4 2. T17④:3 3. T12④:4 4. T12④:2 5. T9⑤:1 6. T5⑥:3

（图二七一，4）。

球 1件。

标本 T17④:2，灰白色砂石制成。圆形不甚规整。直径3.5厘米（图二七一，5）。

镞 2件。

标本 T9④:25，灰色石料磨制。镞身截面呈菱形，铤呈凿形。长5厘米（图二七一，2）。

标本 M20:1，黑色石料磨制，镞身截面呈菱形，铤残。残长10厘米（图二七一，8）。

三 玉器

玦 2件。形制相同。

标本 M26:1，圆形，灰白色玉料，中间一圆形穿孔。直径2.6、孔径0.8、缺口宽0.2~0.3厘米（图二七一，6；彩版一〇二，1）。标本 M26:2，大小、形制同标本 M26:1（图二七一，7；彩版一〇二，2）。

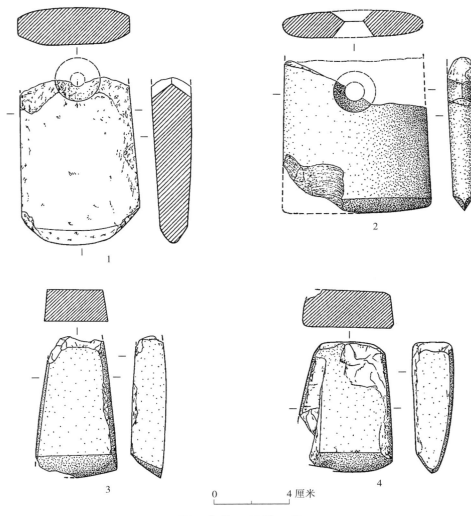

图二七〇　周代石器

1、2. 斧（T15④：2、T15④：8）　　3、4. 锛（T15④：3、T8⑥：5）

四　骨、角器

共 10 件。

龟甲　1 件。

标本 T18④：2，龟类腹甲。残，无加工痕迹。长 10.5、宽 8 厘米（图二七二，1；彩版一〇〇，3）。

角锥　2 件。

标本 T15④：4，用鹿角的一弧形枝杈磨出尖端，尖部熏烤成红褐色，顶残。残长 18 厘米（图二七二，2；彩版一〇二，4）。标本 T5⑥：2，器身较直，用截断的兽角刮成圆形，锥身表面有磨制形成的棱角，尖部磨成斜刃，顶端残。残长 8.2 厘米（图二七二，4）。

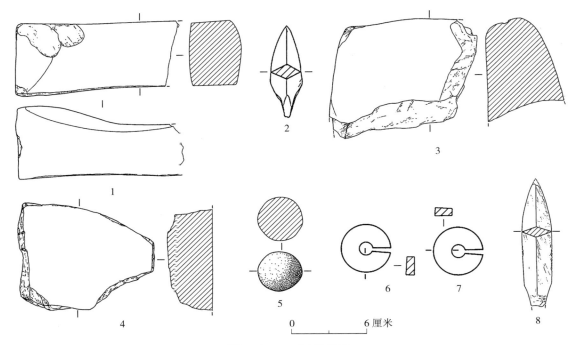

图二七一　周代器物

1、3. 磨石（T4⑤：4、T17④：8）　2、8. 石镞（T9④：25、M20：1）　4. 砺石（T18④：1）

5. 石球（T17④：2）　6. 玉玦（M26：1、M26：2）

骨锥　1 件。

标本 T15④：7，用锯断的骨管加工，锥身扁长条形，残留有骨腔痕，断面不规整，锥尖残。残长 16.6、宽 1.5 厘米（图二七二，3；彩版一〇二，5）。

骨柱　1 件。

标本 H133：2，呈八角形。高 5.2 厘米（图二七二，5；彩版一〇二，3）。

骨镞　5 件。

标本 T8⑥：4，铤与身有界棱，前锋较短，镞身圆柱形，铤残。残长 8.5 厘米（图二七二，10；彩版一〇二，6）。标本 T10④：2，镞身呈圆锥形，尖端锐利，铤与身不分界。长 4.8 厘米（图二七二，7）。标本 T17④：7，镞身圆锥形，尖部圆钝，铤残。残长 3.3 厘米（图二七二，6）。标本 T17④：1，镞身截面呈三角形，前锋长，尖残，圆锥形铤，通体磨光。长 6 厘米（图二七二，8）。标本 T13④：1，制作粗糙，表面刮抹出棱，镞身近似圆形，尖端锋利，铤莟制成铲形。长 6.5 厘米（图二七二，9）。

五　蚌器

铲　1 件。

标本 T18④：3，灰褐色蚌壳，外缘磨出单面弧形刃，顶部呈弧形，中间一穿孔。长 6 厘米（图二七二，11）。

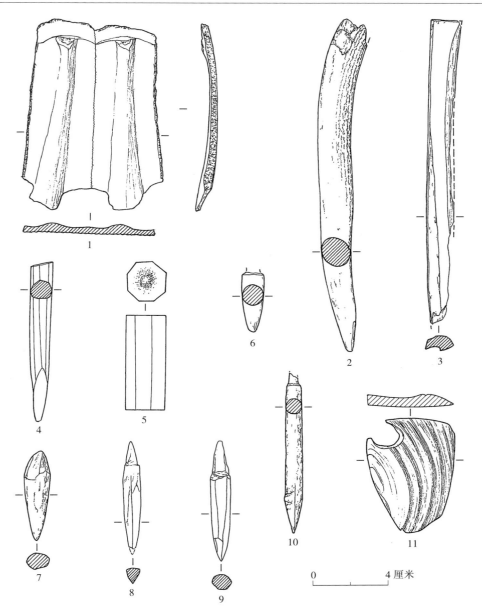

图二七二　周代器物

1. 龟甲（T18④：2）　　2、4. 角锥（T15④：4、T5⑥：2）　　3. 骨锥（T15④：7）　　5. 骨柱（H133：2）
6~10. 骨镞（T17④：7、T10④：2、T17④：1、T13④：1、T8⑥：4）　　11. 蚌铲（T18④：3）

## 第三节　分期与年代

　　芦城孜遗址周代文化堆积，A 区有第④、⑤、⑥、⑦、⑧五个地层和较多灰坑及 1 座墓葬，B 区有第④层和较多灰坑及 3 座墓葬，这些遗存之间存在着复杂的叠压打破关系。这一时期出土的陶器主要有鬲、盆、豆、罐、盂等。以下选取几组存在着先后关系且所出土陶器又具备一定可比性的单位，加以排比分析，来探讨这一时期的阶段性演变。

A 区

1 组：⑧→H59→生土，⑧→H80

2 组：⑦→H68→⑧，⑦→H72→⑧

3 组：⑥→H37→H72，⑥→M24

4 组：⑤→H30→⑥

5 组：④→⑤

B 区

1 组④→H134，④→M26，④→M23

2 组④→H77，④→M20

3 组　　H133→④，H39→④

4 组　　H66→④，H103→④

5 组　　H10→④，H21→④

A 区 5 组关系涉及 5 个地层和 7 个遗迹单位，B 区 5 组关系涉及 1 个地层和 11 个遗迹单位。从各单位所居的不同层位看基本涵盖着这一时期各个层位环节，根据它们各自出土典型陶器的型式可以得出附表一一、附表一二。

从附表一一和附表一二不难发现，依据层位关系的相对早晚顺序及陶器型式，可以得到 5 组表示时代变化的典型单位，这 5 组的代表单位和层位关系如下。

第一组：以 A 区 H59、H80⑧、B 区 H134、M26 为代表单位，打破龙山文化堆积或生土。

第二组：A 区第⑦和其下 H68、H72，B 区第④和其下 H77、M20 为代表。

第三组：A 区第⑥和其下 H37、M24 大多打破第⑦，和第二组单位，B 区 H133、H39 均打破第④层。

第四组：A 区第⑤和其下 H30 都打破第⑥，B 区 H66、H103 均打破第④层。

第五组：A 区第④、B 区 H10、H21 均打破第④层。

上述 5 组单位所代表的年代分别称为 1~5 期。

附表一一和附表一二中主要陶器组合情况仅是据前面 5 组具有层位关系的典型单位综合分析而得到的，尚有一些环节主要陶器式别未能得到反映，因此每期再补充一些包含其他型式陶器的遗迹单位，即可综合得出每期的代表性陶器型式（图二七三；附表一三）。

一期：A 型 I 式、B 型 I 式、D 型 I 式、E 型 I 式鬲，A 型 I 式、B 型 I 式、C 型 I 式罐，A 型 I 式、B 型 I 式、E 型 I 式豆，A 型 I 式、C 型 I 式盂，A 型 I 式盆，Aa 型 I 式、B 型 I 式簋。

二期：A 型 II 式、B 型 II 式、D 型 II 式、E 型 II 式鬲，A 型 I 式、A 型 II 式、B 型 II 式、C 型 II 式罐，A 型 II 式、B 型 II 式、C 型 II 式、D 型 II 式、E 型 II 式豆，A 型 II 式、

B 型 I 式、C 型 II 式、D 型 I 式盂，A 型 II 式、B 型 I 式、C 型 I 式盆，A 型 I 式、C 型 I 式小盆，Aa 型 II 式、B 型 II 式簋，I 式甑。

三期：A 型 II 式、A 型 III 式、C 型 I 式、D 型 II 式、D 型 III 式鬲，A 型 III 式、B 型 II 式、B 型 III 式、C 型 II 式、C 型 III 式罐，A 型 II 式、A 型 III 式、B 型 III 式、C 型 II 式、D 型 I 式、D 型 II 式豆，A 型 III 式、B 型 II 式、C 型 II 式、C 型 III 式、D 型 II 式、E 型 I 式盂，A 型 II 式、A 型 III 式、B 型 II 式、C 型 I 式、C 型 II 式盆，A 型 II 式、B 型 I 式、C 型 I 式、C 型 II 式、D 型 I 式小盆、II 式甑、I 式瓮。

四期：A 型 IV 式、B 型 III 式、B 型 IV 式、C 型 II 式鬲，A 型 III 式、A 型 IV 式罐，A 型 III 式、A 型 IV 式、B 型 IV 式、C 型 II 式、C 型 III 式、D 型 III 式豆，B 型 III 式、C 型 III 式、C 型式、D 型 II 式、D 型 III 式、E 型 II 式盂，A 型 IV 式、B 型 I 式、B 型 III 式、C 型 II 式、C 型 III 式盆，A 型 II 式、A 型 III 式、B 型 I 式、B 型 II 式、C 型 III 式、D 型 II 式小盆，II 式瓮。

五期：A 型 IV 式、A 型 V 式、B 型 V 式、C 型 III 式鬲，A 型 V 式罐，A 型 V 式、B 型 V 式、C 型 IV 式、D 型 III 式、D 型 IV 式豆，D 型 III 式、D 型 IV 式、E 型 III 式盂，A 型 IV 式、A 型 V 式、B 型 IV 式、C 型 IV 式盆，A 型 IV 式、B 型 III 式、C 型 III 式、C 型 IV 式、D 型 III 式小盆、III 式甑、III 式瓮。

根据上述分析结果，可了解芦城孜遗址周代各阶段主要陶器型式及组合关系，它们代表了各阶段在陶器上所呈现的文化特征，同时也反映着各阶段的区别与联系，清晰地体现了文化发展的阶段性和连续性。

芦城孜遗址周代文化遗存划分为五期，现与周边地域同时期文化遗存进行对比，判断遗址周代文化各期的相对年代。

一期：A 型 I 式豆 M23：6 与《1997 年沣西发掘报告》遗址所出 III 式豆 97SCMH8：4 相似，发掘报告将 H8 定为第四期相当于穆王、恭王时期（西周中期偏早）[1]。E 型 I 式豆 M26：4 与《兖州西吴寺》周代遗存所出 III 式豆 H2162：1 基本相同，发掘报告将其定为二期 3 段（西周中期偏早）[2]。A 型 I 式罐 T6⑧：3 与《兖州西吴寺》周代遗存所出 A 型 II 式罐 J11：10 近似，报告将其定为二期（西周中期）。A 型 I 式盆 H59：1 与《兖州西吴寺》周代遗存所出 II 式盆 H284：13 相似，报告将其定为二期（西周中期）。综合来看，一期的年代范围当为西周中期应是没有问题的。

二期：A 型 II 式豆 T38⑦：1 与《1997 年沣西发掘报告》墓葬所出 A 型 I 式豆 97SCMM11：4 相似但略高，与 A 型 III 式豆 97SCMM10：5 近似，但豆柄略粗且亚腰不明显。发掘报告将 M11 定为第五期值懿、孝、夷王时期约相当于西周中期偏晚。将 M10 定

---

① 中国社会科学院考古研究所丰镐工作队：《1997 年沣西发掘报告》，《考古学报》2000 年第 2 期。

② 国家文物局考古领队培训班编著：《兖州西吴寺》，文物出版社，1990 年。

为第六期厉、宣、幽时期约相当西周晚期。E 型 II 式豆 H73：1 与《兖州西吴寺》周代遗存所出 V 式豆 H1023：1 相似，发掘报告将其定为三期（西周晚期）。A 型 II 式罐 T9⑦：3 与《兖州西吴寺》周代遗存所出 A 型 III 式罐 J9：1 近似，发掘报告将其定为三期（西周晚期）。A 型 II 式盆 H126：3 与《兖州西吴寺》周代遗存所出 III 式盆 H544：l 相似，报告将其定为三期（西周晚期）。D 型 I 式盂 H77：3 与 97 年沣西墓葬所出 IV 式盂 97SCMM8：7 相似，报告将 M8 定为第六期（相当西周晚期）。与 1967 年长安张家坡西周墓所出 IV 式盂 M106：3 相似，报告将其定为第六期，相当宣、幽时期（西周晚期）①。与《兖州西吴寺》周代遗存所出 A 型 II 式盂 J9：3 也相似，报告将其定为三期（西周晚期）。综合考查，二期年代约相当于西周晚期。

三期：A 型 III 式鬲 T6⑥：2 与《兖州六里井》东周遗址所出 Aa 型 II 式 H31：2 相似，报告将其定为二期（春秋早期）②。A 型 III 式盆 H39：5 与《兖州西吴寺》周代遗存所出 IV 式盆 H281：6 相似，报告将其定为四期 6 段（春秋早期）。与《兖州六里井》东周遗存所出 A 型 II 式 H282：1 相似，报告将其定为二期（春秋早期）。本期年代约当春秋早期。

四期：A 型 IV 式鬲 T3⑤：3 与《兖州六里井》东周遗存所出 Aa 型 III 式鬲 W3：1 相似，报告将其定为三期（春秋中期）。与《兖州六里井》东周遗存所出 Bb 型 I 式豆 T1709②C：2 近似，报告将其定为三期（春秋中期）。A 型 IV 式罐 T8⑤：3 与《兖州六里井》东周遗存所出 Aa 型 II 式罐 H203：1 相似，报告将其定为三期（春秋中期）。A 型 IV 式盆 H66：4 与《兖州六里井》东周遗存所出 A 型 III 式盆 H99：7 相似，报告将其定为三期（春秋中期）。D 型 III 式盂 H103：3 与《兖州西吴寺》周代遗存所出 A 型 IV 式盂 H58：1 相似，报告将其定为四期 7 段（春秋中期）。据此，推断本期年代约当春秋中期。

五期：A 型 V 式鬲 H22：2 与《兖州六里井》东周遗存所出 Aa 型 V 式鬲 W2：1 基本相同，报告将其定为四期（春秋晚期）。与《兖州六里井》东周遗存所出 Bb 型 III 式 H51：2 近似，报告将其定为四期（春秋晚期）。A 型 V 罐 H21：4 与《兖州西吴寺》周代遗存 A 型 V 式罐 H2163：5 相似，报告将其定为五期（春秋晚期）。与《兖州六里井》东周遗存所出 Aa 型 IV 式罐 J2：1 相似，报告将其定为四期（春秋晚期）。A 型 V 式盆 H10：12 与《兖州西吴寺》周代遗存所出 V 式盆 H2106：1 相似，报告将其定为五期（春秋晚期）。与《兖州六里井》A 型 IV 式盆 H79：1 相似。报告将其定为四期（春秋晚期）。D 型 IV 式盂 T9④：1 与《西吴寺》周代遗存所出 IV 式盂 H464：1 近似，报告将其定为五期（春秋晚期）。据此，推断本期年代为春秋晚期。

综上，判断周代文化遗存各期年代如下：一期，西周中期；二期，西周晚期；三期，春秋早期；四期，春秋中期；五期：春秋晚期。

---

① 中国社会科学院考古研究所沣西发掘队：《1967 年长安张家坡西周墓葬的发掘》，《考古学报》1980 年第 4 期。

② 国家文物局考古领队培训班：《兖州六里井》，科学出版社，1999 年。

# 第八章　汉代遗存

芦城孜遗址的汉代文化遗存分布广泛，但遗迹、遗物较少。

## 第一节　遗　迹

遗迹主要为灰坑，另发现水井 1 眼（图二七四、二七五）。

### 一　灰坑

共清理灰坑 15 个。依坑口形状可分为圆形、椭圆形、长方形及不规则形几种。

（一）圆形

10 个。分直壁平底、直壁斜底、斜壁圜底三种。

1. 直壁平底

H137　位于 T35 中部，开口于第②层下，打破第⑤层。直径 3、坑口至坑底深 0.6、距地表约 1 米。坑内堆积为红褐色土，含有大量的草木灰及红色的烧土粒。出土有盆、板瓦、素面陶片、铁渣等（图二七六）。

H52　位于 T12 西南角和 T13 东南角，开口于第③层下，打破第⑥层、H94、M7、M9、M10。口径 1.8、坑口至坑底 1.1、距地表 0.8~0.9 米。直壁，平底，坑壁有工具痕迹。坑内堆积土色灰褐，沙性较大，质地较硬，含有大量红烧土粒。出土有盆、杯、砖等（图二七七）。

2. 直壁斜底

H106　位于 T13 西北部，开口于第②层下，打破第④层及龙山时期 F15。直径 0.75、宽约 0.45、坑口至坑底 0.5、距地表 0.6 米。坑底略呈方形。坑内堆积为灰褐土，含有大量的木炭粒，质地较硬。出土有盆、器盖、板瓦等。

3. 斜壁圜底

H88　位于 T11 西北角，开口于第②层下，打破第④层。口径 2、坑口至坑底 1.2、距地面 0.7 米。坑内堆积为灰褐土，质地松散，含有大量的红烧土粒，坑底有一层草木灰。出土有小口瓮、筒瓦等（图二七八）。

（二）长方形

2 个。均为直壁平底坑。

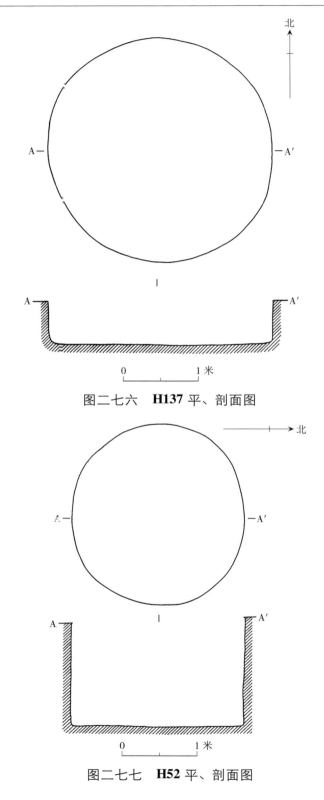

图二七六　**H137** 平、剖面图

图二七七　**H52** 平、剖面图

H138　位于 T35 西南角，开口于第②层下，打破第⑥层及龙山时期垫土层。长 0.9、宽 0.7、坑口至坑底 1.3、距地面 1.4 米。坑内堆积为灰土，质地松散。出土有罐、瓮、板瓦，另有少量碎兽骨（图二七九）。

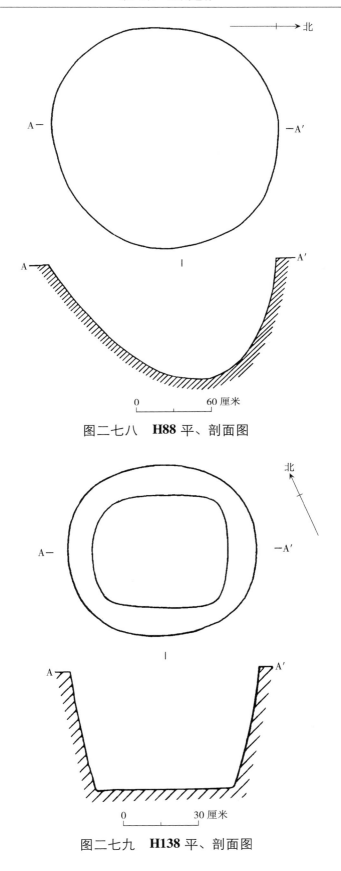

图二七八　**H88** 平、剖面图

图二七九　**H138** 平、剖面图

（三）椭圆形

1个。斜壁平底坑。

H46　位于T8东南角，开口于第②层下，打破第③层及H80。口径4～1.5、坑口至坑底0.9、距地表0.95米。亢内堆积为灰褐土，含有红烧土颗粒，土质松软。出土陶片多饰绳纹，可辨器形有瓮、板瓦、盆等（图二八〇；彩版一〇三，1）。

（四）不规则形

2个。斜壁圜底坑。

H55　位于T6西南角，开口于第②层下，打破第⑥层。长2.3、宽约1.6、坑口至坑底1、距地表0.7～0.8米。斜壁，圜底。坑内堆积为灰褐土，含有大量的草木灰，质地较硬。出土有罐、盆、板瓦、磨石等（图二八一；彩版一〇四，1）。

H34　位于T9西北角，开口于第②层下，打破第⑦层。口径1.1、坑口至坑底0.9、

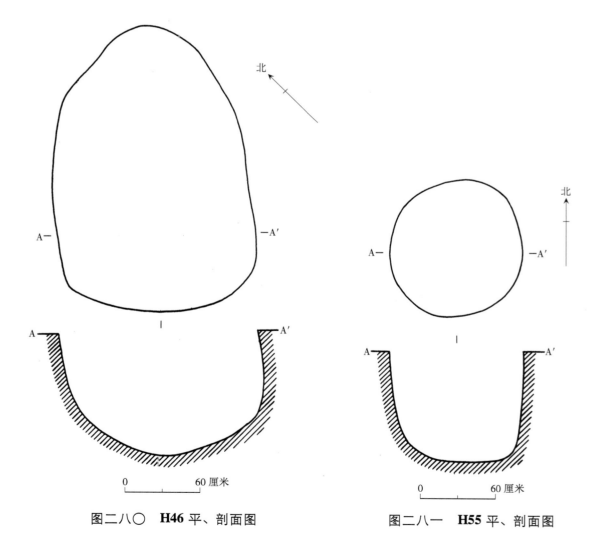

图二八〇　**H46** 平、剖面图　　　　　　图二八一　**H55** 平、剖面图

距地面约0.8米。坑内堆积为黑灰土，含有大量的木炭颗粒，质地松软。出土有罐、筒瓦等（图二八二；彩版一〇三，2）。

二　水井

1眼。

J2　位于T13东南角，井口开在第③层下，打破第⑧层及生土层。井口圆形，直径1.4、下至4.6米深时直径缩至1.2米。直壁光滑。井口以下4米处井壁一周外扩出台，台宽0.3、高约0.5米。在深4.9米处时出现券砖，每一层均用9块青砖错缝立砌，砖长28、宽18、厚6厘米。井内有大量的坍塌的砖块。券砖与井壁之间用土填实。发掘至6米深时，出现积水现象，未再发掘。井内填土质地松软，含有少量的烧土块。出土陶器有甑、罐、瓦，另有铜双耳杯、铁铲、陶纺轮、石球等（图二八三；彩版一〇四，2）。

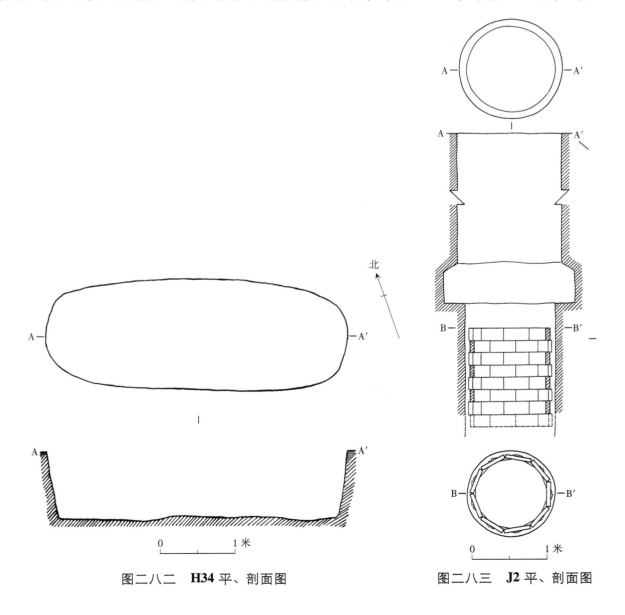

图二八二　**H34** 平、剖面图　　　　　　图二八三　**J2** 平、剖面图

## 第二节 遗 物

汉代遗物主要是陶器。这一时期的陶质生活用器个体相对较大，胎体较厚。生产工具较多，如陶网坠、陶纺轮、陶拍、石球，少许骨器以及建筑材料砖、瓦等。铁器主要是一些工具类和兵器等，保存较完好。

一 陶器

种类有釜、盆、罐、瓮、甑、钵、三足钵、杯、盘、器盖、井圈、瓦、砖等。

（一）生活用具

盆 25件。均为泥质陶。分3型。

A型 9件。宽平折沿，素面。分2式。

Ⅰ式 7件。斜腹。标本H17：1，灰陶。方唇，沿下修抹出棱，底残。口径50、残高19厘米（图二八四，1）。

Ⅱ式 2件。腹微鼓。标本H55：2，灰陶。敛口，平折沿，下腹斜收，底残。口径60、残高23.2厘米（图二八四，2）。

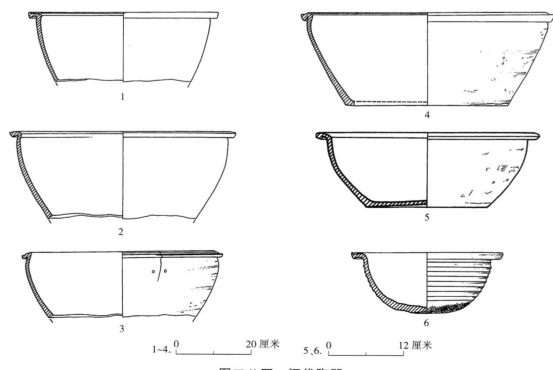

图二八四 汉代陶器

1. A型Ⅰ式盆（H17：1） 2. A型Ⅱ式盆（H55：2） 3. B型Ⅰ式盆（H52：1）
4. B型Ⅱ式盆（H106：2） 5. C型盆（H86：2） 6. 釜（H34：4）

B 型　14 件。垂沿，敛口。分 2 式。

Ⅰ式　5 件。弧腹。标本 H52：1，灰陶。上腹两个小圆孔，底残。素面。口径 53、残高 17.5 厘米（图二八四，3）。

Ⅱ式　9 件。斜腹。标本 H106：2，灰陶。沿面三周凹槽，大平底。素面。口径 67、底径 43、高 24.5 厘米（图二八四，4）。

C 型　2 件。

标本 H86：2，灰陶。卷折沿，上腹鼓，下腹斜收，平底微内凹。素面。口径 36、底径 12、高 12.3 厘米（图二八四，5）。

釜　1 件。

标本 H34：4，夹砂红褐陶。圆唇，折沿，弧腹，圜底。腹饰瓦棱纹，底饰交错绳纹。口径 19.5、高 9.7 厘米（图二八四，6；彩版一〇五，1）。

罐　21 件。均为泥质陶。分 3 型。

A 型　5 件。小口，束颈。

标本 J2：2，青灰陶。盘口，鼓腹，下腹残。素面。口径 14、残高 8.8 厘米（图二八五，1）。标本 T12③：3，青灰陶。侈口，卷沿，鼓腹，下腹残。素面。口径 12、残高 10.4 厘米（图二八五，2）。

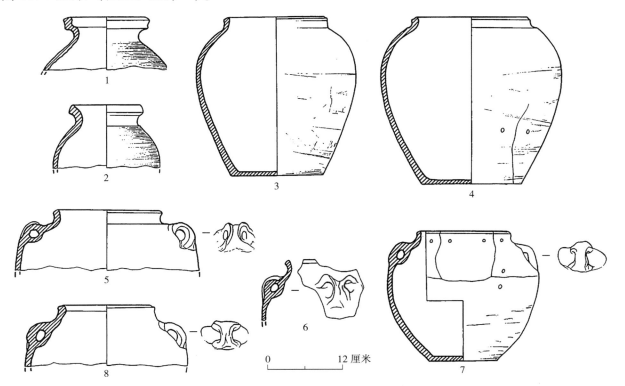

图二八五　汉代陶罐

1、2. A 型（J2：2、T12③：3）　　3、4. B 型（H34：5、H55：1）

5～8. C 型（H78：5、T13③：3、T10③：4、T12③：7）

B型　4件。直口，矮领。

标本 H34：5，灰陶。溜肩，鼓腹，平底。素面。口径 17.2、底径 15.2、高 26.8 厘米（图二八五，3）。标本 H55：1，灰褐陶。圆肩，腹鼓，下腹有两个圆孔，平底。素面。口径 19.2、底径 16、高 28 厘米（图二八五，4）。

C型　12件。肩饰牛鼻状双系，低领。

标本 T10③：4，灰褐色陶。圆唇，直口，鼓腹，小平底，上腹饰六个小圆孔。素面。口径 17.2、底径 15.2、高 26.8 厘米（图二八五，7；彩版一〇五，2）。标本 T13③：3，灰陶。方唇，侈口，腹残。素面。残高 10 厘米（图二八五，6）。标本 H78：5，灰陶。圆唇，侈口，腹残。素面。口径 18、残高 10 厘米（图二八五，5）。标本 T12③：7，灰陶。圆唇，侈口，下腹残。素面。口径 15.6、残高 10 厘米（图二八五，8）。

瓮　19件。泥质陶。分 3 型。

A型　7件。大口。

标本 H53：1，灰陶。直口，鼓肩，下腹残。肩部一周凹弦纹。口径 50.4、残高 3.9 厘米（图二八六，1）。标本 H87：1，灰陶。直口，鼓肩，下腹残。肩、腹部饰"米"字形带状纹饰。口径 49.2、残高 18 厘米（图二八六，2）。

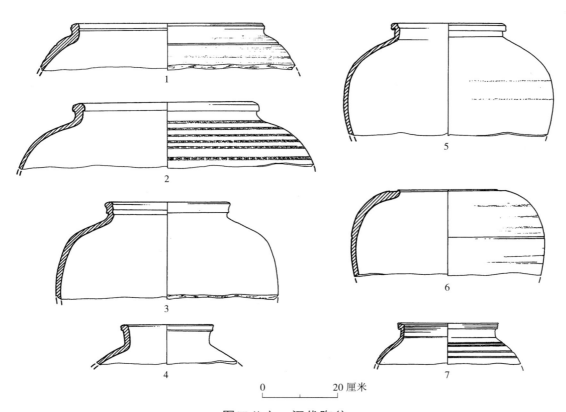

图二八六　汉代陶瓮

1、2. A 型（H53：1、H87：1）　3~5、7. B 型（H88：1、H46：1、H86：1、H100：2）　6. C 型（H43：1）

B 型 11 件。小口。

标本 H46：1，灰陶。侈口，高领，斜肩，肩以下残。素面。口径 24、残高 10.8 厘米（图二八六，4）。标本 H88：1，灰黑陶。直口，高领，圆肩，下腹残。领部内壁有两周凹槽。素面。口径 33、残高 27 厘米（图二八六，3）。标本 H100：2，灰陶。高领，直口，斜沿，圆肩，腹残。肩饰四周凹弦纹。口径 27、残高 11.8 厘米（图二八六，7）。标本 H86：1，磨光灰陶。侈口，圆肩，鼓腹，下腹残。素面。口径 30.6、残高 31.8 厘米（图二八六，5）。

C 型 1 件。

标本 H43：1，灰陶。平口，鼓肩，弧腹，下腹残。素面。口径 28.8、残高 23.7 厘米（图二八六，6）。

甑 2 件。盆形。

标本 H106：3，泥质灰陶。口微敛，方唇，窄平折沿，上腹微鼓，下腹斜收，底有 7 个圆孔。素面。口径 51.5、底径 23、通高 29 厘米（图二八七，1）。标本 J2：1，泥质灰陶。方唇，宽沿平折，上腹微鼓，下腹斜收，平底有 11 个小圆孔。腹饰瓦楞纹，近底饰绳纹。口径 55.5、底径 23.5、通高 30 厘米（图二八七，2；彩版一〇六）。

钵 2 件。

标本 T8③：2，泥质灰陶。圆唇，敛口，鼓腹，平底。素面。口径 9.6、底径 6、高 6.6 厘米（图二八八，1；彩版一〇五，3）。标本 T6③：1，泥质灰陶。方唇，敛口，折腹，小平底微内凹。素面。口径 11.2、底径 5.8、高 4.8 厘米（图二八八，2；彩版一〇五，4）。

三足钵 4 件。

标本 T8③：8，泥质红陶。圆唇，直口，鼓腹，圜底，三足残。素面。口径 15.2、残高 6.8 厘米（图二八八，3；彩版一〇七，1）。标本 T9③：2，泥质红褐陶。圆唇，侈

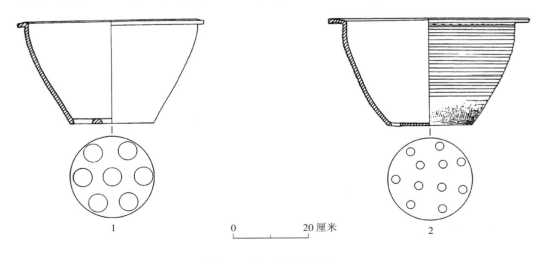

0                    20厘米

图二八七 汉代陶甑
1. H106：3  2. J2：1

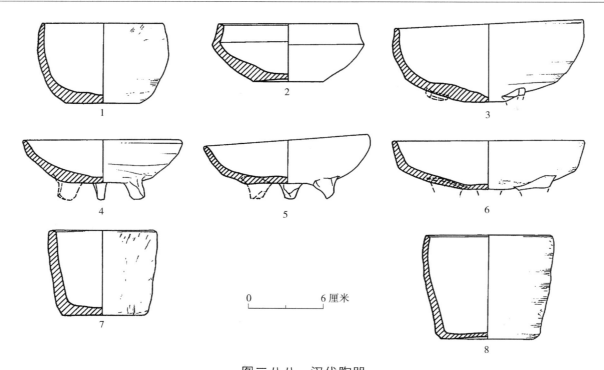

图二八八　汉代陶器

1、8. 钵（T8③：2、T6③：1）　　3～6. 三足钵（T8③：8、T9③：2、T9③：1、T8③：1）
7、8. 杯（T8③：4、H52：2）

口，浅腹，平底，凿形足。素面。口径 12.6、高 5 厘米（图二八八，4；彩版一〇七，2）。标本 T9③：1，泥质灰陶。圆唇，侈口，浅腹，平底，圆锥形矮足。素面。口径 13.2、高 5.2 厘米（图二八八，5；彩版一〇七，3）。标本 T8③：1，泥质灰陶。圆唇，敞口，鼓腹，圜底，三足残。素面。口径 15.4、残高 4 厘米（图二八八，6）。

杯　2 件。

标本 H52：2，泥质灰褐陶。圆唇，直口，平底。素面。口径 8.8、底径 6.8、高 7 厘米（图二八八，7；彩版一〇八，1）。标本 T8③：4，泥质灰陶。口微敛，腹微鼓，平底微内凹，素面。口径 10、底径 7.6、高 8.4 厘米（图二八八，8；彩版一〇八，2）。

器盖　3 件。均为泥质陶。

标本 T2③：1，灰陶。柱状捉手，素面。直径 12.1、残高 4.2 厘米（图二八九，1；彩版一〇八，3）。标本 T9③：9，灰陶。子母口盖，素面。高 2.7 厘米（图二八九，3；彩版一〇八，4）。标本 H106：1，灰陶。盖顶有一蘑菇状捉手，素面。直径 17.4、盖高 4.2 厘米（图二八九，4；彩版一〇八，5）。

盘　1 件。

标本 H87：2，泥质灰陶。圆唇，宽平折沿，浅腹，小凹底。腹饰绳纹。口径 23.4、底径 9.6、高 4.2 厘米（图二八九，5；彩版一〇八，6）。

井圈　4 件。

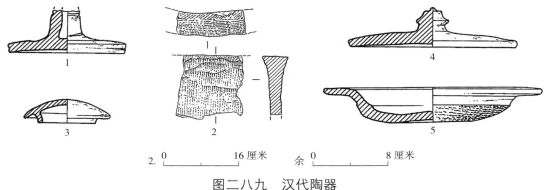

图二八九　汉代陶器

1、3、4. 器盖（T2③：1、T9③：9、H106：1）　2. 井圈（T7③：3）　5. 盘（H87：2）

标本 T7③：3，灰陶夹粗砂。直壁，口部较厚，壁较薄，制作粗糙。外壁粗绳纹。残高 14 厘米（图二八九，2）。

（二）建筑材料

筒瓦　24 件。均为泥质陶，外切。分 2 式。

Ⅰ式　11 件。瓦舌较短。标本 H17：2，红褐陶。内壁饰麻点纹。外壁竖绳纹，上端残。残长 14、壁厚 0.9~1.2 厘米（图二九○，1）。标本 H87：5，青灰陶。内壁饰布纹，外壁竖粗绳纹。残长 16.8、壁厚 1.6 厘米（图二九○，2）标本 H100：3，红褐陶。内壁饰布纹。外壁竖粗绳纹。残长 28、壁厚 1.2 厘米（图二九○，3）。

Ⅱ式　13 件。长瓦舌近直。标本 H53：3，灰陶。内壁饰布纹，外壁粗绳纹。残长 12、壁厚 1.2 厘米（图二九○，7）。标本 T6③：2，青灰陶。内壁饰布纹，外壁绳纹局部抹尽。残长 18、壁厚 3.2 厘米（图二九○，6）。标本 H34：3，灰陶。内壁饰布纹，外壁粗绳纹，纹饰经擦抹。残长 18.8、壁厚 1.6 厘米（图二九○，8）。标本 H88：2，灰陶。内壁饰布纹，外素面。长 37.2、壁厚 1.6 厘米（图二九○，4；彩版一○九，1）。标本 T16③：1，灰陶。内壁饰布纹，外壁绳纹局部擦抹。长 37.6、壁厚 1.6 厘米（图二九○，5；彩版一○九，2）。

板瓦　38 件。均为泥质陶。分 2 式。

Ⅰ式　17 件。器表有绳纹。标本 H87：4，青灰陶。内壁饰方格纹或菱形纹，外壁粗绳纹。残长 42、壁厚 1.3 厘米（图二九一，1；彩版一○九，4）。标本 T12③：2，红褐陶。内壁饰布纹，外壁粗绳纹，瓦头纹饰抹尽。残长 24、壁厚 2.5 厘米（图二九一，2）。标本 H53：2，灰褐陶。内壁饰方格纹，外壁粗绳纹局部交错，瓦尾有瓦棱纹。残长 21.2、壁厚 1.2 厘米（图二九一，3）。

Ⅱ式　21 件。素面或纹饰基本抹平。标本 H138：1，灰陶。内壁饰布纹，素面。残长 20、壁厚 1.3 厘米（图二九一，4）。标本 H46：2，灰陶。内壁饰布纹，外壁绳纹局部抹尽。残长 18.8、厚 1.2 厘米（图二九一，5）。标本 T15③：1，灰黑陶。内壁饰布纹，

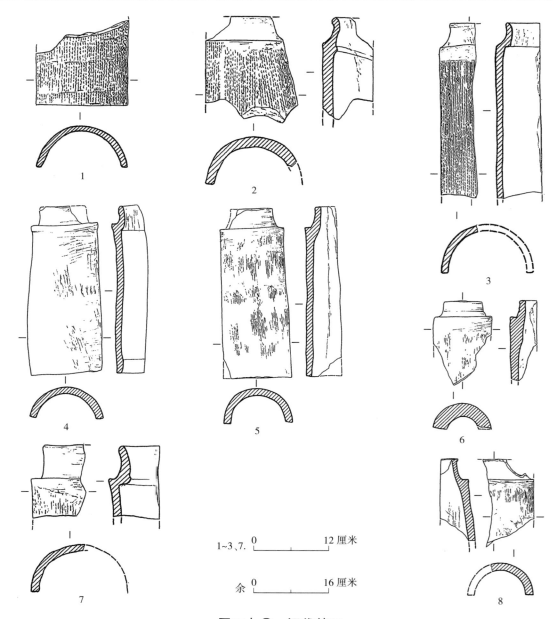

图二九〇　汉代筒瓦

1~3. Ⅰ式（H17:2、H87:5、H100:3）

4~8. Ⅱ式（H88:2、T16③:1、T6③:2、H53:3、H34:3）

外壁局部残留绳纹。长 35.6、宽 24~28、厚 1.4 厘米（图二九一，6）。

瓦当　1 件。

标本 T5③:1，泥质灰陶。瓦身残，当面为卷云纹图案。直径 14、厚 2.5 厘米（图二九二，1；彩版一〇九，5）。

汉砖　12 件。模制，侧面及端头模印图案。

标本 T11③:1，灰陶。表面稀疏绳纹，侧面及端头饰菱形纹。长 30、宽 14、厚 5 厘米（图二九二，4；彩版一〇九，3）。标本 T9③:10，灰陶。表面粗绳纹，侧面饰

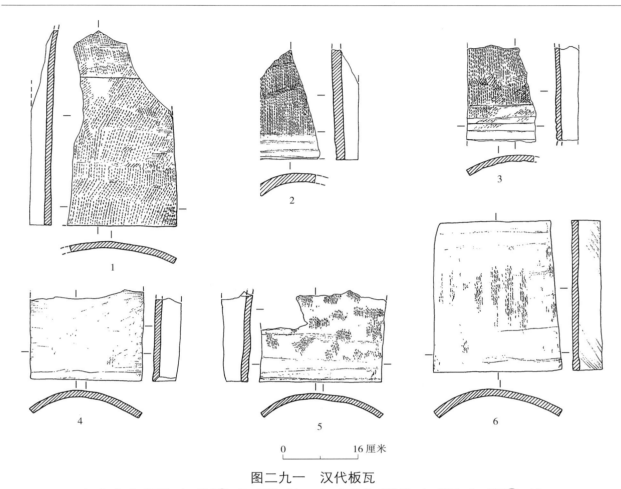

图二九一 汉代板瓦

1~3. I 式（H87：4、T12③：2、H53：2） 4~6. II 式（H138：1、H46：2、T15③：1）

"V"形图案。残长17、宽16、厚5.5厘米（图二九二，2）。标本T8③：6，红褐陶。表面粗绳纹，侧面饰菱形纹。残长16、宽15.5、厚5厘米（图二九二，3）。标本T13③：5，青灰陶。表面绳纹，局部经刮抹，端头有三个乳丁纹。分别被三组凹弦纹环绕。长31.5、宽15.3、厚5厘米（图二九二，5）。标本T12③：4，红褐陶。表面绳纹，侧面为三组四周半圆形连环图案，其间有三个乳丁纹相隔。长31、宽15.6、厚5厘米（图二九二，6）。

（三）生产工具

网坠 20件。分2型。

A型 15件。泥质陶，手制，两端及中间各有用于系绳的凹槽。

标本T7③：9，灰陶。器形较大，两端凹进。长7.8厘米（图二九三，1；彩版一一〇，1上左1）。标本T13③：2，灰陶。两端齐切。长7.6厘米（图二九三，2；彩版一一〇，1上左4）。标本T13③：6，灰褐陶。两端凹。长5.8厘米（图二九三，3）。标本T9③：5，红褐陶。器形略扁。长3.2厘米（图二九三，4；彩版一一〇，1下左1）。标本T9③：3，

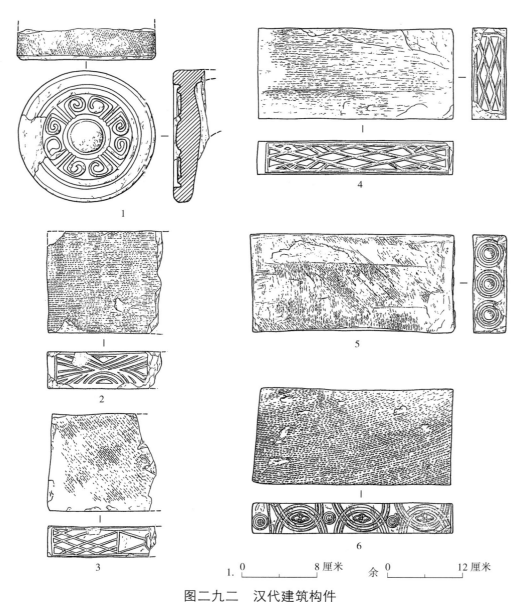

图二九二　汉代建筑构件
1. 瓦当（T5③:1）　2~6. 汉砖（T9③:10、T8③:6、T11③:1、T13③:5、T12③:4）

红褐陶。器形略扁，较瘦长，两端稍鼓。长4.7厘米（图二九三，5；彩版一一〇，1下左3）。标本T9③:4，灰陶。两端切齐。长6厘米（图二九三，6）。标本T7③:6，灰陶。长6.5厘米（图二九三，7；彩版一一〇，1上左3）。标本T17③:5，黑陶。两端鼓。长6.2厘米（图二九三，8）。标本T17③:4，红褐陶。两端微凹。长6.1厘米（图二九三，9）。标本T7③:4，灰褐陶。两端切齐。长6.5厘米（图二九三，10；彩版一一〇，1上左2）。标本T7③:2，灰褐陶，两端切齐。长6.6厘米（图二九三，11）。标本T7③:7，灰褐陶。长6.5厘米（图二九三，12；彩版一一〇，1下左2）。标本T7③:1，红褐陶。一端内凹，另一端稍鼓。长5.7厘米（图二九三，13）。

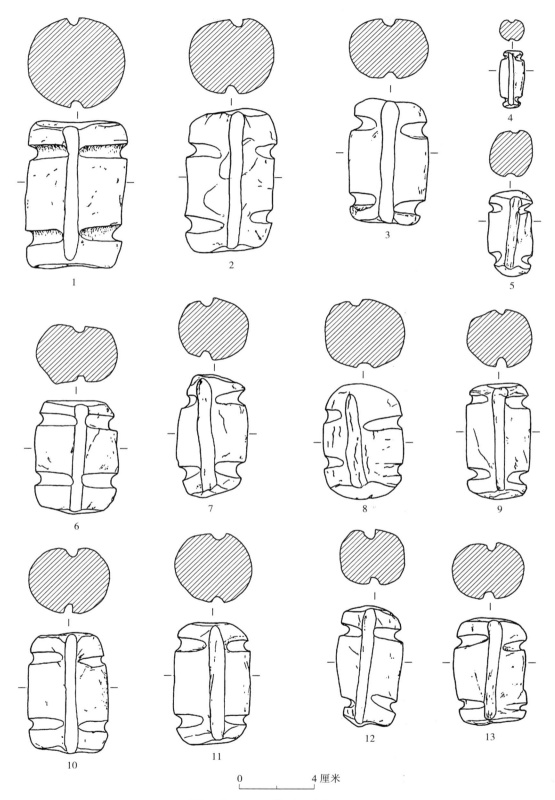

**图二九三 汉代 A 型陶网坠**

1. T7③：9　2. T13③：2　3. T13③：6　4. T9③：5　5. T9③：3　6. T9③：4　7. T7③：6
8. T17③：5　9. T17③：4　10. T7③：4　11. T7③：2　12. T7③：7　13. T7③：1

B 型　5 件。分 2 亚型。

Ba 型　3 件。近椭圆形。

标本 T18③：2，黑陶，灰胎。器体中间和两端有对称的"十"字形贯穿孔。长 6.2 厘米（图二九四，1；彩版一一○，2 左 2）。标本 T7③：5，灰褐陶。纵向穿孔。长 4.5 厘米（图二九四，2；彩版一一○，2 左 4）。标本 T12③：1，红褐陶。器体中间和两端有"十"字形对穿孔。长 6.5 厘米（图二九四，3；彩版一一○，2 左 3）。

Bb 型　2 件。圆柱形，贯穿圆孔。

标本 T17③：6，黑灰陶。两端切齐，孔较大。长 5.8 厘米（图二九四，4；彩版一一○，2 左 1）。标本 T17③：3，灰褐陶。两端略呈圆锥形。长 7.5 厘米（图二九四，5；彩版一一○，2 左 5）。

纺轮　5 件。泥质陶。

标本 T17③：28，灰陶。上、下两面平，正面有"十"字形索状压印纹。直径 2.5、孔径 0.3、厚 0.5 厘米（图二九四，8）。标本 J2：3，灰褐陶。截面似椭圆形。直径 3.9、厚 1.9、孔径 0.8 厘米（图二九四，9；彩版一一一，1 左 1）。标本 T9③：7，黑陶。圆饼形，较厚，侧边中间有一周凸棱。直径 4.9、厚 1.9、孔径 0.6 厘米（图二九四，10；彩

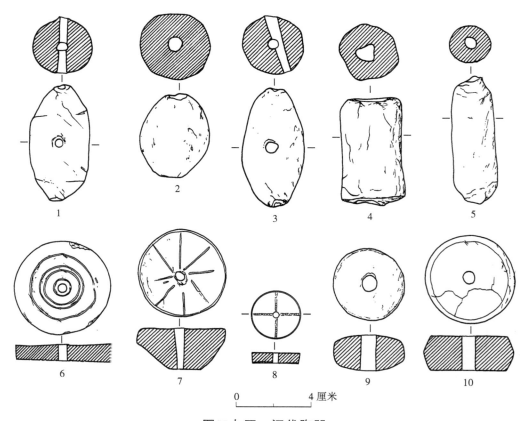

0　　　　　4 厘米

**图二九四　汉代陶器**

1～3. Ba 型网坠（T18③：2、T7③：5、T12③：1）　4、5. Bb 型网坠（T17③：6、T17③：3）
6～10. 纺轮（T18③：1、T7③：10、T17③：28、J2：3、T9③：7）

版一一一，1左3）。标本T18③：1，红褐陶。上、下面齐平，制作粗糙，正面有四周不规整的凹弦纹。直径5、孔径0.5、厚0.7~0.9厘米（图二九四，6）。标本T7③：10，灰陶。圆台形，平底，底部以孔为中心有八条向外辐射的刻划槽。底径4.6、高2.2厘米（图二九四，7；彩版一一一，1左2）。

拍 4件。

标本T13③：4，泥质灰陶。拍面近椭圆形，刻划出不规整的方格纹，把手残。长7、最宽4.7厘米（图二九五，1；彩版一一一，2左4）。标本T11③：4，泥质灰陶。器表一周为竖、斜间隔的刻划纹饰。长9、直径3厘米（图二九五，4；彩版一一一，2左3）。标本T17③：32，泥质灰陶。器壁刻划竖凹槽纹饰，一端残。残长8.5、直径4厘米（图二九五，5；彩版一一一，2左1）。标本H43：2，泥质灰陶。表面有握痕，器壁有叶脉纹、不规则回纹及刻划纹。直径3、高9.5厘米（图二九五，3；彩版一一一，2左2）。

鸟形杖首 1件。

标本T36③：1，泥质灰陶。椭圆形鸟身，背部及颈满饰戳点纹，背部中间以数道刻划槽分界，两边各有四道斜向刻槽，两侧翅下有椭圆形对穿孔，尾部开一孔。鸟足为一圆柱形榫，翅及颈部以上残缺。长14.4、宽10、残高12厘米（图二九五，2）。

二 石器

3件。数量较少。

凿 1件。

标本T6③：3，青灰色石料磨制。单面刃，平顶，通体磨光，刃部锋利。长5.7厘米（图二九六，1）。

斧 1件。

标本T9③：6，灰色石料磨制，残。边缘圆弧，圆形孔未贯穿。残长2.5~4、宽6~6.5、厚1.8厘米（图二九六，2）。

球 1件。

标本J2：4，灰褐色砂石制成。直径5.5厘米（图二九六，6；彩版一一一，4）。

三 骨器

2件。骨笄、骨锥各1件。

笄 1件。

标本T9③：8，截面圆形，磨制光滑，顶残。残长6.5厘米（图二九六，3）。

锥 2件。用劈裂兽骨片，一端磨尖。

标本T8③：9，两端磨出尖部。长9.2厘米（图二九六）。标本T13③：1，截面三角形，圆顶，尖锋利。长11.2厘米（图二九六，5；彩版一一一，3）。

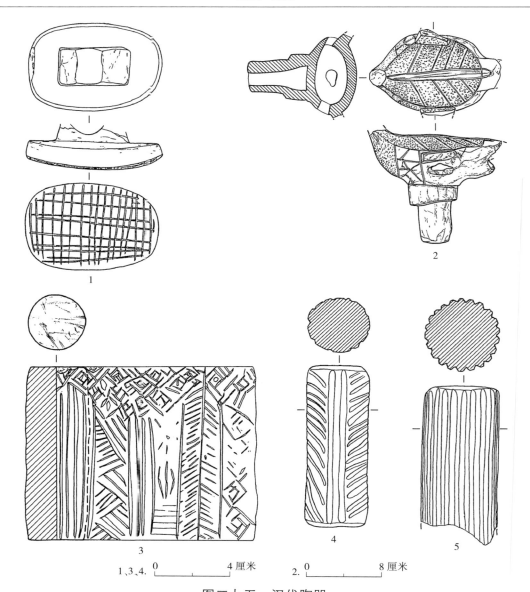

图二九五　汉代陶器

1、3～5. 拍（T13③：4、H43：2、T11③：4、T17③：32）　2. 鸟形杖首（T36③：1）

四　铁器

共 19 件。锈蚀较为严重。

匕首　1 件。

标本 T5③：2，弧形双面刃，柄残。残长 12.5 厘米（图二九七，1；彩版一一二，1）。

剪刀　2 件。

标本 T4③：3，仅存一边，长三角形，前窄后宽，柄起翘，直背，平刃，柄残。残长 12.2 厘米（图二九七，2；彩版一一二，2）。标本 T4③：5，仅存一边，长三角形，前窄后宽，方形长柄，刃部残。长 17.8 厘米（图二九七，3；彩版一一三，1）。

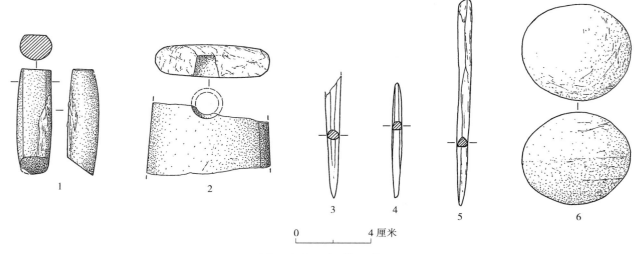

图二九六 汉代器物
1. 石凿（T6③：3） 2. 石斧（T9③：6） 3. 骨笄（T9③：8）
4、5. 骨锥（T8③：9、T13③：1） 6. 石球（J2：4）

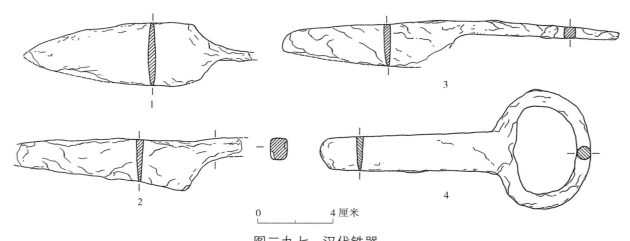

图二九七 汉代铁器
1. 匕首（T5③：2） 2、3. 剪刀（T4③：3、T4③：5） 4. 环首刀（T4③：2）

环首刀 1件。

标本 T4③：2，环形柄，直背，平刃，前端弧形。长14.5厘米（图二九七，4；彩版一一二，3）。

厨刀 1件。

标本 T4③：4，直背，平刃，无柄。长31、宽5.5厘米（图二九八，1；彩版一一三，3）。

锥 2件。

标本 T4③：7，正方形锥身，短柄中空。长31厘米（图二九八，2；彩版一一四，1）。
标本 T4③：6，锥身圆形，长柄中空。长18.5厘米（图二九九，1；彩版一一四，2）。

削 1件。

标本 T12③：5，直背，平刃，柄残。长38厘米（图二九八，3；彩版一一三，4）。

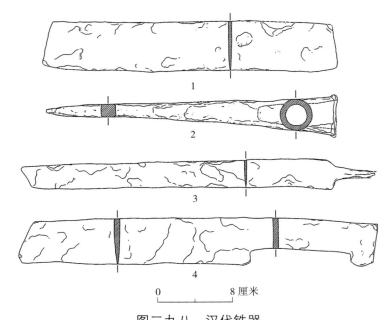

图二九八　汉代铁器

1. 厨刀（T4③：4）　2. 锥（T4③：7）　3. 削（T12③：5）　4. 砍刀（T12③：6）

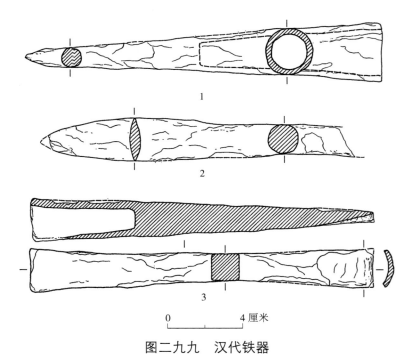

图二九九　汉代铁器

1. 锥（T4③：6）　2. 矛（T4③：8）　3. 凿（H43：3）

砍刀　1件。

标本T12③：6，刀身前端窄后端略宽。长38.5厘米（图二九八，4；彩版一一三，2）。

斧　1件。

标本T10③：5，平面形状呈梯形，双面刃，上端残。残高7.5厘米（图三〇〇，1；彩版一一二，4）。

权　1件。

标本 T8③：3，鼓腹，顶有桥形纽，并有一系绳用穿孔，小平底。高 6、底径 3.5 厘米（图三〇〇，2）。

矛　1件。

标本 T4③：8，矛身呈梭状，双面刃，柱状柄残。残长 16 厘米（图二九九，2；彩版一一四，3）。

凿　1件。

标本 H43：3，凿身截面呈正方形，单面弧形刃，圆形柄系对折卷接。长 18 厘米（图二九九，3；彩版一一四，4）。

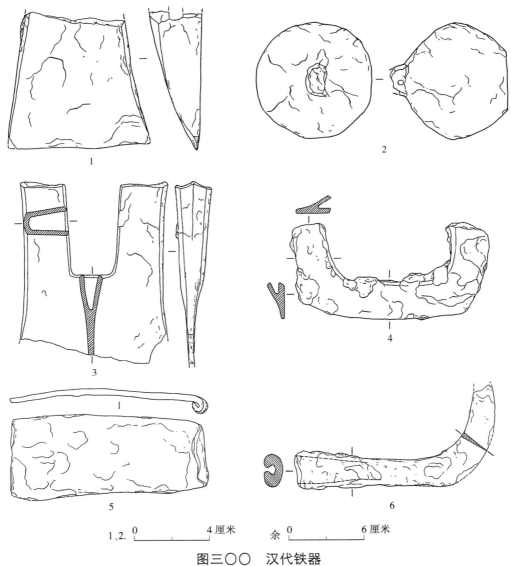

图三〇〇　汉代铁器

1. 斧（T10③：5）　　2. 权（T8③：3）　　3. 镬（T9③：4）　　4. 鐅（J2：6）
5. 刮铲（J2：2）　　6. 铍（J2：7）

镬　1件。

标本 T9③：4，扁銎，刃部残。残长 15 厘米（图三〇〇，3；彩版一一二，5）。

鐅　1件。

标本 J2：6，刃部呈弧形，上端残。残高 4.5 厘米（图三〇〇，4）。

洗　1件。

标本 T11③：3，折沿，直腹，圜底。口径 14.5、高 5 厘米（图三〇一，1）。

镈　1件。

标本 T14③：7，单面刃，背面平，正面有四条半圆形凸棱。残长 12、残宽 13 厘米（图三〇一，2）。

钺　1件。

标本 J2：7，形状似镰，刃部在外侧，长方形銎。残长 20 厘米（图三〇〇，6；彩版一一二，6）。

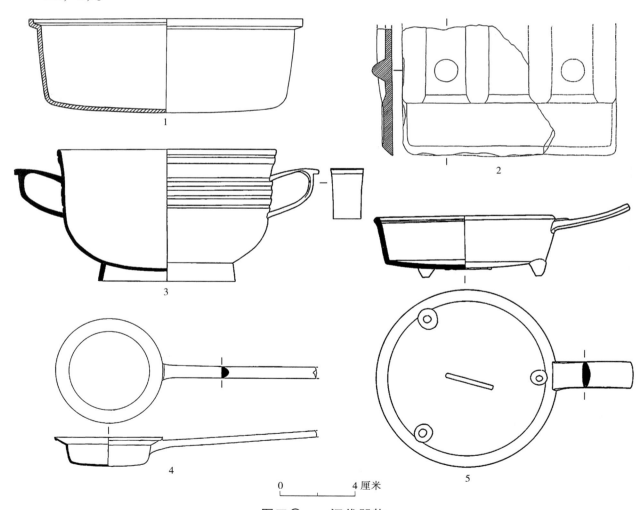

0　　　　　4 厘米

图三〇一　汉代器物

1. 铁洗（T11③：3）　2. 铁镈（T14③：7）　3. 铜双耳杯（J2：8）
4. 铜熨斗（T15③：17）　5. 铜灯（T5③：16）

刮铲 1件。

标本 J2：5，制陶工具。平面呈长方形，一端卷曲作握柄。长 15.5、宽 6.7 厘米（图三〇〇，5）。

五 铜器

3件。铜耳环、熨斗、灯各1件。

双耳杯 1件。

标本 J2：8，圆唇，直口，上腹近直，下腹弧收，圜底，圈足较高，腹部装饰两个对称器耳。上腹五周凹弦纹。口径 11.8、高 7.3 厘米（图三〇一，3；彩版一一五，1）。

熨斗 1件。

标本 T15③：17，圆形斗，宽折沿，沿缘下一周凸棱，腹较浅，圜底，半圆形长柄，柄末端残。直径 15、高 4、柄宽 1.6、残长 34 厘米（图三〇一，4）。

灯 1件。

标本 T5③：16，圆唇，敞口，斜直壁，圜底，底有三个乳状足，椭圆形短柄。口内壁三周细弦纹，口部有使用过的烧烤痕迹。直径 9.3、高 3.4、柄长 4 厘米（图三〇一，5）。

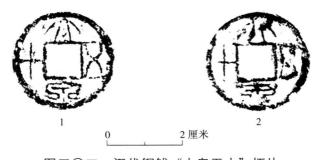

图三〇二 汉代铜钱“大泉五十”拓片

六 铜钱

仅“大泉五十”一种。

“大泉五十” 2枚。大小相等。钱径 2.4、外郭宽 0.2、郭厚 0.1~0.2 厘米，正方形穿，穿两面均有郭，穿径 0.9 厘米，穿上下铸有篆书“大泉”二字，左右为“五十”二字，字体纤细秀丽（图三〇二；彩版一一五，2）。

# 第九章　唐代遗存

## 第一节　遗　迹

唐代遗存主要分布在 A 区和 B 区东部，以灰坑为最多，其次还清理了墓葬、水井等遗迹（图三〇三、三〇四）。

### 一　灰坑

共清理灰坑 26 个，以坑口平面不同可分为圆形、长方形、椭圆形及不规则形几种。

#### （一）圆形

5 个。多为直壁平底。

H26　位于 T12 西南角，开口于第②层下，打破第③层及 G2。直径 1.6、坑口至坑底 1.5、距地表 0.3 米。坑壁有工具痕迹。坑内堆积为灰褐色土，含有草木灰。出土有瓷碗、陶钵、筒瓦、板瓦、铜渣等（图三〇五）。

H48　位于 T9 西南角，约有一半压在南壁下，开口于第②层下，打破第③层。坑口直径 1.75、坑底直径 1.85、坑口至坑底 0.6、距地表 0.5 米。坑壁、底不甚规整，填土为浅灰褐色，土质松软，含草木灰。出土有瓷碗、罐、板瓦，另有少量的螺壳、动物骨骼（图三〇六）。

#### （二）长方形

12 个。多为直壁平底。

H28　位于 T3 东南角，开口于第②层下，打破第⑤层。长 1.45、宽 1、坑口至坑底 1.25、距地表 0.4 米。坑壁、底均规整。坑内填土为黄灰色，质地松散。出土有瓷碗、瓷盏、器座、器盖，另有砖块、铁渣、兽骨（图三〇七）。

H25　位于 T12 中部，开口于第②层下，打破第⑤层。长 1.6、宽 1.4、坑口至坑底 1.5~1.6、距地面 0.4 米。坑壁有工具痕迹。坑内填土为灰色土，土质松散。出土有瓷碗、陶碗、陶盘口壶，另有少量兽骨（图三〇八）。

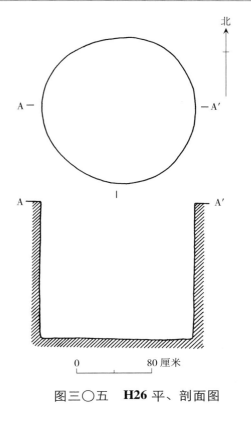

图三〇五　**H26** 平、剖面图

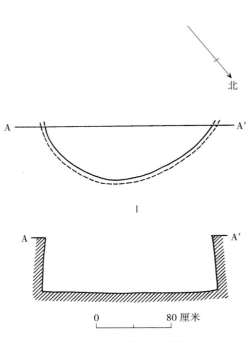

图三〇六　**H48** 平、剖面图

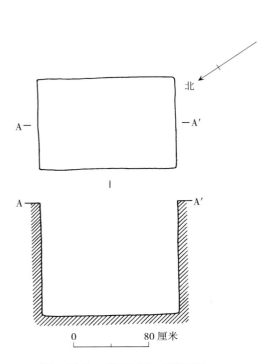

图三〇七　**H28** 平、剖面图

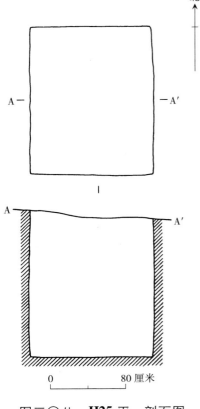

图三〇八　**H25** 平、剖面图

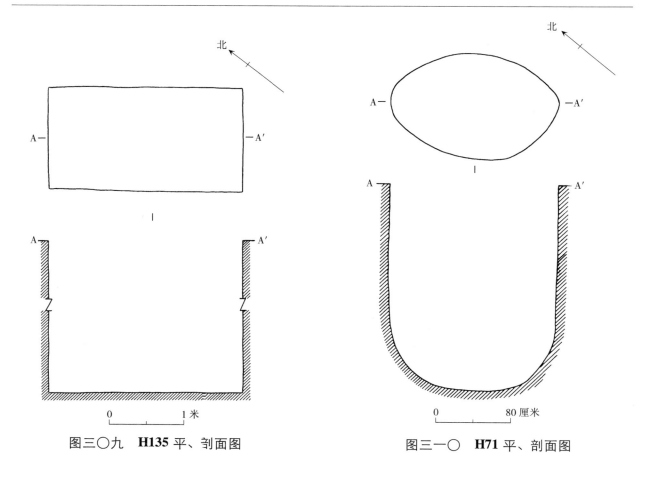

图三〇九　**H135** 平、剖面图　　　　　图三一〇　**H71** 平、剖面图

H135　位于 T39 西南隅，开口于第②层下，打破第⑧层。长 2.6、宽 1.4、坑口至坑底 2.6、距地表 0.4 米。坑壁修整平滑，底部平坦。坑内填土为黑灰土，土质疏松，含有大量炭屑、烧土粒。出土有陶碗、瓷豆、四系罐，另有少量动物骨骼（图三〇九）。

（三）椭圆形直壁圜底

3 个。

H71　位于 T6 中部，于口于第②层下，打破第⑧层。长径 1.8、短径 1.2、坑口至坑底 2.3、距地表 0.3 米。坑为填灰褐土，土质松散。出土有瓷碗等（图三一〇）。

（四）不规则形

6 个。

1. 圜底

H20　位于 T7 中部，开口于第②层下，打破第④层。坑口呈不规则圆形，断面形状呈锅底形，最大径 3.2、坑口至坑底 0.9、距地表 0.4 米。坑内填灰褐色土，质地松软，含沙、烧土粒、草木灰。出土有瓷碗、瓷豆、陶盆、瓦当、筒瓦、板瓦等（图三一一）。

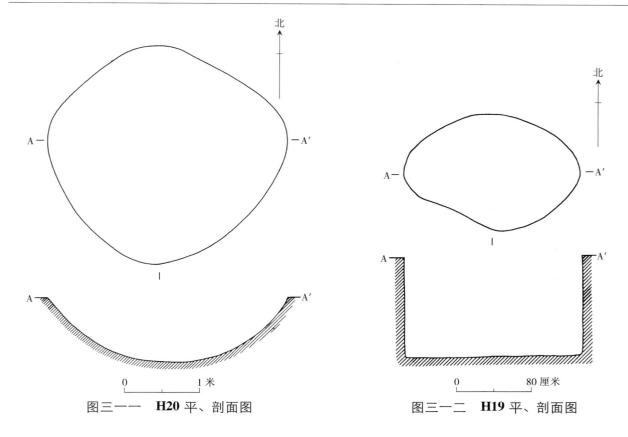

图三——— **H20** 平、剖面图  　　　图三一二 **H19** 平、剖面图

2. 直壁平底

H19　位于 T11 东部，开口于第①层下，打破第④层。长径 2、短径 1.6、坑口至坑底 1.2、距地表 0.3 米。坑内填黑灰色土，质地松散，含草木灰、烧土粒等。出土有瓷碗、盏等（图三一二）。

3. 斜壁平底

H113　位于 T33 西部，开口于第②层下，打破第③层。长径 1.6、短径 1、坑口至坑底 0.7、距地表约 0.4 米。坑内填灰褐色土，土质松散。出土有瓷碗、陶碗等（图三一三）。

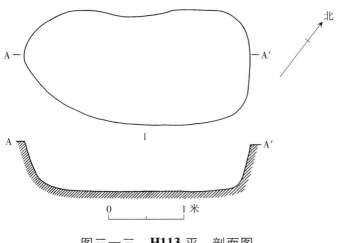

图三一三 **H113** 平、剖面图

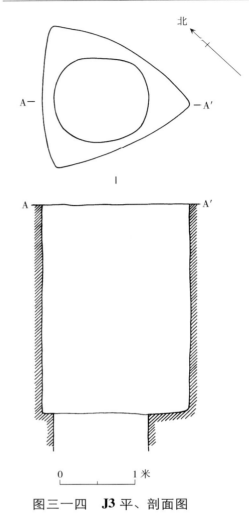

图三一四 **J3 平、剖面图**

二 水井

2 眼。均为圆形井。

J3 位于 T20 东北角，开口于第①层下，打破第⑧层、F11 及生土层。井口距地表 0.4 米，井口平面形状呈等边三角形，边长 2 米，壁直光滑。在深约 2.9 米处，井壁内收出台，井口呈圆形，直径 1.3 米。发掘至 4.3 米深时，出现渗积水现象，为安全起见未再向下发掘，故深度不详。井内填土为灰褐色，土质松软。含有烧土块、草木灰。出土有瓷碗、瓷罐、筒瓦、板瓦，另有少量的动物骨骼（图三一四；彩版一一六，1）。

三 墓葬

2 座。分两种。

（一）多室土圹墓

M22 位于 T17 内，开口于第①层下，打破诸文化层及生土层。墓葬由墓道、主墓室、左侧室、右侧室、后室及若干耳室组成，甬道左右侧室后室及耳室形制相同皆平底斜壁拱顶，方向 132°（图三一五，彩版一一七）。

墓道 位于主墓室西侧，上部被一现代坑打破，墓道长度不详，宽约 0.8、残高约 0.6 米。墓门处宽 0.56、高 1.24 米，墓道底部前端平，后端呈坡状与主室相通。总长 3.2 米。

主墓室 长方形直壁，顶已不存，长 2.5、宽 1.28 米。现上口距地表 0.55、距墓底 2 米，室内中北部有灰痕残存，范围不详。

左侧室 位于主墓室左壁中部，由甬道与主墓室相通，甬道长 0.9、宽 0.65~0.8、高 1.3 米。左（北）侧室后端坍塌，长方形底，长 3.65、宽 0.7、室高 1.4 米，两侧各有 3 对称耳室，后 4 个室顶坍塌，大小略有不同，后耳室较小。耳室底浅于侧室约 0.15 米，侧耳室进深 0.6~0.8、宽 0.64~0.74、高 1.2 米，后耳室进深 0.38、宽 0.58、高 1 米。

右侧室 位于主墓室右壁中部，底浅于主墓室 0.15 米，梯形状前窄后宽，长 1.4、宽 0.6~0.8、高 1.3 米，两侧各有一对称耳室，大小略同，后耳室较小，耳室底浅于侧室底 0.15 米，侧耳室进深 0.45~0.5、宽 0.6、高 1.14 米，后耳室进深 0.4、宽 0.48、高 0.7 米。

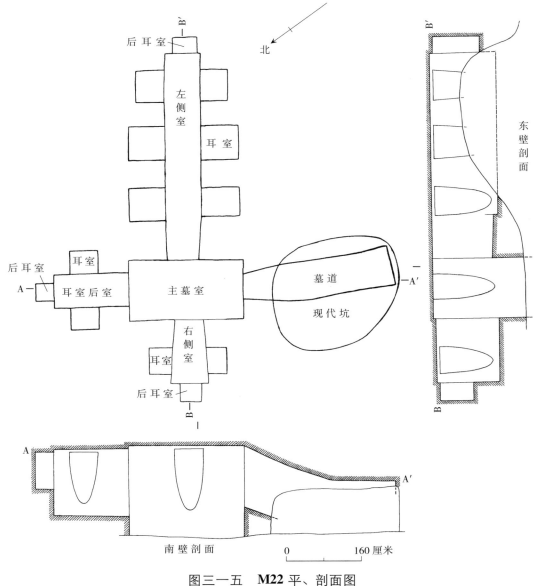

图三一五　**M22** 平、剖面图

后室　位于主墓室西壁中部，长方形底浅于主墓室 0.15 米，长 1.6、宽 0.72、高
1.46 米，两侧耳室大小相当，后耳室较小，耳室浅于后室 0.15 米，两侧耳室进深 0.5、
宽 0.6、高 1.1 米，后耳室进深 0.4、宽 0.48、高 0.78 米。

该墓为多室土圹墓，建筑整齐，结构讲究，主室、侧室、耳室各深浅有别，主次分
明。从层位上看，打破第②层（唐代），故此墓年代下限应为唐代。其下限还可从填土遗
物中得到进一步佐证。墓中无葬具，无随葬品，墓内填土混乱，土色灰褐间杂，土质松
软。填土中含较多陶瓷片和碎小的兽骨，陶片的时代最早可到龙山文化时期，晚期陶瓷
片完整或经修复完整的器物有：陶碗 B 型（M22 填：6）、C 型（M22 填：7、M22 填：
4）、小瓷碗 A 型（M22 填：12、M22 填：13）、深腹碗 B 型（M22 填：16）、瓷盏 A 型
（M22 填：11、M22 填：14、M22 填：15）等，均为唐代遗物。

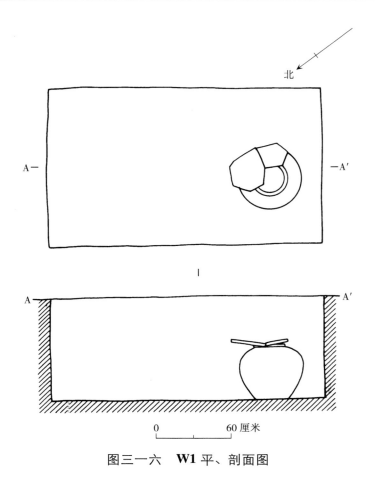

图三一六　**W1** 平、剖面图

（二）瓮棺墓

仅 1 座。

W1　位于 T8 东北部，开口于第②层下，打破第⑤层，方向 123°。墓口距地表 0.4 米。长方形土坑竖穴墓，直壁平底。长 2.2、宽 1.3、深 0.9 米。墓坑填土为灰褐色，质地较硬。葬具为四系瓷罐，置于墓底北部，罐口以两块残板瓦覆盖，内有粉末状殖骨（图三一六；彩版一一六，2）。

## 第二节　遗　物

芦城孜遗址唐代遗物较为丰富，完整器和可复原的器物较多，主要为生活用器，根据质料的不同分为陶器、瓷器两大类，其中瓷器类占了绝大多数。还有生产工具，如陶纺轮、陶拍等。建筑材料有砖、瓦等。另有一石磨，残甚。铁器数量也较多，保存基本完好，主要是一些生产工具和兵器类。

一　陶器

数量较少，其中陶碗占多数，完整和可复原的器物共计58件。器物陶胎较厚，制作粗糙，基本为素面，个别器物饰有弦纹。器形有碗、盆、钵、罐、盘口壶、陶砚、筒瓦、板瓦、瓦当、砖等。

（一）生活用具

碗　24件。均为泥质，素面。分3型。

A型　8件。圆唇，平底，素面。分2亚型。

Aa型　5件。腹较浅。

标本M22填土：5，灰陶，褐胎。敞口，底略凹，内壁有六周浅凹弦纹。口径14.6、底径6.6、高7厘米（图三一七，1；彩版一一八，1）。标本H54：6，黑灰陶。敞口，平底微凹。内壁有四周凹弦纹。口径15.2、底径7、高7.4厘米（图三一七，2；彩版一一八，2）。标本T14②：1，灰陶。口微敛，平底。口径15.6、底径8.6、高6.4厘米（图三一七，3；彩版一一八，3）。标本T14②：2，灰陶。敞口，凹底。近底饰两周凹弦纹。口径15、底径6.4、高7厘米（图三一七，4）。

Ab型　3件。深腹。

标本T11②：11，黑陶。底略凹。口径10.2、底径4.8、高7厘米（图三一七，5；彩版一一八，4）。标本T16②：3，灰黑陶。底微凹。口径13、底径6、高8.4厘米（图三一七，6；彩版一一八，5）。

B型　9件。浅腹，敞口，饼足或圈足。分2亚型。

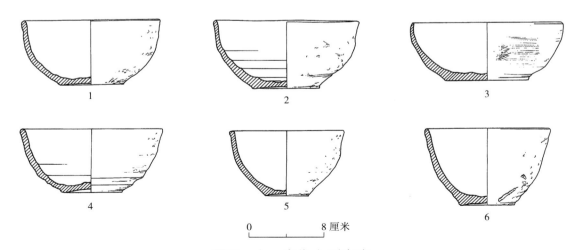

图三一七　唐代A型陶碗

1～4. Aa型（M22填土：5、H54：6、T14②：1、T14②：2）　　5、6. Ab型（T11②：11、T16②：3）

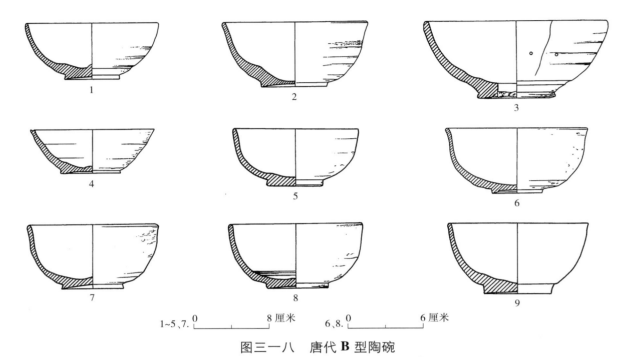

1～5、7. 0 ┣━━━━━┫ 8厘米　　6、8. 0 ┣━━━━━┫ 6厘米

图三一八　唐代 **B** 型陶碗

1～4. Ba 型（M22 填土：6、T28②：1、H135：1、T12②：22）
5～9. Bb 型（M22 填土：7、T12②：20、H54：7、H25：2、T7②：22）

Ba 型　4 件。斜弧壁，饼足，凹底。

标本 M22 填土：6，灰陶，圆唇。口径 14.2、底径 6、高 6.2 厘米（图三一八，1）。标本 T28②：1，灰陶。圆唇，口外撇。口径 15.8、底径 7、高 7.2 厘米（图三一八，2）。标本 H135：1，黑陶，褐胎，方唇，腹有两个小圆孔。口径 20、底径 8.4、高 8.6 厘米（图三一八，3，彩版一一九，1）。标本 T12②：22，灰黑陶。双唇，敞口，凹底。口径 11、底径 5.2、高 5.8 厘米（图三一八，4；彩版一二〇，6）。

Bb 型　5 件。弧壁，圆唇，素面。

标本 M22 填土：7，灰陶，平底。口径 12、底径 4.6、高 4.6 厘米（图三一八，5）。标本 T12②：20，红褐陶，矮圈足。下腹饰三周宽弦纹。口径 15.4、底径 5.4、高 7.2 厘米（图三一八，6；彩版一一九，2）。标本 H54：7，灰陶，底凹。口径 10.4、底径 4.8、高 5.2 厘米（图三一八，7）。标本 H25：2，灰陶，底微凹，内壁近底饰三周弦纹。口径 14.4、底径 6.4、高 6.9 厘米（图三一八，8；彩版一一九，3）。标本 T7②：22，黑陶。圆唇，底微凹。口径 10.8、底径 6.2、高 5.2 厘米（图三一八，9；彩版一一九，4）。

C 型　7 件。直口或敞口，上腹近直，假圈足，素面。分 2 亚型。

Ca 型　4 件。斜壁略弧。

标本 T11②：12，灰陶。圆唇，上腹一周内凹，平底。口径 15.4、底径 6.6、高 8.6 厘米（图三一九，1；彩版一一九，5）。标本 H54：2，灰陶。圆唇，凹底。上腹饰两周凹弦纹。口径 15.4、底径 6.8、高 8.4 厘米（图三一九，2；彩版一二〇，1）。标本 T1②：6 黑灰陶。方唇，直口，凹底。口径 14.6、底径 6、高 8.6 厘米（图三一九，3）。标本 M22 填土：4，黑灰陶。圆唇，底微凹。内壁饰三周凸弦纹。口径 14、底径 5.7、高 7.4 厘米（图三一九，4；彩版一二〇，2）。

Cb 型　3 件。

标本 T17②：4，灰黑陶。尖唇，直口，底凹，足缘一周经修抹成出凹槽。口径 15.8、底径 6、高 8 厘米（图三一九，5；彩版一二〇，3）。标本 T13②：14，红褐陶，圆唇，口下一周凹槽，凹底。口径 19.4、底径 7.4、高 11 厘米（图三一九，6；彩版一二〇，4）。标本 T13②：26，红褐陶。圆唇，底残。口径 19、底径 10.6、残高厘米（图三一九，7；彩版一二〇，5）。

盂　1 件。

标本 T14②：4，泥质灰陶。圆唇，平折沿，斜颈，上腹鼓，平底微凹。素面。口径 16、底径 7、高 9.2 厘米（图三二〇，1）。

杯　1 件。

标本 H123：7，泥质灰褐陶。手捏制，敛口，平沿，折腹，平底。素面。口径 9、底径 7.4、高 8.6 厘米（图三二〇，2）。

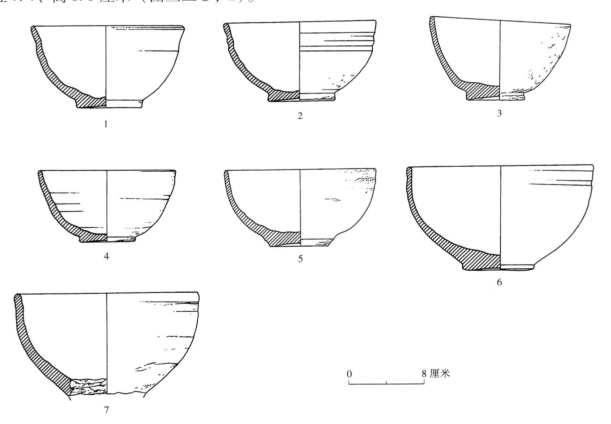

0 ━━━ 8 厘米

**图三一九　唐代陶碗**
1～4. Ca 型（T11②：12、H54：2、T1②：6、M22 填土：4）
5～7. Cb 型（T17②：4、T13②：14、T13②：26）

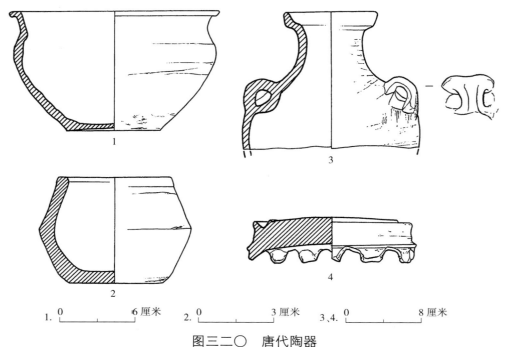

图三二〇　唐代陶器
1. 盂（T14②：4）　2. 杯（H123：7）　3. 盘口壶（H25：3）　4. 辟雍砚（T3②：11）

盘口壶　1 件。

标本 H25：3，泥质灰陶。盘口，高颈，腹残，肩有对称双系。素面。口径 9.9、残高 15 厘米（图三二〇，3）。

辟雍砚　1 件。

标本 T3②：11，泥质灰陶。顶面上鼓，边缘有一周凹槽，底有 11 个扁状足。直径 15.5、高 4.5 厘米（图三二〇，4）。

盆　18 件。均为泥质陶，素面。分 4 型。

A 型　5 件。折沿，大平底。

标本 H20：4，灰陶。折沿，沿面刻划上鼓有一周凹槽，斜直壁。口径 37.5、底径 19.2、通高 16.5 厘米（图三二一，1；彩版一二一，1）。标本 T15②：8，红褐陶，器表磨光。平折沿，沿面一周浅凹槽。口径 33.9、底径 20.7、高 13.8 厘米（图三二一，2；彩版一二一，2）。

B 型　11 件。垂沿，平底。

标本 T6②：19，灰陶。上腹微鼓，腹部饰四周凹弦纹。口径 28.5、底径 13.8、高 13.2 厘米（图三二一，3；彩版一二一，3）。标本 T13②：27，灰陶。折沿，沿面下倾，斜弧壁。口径 30.3、底径 12、通高 12.9 厘米（图三二一，4；彩版一二一，4）。

C 型　1 件。圆唇，敞口。

标本 H123：6，泥质灰陶。折肩，斜直腹，凹底略残。口径 23.2、底径 14.4、高 8.6 厘米（图三二一，5）。

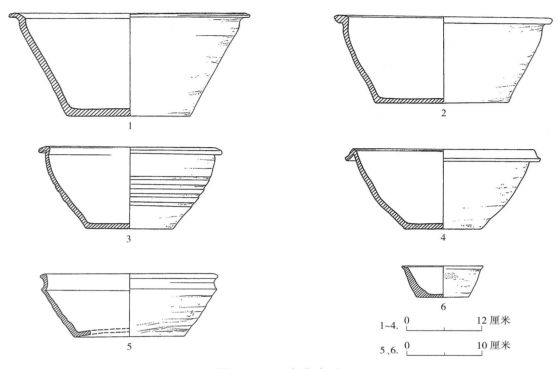

图三二一　唐代陶盆

1、2. A 型（H20：4、T15②：8）　　3、4. B 型（T6②：19、T13②：27）

5. C 型（H123：6）　　6. D 型（T14②：6）

D 型　1 件。小盆。

标本 T14②：6，泥质灰陶。敞口，尖唇，斜直腹。口径 10.6、底径 6.6、高 4.3 厘米（图三二一，6）。

钵　7 件。均为泥质，素面。分 2 型。

A 型　3 件。平底。

标本 T15②：1，灰陶。方唇，敛口，深腹，底微凹。口径 13.6、底径 5、高 5 厘米（图三二二，1；彩版一二二，1）。标本 T9②：12，灰褐陶。圆唇，近直口，小底微凹。口径 11.6、高 3.6 厘米（图三二二，2）。标本 T8②：2，灰陶。圆唇，直口，小底。口径 9.4、底径 3、高 3 厘米（图三二二，3；彩版一二二，2）。

B 型　4 件。

标本 H26：1，红褐陶。圆唇，敞口。口径 9.4、底径 4.4、高 3 厘米（图三二二，4；彩版一二二，3）。标本 T9②：14，灰褐陶。圆唇，侈口，浅腹，底略凸。口径 12、底径 6、高 3.6 厘米（图三二二，5；彩版一二二，4）。标本 T14②：3，灰陶。圆唇，敞口，底微凹。口径 11.4、底径 5、高 3.6 厘米（图三二二，6；彩版一二二，5）。标本 T16②：2，灰陶。尖唇，敞口，鼓腹，凹底，饼状足。口径 6、底径 5.4、高 2.4 厘米（图三二二，7；彩版一二三，6）。

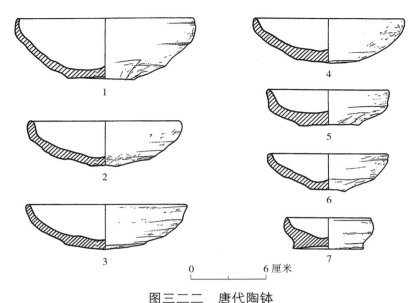

图三二二　唐代陶钵

1、2、5. A 型（T15②：1、T9②：12、T8②：2）
3、4、6、7. B 型（H26：1、T14②：3、T9②：14、T16②：2）


（二）建筑材料

筒瓦　14 件。模制，内切，均泥质。分 2 型。

A 型　7 件。长瓦舌，胎较薄。

标本 T8②：8，灰陶。残长 14、厚 0.8 厘米（图三二三，1）。标本 T35②：5，灰陶。舌沿凸起。残长 18、厚 2 厘米（图三二三，2）。

B 型　7 件。短瓦舌，厚胎。

标本 T17②：3，灰陶。残长 8.8、厚 2.4 厘米（图三二三，3）。标本 T6②：13，褐陶。长 36.2、宽 14、厚 1～2 厘米（图三二三，4）。标本 T4②：11，灰陶。长 33、宽 15.5、厚 1.5～1.8 厘米（图三二三，5）。

板瓦　41 件。模制，内切，均泥质。分 2 型。

A 型　32 件。瓦头无装饰。

标本 H1：3，灰陶。表面有刮抹痕。长 35.5、宽 22～26.8、厚 1.2～2.5 厘米（图三二四，1）。标本 T12②：18，灰陶。长 34、宽 22～28、厚 2～2.5 厘米（图三二四，2；彩版一二三，1）。标本 T11②：9，灰陶。表面有线条状刮抹痕。长 35、宽 22.8～28.4、厚 1.6～2 厘米（图三二四，3）。

B 型　9 件。瓦头有各种图案。

标本 T13②：24，灰陶。瓦头中间一道鼓棱，两侧捏成对称的半圆形凹窝图案。残长 17.1、厚 1.3～2.4 厘米（图三二四，4）。标本 T13②：25，灰陶。内壁贴敷泥条，

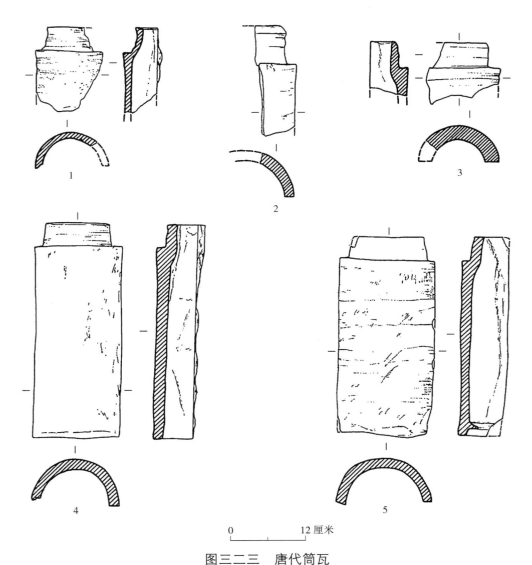

图三二三　唐代筒瓦

1、2. A 型（T8②：8、T35②：5）　3～5. B 型（T17②：3、T6②：13、T4②：11）

瓦头中间一道凸棱，两侧刻划成对称的麦穗形图案。残长 20.1、厚 1.5～3 厘米（图三二四，5）。标本 T12②：19，灰陶。瓦头中间有三道凹槽，内、外两侧分别刻划出大小不等的凹槽。残长 19.7、厚 1.8～3.3 厘米（图三二四，6）。标本 T9②：16，灰陶。瓦头有两道凹槽，之间刻划出斜槽，两侧按成凹窝。残长 12、厚 1.8～2.4 厘米（图三二四，7）。标本 H48：3，灰陶。瓦头中间有三道凹槽，外侧贴敷泥条并捏成等距对称凹窝。残长 19.2、厚 1.5～3 厘米（图三二五，1）。标本 T16②：6，灰陶。瓦头有两道凹槽，之间刻划成“叶状”图案。残长 21、厚 1.2～3 厘米（图三二五，2）。标本 T5②：6，灰陶。瓦头有六道凹槽，中间有两道刻划成菱形或方形图案。残长 10.8、厚 2.4～4.8 厘米（图三二五，3）。

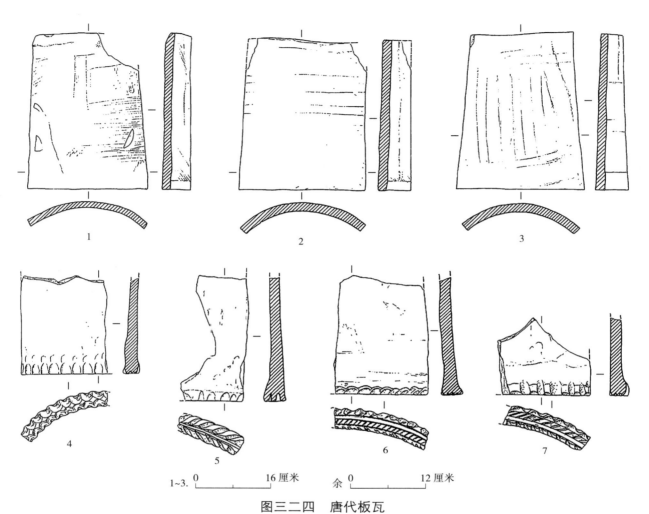

1~3. 0 ⎯⎯⎯⎯ 16 厘米　　余 0 ⎯⎯⎯⎯ 12 厘米

图三二四　唐代板瓦

1~3. A 型（H1：3、T12②：18、T11②：9）　　4~7. B 型（T13②：24、T13②：25、T12②：19、T9②：16）

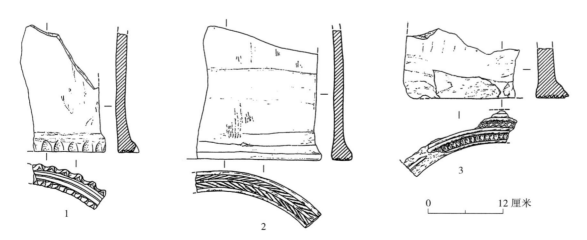

0 ⎯⎯⎯⎯ 12 厘米

图三二五　唐代 **B** 型板瓦

1. H48：3　2. T16②：6　3. T5②：6

砖　1件。

标本T11②：10，泥质灰陶。表面粘敷细沙，模制。长方形。长34、宽16.5、厚5厘米（图三二六，1；彩版一二三，2）。

瓦当　2件。

标本H20：3，泥质灰陶。模制，瓦当中间一齿状圆，上有七个排列均匀的小凹窝，周围有八个近似菱形图案，边缘有两周凹槽。当径14.6厘米（图三二六，2；彩版一二三，4）。标本T4③：1，泥质灰陶。中间有一乳丁纹，周围绕菱形和"钉子"形图案。当径14.4厘米（图三二六，3；彩版一二三，3）。

（三）生产工具

纺轮　4件。泥质陶。

标本T9②：4，磨光红褐陶。算珠形，中间穿孔较大。直径4、厚1.3、孔径1.1厘米（图三二七，1）。标本T9②：10，灰陶。算珠形。直径3.5、孔径0.8、厚2.4厘米（图三二七，2）。标本H3：8，褐陶。表面稍磨光，下平上鼓。直径4.7、厚0.3~0.6、孔径0.4厘米（图三二七，3）。标本T31②：2，灰陶。直径7.2、厚2.4、孔径1厘米（图三二七，4）。

网坠　12件。分2型。

A型　9件。均为泥质陶，两端及器壁中间各有对称系槽。

标本H3：5，灰褐陶。长7厘米（图三二八，1）。标本T18②：1，灰褐陶。长4厘米（图三二八，2），标本T18②：2，灰褐陶。长4.5厘米（图三二八，3）。标本T9②：1，红褐陶。长5.5厘米（图三二八，4）。标本T12②：5，红褐陶。长6厘米（图三二八，5）。标本T12②：2，灰陶。长6.2厘米（图三二八，6）。标本H3：6，灰褐陶。长5.5厘米（图三二八，7）。

B型　3件。泥质陶，中间一圆形穿孔。

标本M22填土：23，灰陶。形呈梭状。长8厘米（图三二八，8）。标本H3：7，红

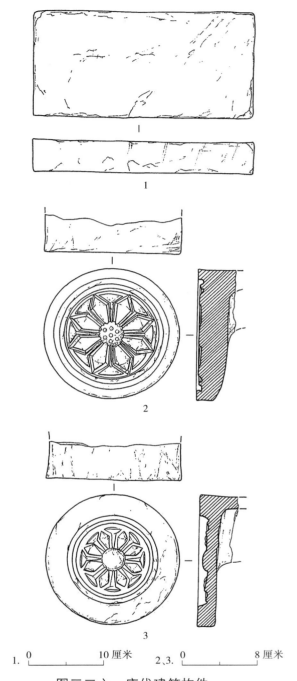

1.　　0　　　　　　　10厘米　　　2,3.　0　　　　　　　　8厘米

图三二六　唐代建筑构件
1. 砖（T11②：10）　　2、3. 瓦当（H20：3、T4③：1）

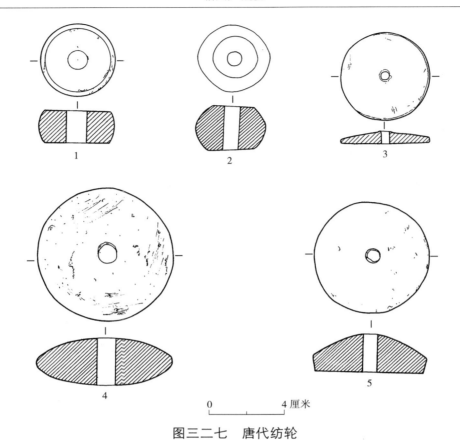

图三二七　唐代纺轮
1~4. 陶纺轮（T9②：4、T9②：10、H3：8、T31②：2）　5. 瓷纺轮（T12②：3）

褐陶，表面略磨光。长6.4、孔径0.6厘米（图三二八，9）。标本H135：9，灰褐陶。长6.5、孔径0.4厘米（图三二八，10）。

印纹拍　1件。

标本H48：1，圆柱形，残。泥质灰陶，器壁刻以三组交错绳纹，其间被两道竖凹槽相隔。残高4、直径3.8厘米（图三二九，1）。

锥　2件。

标本T4②：1，灰陶。长5.7厘米（图三二九，2）。标本T20②：1，泥质磨光灰褐陶。长4.5厘米（图三二九，4）。

二　瓷器

完整器较多，完整和可复原的共计148件。生活中常用的碗、高足盘居多，均用高岭土烧制，胎色基本为白色。个别为灰白。器壁表面的釉色多样，总体上以豆青色釉和黄釉占大多数，大部分器表施釉粗糙，颜色灰暗，施半釉。盏等瓷器制作精细，器表细腻光滑，釉面色泽光亮。器物种类有碗、高足盘、盏、罐、盘口壶、盂、圈足碗、钵、杯、器盖等。

碗　76件。分6型。

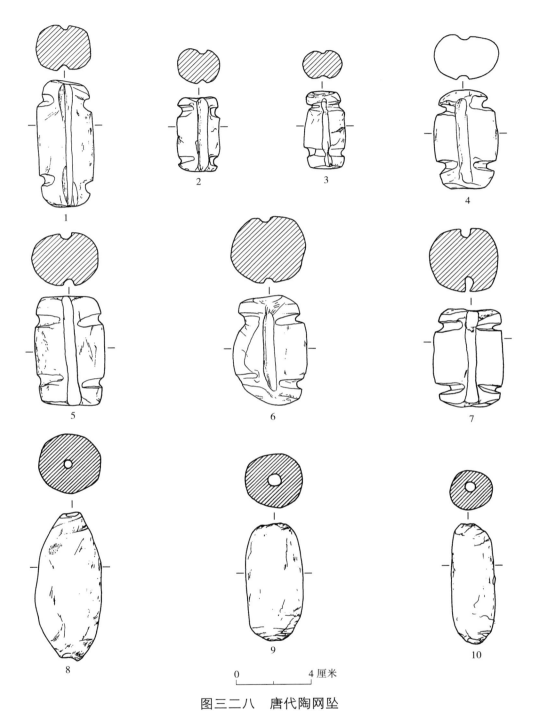

图三二八　唐代陶网坠

1～7. A 型（H3：5、T18②：1、T18②：2、T9②：1、T12②：5、T12②：2、H3：6）

8～10. B 型（M22 填土：23、H3：7、H135：9）

A 型　14 件。小瓷碗。分 2 亚型。

Aa 型　9 件。敞口，弧腹。

标本 T13②：17，圆唇，凹底。青釉泛黄，内施全釉，外施半釉。口径 10、底径

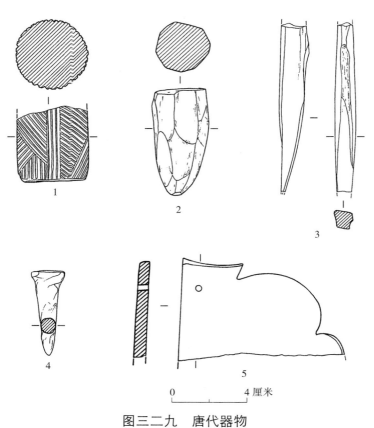

图三二九　唐代器物
1. 印纹陶拍（H48∶1）　　2、4. 陶锥（T4②∶1、T20②∶1）
3. 骨凿（H3∶11）　　5. 玉兔（T2②∶22）

5、高 4.8 厘米（图三三〇，1；彩版一二四，1）。标本 T6②∶3，圆唇，平底。黄色釉，内施全釉，外施约三分之一釉面。口径 11.2、底径 4.8、高 5.2 厘米（图三三〇，2；彩版一二四，2）。标本 T2②∶30，圆唇，凹底。灰白胎，深豆青釉，内施全釉，外施半釉。口径 10、底径 5.4、高 4 厘米（图三三〇，3）。标本 T5②∶4，圆唇，凹底。灰白釉开冰裂纹，内施全釉，外约施三分之二釉面。口径 10.4、底径 4.4、高 4.4 厘米（图三三〇，4；彩版一二四，3）。标本 T28②∶2，厚圆唇，饼形足。青釉呈麻点状，内壁施全釉，外壁施半釉。口径 10.6、底径 5.4、高 4.8 厘米（图三三〇，5；彩版一二四，4）。标本 H112∶2，圆唇，平底。灰胎，黄色釉，内施全釉，外约施三分之一釉面。口径 10.4、底径 4.6、高 4.8 厘米（图三三〇，6）。标本 T5②∶5，圆唇，平底。灰白胎，青灰釉，内施全釉，外施半釉。口径 10.4、底径 4.6、高 5 厘米（图三三〇，7；彩版一二四，5）。标本 T3②∶7，尖圆唇，凹底。灰胎，黄色釉，内施全釉，外施约三分之一釉面。口径 10.8、底径 5.2、高 5.2 厘米（图三三〇，8；彩版一二四，6）。标本 T12②∶31，圆唇，凹底。底缘一周经旋削。青色釉，内施全釉，外施约三分之一釉面。口径 10.4、底径 5、高 4.6 厘米（图三三一，1）。

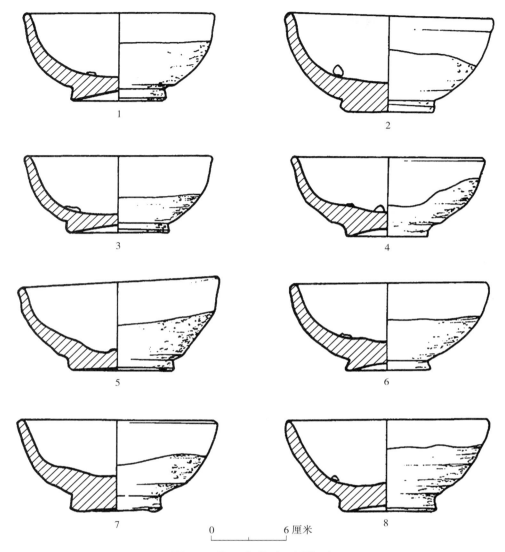

图三三〇　唐代 **Aa** 型瓷碗

1. T13②：17　2. T6②：3　3. T2②：30　4. T5②：4　5. T28②：2　6. H112：2　7. T5②：5　8. T3②：7

Ab 型　5 件。直口，弧腹。

标本 H3：3，尖圆唇，凹底。灰胎，青釉泛灰，釉面粗糙，内施全釉，外施半釉。口径 9、底径 4、高 5.4 厘米（图三三一，2；彩版一二五，1）。标本 M22 填土：13，圆唇，凹底。灰白胎，豆青釉，釉面有开片细纹，内施全釉，外约施半釉。口径 9、底径 3.8、高 5.6 厘米（图三三一，3；彩版一二五，2）。标本 T17②：6，尖圆唇，凹底。黄釉泛青，内施全釉，外约施半釉，釉面有细纹裂痕。口径 8.4、底径 4、高 5.2 厘米（图三三一，4；彩版一二五，3）。标本 M22 填土：12，尖圆唇，凹底。灰白胎，釉色深青，釉面布满灰黑斑点，内施全釉，外施半釉。口径 8.6、底径 3.6、高 5 厘米（图三三一，5；彩版一二五，4）。标本 H135：7，尖圆唇，饼足微凹。青釉泛灰白，釉面有开片细纹裂痕，内壁施全釉，外壁施半釉。足边缘一周细弦纹。口径 8.4、底径 4、高 6.2 厘米（图三三一，6）。

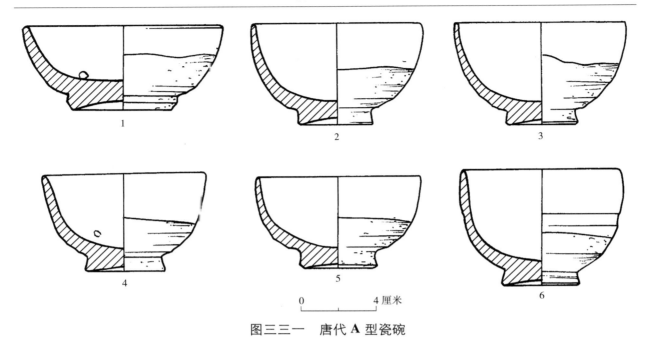

图三三一　唐代 A 型瓷碗

1. Aa 型（T12②：31）　　2～6. Ab 型（H3：3、M22 填土：13、T17②：6、M22 填土：12、H135：7）

B 型　7 件。个体硕大，大部为敞口，弧腹或斜弧腹，凹底，碗内底有三支钉痕。内施满釉，外施半釉。

标本 H9：1，圆唇，深腹。青灰胎。深豆青釉。口下有一周、腹有三周凹弦纹。口径 23.4、底径 11、高 11.1 厘米（图三三二，1；彩版一二六，1）。标本 T33②：3，圆唇。灰白胎。黄釉。内底有两周凹弦纹。口径 24、底径 12.9、高 9.3 厘米（图三三二，2；彩版一二六，2）。标本 T12②：7，圆唇。灰白胎。釉色豆青。上腹有三周凹弦纹。口径 22.8、底径 9.9、高 9 厘米（图三三二，3）。标本 T32②：1，方唇，直口，凹底。灰白胎，内施全釉，外施半釉，釉色浅豆青乏黄。内底一周凹弦纹。口径 23.7、底径 9.9、高 7.2 厘米（图三三二，4；彩版一二六，3）。标本 H1：4，斜沿内高外低，沿面有两周浅凹槽，凹底。灰白胎，浅豆青釉，内施全釉，外施半釉。内底有两周凹弦纹。口径 24、底径 9.6、高 8.7 厘米（图三三二，5；彩版一二五，5）。标本 T1②：1，圆唇，侈口，凹底。灰胎，内施全釉，外施兰釉，釉色浅黄。口径 21.3、底径 7.8、高 7.2 厘米（图三三二，6；彩版一二六，4）。标本 H25：4，圆唇，侈口，矮圈足。灰胎，内施全釉，外施三分之一釉，釉色豆青泛绿，釉面呈颜色深浅不一。内底有一周凹弦纹。口径 25.2、底径 12、高 8.1 厘米（图三三二，7；彩版一二六，5）。

C 型　4 件。敞口，圆唇，斜弧腹，凹底，碗内底有三支痕，内施满釉，外半釉。

标本 T11②：3，灰白胎，圆唇，平沿。内底有一周凹弦纹，青色釉。口径 17.4、底径 7、高 5.6 厘米（图三三二，8；彩版一二六，6）。标本 T8②：11，灰白胎，青釉泛墨绿。口径 20.6、底径 8.4、高 6.4 厘米（图三三二，10；彩版一二七，1）。标本 T7②：10，圆唇，平沿。灰胎，黄釉。口径 19.4、底径 8.8、高 5.4 厘米（图三三二，9；

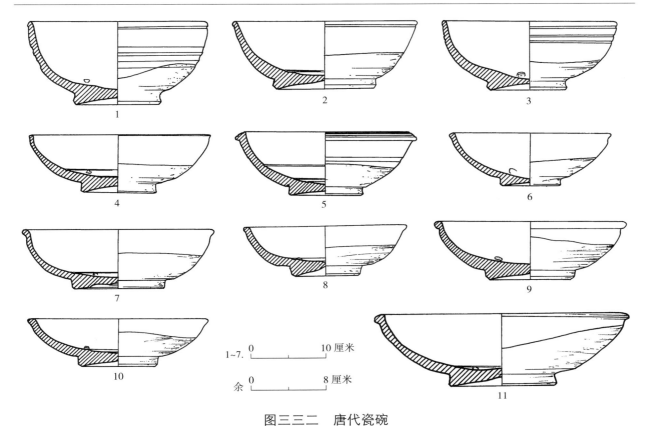

图三三二 唐代瓷碗

1~7. B 型（H9：1、T33②：3、T12②：7、T32②：1、H1：4、T1②：1、H25：4）
8~11. C 型（T11②：3、T7②：10、T8②：11、T1②：10）

彩版一二七，2）。标本 T1②：10，方唇，垂沿，内底一周凹弦纹。胎白色，釉色浅黄。口径 27、底径 11.1、高 7.2 厘米（图三三二，11；彩版一二七，3）。

D 型 17 件。敞口，弧腹，饼底内凹。分 2 亚型。

Da 型 12 件。

标本 H1：1，红褐胎，未施釉。口径 14.6、底径 6.6、高 8.4 厘米（图三三三，1；彩版一二七，4）。标本 H18：1，黄灰胎，未施釉。口径 21.9、底径 10.8、高 12.3 厘米（图三三三，2；彩版一二七，5）。标本 M22 填土：16，灰胎。青釉泛灰，局部釉面脱落。口径 13、底径 5.4、高 8 厘米（图三三三，3；彩版一二七，6）。标本 H1：5，尖圆唇，凹底。灰白胎，豆青釉，内施全釉，外施半釉，有流釉痕。口径 12.8、底径 6.4、高 7.4 厘米（图三三三，4；彩版一二八，1）。标本 H135：2，豆青釉色较深。口径 14、底径 6.8、高 6.8 厘米（图三三三，5；彩版一二八，2）。标本 T17②：5，豆青釉泛蓝。口径 13.4、底径 6.6、高 7 厘米（图三三三，6；彩版一二八，3）。标本 H1：7，深黄釉。口径 12.8、底径 5.4、高 7 厘米（图三三三，7；彩版一二八，4）。标本 T27②：1，尖圆唇。青釉乏黄，釉面不匀。腹饰两周凹弦纹。口径 10.2、底径 4.4、高 6.4 厘米（图三三三，8；彩版一二八，5）。标本 H1：6，圆唇，口近直，凹底。豆青釉，内施全釉，外施半釉。口径12.8、底径6、高7.4厘米（图三三三，9；彩版一二八，6）。标本 H135：5，黄釉泛青。口 径 12.6、底 径 6.4、高 7.2 厘 米（图 三 三 三，10；彩版一二九，1）。标本 T12②：29，外壁饰两周凹弦纹。灰胎。青釉。口径11.8、底径5、高7.4厘米（图三三三，11；彩版一二九，2）。标本 T36②：2，下腹饰两周凹弦纹。釉色豆青泛绿。口径14.2、底径6.2、高7.4厘米（图三三三，12；彩版一二九，3）。

Db 型　5件。

标本 H19：1，尖唇，平底微凹。灰白胎，青釉泛灰，内施全釉，外釉面不及底。口径9.9、底径4、高6.4厘米（图三三四，1）。标本 T13②：15，尖圆唇，凹底。灰白胎，青釉泛灰，内施全釉，外施半釉。口径12.4、底径5、高7厘米（图三三四，2；彩版

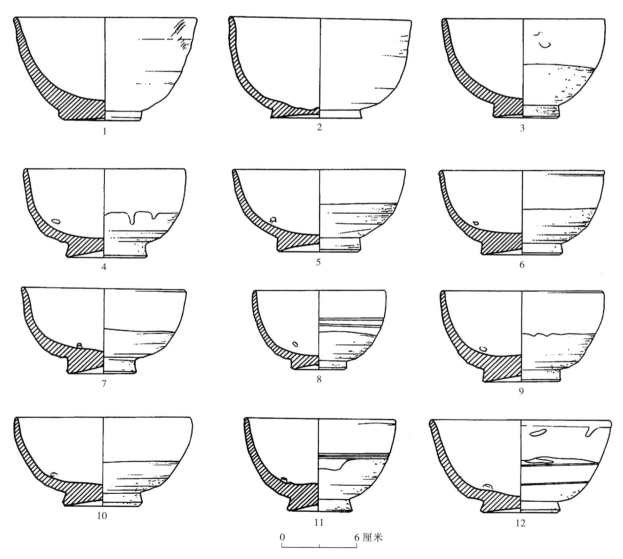

0　　　　　　6厘米

图三三三　唐代 Da 型瓷碗

1. H1：1　2. H18：1　3. M22 填土：16　4. H1：5　5. H135：2　6. T17②：5
7. H1：7　8. T27②：1　9. H1：6　10. H135：5　11. T12②：29　12. T36②：2

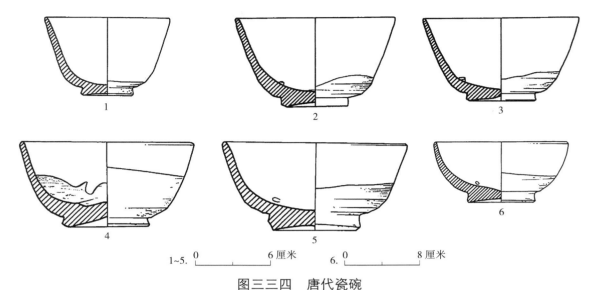

图三三四　唐代瓷碗

1~5. Db 型（H19：1、T13②：15、H51：1、T7②：13、T7②：17）　　6. Ea 型（H139：1）

一三〇，1）。标本 H51：1，尖圆唇，凹底。灰白胎，青灰釉，开冰裂纹，内施全釉，外施约三分之二釉面。口径 12.2、底径 5.4、高 6.6 厘米（图三三四，3；彩版一三〇，2）。标本 T7②：13，灰白胎，豆青釉，外腹施半釉。口径 14.4、底径 6.8、高 7 厘米（图三三四，4；彩版一二九，4）。标本 T7②：17，灰白胎，豆青釉。口径 13.6、底径 6.6、高 7.8 厘米（图三三四，5；彩版一三〇，3）。

E 型　33 件。中口碗。敞口，弧腹，饼底内凹。分 3 亚型。

Ea 型　10 件。

标本 T12②：26，圆唇，凹底。豆青釉，内施全釉，外施约三分之一釉面。口径 16.4、底径 8、高 6.6 厘米（图三三五，1；彩版一三〇，4）。标本 T2②：15，圆唇，口外侧一周凸棱，饼底微凹。青釉，内施全釉，外施半釉。口径 18、底径 8、高 7.8 厘米（图三三五，2；彩版一三〇，5）。标本 T13②：13，尖圆唇，凹底。豆青釉色较深，内施全釉，外施半釉，有泪痕。口径 16.2、底径 7.8、高 7.4 厘米（图三三五，3）。标本 T6②：10，圆唇，饼底微凹。青釉泛黄色，内施全釉，外施约三分之二釉面。口径 17、底 6.4、高 7.4 厘米（图三三五，4；彩版一三〇，6）。标本 T7②：19，圆唇，凹底。青釉，内施全釉，釉面多已脱落，外施约四分之一釉面。口径 14.6、底径 6.8、高 6.6 厘米（图三三五，5；彩版一三一，1）。标本 T12②：4，圆唇，凹底。青釉，内施全釉，外壁施三分之一釉面。口径 14.6、底径 6、高 6.6 厘米（图三三五，6；彩版一三一，2）。标本 T14②：7，圆唇，凹底。深豆青釉，釉面有铁锈色斑点，内施全釉，外施约三分之一釉面。口径 16、底径 6.6、高 6.8 厘米（图三三五，7；彩版一三一，3）。标本 T12②：16，圆唇，凹底。青釉泛蓝，内施全釉，外施三分之一釉面。口径 15.4、底径 6.6、高 6.2 厘米（图四三三五，8；彩版一三一，4）。标本 T1②：4，圆唇，凹底。灰白裸胎，未施釉。口径 16、底径 8.2、高 6.2 厘

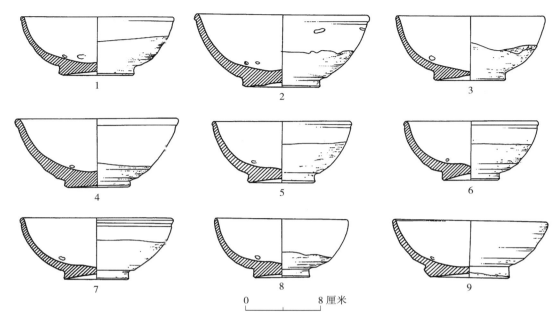

图三三五　唐代 **Ea** 型瓷碗

1. T12②：26　2. T2②：15　3. T13②：13　4. T6②：10　5. T7②：19　6. T12②：4
7. T14②：7　8. T12②：16　9. T1②：4

米（图三三五，9；彩版一三一，5）。标本 H139：1，尖圆唇，凹底。青釉泛黄，内施全釉，外施半釉。口径 14.2、底径 7、高 6.6 厘米（图三三四，6；彩版一三一，6）。

　　Eb 型　14 件。

　　标本 H9：6，圆唇，凹底。青釉，内施全釉，外施三分之二釉面。口径 16.4、底径 7.6、高 6 厘米（图三三六，1；彩版一三二，1）。标本 T6②：2，圆唇，平底。红褐胎，豆青釉，表面粗糙，内壁釉面剥落，外施三分之一釉面。口径 16、底径 6、高 6.2 厘米（图三三六，2；彩版一三二，2）。标本 T12②：24，尖圆唇，凹底。浅黄釉，内施全釉，外施半釉。口径 14.2、底径 6、高 6.6 厘米（图三三六，3；彩版一三二，3）。标本 T11②：8，圆唇，凹底。黄釉泛青，内施全釉，外施三分之一釉。近口处有一周凹槽。口径 16、底径 7.2、高 6.8 厘米（图三三六，5；彩版一三二，4）。标本 H123：3，圆唇，凹底。豆青釉，内施全釉，外施半釉，有流釉现象。近口处有一周浅凹槽。口径 15.8、底径 6.4、高 6 厘米（图三三六，6；彩版一三二，5）。标本 H123：4，圆唇，凹底。黄色釉，内施全釉，外施约三分之一釉面。近口处有一周凹槽。口径 16.6、底径 7.4、高 6.8 厘米（图三三六，7；彩版一三二，6）标本 T12②：23，尖圆唇，凹底。黄釉面大部脱落，仅局部有釉面痕。口径 15.6、底径 6、高 7.4 厘米（图三三六，8；彩版一三三，1）。标本 T25②：1，圆唇，凹底，足缘旋削。灰白釉，内施全釉，外施三分之一釉面。口径 15.4、底径 6.6、高 6.6 厘米（图三三七，1；彩版一三三，2）。标本 T2②：5，圆唇，平底。灰白胎，青釉泛灰，釉面开冰裂纹，内施全釉，外约施三分之一釉面。口径 12、底径 6、高 4.8 厘米（图三三七，2；彩版一三三，3）。标本 H135∶10，圆唇，凹底。内施全釉，外施约三分之一釉面，豆青釉色略深。近口处一周凹槽。口径 16.2、底径 7.2、高 7 厘米（图三三七，3）。标本 T4②∶17，圆唇，凹底。青釉，内施全釉，外施半釉。口径 15、底径 7.6、高 7 厘米（图三三七，4；彩版一三三，4）。标本 T11②∶2，圆唇，上腹外鼓，凹底。豆青釉，内施全釉，外施半釉。口径 16.2、底径 8.6、高 6.6 厘米（图三三七，5；彩版一三三，5）。标本 T11②∶1，圆唇，凹底。豆青釉，釉面局部脱落，内施全釉，外约施四分之一釉面。口径 14.6、底径 7、高 6.8 厘米（图三三七，6；彩版一三三，6）。标本 T1②∶7，圆唇，凹底。器表粘满粗砂粒，釉面脱落。口径 15、底径 7.8、高 6.6 厘米（图三三六，9）。

Ec 型　9 件。

标本 T12②∶6，圆唇，凹底。内施全釉，外施约四分之一釉面，青釉泛绿。口径 15.6、底径 6.4、高 9 厘米（图三三八，1；彩版一三四，1）。标本 T12②∶28，圆唇，凹底。红褐胎，青釉，内施全釉，外施约三分之一釉面。口径 14.4、底径 5.8、高 6 厘米（图三三八，2；彩版一三四，2）。标本 T7②∶7，圆唇，凹底。灰胎，灰白釉，内施全釉，外施半釉。近口部一周凹槽。口径 15.6、底径 7.4、高 6.2 厘米（图三三八，3；彩版一三四，3）。标本 T16②∶7，圆唇，平底。灰白胎，豆青釉，内施全釉，釉面有铁锈

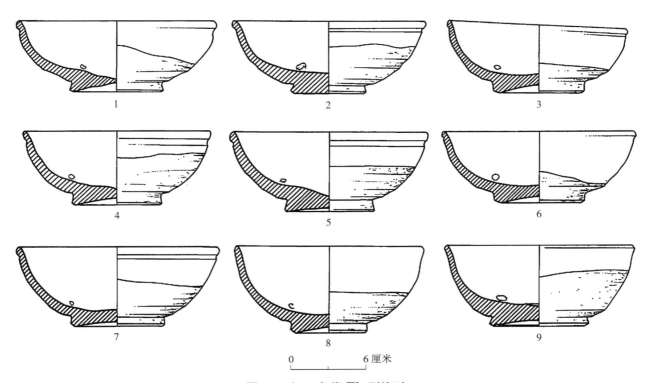

图三三六　唐代 Eb 型瓷碗
1. H9∶6　2. T6②∶2　3. T12②∶24　4. T4②∶16　5. T11②∶8
6. H123∶3　7. H123∶4　8. T12②∶23　9. T1②∶7

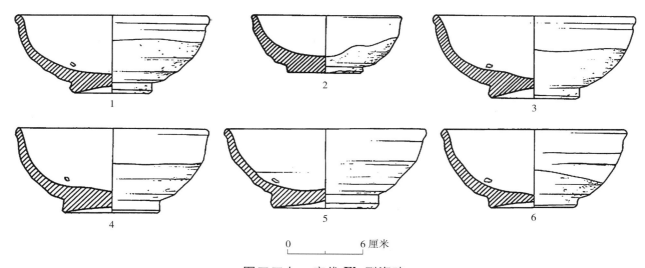

0 ————— 6 厘米

图三三七　唐代 **Eb** 型瓷碗

1. T25②：1　2. T2②：5　3. H135：10　4. T4②：17　5. T11②：2　6. T11②：1

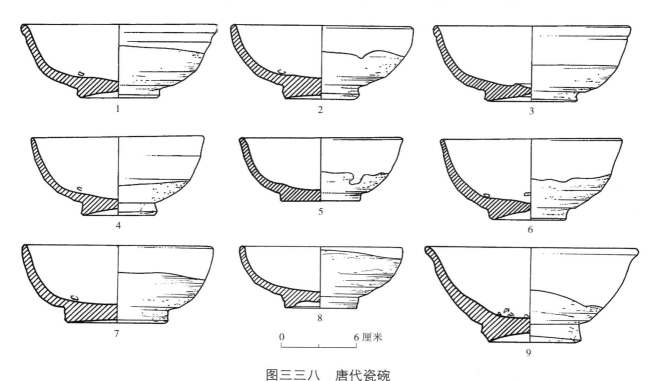

0 ————— 6 厘米

图三三八　唐代瓷碗

1～8. Ec 型（T12②：6、T12②：28、T7②：7、T16②：7、H135：3、H1：2、T12②：27、
T15②：2）　　9. F 型（T3②：8）

色斑点，外施约三分之二釉面，有流釉痕。口径12.8、底径6、高5厘米（图三三八，4；
彩版一三四，4）。标本 H135：3，圆唇，凹底。灰胎，内施全釉，外施半釉，釉色豆青泛
黄。口径13.8、底径6、高6.6厘米（图三三八，5；彩版一三四，5）。标本 H1：2，圆
唇，凹底。灰胎，豆青釉，内施全釉，外施半釉。口径14.4、底径6、高6.8厘米（图
三三八，6；彩版一三四，6）。标本 T12②：27，圆唇，底微凹。浅黄釉，内施全釉，外

施约三分之一釉面。口径 14.2、底径 7.4、高 6 厘米（图三三八，7；彩版一三五，1）。标本 H135：4，尖圆唇，凹底。内施全釉，外施半釉，青釉泛黄。口径 13.8、底径 6.4、高 6.8 厘米（彩版一三五，2）。标本 T15②：2，圆唇，口外撇，斜弧腹。红褐胎，绿釉泛蓝色，内施全釉，外裸胎。口径 12、底径 5.6、高 4.8 厘米（图三三八，8）。

F 型　1 件。敞口，弧腹，饼足内凹。

标本 T3②：8，圆唇，凹底，豆青釉。口径 16、底径 7、高 7.4 厘米（图三三八，9）。

盏　18 件。分 2 型。

A 型　10 件。直口，弧腹，假圈足较高。

标本 H56：1，尖圆唇，底微凹。灰白胎，青釉泛黄开冰裂纹，内施全釉，外施半釉。口径 12.6、底径 4.6、高 9.4 厘米（图三三九，1；彩版一三五，3）。标本 M22 填土：15，尖圆唇，底微凹。豆青釉，釉面开冰裂纹，内施全釉，外施釉不及底。腹饰三周细弦纹。口径 9、底径 4.2、高 9.8 厘米（图三三九，2；彩版一三五，4）。标本 M22 填土：14，尖唇，底微凹。青釉泛黄，釉面有开片裂纹，内施全釉，外施约三分之二釉面。口径 10、底径 4.2、高 10 厘米（图三三九，3；彩版一三五，5）。标本 H3：1，尖唇，底微凹。灰胎，釉色豆青泛黄，内施全釉，外施釉不及底。口径 7.8、底径 3、高 7.2 厘米（图三三九，4；彩版一三五，6）。标本 T17②：23，尖唇，凹底。灰胎，青釉泛灰，釉面开冰裂

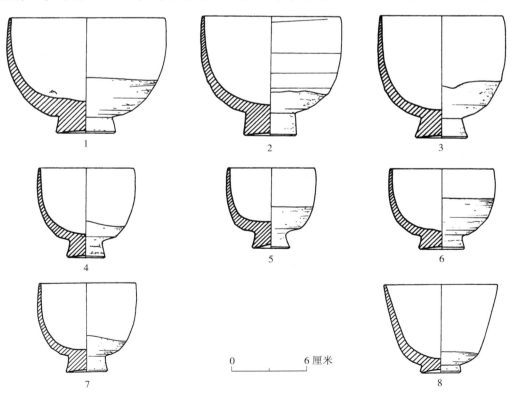

图三三九　唐代瓷盏

1～7. A 型（H56：1、M22 填土：15、M22 填土：14、H3：1、T17②：23、H28：1、M22 填土：11）
8. B 型（T5②：3）

纹，内施全釉，外施半釉。口径 7、底径 3、高 6.4 厘米（图三三九，5）。标本 H28：1，圆唇，底微凹。灰白胎，釉色豆青泛黄，内施全釉，外施半釉。口径 8.2、底径 3.6、高 6.4 厘米（图三三九，6；彩版一三六，1）标本 M22 填土：11，尖唇，底微凹。灰白胎，青釉泛灰，内施全釉，外施釉不及底。口径 7.6、底径 3.2、高 7 厘米（图三三九，7；彩版一三六，2）。标本 H135：6，尖唇，底微凹。灰胎，青釉泛灰，釉面开冰裂纹，内施全釉，外壁施半釉。腹部有一周凹槽。口径 8.4、底径 4、高 6.2 厘米（彩版一三六，3）。

B 型　8 件。敞口，斜直腹，矮假圈足。

标本 T5②：3，尖唇，凹底。灰胎，青釉泛灰，釉面有开片细裂纹，内施全釉，外施釉不及底。口径 9、底径 3、高 7.2 厘米（图三三九，8；彩版一三六，4）。

高足盘　21 件。口沿比较宽，侈口，喇叭形高足，盘底有数量不等的支钉。分 2 型。

A 型　18 件。矮粗柄。

标本 T13②：18，圆唇，盘底有几何花卉对称图案。灰胎，盘施青釉，柄、座裸胎。口径 22、底径 13.2、高 11.2 厘米（图三四〇；彩版一三七，1）。标本 T23②：1，盘底平。灰胎，豆盘施青釉，柄、座裸胎，盘底近平，下有窑具支痕。口径 12.8、底径 7.4、高 6.2 厘米（图三四一，1；彩版一三七，2）。标本 T7②：24，灰胎，豆盘施青釉，柄、座施半釉。近平盘，盘下有窑具支痕，柄略直，有一周竹节棱。口径 12.2、底径 7.2、高 6.6 厘米（图三四一，2；彩版一三七，3）。标本 T8②：3，柄略直，有一周竹节棱。灰胎，通施青釉，釉面粗糙，局部釉面脱落。盘心饰三周弦纹。口径 13、底径 6、高 6.2 厘米（图三四一，3）。标本 T24②：2，灰胎，青釉泛黑灰，豆盘施全釉，柄及座施三分之二釉。口径 10.8、底径 6.8、高 14.4 厘米（图三四一，4；彩版一三七，4）。标本 T28②：4，盘近平，柄有一周竹节棱。灰胎，豆盘施青釉，釉面粗糙，以下露胎。口径 12.2、底径 6.8、高 5.2 厘米（图三四一，5；彩版一三七，5）。标本 H112：1，灰白胎，豆盘施黄釉，釉面细腻，有开片，盘以下裸胎。口径 13.2、底径 7.6、高 6.6 厘米（图三四一，6；彩

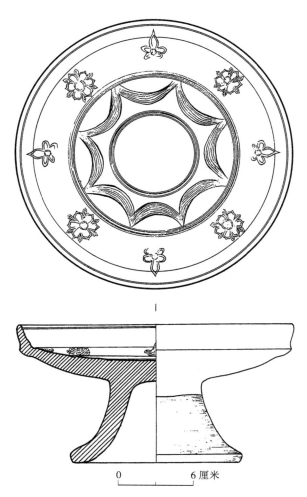

图三四〇　唐代 A 型瓷高足盘（T13②：18）

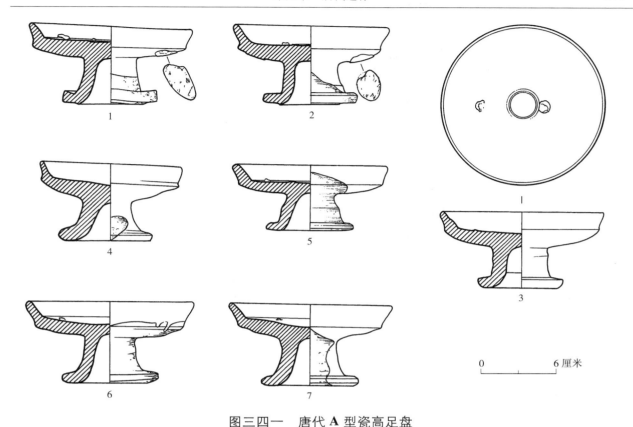

图三四一　唐代 A 型瓷高足盘
1. T23② : 1　2. T7② : 24　3. T8② : 3　4. T24② : 2　5. T28② : 4　6. H112 : 1　7. H51 : 2

版一三七，6）。标本 H51 : 2，灰胎，通施青釉，釉面粗糙，局部脱落，柄及座施半釉。口径 13、底径 7.6、高 6.8 厘米（图三四一，7；彩版一三八，1）。标本 T2② : 12，盘心饰两周凹弦纹。盘通施青釉，柄施约三分之一釉，底座裸胎，盘内有二字"朱□"，下残，不详。口径 11.6、底径 7.4、高 5.4 厘米（图三四二，1）。标本 T25② : 2，盘内中心饰三周凹弦纹，盘底近平，柄略直。灰胎，盘通施黄釉，釉面粗糙，柄施约三分之一釉，底座露胎。口径 12、底径 6.4、高 5.6 厘米（图三四二，2）。标本 T17② : 7，灰胎，通施釉，盘施青釉，柄、座施半釉。口径 14、底径 8.2、高 5.8 厘米（图三四二，3；彩版一三八，2）。

　　B 型　3 件。柄较高，略细，足尖上挑。

　　标本 T12② : 13，盘较深。灰胎，施青釉，施釉及柄。口径 13、底径 8.4、高 10.6 厘米（图三四二，4；彩版一三八，3）。标本 H3 : 2，浅盘。灰胎，施青釉，柄及座露胎。口径 13.2、底径 9、高 8.4 厘米（图三四二，5）。标本 T4② : 18，深盘。灰胎，釉色豆青，柄、座均为裸胎。口径 12.8、底径 8.4、高 10.6 厘米（图三四二，6；彩版一三八，4）。

　　壶　6 件。

　　标本 H3 : 4，盘口高颈，颈部呈竹节状，上腹圆鼓，肩颈间有四"U"形系。灰胎，

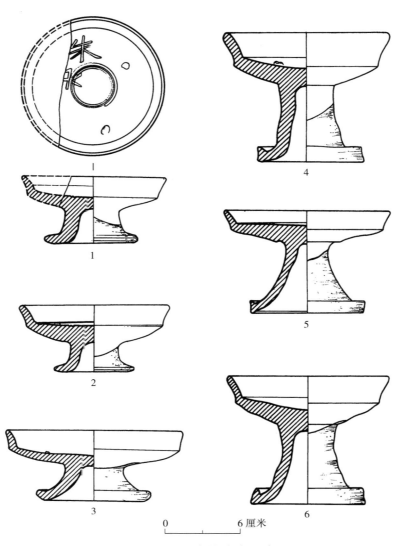

图三四二　唐代瓷高足盘
1～3. A 型（T2②：12、T25②：2、T17②：7）　4～6. B 型（T12②：13、H3：2、T4②：18）

青釉。口径 12.8、残高 21 厘米（图三四三，1）。标本 T8②：12，盘口高颈，颈部呈竹节状，上腹圆鼓，肩颈间有四 "U" 形系条。灰胎，青灰釉。口径 13.2、残高 16.5 厘米（图三四三，2）。标本 T11②：18，盘口高颈，尖唇，盘略浅。灰胎，豆青釉。口径 11、残高 12 厘米（图三四三，3）。标本 T8②：13，盘口高颈，颈部呈竹节状，上腹圆鼓，肩颈间有四 "U" 形系条。灰胎，青灰釉，釉面有开片。口径 7.2、残高 11.1 厘米（图三四三，4）。标本 H54：4，残。肩颈间有四 "U" 形系，上腹鼓，下腹瘦长，平底内凹，腹饰三周凹弦纹。灰胎，青釉，下腹裸胎。底径 10.5、残高 21 厘米（图三四三，5；彩版一三九，1）。标本 T15②：15，盘口，短颈，扁鼓腹，大平底内凹。肩两周凹弦纹附四个桥形耳。灰胎，酱红釉，内施满釉，外壁施釉不及底，釉面开冰裂纹。口径 6、底径 7.4、高 9 厘米（图三四三，6；彩版一三九，2）。

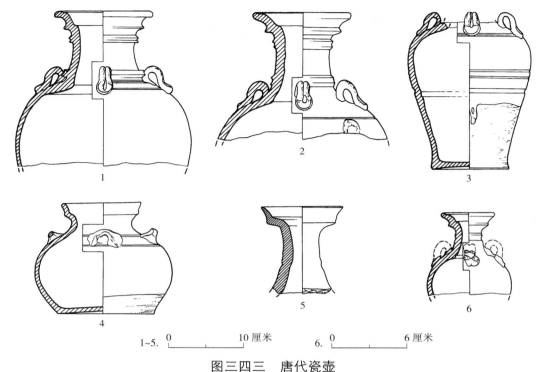

1~5. ├─────────10厘米　　6. ├─────────6厘米

图三四三　　唐代瓷壶

1. H3：4　2. T8②：12　3. T11②：18　4. T8②：13　5. H54：4　6. T15②：15

罐　9件。依口部形态不同，分2型。

A型　4件。直口，短颈，鼓腹，肩颈部有四"U"形系。

标本T7②：26，残。下腹三周凹弦纹。灰胎，青釉泛黄，内壁满釉，外壁约施半釉。口径9.2、残高19厘米（图三四四，1）。标本T13②：29，底残。灰胎，豆青釉，内施满釉，外壁约施半釉，釉面粗糙。口径8.8、残高12.8厘米（图三四四，2）。标本T10②：5，系下一周凸棱。腹残。灰胎，青釉泛黄，釉面粘敷白色砂粒。口径10.8、残高7.2厘米（图三四四，3）。标本T7②：25，系下一周凸棱。腹残。灰胎，青釉。口径13.2、残高8厘米（图三四四，6）。

B型　5件。盘口较浅，矮颈，肩颈部有四"U"形系，上腹圆鼓。

标本T8W1：1（瓮棺葬具），肩饰一周凸棱，下腹饰一周凹弦纹，小平底。灰胎，豆青釉，局部泛蓝，内露胎，外施釉不及底，近底有泪痕。口径20、底径16.2、高55厘米（图三四四，5；彩版一四○）。标本T8②：15，口残。肩饰两周、腹饰四周凹弦纹，凹底。灰胎，青釉，内施满釉，外约施三分之二。底径14.8、残高36厘米（图三四四，8；彩版一四一）。标本T11②：15，残。颈、肩结合处有一周凹弦纹。灰胎，豆青釉。口径14、残高7.6厘米（图三四四，9）。标本T1②：5，残。肩部有两周凹弦纹。灰胎，青釉，釉多已脱落。口径14、残高8厘米（图三四四，4）。

小罐　2件。分2型。

A型　1件。标本T2②：4，直口，短颈，饼底内凹，鼓腹，肩颈部四"U"形。灰

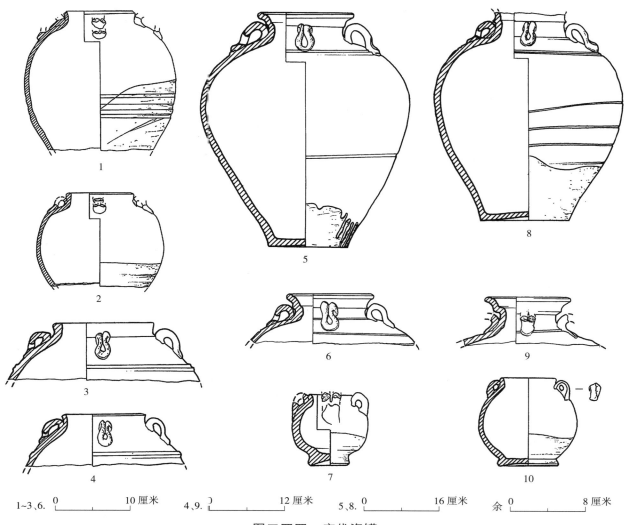

图三四四　唐代瓷罐

1~3、6. A 型罐（T7②：26、T13②：29、T10②：5、T7②：25）

4、5、8、9. B 型罐（T1②：5、T8W1：1、T8②：15、T11②：15）

7. A 型小罐（T2②：4）　　10. B 型小罐（T12②：33）

胎，豆青釉，内施全釉，外施半釉，釉面开冰裂纹。口径 3.6、底径 3.2、高 5.8 厘米（图三四四，7；彩版一三九，3）。

　　B 型　1 件。标本 T12②：33，直口短颈，饼底内凹，上腹圆鼓，肩颈部有对称双系。灰胎，酱黄釉泛蓝，内露胎，外施半釉。口径 4.4、底径 4.8、高 7.2 厘米（图三四四，10；彩版一三九，4）。

　　盂　6 件。敛口或平口，鼓腹。分 2 型。

　　A 型　4 件。平底微凹。

　　标本 T16②：11，残。灰胎，通施灰白釉。口径 15.4、残高 7.2 厘米（图三四五，1）。标本 T6②：16，扁腹。灰胎，内壁裸胎，外壁腹施灰白釉，底施青釉。口径 3.2、底径 3.5、高 3.6 厘米（图三四五，3）。标本 T11②：17，灰白胎，通施白釉，釉面开冰

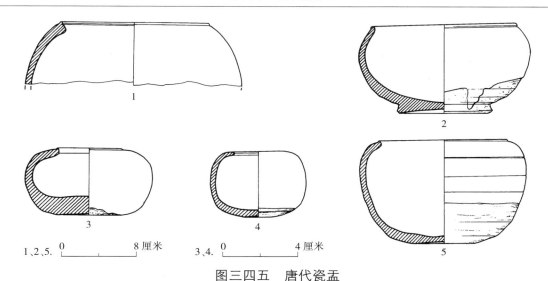

图三四五　唐代瓷盂

1、3～5. A 型（T16②：11、T6②：16、T11②：17、T16②：4）　2. B 型（T5②：12）

裂纹，底未施釉。口径 2.5、底径 1.5、高 3.5 厘米（图三四五，4）。标本 T16②：4，腹饰三周弦纹。灰胎，釉色灰白，内壁施青釉，外约施三分之二釉，釉面细腻厚润开冰裂纹。口径 13.6、底径 7、高 11 厘米（图三四五，5；彩版一四二，1）。

B 型　2 件。饼底微凹。

标本 T5②：12，敛口，圆鼓腹，凹底。灰胎，青釉泛灰，内施满釉，外壁施釉不及底，近底有流釉痕。口径 15、底径 10、高 9.8 厘米（图三四五，2；彩版一四二，2）。

高脚杯　1 件。

标本 H44：1，残。尖唇，敞口，斜弧腹，器口内外与近底各一周铁锈色圆点，腹饰两周凹弦纹。灰胎，灰釉泛黄，通施釉。口径 8.4、残高 7.4 厘米（图三四六，1；彩版一四三，1）。

器盖　3 件。

标本 T12②：12，尖唇，平顶微鼓。灰胎，豆青釉，内壁施全釉，顶面露胎。口径 13.8、高 1.5 厘米（图三四六，2；彩版一四三，2）。标本 T3②：9，残。子母口，顶置圆形捉手，盖面斜直。黄灰胎，未施釉。口径 9.3、顶径 3.9、高 2.7 厘米（图三四六，4；彩版一四三，3）。标本采：1，子母口，蘑菇状捉手，盖出檐。顶饰两周弦纹，间两周莲瓣纹图案。灰胎，顶施灰白釉，内壁裸胎。口径 10.5、高 4.5 厘米（图三四六，3；彩版一四三，4）。

辟雍砚　1 件。

标本 T12②：32，顶微凸，有蹄足 20 个。红褐胎，内外皆施豆青釉。顶径 19、口径 28、高 7.2 厘米（图三四六，5；彩版一四四，1）。

琉璃兽首　1 件。

标本 H123：8，残。兽首造型制作形象生动。红褐胎，通施绿釉。残长 5 厘米（图三四六，6；彩版一四四，2）。

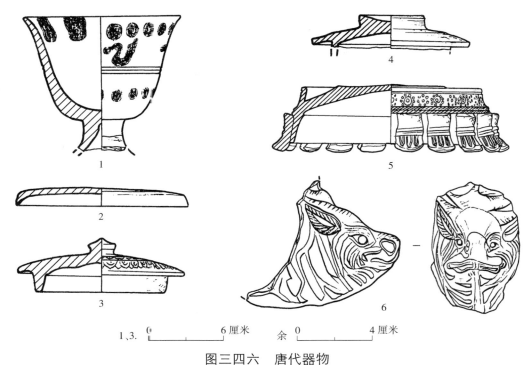

图三四六　唐代器物

1. 瓷高脚杯（H44：1）　　2～4. 瓷器盖（T12②：12、采：1、T3②：9）
5. 瓷辟雍砚（T12②：32）　　6. 琉璃兽首（H123：8）

纺轮　1件。

标本T12②：3，灰胎，较粗。通施青釉，上鼓下平。直径6、孔径0.9、厚0.8～2厘米（图三二七，5）。

三　铁器

共39件。均锈蚀严重。器形有兵器如砍刀、刀、剑、镞、戟、匕、矛等，生产用具有镰、斧、锄、锥等，生活用品有鼎、鉴等。

（一）兵器

15件。有砍刀、剑、戟、矛、镞、匕等。

弯背砍刀　2件。宽弓刀身，单刃，柄首微卷。

标本T8②：14，长61.6、宽5厘米（图三四七，1；彩版一四五，1左）。标本T14②：5，长70.4、宽5.6厘米（图三四七，2；彩版一四五，1右）。

直背砍刀　5件。单刃，直背，刀尖部斜杀成弧形。

标本T8②：7，柄残。残长35、宽3厘米（图三四八，1；彩版一四六，1左1）。标本H1：9，尖残。残长33厘米（图三四八，2；彩版一四六，1左2）。标本T1②：8，柄较长，残。残长30厘米（图三四八，3；彩版一四六，1左3）。标本T10②：11，长25厘米（图三

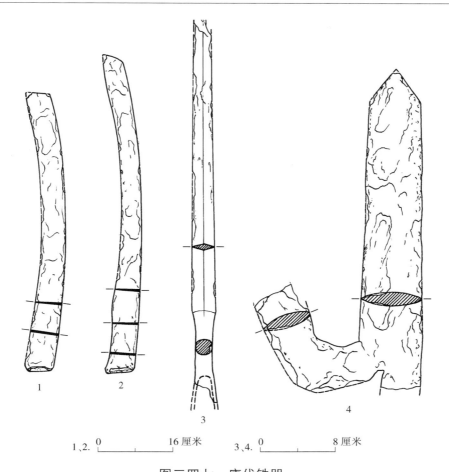

图三四七　唐代铁器
1、2. 砍刀（T8②：14、T14②：5）　3. 剑（T11②：19）　4. 戟（T15②：9）

四八，4；彩版一四六，1 左4）。标本 T8②：8，尖部残，木质刀鞘，刀身及柄有鞘迹。残长22.5 厘米（图三四八，5；彩版一四六，1 左5）。

剑　1 件。

标本 T11②：19，双刃，茎扁平，有脊，柱形柄，柄首及尖部残。残长 43 厘米（图三四七，3；彩版一四六，2）。

戟　1 件。

标本 T15②：9，残，双面刃。残长 35 厘米（图三四七，4；彩版一四五，2）。

匕首　1 件。

标本 T13②：20，单刃直背，尖部残。长 26 厘米（图三四九，1；彩版一四七，1）。

矛　3 件。双面刃，圆柱形长柄。

标本 T9②：19，残，单刃弧背。残长 25 厘米（图三四九，2；彩版一四七，2 左1）。标本 T5②：17，双刃，矛身较宽，柄端残。残长 25 厘米（图三四九，3；彩版一四七，2 左2）。标本 T5②：16，残，双刃。残长 23 厘米（图三四九，4；彩版一四七，2 左3）。

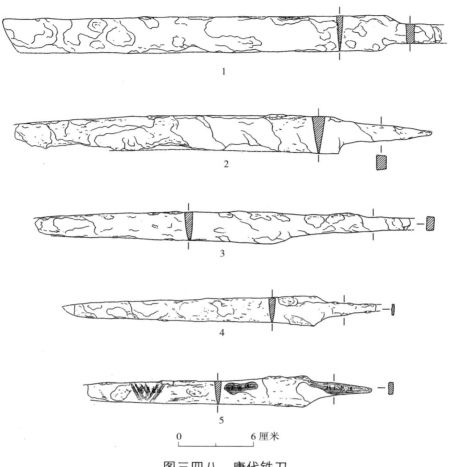

图三四八　唐代铁刀
1. T8②：7　2. H1：9　3. T1②：8　4. T10②：11　5. T8②：8

镞　2件。

标本 T12②：1，圆柱形铤. 铤残。残长 7.3 厘米（图三五〇，1；彩版一四七，4 左）。
标本 T3②：5，圆柱形铤，镞身截面呈菱形。长约 11.5 厘米（图三五〇，2；彩版一四七，
4 右）。

（二）生产用具

22 件。有钳、镰、锥、斧、刀等。

火钳　1 双。形制相同，杠形，末端卷曲成环首形。

标本 T6②：18，尖部残。残长 29 厘米（图三五一，1）。标本 T6②：11，尖部残。
残长 29.4 厘米（图三五一，2）。

镰　2 件。形制基本相同，弓形身，单刃，柄微卷。

标本 T11②：6，长 19.5 厘米（图三五一，3；彩版一四五，3 右）。标本 T9②：20，
长 16 厘米（图三五一，4；彩版一四五，3 左）。

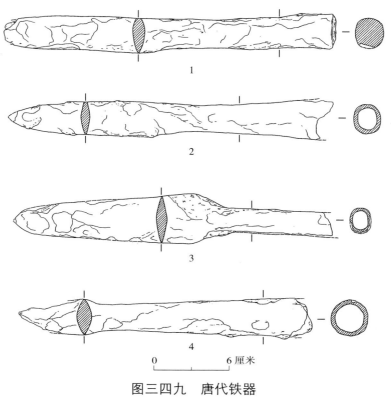

0　　　　　　6厘米

图三四九　唐代铁器

1. 匕首（T13②：20）　　2~4. 矛（T9②：19、T5②：17、T5②：16）

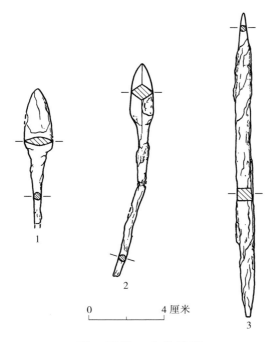

0　　　　　4厘米

图三五〇　唐代铁器

1、2. 镞（T12②：1、T3②：5）　　3. 锥（T6②：7）

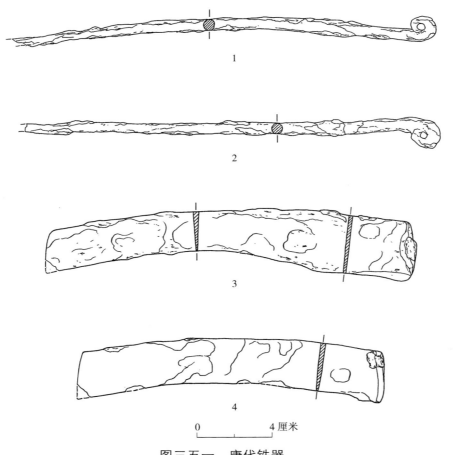

图三五一　唐代铁器

1、2. 火钳（T6②：18、T6②：11）　　3、4. 镰（T11②：6、T9②：20）

斧　3件。

标本 T16②：12，体较大，宽身，弧刃，长形銎。高 12 厘米（图三五二，1；彩版一四八，1）。标本 T6②：17，体瘦长，刃微呈弧形，长方形銎。高 9.2 厘米（图三五二，2；彩版一四八，2）。标本 T13②：2，体微宽弧形刃，长方形銎。高 9.2 厘米（图三五二，3；彩版一四八，3）。

锥　2件。

标本 T6②：7，锥身呈正方形，下端呈凿形，扁平刃，顶端呈圆锥状。长 16.5 厘米（图三五〇，3）。标本 T13②：5，圆锥形。长 21 厘米（图三五二，6；彩版一四七，3）。

厨刀　2件。形制相同，无柄。

标本 T11②：20，残。刃部两端呈弧形。长 19.5～21.5、宽 12 厘米（图三五二，4；彩版一四八，4）。标本 T3②：10，直刃。长 21～23、宽 13.5 厘米（图三五二，5；彩版一四八，5）。

马镫　4件。形制基本相同。

标本 T2②：9，弧镫，面较宽。高 19.5 厘米（图三五三，1；彩版一四七，5

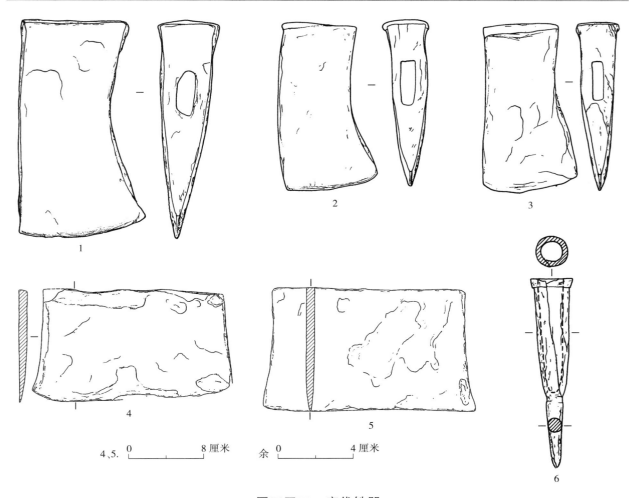

图三五二　唐代铁器

1~3. 斧（T16②：12、T6②：17、T13②：2）　4、5. 厨刀（T11②：20、T3②：10）　6. 锥（T13②：5）

左）。标本 T2②：8，基本完好，平蹬，较窄。高 19 厘米（图三五三，2；彩版一四七，5右）。

饼　1件。

标本 T2②：6，直径 13.5、厚 0.25 厘米（图三五三，3；彩版一四八，6）。

耨　6件。形制相同，均残。

标本 T4②：7，形似铲而较宽，有銎，可装曲柄。高 15 厘米（图三五三，4；彩版一四九，1）。

（三）生活用具

2件。

鼎　1件。

标本 T9②：21，盆形，半圆形足。口径 37.5、残高 18 厘米（图三五四，1）。

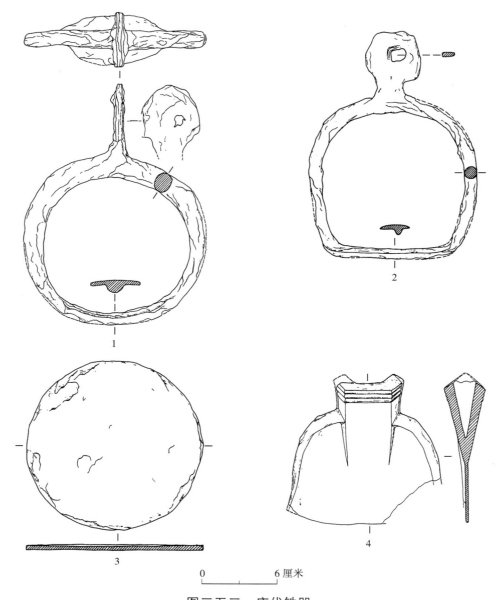

0 　　　　　　　6厘米

图三五三　唐代铁器
1、2. 马镫（T2②：9、T2②：8）　3. 饼（T2②：6）　4. 耢（T4②：7）

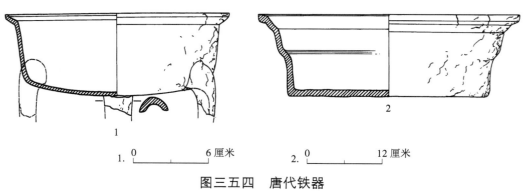

1. 0 　　　　　　　6厘米　　　2. 0 　　　　　　　12厘米

图三五四　唐代铁器
1. 鼎（T9②：21）　2. 鉴（H1：8）

鉴　1件。

标本 H1：8，斜折沿，折腹，大平底。口径 32、高 10 厘米（图三五四，2）。

四　铜制小件

扣　1件。

标本 T5②：1，上下两片马蹄形铜片构成，四边各有铆钉铆合，中有一长方孔。长 2.8、宽 1.3 厘米（图三五五，1）。

活页　1件。

标本 T1②：2，两组各有上下两页组成，边有铆钉，长方形孔。长 7.6、宽 2.4 厘米（图三五五，2）。

带扣　1件。

标本 T1②：3，黄铜质。长 5、宽 3.6 厘米（图三五五，3）。

鱼钩　1件。

标本 T7②：4，长 2.4 厘米（图三五五，4）。

簪　1件。

标本 T6②：8，钩形。长 16.6 厘米（图三五五，6）。

镞　1件。

标本 T36②：1，中脊截面呈柱形，两翼锋利，后锋长至关部，圆柱形铤残。残长 6.5 厘米（图三五五，5）。

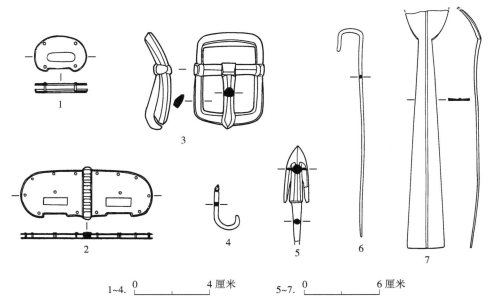

1~4. ⌞—————⌟ 4厘米　　5~7. ⌞—————⌟ 6厘米

图三五五　唐代铜器
1. 扣（T5②：1）　2. 活页（T1②：2）　3. 带扣（T1②：3）　4. 鱼钩（T7②：4）
5. 镞（T36②：1）　6. 簪（T6②：8）　7. 勺（H1：12）

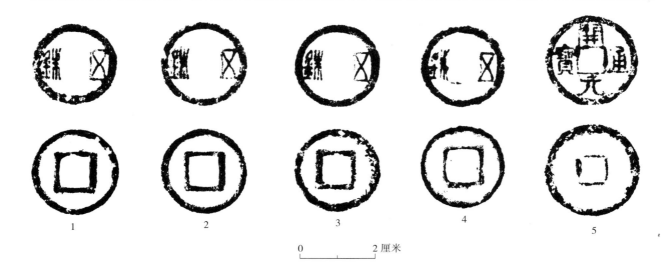

0 2厘米

图三五六 隋唐钱币

1~4. 隋五铢（T17②：2、H20：2、T25②：2、T8②：1） 5. 唐开元通宝（T9②：11）

勺 1件。

标本 H1：12，残，柄长而宽。残长 19 厘米（图三五五，7）。

五 铜钱

五铢钱完整者 63 枚，大小均等。大多出自第②层，H1、H3、H20、H26、H28、H51 各有少量出土。钱币边廓较阔，面无内郭，穿右"五"字左侧边有竖划。"五铢"面文为横读篆文，"五"字交叉两笔较直，"铢"字"金"首三角内倾，边郭宽 0.2、厚 0.1 厘米。钱径约 0.9、穿径 0.8 厘米，重 2.1~2.6 克，钱色发白，制作规整，为隋开皇五铢钱（图三五六，1~4）。

开元通宝 1 枚（T9②：11）。钱文隶书，端庄清晰，"开"字间架匀称，"元"字首划为短横，次横划左挑，"通"字"辶"前三笔呈三撇状，各不相连，"宝"字"贝"部内为两短横，与左右两竖不相连，当是初唐所铸。钱外郭宽粗，内郭极细，铸造精良，边郭宽 0.2、厚 0.2、钱径 2.1 厘米，重约 4.92 克（图三五六，5）。

六 骨器

骨凿 1件。

标本 H3：11，残，钉子形，通身磨光。残长 9 厘米（图三二九，3）。

七 玉器

玉兔 1件。

标本 T2②：22，灰白色半透明玉料，上部有一穿孔，下端残。长 8.6、厚 0.4 厘米（图三二九，5；图版一四九，2）。

# 第十章　结　语

芦城孜遗址位于黄淮冲积平原东南部，颖河、涡河、浍河等多条河流自西北向东南流经这一区域，注入淮河。这里水系发达，既有山地、平原，又有湖泊，生态环境优越，生活资源丰富，古代遗址繁多。近年来，通过在淮北地区一系列的考古工作，使我们对该区域从新石器时代早期至唐代文化特征、传承变化以及与周邻地区文化关系有了初步了解。芦城孜遗址的发掘成果表明，这里是一处比较重要的古文化遗址，包含有新石器时代早期文化遗存、大汶口文化晚期遗存、龙山文化遗存、周代文化遗存、汉代遗存、唐代遗存。尤其是龙山文化时期和周代资料相对丰富，龙山时期的典型陶器群在皖北地区具有代表性，这有益于先秦皖北地区文化谱系的研究。同时由于史前文化地域和区位的特殊性，物质文化中体现的多样性和较多与周邻地区的文化交流，也值得进一步深入研究。周代文化所体现的显著地域特色，对于今后夷文化的探讨研究具有重要意义。

## 一　新石器时代早期文化遗存

芦城孜遗址新石器时代早期文化遗存，陶器均为手制，制作粗糙，火候低，陶质疏松，以夹砂、夹蚌红褐陶为主，陶色不纯，一器多色现象占有一定比例。器形以陶釜为主，约占三分之二。口沿附沿特征明显。上述文化特征与宿州小山口遗址新石器时代早期文化十分相似[①]。芦城孜遗址新石器早期文化与小山口遗址新石器早期文化有许多相同或相似文化因素。如 C 型釜标本 T21⑩：25 与小山口遗址新石器时代早期文化 C 型釜 H3：6 基本相同。Ab 型釜标本 T19⑩：1 与小山口遗址新石器时代早期文化 A 型Ⅳ式釜 T1⑤：7、T1⑤：8 相似。钵标本 T13⑩：1 与小山口遗址新石器时代早期文化钵 H3：8 基本相同。另外，附沿在小山口遗址新石器早期文化釜的口沿标本 T4④：23 与芦城孜新石器早期文化 A 型盆标本 T19⑩：10 口沿基本相同。总之，两者的整体文化因素是基本相同的。芦城孜遗址新石器时代早期文化的年代为公元前 6220～公元前 6060 年和公元前 6110 年～公元前 6080 年（经树轮校正）。小山口遗址新石器时代早期文化遗存的年代是公元前 6077～公元前 5700 年和公元前 5958～公元前 5650 年（经树轮校正）。其年代也

---

① 中国社会科学院考古研究所安徽队：《安徽宿县小山口和古台寺遗址试掘简报》，《考古》1993 年 12 期。

大致相当。芦城孜遗址新石器时代早期与小山口遗址新石器时代早期具有文化同一性，因此，我们将芦城孜遗址新石器时代早期文化视为小山口一期文化。由于本次发掘揭示的早期遗存较少，不能完全反映其文化面貌，仅为早期文化研究提供线索和提示，其文化性质等的研究有待以后工作的深入。

## 二 大汶口文化晚期遗存

芦城孜遗址大汶口文化晚期遗存被后期文化不断侵蚀或破坏，保存的面积相对较小，一般均直接叠压在龙山文化层之下。发现的遗迹非常少，只有两个灰坑和一条灰沟。这一时期陶器烧制技术有了很大进步，质量有了较大提高，大部分陶片质地坚硬，器形比较规整，形制稳定。制陶以手制慢轮修整方法为主。器的口、耳、足以及器腹和器底分体制做，然后将各部件按需套接，捏压组装成型，也有个别小型陶器为纯手制。另外，可以看到有少量的陶器，器壁薄而均匀，口沿或腹部留有快轮制作痕迹。由此表明这一时期快轮制陶技术已步入起始阶段。陶质分为夹砂和泥质两类，夹砂又分夹粗砂、细砂和夹蚌，夹砂陶占总数的86%。陶色以红褐陶为主，占52%，其余为少量的灰陶、黑陶、外红褐内黑陶以及极少量红陶、橙色陶、棕褐陶。纹饰以篮纹为主，约占80%。另有少量绳纹、弦纹、镂孔等。附加堆纹是一种常见的纹饰，一方面起到装饰作用，另一方面起到加固作用。因此经常可以在器物衔接处看到凸棱、索条、按窝等。素面占43%，多经过磨光。

这一时期陶器最具代表性的器形有鼎、罐、鬶、高柄杯、甑、盆、碗、器盖等。它们与大汶口文化尉迟寺类型同类器对比可知，深腹鼎 H130：26，垂腹鼎 T369：1、G6：29，圆腹鼎 T339：1 分别与《蒙城尉迟寺》[1] 深腹鼎 D 型 I 式 M160：2，垂腹鼎 B 型 M46：1，圆腹鼎 B 型 I 式 M173：2 基本相同。盆 G6：25 与《蒙城尉迟寺》C 型浅腹盆 T41177：1 相似。小口罐 A 型 G6：11，B 型 T149：90 分别与《蒙城尉迟寺》B 型小口罐 F31：36、F31：16 相似。鬶 T149：16 上部与 H130：10 下部结合与《蒙城尉迟寺》A 型 I 式 F30：31 相似。高柄杯 T149：13、T149：14、G6：7 分别与《蒙城尉迟寺》B 型 II 式 F23：9、A 型 II 式 F30：12，D 型 F20：12 基本相同或相似。圈足豆，A 型 T149：12，B 型 G6：14 分别与《蒙城尉迟寺》A 型 II 式 M25：3，B 型 M188 相似。器盖 A 型 T149：2，B 型 T169：11、C 型 H130：30 分别与《蒙城尉迟寺》A 型 I 式 T39139：1，A 型 II 式 T39125：3，B 型 I 式 T391210：12 基本相同。

综上所述，我们认为，芦城孜遗址大汶口文化晚期遗存，从陶器器形、陶质、陶色和纹饰来看，与大汶口文化尉迟寺类型大致相同。芦城孜遗址大汶口文化晚期

---

[1] 中国社会科学院考古研究所：《蒙城尉迟寺》，科学出版社，2001 年。

遗存年代，由 $^{14}$C 测定并经树轮校正，为公元前 2580 年 ~ 公元前 2460 年（参见附录一）。《蒙城尉迟寺》："尉迟寺类型属大汶口文化晚期，其绝对年代距今 4600 年前后。"芦城孜大汶口文化晚期遗存与蒙城尉迟寺类型年代基本吻合，与其发展阶段基本相符。同时，两者所处的地理位置相近，历史自然环境相同。因此，我们认为芦城孜遗址大汶口文化晚期遗存在文化性质上与大汶口文化尉迟寺类型相近。

## 三　龙山文化遗存

芦城孜龙山文化遗存保存比较好。各类遗迹遗物丰富，延续时间长，具有鲜明的地方特色，在周边已发现的同类遗址中最具代表性。

芦城孜遗址龙山文化的遗迹主要有灰坑、墓葬、房基和垫土台基。灰坑共 83 个，有圆形、长方形、椭圆形和不规则形，有些坑带有台阶或呈袋形。有少数几个坑出土碳化物，如 H121 就出有大量的该类物质，经浮选分析主要有稻、粟、黍等。墓葬共发现 22 座，其中儿童墓 9 座，为长方形竖穴土坑。无葬具，未发现任何随葬品；以单人一次仰身直肢葬为主，19 座头向东，3 座头向北。有些墓葬在房基或墙基下，有些墓葬于房基之旁。这批墓葬均埋葬于居住区内，有些或许与建房有关。发现房基 15 座，均为地面建筑，多为排房形式，个别有单间和双连间，房间以长方形为主，少数为方形，未见圆形。一般建筑基址四周挖有基槽，槽内布有柱洞，槽底多经夯打加固。石灰作为建筑材料被广范使用，晚期开始用土坯作为建筑材料。在 T12 ~ T17、T34 ~ T36 探方之间发现 II 段时期垫土台基一处。台基向南，向北延伸到发掘区以外，因而未能查明台基形状，已发掘出垫土台基的面积约 600 平方米。

芦城孜龙山文化遗物主要有：陶器、石器、骨器、角器和蚌器。随着烧制技术大幅提高，快轮技术广泛使用，陶器形成了火候高、色泽纯正、胎薄而匀、形态繁多的器物群。陶质分为夹砂和泥质两大类，以夹砂为主，亦有少量夹蚌陶。陶色以灰褐陶为主，其次是黑陶（包括黑皮陶）和灰陶。有少量的红褐陶和白陶。纹饰中篮纹、绳纹、方格纹占到 42%，此外还辅以弦纹、附加堆纹、镂孔锥刺等，还将耳鼻、泥饼、索条融实用和装饰于一体，素面大约占到 50%。典型陶器有：侧装三角形足罐形鼎、折沿罐、小型罐、大口罐、小口高领罐、高圈足盘、覆盘形器盖、覆钵形器盖、折腹盆、高分裆袋足鬲、大口尊等。此次发掘虽未能出土完整的蛋壳陶高柄杯，但也出土了一批光洁明亮、几近蛋壳陶的觚形陶杯或其他陶器残片。凡此种种，凸显了制陶技术和工艺已达到了很高的水准。其他器物大多经磨光钻孔等成熟的加工技术加工而成，从而器形规整，造型美观。石器有石斧、石锛、石铲、石锤、石杵、石矛、石刀及石镞。角器有角锄、角镐、角叉、角锥。骨器有骨铲、骨匕、骨镞、骨针、骨簪（笄）。蚌器有蚌刀、蚌镰、蚌铲。

芦城孜龙山文化 1～6 段是连续发展的 6 个阶段，可分三期，第一期包括 1、2 段，是该文化的形成期。1 段的房基 F17 地面建筑，排房形式。陶器，Ca 型 I 式鼎、Cb 型 I 式大口罐、凿形鼎足、小口高领罐等。与大汶口文化晚期遗存有着密切承袭关系或含有其文化因素和风格[①]。2 段已基本形成该文化的主要面貌，而一些大汶口文化晚期文化因素已融入龙山文化之中，只在个别器物上有些许这些文化因素的影子。一期遗存处在龙山文化最下层，因此第一期定在芦城孜龙山文化早期。第二期包括 3、4、5 段，是该文化的发展繁荣期。3 段较 2 段新增了许多器类，同类器物更趋成熟，3 段在 2 段基础上进一步发展形成了具有鲜明特征的成熟文化。4、5 段遗存十分丰富，器物的种类最为繁多，制作也最为精美，说明该文化达到了繁盛期，因此将二期定为中期。第三期只有 6 段，与 5 段相比在文化上没有大的变化，此时有些器类消失了，如 A 型鬶、B 型罐形鼎、C 型高圈足盘等，有些陶器制作没那么精致而粗糙了许多，如 C 型 II 式折沿罐等，这说明该文化开始衰退了，因此将第三期定在芦城孜龙山文化晚期应是合适的。

本次芦城孜遗址的发掘，龙山文化遗存较为丰富，延续性强，可分为连续相接的三期六个阶段，基本上揭示了龙山文化的产生、发展、繁荣到衰落的全过程，有利于我们较全面了解该遗址乃至皖北地区龙山文化的文化面貌和特征。

芦城孜龙山文化直接承袭大汶口晚期文化遗存，其文化来源于本土文化的发展演变，从发掘的资料来看，文化延续性强，其独特文化传承的传统没有中断，其地域特色是鲜明的，有着自身的文化特点。大汶口文化晚期的主要器形，在芦城孜龙山时期都有继承发展，能体现出传承演化的轨迹。特别是鼎，前后的联系和发展很明显。其凿形鼎足、鸭嘴形鼎足和侧装三角形鼎足，从鼎足的整体形制到安装的方法部位都有着清晰地传承（图三五七）。小口高领罐是典型器，小口，高直领，多溜肩，上腹鼓，下腹斜内收，小平底微凹。龙山文化时期和大汶口文化晚期相比，总体器在芦城孜相近，口、唇上有区别，大汶口晚期，口微外侈、卷唇，而龙山时期多圆唇（图三五八）。芦城孜遗址亦有高柄杯传统，从大汶口晚期到龙山阶段，延续使用，总体形制相近，大汶口晚期较少，龙山时期增多，龙山时期又体现出山东龙山文化的影响因素（图三五八）。鼎多数为圜底。平底器大多数为平底内凹或微凹。

由于芦城孜遗址所处的区域位置的特殊性，其处在文化类型的连接区，同时位于浍河沿岸，交通便利，有利于文化间的交流。其文化又包含不同的文化因素，具有文化多样性。从与周边同类文化对比分析来看，其文化交流主要来自于北方、西方两个方向，即山东龙山文化和龙山文化王油坊类型。

山东龙山文化的特征非常明显，典型陶器有鼎、鬶、高柄杯、罐、单耳杯、盆、"V"

---

① 中国社会科学院考古研究所安徽队：《安徽宿县小山口和古台寺遗址试掘简报》，《考古》1993 年 12 期。

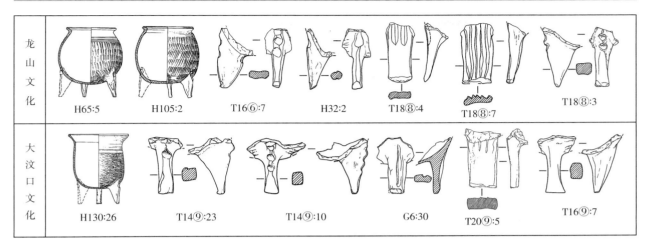

图三五七 芦城孜遗址小口高领罐、高柄杯对比图

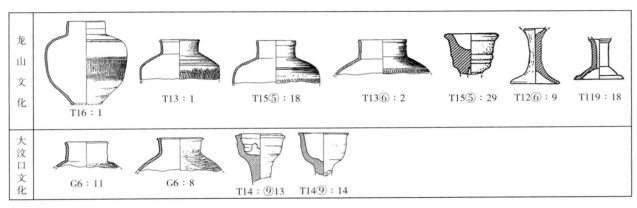

图三五八 芦城孜遗址小口高领罐、高柄杯对比图

形足三足盘、圈足盘等。朝天流陶鬶、磨光黑陶高柄杯等在龙山文化中是极富特色的器物，特别是鸟喙形（鬼脸式）足的鼎，更是标识性强烈，显著影响了周邻地区。从本次发掘出土的芦城孜龙山文化典型陶器来看，与山东龙山文化有着密切的交往。凿形鼎足、"V"形鼎足、鸟喙形鼎足，与山东龙山文化有较多的相似性。尤其是鸟喙形鼎足，虽然在数量上不是最多，但其型式多样，延用时间长，通过对比几乎反映了山东龙山文化鸟喙形鼎足多个型式的特征，具有较高的相似度（图三五九）。鬶，高流逐渐变矮，粗短颈，分裆从高到矮，乳状袋足逐渐变肥圆直至变为实足尖。从特征上看，亦是朝天流，发展演化的轨迹与山东龙山文化也基本相同，与山东龙山文化有较多的可比性；只是晚期出现平口捏流鬶，体现更远范围内与中原文化的交流。罐，数量最多的容器，体现的文化交流影响因素亦较多样，与周边文化对比均有异同，但更多的接近山东龙山文化。尤其是折沿罐，最大腹径偏上，底多微内凹，折沿较明显，多饰绳纹。盆数量亦较多，磨光黑陶、灰陶。或卷沿、斜直壁、深腹、平底内凹，或敞口、卷唇、下腹束腰，底外撇内凹。下腹有突棱，有自己的显著特点，同时，又与山东龙山文化多地的陶盆相近。圈足盘，有一定数量，形制多样，具有自身特色。主要有折沿、折腹、深盘、喇叭圈足，

折沿、弧腹、平底、浅盘、喇叭圈足、底部方折，敞口、碟形浅盘、喇叭圈足、下部方折。三种都有部分在圈座上部镂孔装饰。与山东龙山文化对比，如尚庄遗址第 4 段 H108∶47，折沿、深弧盘，形制基本一致。尹家城遗址第 5 段 H605∶1，平底浅盘、喇叭圈足、底部方折，有较多相似性。陶杯，亦是特征明显的器类，型式繁杂，多为泥质磨光黑陶。主要分为单耳杯、觚形杯、束腰形杯。单耳杯，近觚形较近筒形杯为多。敞口、近觚形、微束腰、平底内凹、把手近底缘，杯体多粗矮。与山东龙山文化和王油坊类型对比均有异同，近筒形与山东龙山文化更接近。横装单耳杯，敞口、束颈、鼓腹、平底内凹、腹部横装环形耳，与尚庄遗址 4 段 G1∶6 器形大致相近，与大汶口 3 段 M14∶2，除单耳竖装外，主体器形亦相近。束腰形杯，敞口、束腰、弧壁、平底内凹、体型粗矮。觚形杯，敞口、弧壁、近底内收、平底或平底内凹。束腰形杯和觚形杯则更多具有自身特征。器盖，形制丰富多样，有着显著的自身特点，主要分为覆碗形盖、覆盘形盖和覆筒形盖。覆碗形盖，平顶，弧壁，盖底缘微敛；平顶，顶出檐，弧壁，盖底稍卷唇；平顶，束颈形成圆形盖纽，弧壁。覆斗形盖，平顶，出檐，斜壁，重唇；平顶，内凹似假圈足，斜壁，重唇。覆盘形盖，顶置小圆形捉手，顶出檐，平肩或广肩，圆折向下稍内收，近直壁。覆筒形盖，顶置圆形喇叭状纽、纽束腰，盖体覆筒形，筒身有的饰数道凸棱，多在覆筒顶缘饰对称两盲鼻。与山东龙山文化相比多有相似，但器盖的种类没有芦城孜遗址丰富。尚庄遗址第 5 段 H75∶14，与覆盘形盖相近；山东丁公遗址 H1235∶5 覆碗形盖，山东龙山文化尹家城遗址 M2∶9 覆筒形盖，均较相似。陶盒，泥质磨光黑陶，圆唇，近直口，壁微弧，腹一周出沿，沿居中或偏上，平底微凹。章丘邢亭山 H136、尹家城 H607∶14，近直壁，出沿靠下，基本相似。大口尊，风格与纹饰，有比较明显的山东龙山文化因素色彩。"V"形鼎足、盆形鼎、三足盘，与山东龙山文化多地有相似性（陶器比对见图三六〇）。综上所述，芦城孜龙山文化与山东龙山文化有诸多可比性，表明芦城孜龙山文化内涵与山东龙山文化有着密切的联系。

王油坊类型是豫东地区龙山文化的地方类型，主要分布在豫东以及淮河以北的颍水、西淝水、涡水、浍水流域，皖西北的同期文化呈现相似的文化色彩。典型器物主要有侧装扁体三角足的鼎、深腹罐、大口罐、大器盖、豆、单耳杯、长颈壶等。王油坊遗址与芦城孜遗址同处浍河边缘，地理位置相近，两者亦有较多的文化交流。代表性的一些陶器体现了相互的交流和影响。侧装扁体三角鼎足均有较多的存在，罐形鼎，口沿侈口、球腹、圜底，有较多的相似性，鼎足基本相似，王油坊足尖外撇，芦城孜足尖更尖，两者足腹连接位置不同，器外部曲线表现不同。罐，两者也有相近的因素，形制大体相同区别主要在腹部曲线不同，王油坊多平底，芦城孜平底多内凹。圈足盘，各有异同，王油坊类型宽折沿、浅盘、盘壁近直、粗高圈足，近底部外凸明显或呈阶状。芦城孜盘壁斜弧壁或弧壁，深盘较多，底部方折相较不明显。豆，磨光泥质陶为主，圆唇、敞口，盘分为深盘、浅盘，深盘分弧腹、折棱，豆柄，分细长、粗短，短柄有部分镂孔或组合

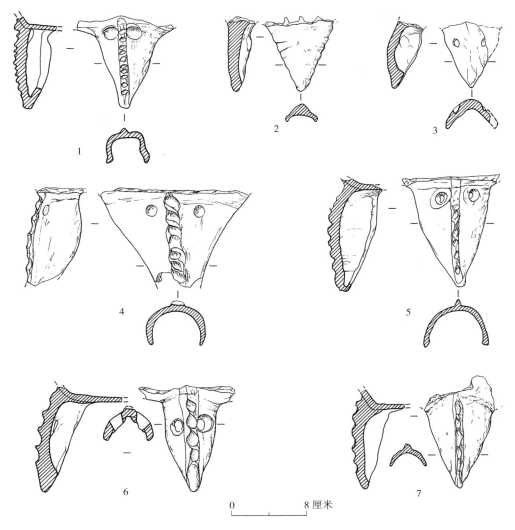

图三五九　芦城孜遗址龙山文化鸟喙形鼎足
1. T19⑥：17　2. T19⑥：17　3. T17⑧：5　4. H45：7　5. T17⑤：25
6. H119：9　7. H90：8

式镂孔。与王油坊类型和山东龙山文化对比，均有异同，似与王油坊类型相似度更高，但镂孔风格与山东龙山文化接近。盆、单耳杯、覆盘形器盖，如王油坊类型 H13：1 覆盘形盖，亦体现出相近似的文化因素（陶器比对见图三六○）。由此看出，芦城孜龙山文化的文化特征，在一定程度上与王油坊类型具有可比性。

　　本次发掘的成果，反映了芦城孜龙山文化自身特征是显著的。同时，文化交流的因素也较为明显，主要与周边的山东龙山文化和王油坊类型交往联系较多，体现了文化间的交流。相较而言，与山东龙山文化的相互影响更为显著，两者间的文化渊源亦相近。芦城孜遗址龙山文化的主体还主要是自身的文化传统，文化发展的脉络比较清晰。因此，我们认为芦城孜龙山文化是龙山文化的一个新的地方类型，暂称之为龙山文化芦城孜类型。

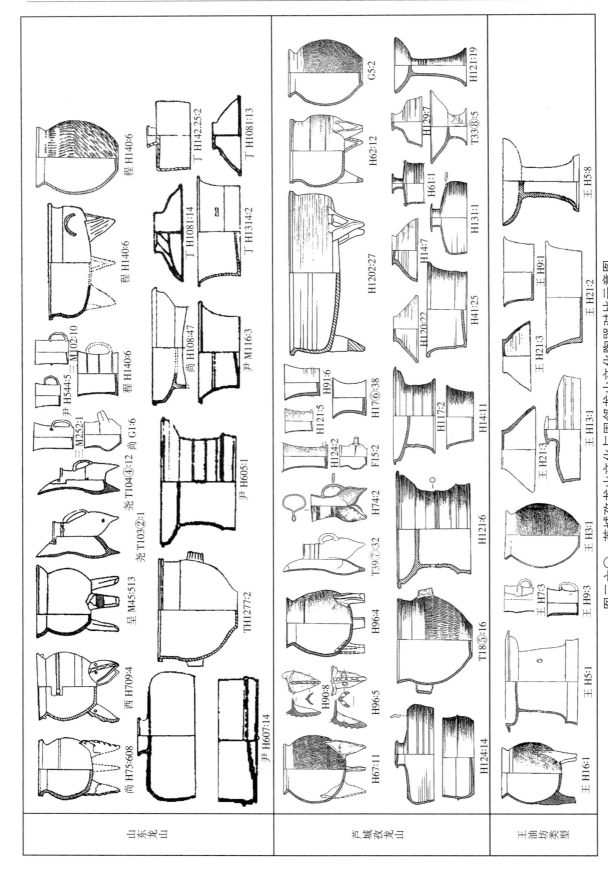

图三六〇　芦城孜龙山文化与周邻龙山文化陶器对比示意图

注释：山东龙山陶器图片资料引自李伊萍《龙山文化》，科学出版社，2005年。王油坊类型陶器图片资料引自商丘地区文物管理委员会等《1977年河南永城王油坊遗址发掘概况》，《考古》1978年1期。

芦城孜龙山文化一类遗存在皖北分布广泛，经过考古发掘的遗址有宿州小山口、芦城孜、灵璧玉石山、蒙城尉迟寺、固镇垓下、萧县花甲寺等。这一新的类型在皖北地区具有代表性，基本体现了皖北区域龙山阶段的文化全貌，这对于建立皖北新石器文化序列大有裨益。结合以往发表的资料，我们做了部分的排比，认为皖北新石器时代文化谱系为：小山口一期文化→石山子一期文化→石山子二期文化→石山子三期文化→花甲寺大汶口文化→大汶口文化尉迟寺类型→龙山文化芦城孜类型。

## 四　周代文化遗存

芦城孜遗址的再度繁荣是在两周时期。周代文化遗存延续时间较长，根据陶器排比可分 5 期，可将其视为一个连续发展的整体，年代约当西周中期至春秋晚期。

芦城孜遗址周代文化时期动物骨骼鉴定表明，体形较大淡水软体动物基本没有发现，可能昭示着遗址周围水环境发生了一定变化。野生哺乳动物种类与龙山时期无甚差别，据此推测这一时期遗址周围环境与地貌变化不大。这一时期生业经济，从哺乳动物数量来看，以家猪为多，占 65%，鹿类等动物仅占 35%，这表明家畜饲养规模进一步扩大。鉴定出较多稻、麦等花粉，反映出农作物种植面积增长，较多镰、锄、铲等农具的出土，也证明农业活动达到繁盛期。陶网坠有较多出土，说明渔业在当时生业经济中还占有一定比重。

芦城孜遗址周代文化从整体文化面貌看，有着鲜明的地域特色，同时又有许多文化因素并存的现象。芦城孜遗址周代文化具有明显的自身特点，如 D 型鬲、E 型鬲、F 型鬲、B 型素面罐、C 型豆，多达 5 种类型的盂、C 型罐等。特别值得关注的是 M24 随葬器物共出土 52 件，包括 8 个类型的罐 48 件（其中双耳罐 5 个类型），其余有盆、小盆、盂、纺轮各一件。这些类型的陶器组合所体现文化因素特征在丰镐乃至中原地区基本上没有发现，就连周边区域的以往资料中也少有发现。这些独特的文化因素从一期至五期贯穿始终。还有体现文化交流的外来文化因素，如鬲 Aa 型 Ⅰ 式 H80∶3、鬲 Aa 型 Ⅱ 式 H72∶4、簋 B 型 Ⅰ 式 M23∶8、豆 A 型 Ⅱ 式 T38⑦∶1 与《1997 年沣西发掘报告》[1] 鬲 Ab 型 Ⅲ 式 97SCmm13∶1、鬲 Ab 型 Ⅴ 式 97SCmm10∶1、簋 A 型 67SCCm18∶8、豆 A 型 Ⅱ 式 97SCmm8∶8 相似。进入三期后鲁文化因素迅速扩大其影响，如盆 A 形 Ⅲ 式 H39∶5 与《兖州西吴寺》[2] 中的盆 A 型 Ⅲ 式 H544∶11 相似，罐 A 形 Ⅲ 式 H37∶8、罐 A 型 Ⅲ 式 M24∶7 与《兖州六里井》[3] 的 Aa 型 Ⅱ 式 H203∶1 及《兖州西吴寺》中的 A 型 Ⅳ 式 J12∶1 相似，鬲 B 型 Ⅲ 式 T9⑥∶4 与《兖州六里井》B 型 Ⅲ 式 H231∶10 相似。综上所述，芦城孜遗址

---

① 中国社会科学院考古研究所丰镐工作队：《考古学报》2006 年 6 期。
② 国家文物局考古领队培训班：《兖州西吴寺》，科学出版社，1990 年。
③ 国家文物局考古领队培训班：《兖州六里井》，科学出版社，1999 年。

周代文化又具有文化多样性，不同阶段受到周边不同文化影响的程度不尽相同。

芦城孜遗址周代文化在年代上约当西周中期至春秋晚期，正是中国历史上文化大交流、碰撞及族群大融合的时期。芦城孜遗址所处的历史地域在周代政治势力版图上处于多国势力交界的区域，尤其是春秋大国争霸使该地域在不同的时期被不同的国家政治势力所控制。因此，芦城孜周代文化体现出较多的文化交流因素，在物质文化上体现出在不同时期受到周边文化影响程度的不同。但芦城孜遗址周代文化自身的文化因素自始至终存在着，其文化渊源来自于本土文化，较多的磨光黑陶器物在一定程度上体现了其文化传承，从地域上分析其处在夷文化圈之内，所以芦城孜周代文化的自身文化特征属于周代夷文化，也就是说芦城孜遗址周代文化的主体是夷文化。

## 五　汉代遗存

芦城孜遗址汉代堆积受后期破坏比较严重，所以面貌不清楚。发现的遗迹主要是灰坑和一口水井。陶器仍是这一时期主要的生活用具，出土有釜、盆、罐、瓮、甑、杯、钵、三足钵等，一般体形较大，器壁较厚。建筑材料砖瓦出土较多，造型规范追求美观。铁不但在兵器的制作中大量使用，而且在农具的制造和其他日常生活用品的生产中也被广泛应用，表现出铁器的应用更加广泛和普及。另外还出土一件铁权，重808克。铜器作为生活实用器在生活的多方面还继续使用，另出土钱币"大泉五十"两枚。

## 六　唐代遗存

芦城孜遗址唐代遗存比较丰富，发现26个灰坑、2口水井、2座墓葬，出土器物有陶器、瓷器、铁器及石器等。陶器有盆、罐、盘口壶、钵、碗。建筑材料有花纹板瓦、瓦当，如H48：3、T5②：2花纹瓦当等。瓷器有碗、盘、盏、杯、罐。有些瓷盘内书有题记，如T2②：12瓷盘上书"朱"字。铁器有鼎、盆、单面斧、双面斧、锹、砍刀、镰、蹋刀、火钳、剑等。另发现两方辟雍砚，其中一方为瓷质，做工精细。

这一时期瓷器不但类型繁多，而且数量猛增，已成为人们日常生活中的主要用具，这反映出当时人们生活质量有较大提高，从一个侧面表明社会生活步入繁盛时期。两方壁雍砚的发现反映出文化繁荣基础已经生成。铁器在前代基础之上有了新的发展，锹、斧、镰、马蹬、剑、刀、火钳等已成熟定型，这部分铁器与后来很多同类型铁器都十分相近，这表明生产力又有了进一步的提高。

# 附　表

### 附表一　大汶口文化遗迹登记表

| 编号 | 所在探方 | 形状 | 开口层位 | 尺寸（米）口径×深 | 出土遗物 | 备注 |
|---|---|---|---|---|---|---|
| H122 | T16 | 椭圆形 | ⑨ | 3.25~2.3×0.6 | 鼎A、B、鼎足A、B器盖Aa、杯、豆、骨簪 | 坑壁有工具痕迹 |
| H130 | T16 | 圆形 | ⑨ | 2×0.7 | 鼎A、C、D、鼎足A、B器盖B、鬶、鬶流、高柄杯、碗、骨针 | |
| G6 | T12 | 弧壁圜底 | H92 | 1.7~16×1 | 鼎A、C、罐、鼎足A、B、豆、盆A、砺石 | 南北向，两端进入发掘区外 |

### 附表二（1）　大汶口文化陶片统计表　　单位：T14⑨层

| 陶质 | | 夹砂 | | | 夹蚌 | | 泥质 | | | 合计 | |
|---|---|---|---|---|---|---|---|---|---|---|---|
| 陶色 | | 红褐 | 灰褐 | 黄灰 | 红褐 | 灰褐 | 红褐 | 灰 | 黑 | 数量 | 百分比 |
| 数量 | | 10 | 3 | 2 | 20 | 5 | 3 | 6 | 1 | 50 | |
| 百分比（%） | | 20 | 6 | 4 | 40 | 10 | 6 | 12 | 2 | | 100 |
| 纹饰 | 横篮纹 | 2 | 2 | 1 | 15 | 2 | | | | 22 | 44 |
| | 细绳纹 | 2 | | | | | | | | 2 | 4 |
| | 附加堆纹 | 1 | | | | | | | | 2 | 4 |
| | 素面 | 5 | 1 | 1 | 5 | 3 | 3 | 6 | 1 | 25 | 50 |
| 器形 | 鼎A | 1 | | | 3 | 1 | | | | 5 | 10 |
| | 鼎C | 1 | 1 | | | 3 | | | | 5 | 10 |
| | 鼎D | | | | 1 | | | | | 1 | 2 |
| | 罐B | 1 | | | | | | | | 1 | 2 |
| | 器盖Aa | 2 | | | 3 | | | | | 5 | 10 |
| | 鼎足A | | | | 6 | | | | | 6 | 12 |
| | 高柄杯 | 1 | | | | | 1 | | 1 | 2 | 4 |
| | 漏器 | 1 | | | | | | | | 1 | 2 |
| | 器盖 | | | | 1 | | | | | 1 | 2 |
| | 其他 | 3 | 1 | 2 | 7 | | 2 | 6 | 1 | 22 | 44 |
| 合计 | | 15 | | | 25 | | 10 | | | 50 | |
| 百分比（%） | | 30 | | | 50 | | 20 | | | | 100 |

附表二（2） 大汶口文化陶片统计表 单位：G6

| 陶质 | | 夹蚌 | | 夹砂 | | 泥质 | | 合计 | |
|---|---|---|---|---|---|---|---|---|---|
| 陶色 | | 红褐 | 灰褐 | 红褐 | 灰 | 灰 | 褐 | 数量 | 百分比（%） |
| 数量 | | 30 | 10 | 4 | 2 | 9 | 1 | 56 | |
| 百分比（%） | | 54 | 18 | 7 | 4 | 16 | 1 | | 100 |
| 纹饰 | 横篮纹 | 25 | 7 | 4 | 2 | | | 38 | 68 |
| | 斜篮纹 | 2 | 3 | | | | | 5 | 9 |
| | 按压纹 | 3 | | | | | | 3 | 5 |
| | 镂孔 | | | | | 1 | | 1 | 2 |
| | 素面 | | | | | 8 | 1 | 9 | 16 |
| 器形 | 鼎A | | 2 | 1 | 1 | | | 4 | 7 |
| | 鼎C | | 3 | | | | | 3 | 5 |
| | 罐 | 4 | | | | | | 4 | 7 |
| | 豆 | | | | | 4 | 1 | 5 | 9 |
| | 盆A | 5 | | | | | | 5 | |
| | 鼎足A | 5 | 4 | 2 | 1 | | | 12 | 21 |
| | 鼎足B | 6 | 1 | 1 | | | | 8 | 14 |
| | 其他 | 10 | | | | | 5 | 15 | 27 |
| 合计 | | 40 | | 6 | | 10 | | 56 | |
| 百分比（%） | | 71 | | 11 | | 18 | | | 100 |

附表二（3） 大汶口文化陶片统计表 单位：H130

| 陶质 | | 夹蚌 | | 夹砂 | | | 泥质 | 合计 | |
|---|---|---|---|---|---|---|---|---|---|
| 陶色 | | 红褐 | 灰褐 | 红褐 | 灰褐 | 黑灰 | 黄褐 | 数量 | 百分比（%） |
| 数量 | | 30 | 26 | 5 | 5 | 2 | 1 | 69 | |
| 百分比（%） | | 43 | 38 | 7 | 7 | 3 | 2 | | 100 |
| 纹饰 | 横篮纹 | 18 | 3 | 3 | 2 | | | 26 | 38 |
| | 斜篮纹 | 7 | | | | 2 | | 9 | 13 |
| | 附加堆纹 | | 1 | | | | 1 | 2 | 3 |
| | 弦纹 | 3 | | | | | | 3 | 4 |
| | 素面 | 2 | 22 | 2 | 3 | | | 29 | 42 |
| 器形 | 鼎A | 6 | 3 | | | | | 9 | 13 |
| | 鼎Ba | 4 | | | | | | 4 | 5 |
| | 鼎D | | 5 | 1 | | | | 6 | 8 |
| | 鼎足A | 7 | | | | | | 7 | 10 |
| | 鼎足B | | | 1 | | | | 1 | 2 |
| | 器盖B | | | 2 | | | | 2 | 3 |
| | 鬶 | | | | | | 1 | 1 | 2 |
| | 鬶流 | | | | | | 1 | 1 | 2 |
| | 碗 | | | 1 | | | | 1 | 2 |
| | 高柄杯 | 3 | | | | | | 3 | 4 |
| | 其他 | 9 | 18 | | 5 | 2 | | 34 | 49 |
| 合计 | | 56 | | 12 | | | 1 | 69 | |
| 百分比（%） | | 81 | | 17 | | | 2 | | 100 |

附表二（4）　　大汶口文化陶片统计表　　　　　　单位：H122

| 陶质 | | 夹蚌 | | 夹砂 | 泥质 | | | 合计 | |
|---|---|---|---|---|---|---|---|---|---|
| 陶色 | | 红褐 | 灰褐 | 灰褐 | 灰 | 红 | 灰褐 | 数量 | 百分比（%） |
| 数量 | | 54 | 14 | 15 | 1 | 1 | 3 | 88 | |
| 百分比（%） | | 61 | 16 | 17 | 1 | 1 | 3 | | 100 |
| 纹饰 | 横篮纹 | 7 | 3 | 12 | | | | 22 | 25 |
| | 斜篮纹 | | 6 | 3 | | | | 9 | 10 |
| | 鸡冠耳 | | 1 | | | | | 1 | 1 |
| | 素面 | 47 | 4 | | 1 | 1 | 3 | 56 | 64 |
| 器形 | 鼎 A | 18 | | | | | | 18 | 20 |
| | 鼎 B | 16 | | | | | | 16 | 18 |
| | 鼎足 A | | 4 | 3 | | | | 7 | 8 |
| | 鼎足 B | | 4 | 2 | | | | 6 | 7 |
| | 豆 | | | 1 | | | | 1 | 1 |
| | 杯 | | | | 1 | | 3 | 4 | 5 |
| | 器盖 Aa | 3 | 2 | 1 | | | | 6 | 7 |
| | 其他 | 17 | 4 | 9 | | | | 30 | 34 |
| 合计 | | 68 | | 15 | 5 | | | 88 | |
| 百分比（%） | | 77 | | 17 | 6 | | | | 100 |

附表三　龙山文化典型灰坑陶器组合

| 期 | 段 | 灰坑 | 罐形鼎 | | | 小型罐 | | 折沿罐 | | 盆 | | 钵形盖 | 碗形盖 | 鬶 | |
|---|---|---|---|---|---|---|---|---|---|---|---|---|---|---|---|
| | | | B | Ca | Cb | A | B | A | C | A | D | | C | A | B |
| 一 | 1 | 121 | Ⅰ | | | | | | | | | Ⅰ | | | |
| | | 110 | | Ⅰ | Ⅰ | | Ⅰ | Ⅰ | Ⅰ | | | | | | Ⅰ |
| | | 111 | | | | | | | Ⅰ | | | Ⅰ | Ⅰ | | |
| | 2 | 101 | Ⅱ | | | | | | Ⅱ | | | Ⅱ | | Ⅱ | |
| | | 102 | Ⅱ | | | Ⅱ | | | Ⅱ | | | | Ⅱ | | |
| | | 118 | | Ⅱ | | | | | | | | | | | |
| | | 129 | Ⅱ | | | | Ⅱ | | | | | | | Ⅱ | |
| 二 | 3 | 119 | | | Ⅱ | | Ⅲ | Ⅲ | | | | | | | |
| | | 98 | | | | | Ⅲ | Ⅲ | Ⅲ | | | Ⅲ | | Ⅲ | |
| | | 58 | | Ⅲ | | Ⅲ | | | Ⅲ | | | | | | |
| | 4 | 95 | Ⅳ | | | | | | | | | Ⅳ | | | Ⅱ |
| | | 108 | | | | Ⅳ | | | Ⅲ | | | Ⅳ | | | |
| | | 124 | | Ⅳ | | | Ⅳ | | | | | | | | |
| | | 148 | | | | | Ⅳ | Ⅳ | Ⅳ | | Ⅲ | | | | |
| | 5 | 149 | | | Ⅲ | | | Ⅴ | | | | | | Ⅴ | |
| | | 61 | Ⅴ | Ⅴ | | | Ⅴ | Ⅴ | Ⅴ | | Ⅳ | Ⅴ | | | |
| 三 | 6 | 35 | | Ⅵ | | | | | Ⅵ | | | | | | |
| | | 32 | | Ⅵ | | Ⅵ | | | | | | | | | |
| | | 15 | | | | | Ⅵ | Ⅵ | | | | | | | |

**附表四　龙山文化重要灰坑陶器组合**

| 期 | 段 | 灰坑 | 罐形鼎 | | | 小型罐 | | 折沿罐 | | 盆 | | 覆钵形盖 | 覆碗形盖 | 覆盘形盖 | 鬶 | |
|---|---|---|---|---|---|---|---|---|---|---|---|---|---|---|---|---|
| | | | B | Ca | Cb | A | B | A | C | A | D | | C | A | A | B |
| 一 | 1 | 121 | I | | | | | | | | | I | | | | |
| | | 110 | | I | I | I | | I | I | | | I | | I | | |
| | | 111 | | | | | | | I | | | I | I | | | |
| | | 96 | | I | I | | | | I | | | | | | | |
| | | 109 | | | | | I | I | | I | | | | | | I |
| | 2 | 101 | II | | | | | | II | | | II | | II | | |
| | | 102 | II | | | II | | | II | | | | II | | | |
| | | 118 | | II | | | | | | | | | | | | |
| | | 129 | II | | | | II | | | | | | | I | | |
| | | 85 | | | | II | II | | | | | | | | | |
| 二 | 3 | 119 | | | II | | III | III | | | | | | | | |
| | | 98 | | | | | III | III | III | | | III | | II | III | |
| | | 58 | | III | | III | | | III | | | III | | | | |
| | | 65 | III | III | | | | | III | | | | | | | |
| | | 75 | | | | III | | | III | | | | III | | | |
| | | 84 | | | | | | | | | | | III | | | |
| | | 141 | | III | | | | | | | | | | | III | |
| | | 41 | III | | | | | | | III | III | | | | | |
| | | G5 | | | | | | III | | | II | III | | | | |
| | 4 | 95 | IV | | | | | | | | | IV | | III | | II |
| | | 97 | | IV | | | | | | | | | | | | |
| | | 108 | IV | | | IV | | | | | | III | IV | IV | | |
| | | 124 | | IV | | | IV | | | | | | | | | |
| | | 148 | | | | | IV | IV | IV | | | III | | | IV | |
| | | 99 | | | | IV | | | | | | | | | IV | |
| | | 42 | IV | | | | IV | | IV | | | | | | | |
| | 5 | 149 | | | III | | | | | V | | | | V | | |
| | | 61 | V | V | | | V | V | V | V | | V | V | | | |
| | | 67 | V | | | | | | | | | | | | | |
| | | 107 | | | | V | | | | | | | | | | |
| | | 144 | | | | V | V | | V | | | | | | | |
| | | 146 | | | | | V | V | V | | | | | | | |
| | | 5 | | | | | | | | | | | | IV | | |
| | | 147 | | | | | | | | | IV | | | | | |
| | | 14 | | | | | V | V | | IV | V | | | | | |
| | | 89 | | | | V | V | | | | | | | | | |

续附表四

| 期 | 段 | 灰坑 | 罐形鼎 | | | 小型罐 | | 折沿罐 | | 盆 | | 覆钵形盖 | 覆碗形盖 | 覆盘形盖 | 鬹 | |
|---|---|---|---|---|---|---|---|---|---|---|---|---|---|---|---|---|
| | | | B | Ca | Cb | A | B | A | C | A | D | C | A | A | A | B |
| 三 | 6 | 35 | | Ⅵ | | | | Ⅵ | | | | | | | | |
| | | 32 | | Ⅵ | | Ⅵ | | | | | | | Ⅴ | | | |
| | | 15 | | | | | Ⅵ | Ⅵ | | | | | | | | |
| | | 40 | | | | | Ⅵ | | | | | | | | | |
| | | 105 | | | | | | Ⅵ | | | | | | | | |
| | | 150 | | | | | Ⅵ | | | | | | | | | |
| | | 74 | | | | | | | | | | Ⅵ | | | | |
| | | 145 | | | | Ⅵ | | | | | | | | | | |
| | | 62 | | | | | Ⅵ | Ⅵ | Ⅵ | Ⅵ | Ⅴ | Ⅵ | | | | |

### 附表五　龙山文化陶器分期表

| 器类 | 期 | 1 | | 2 | | | 3 |
|---|---|---|---|---|---|---|---|
| | 段 | 1 | 2 | 3 | 4 | 5 | 6 |
| 罐形鼎 | A | Ⅰ | Ⅱ | | Ⅲ | Ⅳ | Ⅴ |
| | B | Ⅰ | Ⅰ、Ⅱ | Ⅲ | Ⅲ、Ⅳ | Ⅴ | |
| | Ca | Ⅰ | Ⅱ | Ⅱ、Ⅲ | Ⅲ、Ⅳ | Ⅳ、Ⅴ | Ⅵ |
| | Cb | Ⅰ | | Ⅱ | | Ⅱ、Ⅲ | |
| | D | △ | △ | | △ | △ | |
| 盆形鼎 | A | Ⅰ | Ⅱ | Ⅱ、Ⅲ | Ⅳ | Ⅳ、Ⅴ | |
| | B | Ⅰ | Ⅱ | Ⅲ | Ⅲ、Ⅳ | Ⅴ | Ⅳ、Ⅴ、Ⅵ |
| | C | | | △ | △ | △ | △ |
| | D | △ | △ | | | | |
| 鬹 | A | Ⅰ | Ⅱ | Ⅲ | Ⅳ | Ⅴ | |
| | B | Ⅰ | | | Ⅱ | Ⅲ | |
| | C | | | | Ⅰ | | Ⅱ |
| 盉 | | | | △ | | | |
| 甗 | | | △ | △ | △ | △ | △ |
| 折沿罐 | A | Ⅰ | Ⅱ | Ⅲ | Ⅲ、Ⅳ | Ⅳ、Ⅴ | Ⅵ |
| | B | | | Ⅰ | Ⅱ | Ⅲ | Ⅲ、Ⅳ |
| | C | Ⅰ | Ⅱ | Ⅱ、Ⅲ | Ⅳ | Ⅳ、Ⅴ | Ⅴ、Ⅵ |
| 卷沿罐 | | Ⅰ | Ⅰ、Ⅱ | Ⅲ | | | |
| 高领罐 | | Ⅰ | Ⅱ | Ⅲ | Ⅲ、Ⅳ | Ⅳ、Ⅴ | Ⅴ、Ⅵ |
| 大口罐 | Aa | | | Ⅰ | Ⅱ | Ⅲ | Ⅲ、Ⅳ |
| | Ab | | | | Ⅰ | Ⅱ | Ⅲ |
| | B | Ⅰ | Ⅱ | Ⅲ | Ⅳ | | Ⅴ |
| | Ca | | Ⅰ | Ⅱ | | | Ⅲ |
| | Cb | Ⅰ | | Ⅱ | | | |
| | D | Ⅰ | Ⅱ | Ⅲ | Ⅲ、Ⅳ | | |
| 中口罐 | A | | Ⅰ | Ⅱ | Ⅲ | | |
| | B | | Ⅰ | Ⅱ | | Ⅲ | |

续附表五

| 器类 | 期 | 1 | | 2 | | | 3 |
|---|---|---|---|---|---|---|---|
| | 段 | 1 | 2 | 3 | 4 | 5 | 6 |
| 小口罐 | | | | | △ | △ | △ |
| 小口高颈罐 | A | | I | II | III、 | | IV |
| | B | I | II | II、III | IV | | V |
| | Ca | I | | | II | | III |
| | Cb | I | | II | | | III |
| 小口鼓腹罐 | A | △ | | △ | | | |
| | B | | | △ | △ | | △ |
| 小型罐 | A | I | II | II、III | IV | IV、V | V、VI |
| | B | I | I、II | III | III、IV | V | VI |
| 子母口罐 | A | | △ | △ | △ | △ | |
| | B | | | | | | △ |
| 大口尊 | | △ | △ | △ | | △ | |
| 壶 | | △ | | △ | △ | | |
| 瓮 | A | | I | | II | III | IV |
| | B | | | △ | △ | | |
| 缸 | | | | △ | △ | | |
| 盆 | A | I | II | III | IV | V | VI |
| | B | | I | II | III | | |
| | C | | | | | | △ |
| | D | | I | II | III | IV | V |
| | E | | | I | II | III | IV |
| | F | | | | I | II | |
| | G | | | | I | | IV |
| | H | | | I | II | III | |
| | J | | △ | △ | △ | △ | △ |
| | K | △ | | △ | △ | | |
| 盒 | A | △ | △ | △ | △ | △ | |
| | B | | | △ | △ | | |
| | C | | | | | | △ |
| 匜 | A | | △ | | △ | △ | |
| | B | | | | | △ | |
| 覆钵形盖 | | I | II | III | IV | V | VI |
| 覆碗形器盖 | A | I | II | III | IV | V | VI |
| | B | | I | II | III | IV | V |
| | C | I | II | III | IV | V | VI |
| | D | △ | △ | △ | △ | △ | △ |
| | E | | △ | | △ | | △ |
| | F | | | △ | | | △ |
| | G | | | I | II | III | IV |

续附表五

| 器类 | | 期 | 1 | | 2 | | | 3 |
|---|---|---|---|---|---|---|---|---|
| | | 段 | 1 | 2 | 3 | 4 | 5 | 6 |
| 覆盘形器盖 | A | | | I | II | III | IV | IV、V |
| | B | | | I | II | III | III、IV | V |
| | Ca | | | I | II | III | IV | V |
| | Cb | | | | I | II | | III |
| | D | | | | I | II | III | IV |
| | E | | | | I | II | III | |
| 筒形器盖 | | | △ | △ | △ | △ | △ | △ |
| 高圈足盘 | A | | I | | | II | | III |
| | B | | | | I | II | III | IV |
| | C | | | I | II | III | IV | |
| | D | | I | II | | III | IV | V |
| | E | | | I | II | III | IV | V |
| | F | | | | △ | | | |
| 低圈足盘 | | | | | | I | | II |
| 圈足盘 | | | | | | △ | | |
| 三足盘 | | | | | | | △ | |
| 豆 | A | | I | I、II | III | IV | IV、V | |
| | B | | △ | | △ | △ | | △ |
| 单耳杯 | A | | | I | II | III | IV | |
| | B | | △ | △ | | | | |
| | C | | | | | | △ | |
| 弧形杯 | | | △ | | △ | | | △ |
| 觯 | A | | I | II | III | IV | | V |
| | B | | I | | | | | II |
| | C | | | △ | | | | △ |
| 盂 | | | | | | △ | △ | |
| 钵 | | | | △ | | △ | | |
| 碗 | | | | | | | | △ |
| 漏器 | A | | △ | △ | | | | |
| | B | | △ | | | | | |
| 箅子 | A | | △ | △ | △ | | △ | |
| | B | | | △ | △ | | | |
| 火盆 | | | △ | △ | △ | △ | △ | △ |

注："△"表示存在。

附表六（1）　龙山文化陶片统计表　　　　　　单位：H111　分段：1段

| 陶质 | 夹蚌 | 夹砂 | | | | 泥质 | | 合计 | |
|---|---|---|---|---|---|---|---|---|---|
| 陶色 | 褐 | 灰陶 | 黑陶 | 黑皮 | 褐陶 | 磨光黑陶 | 磨光灰陶 | 数量 | 百分比（%） |
| 数量 | 10 | 23 | 15 | 5 | 40 | 4 | 5 | 102 | |
| 百分比（%） | 10 | 23 | 14 | 5 | 39 | 4 | 5 | | 100 |
| 纹饰 篮纹 | 10 | 6 | 6 | 2 | 6 | | | 30 | 29 |
| 绳纹 | | 4 | 2 | 1 | 7 | | | 14 | 14 |
| 弦纹 | | | 2 | | | | | 2 | 2 |
| 凹弦纹 | | 3 | | | 4 | | | 7 | 7 |
| 指捏纹 | | | | | 1 | | | 1 | 1 |
| 按窝纹 | | | | | 1 | | | 1 | 1 |
| 索状纹 | | | | | 3 | | | 3 | 3 |
| 鸡冠纹 | | | | | 3 | | | 3 | 3 |
| 素面 | | 10 | 5 | 2 | 15 | 4 | 5 | 41 | 40 |
| 器形 罐形鼎 A I | 2 | 3 | 3 | 2 | 8 | | | 18 | 18 |
| 折沿罐 C I | 1 | 5 | 3 | | 12 | | | 21 | 21 |
| 壶 | | | | | | 3 | 3 | 6 | 6 |
| 钵形盖 I | 1 | 4 | 1 | | 3 | | | 9 | 9 |
| 碗形盖 C I | | 3 | 2 | | 2 | | | 7 | 7 |
| 豆 | | | | | | 1 | 2 | 3 | 2 |
| 其他 | 6 | 8 | 6 | | 15 | | | 38 | 37 |
| 总计 | 10 | 83 | | | | 9 | | 102 | |
| 百分比（%） | 10 | 81 | | | | 9 | | | 100 |

附表六（2）　龙山文化陶片统计表　　　　　　单位：H121　分段：1段

| 陶质 | 夹蚌 | 夹砂 | | | | 泥质 | | 合计 | |
|---|---|---|---|---|---|---|---|---|---|
| 陶色 | 褐 | 灰陶 | 黑陶 | 黑皮 | 褐陶 | 磨光黑陶 | 褐 | 数量 | 百分比（%） |
| 数量 | 8 | 68 | 5 | 4 | 6 | 20 | 1 | 112 | |
| 百分比（%） | 7 | 61 | 4 | 4 | 5 | 18 | 1 | | 100 |
| 纹饰 篮纹 | 8 | 5 | 3 | 2 | 4 | | | 22 | 20 |
| 绳纹 | | 10 | 2 | 2 | | | | 14 | 13 |
| 弦纹 | | 1 | | | | | | 1 | 1 |
| 凹弦纹 | | 2 | | | | | | 2 | 1 |
| 凸弦纹 | | | | | | 2 | | 2 | 1 |
| 盲鼻 | | | | | | 1 | | 1 | 1 |
| 素面 | | 50 | | | 2 | 17 | 1 | 70 | 63 |

续附表六（2）

| 陶质 | | 夹蚌 | 夹砂 | | | 泥质 | | 合计 | |
|---|---|---|---|---|---|---|---|---|---|
| 器形 | 罐形鼎 B I | | 8 | | | | | 8 | 7 |
| | 罐形鼎 Ca I | 1 | | 2 | | | | 3 | 3 |
| | 大口罐 CbI | 2 | 10 | | 2 | | | 14 | 13 |
| | 高领罐 I | 2 | 5 | | | | | 7 | 6 |
| | 小口豉腹罐 A | | 5 | | | | | 7 | 6 |
| | 钵形盖 Aa I | 1 | 7 | | 2 | | | 10 | 9 |
| | 高圈足盘 A I | | | | | 5 | 1 | 6 | 5 |
| | 单耳杯 A | | | | | 7 | | 7 | 6 |
| | 高柄杯 | | | | 2 | 3 | | 3 | 3 |
| | 豆 A I | | | | | 2 | | 2 | 2 |
| | 算子 A | | | 1 | | | | 1 | 1 |
| | 其他 | 2 | 33 | 2 | 4 | 3 | | 44 | 39 |
| 总计 | | 8 | 83 | | | 21 | | 102 | |
| 百分比（%） | | 8 | 74 | | | 18 | | | 100 |

附表六（3）　龙山文化陶片统计表　　　单位：H104　分段：2 段

| 陶质 | | 夹蚌 | 夹砂 | | | | | 泥质 | | 细泥 | 合计 | |
|---|---|---|---|---|---|---|---|---|---|---|---|---|
| 陶色 | | 褐 | 黑陶 | 黑皮 | 灰 | 灰褐 | 褐 | 磨光灰 | 褐 | 黑 | 数量 | 百分比（%） |
| 数量 | | 6 | 45 | 10 | 9 | 28 | 14 | 17 | 3 | 4 | 136 | |
| 百分比（%） | | 4 | 33 | 7 | 7 | 21 | 10 | 13 | 2 | 3 | | 100 |
| 纹饰 | 篮纹 | 6 | 10 | 3 | 3 | | 3 | | | | 25 | 18 |
| | 弦断篮纹 | | 7 | | 2 | 3 | | | | | 12 | 9 |
| | 绳纹 | | 6 | | | 4 | | | | | 10 | 7 |
| | 方格纹 | | | | 2 | 2 | 3 | | | | 7 | 5 |
| | 凸弦纹 | | | | 1 | | | | | | 1 | 1 |
| | 凹弦纹 | | 3 | | 1 | | | | | | 4 | 3 |
| | 索状纹 | | | | | | 1 | | | | 1 | 1 |
| | 牛鼻耳 | | | | | 1 | | | | | 1 | 1 |
| | 盲鼻 | | | | | 1 | | | | | 1 | 1 |
| | 素面 | | 19 | 7 | | 19 | 5 | 17 | 3 | 4 | 74 | 54 |
| 器形 | 罐形鼎 CaII | 3 | 10 | | | 4 | | | | | 17 | 13 |
| | 鬶 | | 4 | | | | | | | | 4 | 3 |
| | 盆 CbII | | | | | | | 5 | | | 5 | 4 |
| | 碗形盖 AaII | 1 | | | 1 | 5 | | | | | 7 | 5 |
| | 筒形盖 II | | | | | | | 2 | | | 2 | 1 |
| | 高圈足盘 D II | | | | | | | 3 | 1 | | 4 | 3 |
| | 豆 B | | | | | | | 4 | 1 | | 5 | 4 |
| | 弧形杯 | | | | | | | | 1 | 2 | 3 | 2 |
| | 算子 A | | 2 | | | | | | | | 2 | 1 |
| | 其他 | 2 | 29 | 10 | 8 | 19 | 14 | 3 | | 2 | 87 | 64 |
| 总计 | | 6 | 106 | | | | | 20 | | 4 | 136 | |
| 百分比（%） | | 4 | 78 | | | | | 15 | | 3 | | 100 |

附表六（4）　　龙山文化陶片统计表　　　　单位：H85　分段：2 段

| 陶质 | | 夹蚌 | 夹砂 | | | | 泥质 | | | 合计 | |
|---|---|---|---|---|---|---|---|---|---|---|---|
| 陶色 | | 褐 | 黑陶 | 黑皮 | 灰 | 褐 | 灰白 | 磨光黑 | 磨光灰 | 磨光褐 | 数量 | 百分比（%） |
| 数量 | | 8 | 72 | 15 | 65 | 25 | 2 | 23 | 9 | 6 | 235 | |
| 百分比（%） | | 3 | 31 | 6 | 27 | 11 | 1 | 10 | 4 | 3 | | 100 |
| 纹饰 | 篮纹 | 6 | 26 | 4 | 25 | 4 | | | | | 65 | 28 |
| | 绳纹 | 2 | 13 | | 17 | | | | | | 32 | 14 |
| | 弦断篮纹 | | 5 | | 3 | | | | | | 8 | 3 |
| | 方格纹 | | 2 | | 3 | | | | | | 5 | 2 |
| | 凹弦纹 | | 3 | | | | | | | | 3 | 1 |
| | 凸弦纹 | | 6 | | | 3 | | 3 | | | 12 | 5 |
| | 附加堆纹 | | 1 | | | | | | | | 1 | 1 |
| | 素面 | | 16 | 11 | 17 | 18 | 2 | 20 | 9 | 6 | 109 | 46 |
| 器形 | 罐形鼎 CaⅡ | | 3 | 2 | 7 | | | | | | 12 | 5 |
| | 罐形鼎 D | | 7 | | 4 | | | | | | 11 | 5 |
| | 鬶 | | | | | 2 | | | | | 2 | 1 |
| | 折沿罐 AⅡ | 3 | | 5 | 11 | | | | | | 19 | 8 |
| | 卷沿罐 Ⅱ | | 24 | | 3 | | | | | | 27 | 11 |
| | 大口罐 BⅡ | 2 | 10 | | 2 | | | | | | 14 | 6 |
| | 盆 | | | | | | | 1 | 2 | 1 | 7 | 3 |
| | 碗形盖 D | | 8 | | 3 | | | | | | 11 | 5 |
| | 盘形盖 BI | | | | | | | | 2 | | 2 | 1 |
| | 高圈足盘 | | | | | | | 3 | 1 | | 4 | 2 |
| | 甗 | | 2 | | 2 | | | | | | 4 | 2 |
| | 豆 | | | | | | | 2 | | 1 | 8 | 3 |
| | 单耳杯 AI | | | | | | | 9 | | | 9 | 4 |
| | 弧形杯 | | | | | | | | | 1 | 3 | 1 |
| | 其他 | 3 | 18 | 8 | 54 | 4 | | 8 | 7 | | 102 | 43 |
| 总计 | | 8 | 179 | | | | | 48 | | | 235 | |
| 百分比（%） | | 3 | 77 | | | | | 20 | | | | 100 |

附表六（5）　　龙山文化陶片统计表　　　　单位：G5　分段：3 段

| 陶质 | | 夹砂 | | | | | | 泥质 | | | 细泥 | 合计 | |
|---|---|---|---|---|---|---|---|---|---|---|---|---|---|
| 陶色 | | 黑 | 黑皮 | 灰褐 | 红 | 褐 | 灰白 | 磨光黑 | 灰 | 褐 | 黑 | 数量 | 百分比（%） |
| 数量 | | 83 | 17 | 350 | 6 | 24 | 23 | 20 | 37 | 5 | 2 | 567 | |
| 百分比（%） | | 15 | 3 | 61 | 1 | 4 | 4 | 4 | 6 | 1 | 1 | | 100 |
| 纹饰 | 篮纹 | | | 50 | 2 | 8 | | | | | | 60 | 10 |
| | 绳纹 | 16 | 4 | 85 | 3 | | | | | | | 108 | 19 |
| | 弦断绳纹 | | | 3 | | | | | | | | 3 | 1 |
| | 凸弦纹 | | | | | | | 6 | | | | 6 | 1 |
| | 方格纹 | | | 25 | | | | | | | | 25 | 4 |
| | 附加堆纹 | | | 7 | | | | | | | | 7 | 1 |
| | 绳索纹 | 6 | | | | | | | | | | 6 | 1 |
| | 鸡冠耳 | | | 2 | | | | | | | | 2 | 1 |
| | 素面 | 61 | 13 | 178 | 4 | 13 | 23 | 20 | 31 | 5 | 2 | 350 | 62 |

续附表六（5）

| 陶质 | | 夹砂 | | | | | 泥质 | | 细泥 | 合计 | |
|---|---|---|---|---|---|---|---|---|---|---|---|
| | 罐形鼎 | 8 | | 7 | | | | | | 15 | 3 |
| | 折沿罐 AⅢ | 9 | 4 | 47 | 3 | 10 | | | | 73 | 12 |
| | 鬹 | | | | | | 7 | | | 7 | 1 |
| | 折沿罐 CⅡ | 2 | | 3 | | | | | | 5 | 1 |
| | 卷沿罐 Ⅲ | 11 | | 35 | 5 | | | | | 51 | 9 |
| | 大口罐 CaⅠ | 6 | | | | | | | | 6 | 1 |
| | 子母口罐 A | | | | | | 12 | | | 12 | 2 |
| | 大口尊 | | | 5 | | | | | | 5 | 1 |
| | 盆 DⅡ | | | | | | 3 | 2 | | 5 | 1 |
| | 盆 J | | | | | | 7 | 1 | | 8 | 1 |
| 器形 | 盆 K | | | | | | 8 | 2 | | 10 | 1 |
| | 盒 B | 2 | | | | | | | | 2 | 1 |
| | 钵形盖 Ⅲ | 6 | | 15 | | | | | | 21 | 4 |
| | 碗形盖 AⅢ | 3 | 1 | 9 | | | | | | 13 | 2 |
| | 碗形盖 F | 3 | | 9 | | | | | | 12 | 2 |
| | 盘形盖 AⅡ | | | | | | 5 | | | 5 | 1 |
| | 圈足 A | | | | | | 3 | | | 3 | 1 |
| | 豆 B | | | | | | | | 2 | 2 | 1 |
| | 弧形杯 | | | | | | 2 | | | 2 | 1 |
| | 其他 | 33 | 12 | 220 | 3 | 9 | 16 | 13 | 4 | 310 | 54 |
| | 总计 | | 503 | | | | 65 | | 2 | 567 | |
| | 百分比（%） | | 89 | | | | 10 | | 1 | | 100 |

**附表六（6）　龙山文化陶片统计表**　　　　单位：H119　分段：3 段

| 陶质 | | 夹砂 | | | | | 泥质 | | 细泥 | 合计 | |
|---|---|---|---|---|---|---|---|---|---|---|---|
| 陶色 | | 黑 | 黑皮 | 灰褐 | 褐 | 灰白 | 磨光黑 | 褐 | 黑 | 数量 | 百分比（%） |
| | 数量 | 135 | 25 | 550 | 95 | 21 | 47 | 20 | 7 | 900 | |
| | 百分比（%） | 15 | 3 | 61 | 11 | 2 | 5 | 2 | 1 | | 100 |
| | 篮纹 | 15 | 6 | 105 | 17 | | | | | 143 | 15 |
| | 弦断篮纹 | | | 7 | | | | | | 7 | 1 |
| | 绳纹 | 13 | | 65 | 8 | | | | | 86 | 10 |
| | 方格纹 | 1 | | 25 | | | | | | 26 | 2 |
| | 弦断方格纹 | | | 4 | | | | | | 4 | 1 |
| | 凹弦纹 | 6 | | 3 | | | 3 | | | 12 | 1 |
| | 凸弦纹 | | | | | | 4 | | | 4 | 1 |
| | 刻划纹 | | | 5 | | | | | | 5 | 1 |
| | 水波纹 | | | 2 | | | | | | 2 | 1 |
| | 素面 | 100 | 19 | 70 | 14 | 7 | 40 | 20 | 7 | 611 | 67 |

续附表六（6）

| 陶质 | 夹砂 | | | | | 泥质 | | 细泥 | 合计 | |
|---|---|---|---|---|---|---|---|---|---|---|
| **器形** 罐形鼎 CbⅡ | 15 | | 42 | 27 | | | | | 84 | 8 |
| 盆形鼎 BⅢ | 18 | | 43 | 17 | | | | | 78 | 8 |
| 鬶 | | | | | 5 | | | | 5 | 1 |
| 折沿罐 AⅢ | 20 | 3 | 35 | 22 | | | | | 80 | 8 |
| 壶 | | | 9 | | | | | | 9 | 1 |
| 瓮 | | | | | | | | | 6 | 1 |
| 盆 | | | | | | | 3 | | 3 | 1 |
| 匜 A | | | | | | | 3 | | 3 | 1 |
| 碗形盖 BⅡ | 13 | | 50 | | | | | | 63 | 7 |
| 低圈足盘 Ⅰ | | | | | | 6 | 5 | | 11 | 1 |
| 豆 AⅢ | | | | | | 10 | | | 10 | 1 |
| 弧形杯 AⅢ | | | | | | 7 | | 3 | 10 | 1 |
| 高柄杯 | | | | | | 4 | | | 4 | 1 |
| 算子 | | | | | | | | | 6 | 1 |
| 火盆 | | | | | | | | | 4 | 1 |
| 其他 | 59 | 22 | 365 | 29 | 16 | 20 | 9 | 4 | 524 | 58 |
| 总计 | 826 | | | | | 67 | | 7 | 900 | |
| 百分比（%） | 92 | | | | | 7 | | 1 | 100 | |

**附表六（7）　龙山文化陶片统计表　　　单位：H120　分段：4 段**

| 陶质 | 夹砂 | | | | | | 泥质 | | 细泥 | 合计 | |
|---|---|---|---|---|---|---|---|---|---|---|---|
| 陶色 | 黑 | 黑皮 | 灰褐 | 褐 | 灰白 | 灰 | 磨光黑 | 磨光褐 | 黑 | 数量 | 百分比（%） |
| 数量 | 105 | 80 | 310 | 84 | 58 | 67 | 33 | 15 | 6 | 758 | |
| 百分比（%） | 14 | 10 | 41 | 11 | 8 | 9 | 4 | 2 | 1 | | 100 |
| **纹饰** 篮纹 | 19 | 14 | 11 | 23 | | 15 | | | | 82 | 10 |
| 绳纹 | 27 | 6 | 185 | 17 | | 24 | | | | 259 | 34 |
| 弦断绳纹 | 10 | | 26 | 4 | | | | | | 40 | 5 |
| 方格纹 | | | 2 | | | | 4 | | | 6 | 1 |
| 凹弦纹 | 6 | | | | | 1 | | | | 7 | 1 |
| 凸弦纹 | 5 | | | | 4 | | | | | 9 | 1 |
| 刻划纹 | 1 | | 3 | | | | | | | 4 | 1 |
| 盲鼻 | | | | 2 | | | | | | 2 | 1 |
| 素面 | 37 | 60 | 83 | 38 | 54 | 27 | 29 | 15 | 6 | 349 | 46 |

续附表六（7）

| 陶质 | 夹砂 | | | | | | 泥质 | | 细泥 | 合计 | |
|---|---|---|---|---|---|---|---|---|---|---|---|
| 罐形鼎 D | 20 | | | | | | | | | 20 | 2 |
| 盆形鼎 AIV | | | 9 | | 3 | | | | | 12 | 2 |
| 盆形鼎 C | | | 15 | | 7 | | | | | 22 | 2 |
| 鬹 | | | | | | | | | | 58 | 8 |
| 折沿罐 BIV | 17 | 8 | | | | | | | | 25 | 3 |
| 大口罐 AbI | 9 | 3 | 21 | | | | | | | 33 | 4 |
| 小口罐 | 11 | | 16 | 16 | | | | | | 43 | 5 |
| 小口高领罐 AIII | | | | | | | | 2 | | 2 | 1 |
| 碗形盖 BbIV | 3 | 5 | 20 | 2 | | | | | | 30 | 4 |
| 碗形盖 CIII | 7 | 9 | 18 | | | | | | | 34 | 4 |
| 盘形盖 AIII | 23 | | 30 | | | | | | | 53 | 7 |
| 盘形盖 CaIII | | | | | | | 3 | 4 | | 7 | 1 |
| 盘形盖 DII | | | | | | | 7 | 2 | | 9 | 1 |
| 圈足盘 AII | | | | | | | 5 | 3 | | 8 | 1 |
| 盆 | | | | | | | 3 | 1 | | 4 | 1 |
| 豆 | | | | | | | 8 | | | 8 | 1 |
| 弧形杯 A | | | | | | | | | 6 | 6 | 1 |
| 箅子 | 3 | | | | | | | | | 3 | 1 |
| 其他 | 12 | 55 | 181 | 66 | | 57 | 7 | 3 | | 381 | 50 |
| 总计 | 704 | | | | | | 48 | | 6 | 758 | |
| 百分比（%） | 93 | | | | | | 6 | | 1 | | 100 |

（器形）

附表六（8）　龙山文化陶片统计表　　　　单位：H95　分段：4 段

| 陶质 | 夹砂 | | | | | | 泥质 | | 细泥 | 合计 | |
|---|---|---|---|---|---|---|---|---|---|---|---|
| 陶色 | 黑 | 黑皮 | 灰 | 灰褐 | 褐 | 灰白 | 磨光黑 | 磨光灰 | 黑 | 数量 | 百分比（%） |
| 数量 | 45 | 31 | 27 | 120 | 33 | 3 | 20 | 44 | 9 | 332 | |
| 百分比（%） | 14 | 9 | 8 | 36 | 10 | 1 | 6 | 13 | 3 | | 100 |
| 篮纹（纹饰） | 15 | 13 | 3 | 45 | 9 | | | | | 95 | 28 |
| 绳纹 | 8 | 10 | 4 | 16 | 4 | | | | | 42 | 12 |
| 方格纹 | | | | | | | | 13 | | 13 | 4 |
| 索状纹 | | | | 1 | | | | | | 1 | 1 |
| 凸弦纹 | | | | 3 | | | 1 | | | 4 | 1 |
| 篓孔 | | | | 2 | | | | | | 2 | 1 |
| 肓鼻 | | | | 1 | | | 1 | | | 2 | 1 |
| 鸡冠耳 | | | | 1 | | | | | | 1 | 1 |
| 素面 | 22 | 8 | 10 | 51 | 20 | 3 | 18 | 31 | 9 | 172 | 51 |

续附表六（8）

| 陶质 | 夹砂 | | | | | 泥质 | | 细泥 | 合计 | |
|---|---|---|---|---|---|---|---|---|---|---|
| 罐形鼎BⅣ | 3 | 11 | | 7 | | | | | 21 | 6 |
| 盆形鼎BⅣ | | | | | | | | 6 | 6 | 1 |
| 鬶BⅡ | | | | | | | 3 | | 3 | 1 |
| 甗 | | 5 | | | | | | | 5 | 2 |
| 缸 | | 1 | | | | | | | 1 | 1 |
| 盆EⅡ | | | | | | 2 | 7 | | 9 | 3 |
| 钵形盖Ⅳ | | | 2 | 16 | 12 | | | | 30 | 9 |
| 碗形盖D | 2 | | | 9 | 10 | | | | 21 | 6 |
| 盘形盖AⅢ | | | | | | | 5 | | 5 | 2 |
| 盘形盖CaⅢ | | | | | | 4 | 4 | | 8 | 2 |
| 筒形盖Ⅳ | | | | | | | 4 | | 4 | 1 |
| 高圈足盘AⅡ | | | | | | 3 | 3 | | 6 | 1 |
| 高圈足盘DⅢ | | | | | | 4 | 3 | | 7 | 2 |
| 豆B | | | | | | 5 | | | 5 | 2 |
| 单耳杯A | | | | | | | 3 | 2 | 5 | 2 |
| 弧形杯 | | | | | | | 5 | 1 | 6 | 1 |
| 箅子 | 3 | | | | | | | | 3 | 1 |
| 火盆 | 5 | | | | | | | | 5 | 2 |
| 其他 | 32 | 20 | 19 | 88 | 11 | 2 | 10 | | 182 | 55 |
| 总计 | 259 | | | | | 64 | | 9 | 332 | |
| 百分比（%） | 78 | | | | | 19 | | 3 | 100 | |

（器形）

**附表六（9）　龙山文化陶片统计表**　　　单位：H67　分段：5段

| 陶质 | 夹砂 | | | 泥质 | | | 细泥 | 合计 | |
|---|---|---|---|---|---|---|---|---|---|
| 陶色 | 黑 | 灰 | 褐 | 黑 | 灰 | 褐 | 黑 | 数量 | 百分比（%） |
| 数量 | 250 | 7 | 30 | 10 | 13 | 6 | 2 | 318 | |
| 百分比（%） | 79 | 2 | 9 | 3 | 4 | 2 | 1 | | 100 |

| 纹饰 | | | | | | | | | |
|---|---|---|---|---|---|---|---|---|---|
| 篮纹 | 27 | | 4 | | | | | 31 | 10 |
| 绳纹 | 22 | 2 | 6 | | | | | 30 | 10 |
| 方格纹 | 8 | 3 | | | | | | 11 | 3 |
| 凸弦纹 | 10 | | | | | | | 10 | 3 |
| 凹弦纹 | 7 | | 2 | | | 1 | | 10 | 3 |
| 指甲纹 | 2 | | | | | | | 2 | 1 |
| 附加堆纹 | | | 3 | | | | | 3 | 1 |
| 盲鼻 | 2 | | | | | | | 2 | 1 |
| 素面 | 172 | 2 | 15 | 10 | 13 | 5 | 2 | 219 | 68 |

续附表六（9）

| 陶质 | | 夹砂 | | | 泥质 | | 细泥 | 合计 | |
|---|---|---|---|---|---|---|---|---|---|
| 器形 | 罐形鼎ＢⅤ | 13 | | | | | | 20 | 6 |
| | 罐形鼎 D | 15 | 2 | 7 | | | | 20 | 6 |
| | 折沿罐 CⅤ | 9 | | 3 | | | | 15 | 5 |
| | 瓮 AⅢ | | 3 | | | | | 3 | 1 |
| | 盆 AⅤ | | | | 3 | 1 | | 4 | 1 |
| | 盆 DⅣ | | | | 4 | 2 | | 6 | 2 |
| | 碗形盖 BⅤ | 13 | | 6 | | | | 16 | 5 |
| | 盘形盖 CaⅣ | | | 3 | 3 | | | 3 | 1 |
| | 高圈足盘 CⅣ | | | | | 2 | | 2 | 1 |
| | 三足盘 | | 1 | | | | | 1 | 1 |
| | 豆 | | | | 2 | 1 | 1 | 4 | 1 |
| | 单耳杯 AⅣ | | | | 4 | | 2 | 6 | 2 |
| | 箅子 | 5 | | | | | | 5 | 1 |
| | 其他 | 195 | 1 | 11 | 4 | 2 | | 213 | 67 |
| 总计 | | 287 | | | 29 | | 2 | 318 | |
| 百分比（％） | | 90 | | | 9 | | 1 | | 100 |

附表六（10）　龙山文化陶片统计表　　　单位：H107　分段：5段

| 陶质 | | 夹砂 | | | | | 泥质 | | 细泥 | 合计 | |
|---|---|---|---|---|---|---|---|---|---|---|---|
| 陶色 | | 黑 | 黑皮 | 灰 | 灰白 | 褐 | 磨光黑 | 灰褐 | 黑 | 数量 | 百分比（％） |
| 数量 | | 240 | 30 | 160 | 3 | 24 | 36 | 20 | 5 | 518 | |
| 百分比（％） | | 46 | 5 | 31 | 1 | 5 | 7 | 4 | 1 | | 100 |
| 纹饰 | 篮纹 | 104 | 9 | 52 | | 6 | | | | 171 | 33 |
| | 弦断篮纹 | 12 | | | | | | | | 12 | 2 |
| | 绳纹 | 40 | 7 | 27 | | 3 | | | | 77 | 15 |
| | 弦断绳纹 | 7 | | | | | | | | 7 | 1 |
| | 弦纹 | | | | | | | 4 | | 4 | 1 |
| | 凸弦纹 | | | | | | | 6 | | 6 | 1 |
| | 素面 | 77 | 14 | 81 | 3 | 15 | 36 | 10 | 5 | 241 | 47 |
| 器形 | 罐形鼎 AⅤ | 32 | 5 | 7 | | 4 | | | | 48 | 9 |
| | 盆形鼎 BⅤ | 22 | 7 | 34 | | | | | | 63 | 12 |
| | 折沿罐 CⅤ | | | 7 | | | | | | 7 | 1 |
| | 折沿罐 EⅣ | 28 | | 25 | | 3 | | | | 56 | 11 |
| | 小型罐 AⅤ | 38 | | 17 | | 14 | | | | 69 | 13 |
| | 小型罐 BⅤ | 6 | | | | 2 | | | | 8 | 2 |
| | 大口尊 | | | | 3 | | | | | 3 | 1 |
| | 盆 EⅢ | | | | | | 5 | 3 | | 8 | 2 |
| | 盆 FⅡ | | | | | | 6 | 2 | | 8 | 2 |
| | 碗形盖 BIⅣ | 21 | | 10 | | 1 | | | | 32 | 6 |
| | 盘形盖 AⅣ | | | | | | 2 | | | 2 | 1 |
| | 圈足盘 BⅢ | | | | | | 4 | 2 | | 6 | 1 |
| | 豆 | | | | | | 15 | 3 | | 18 | 3 |
| | 单耳杯 A | | | | | | | | 5 | 5 | 1 |
| | 其他 | 93 | 18 | 60 | | | 4 | 10 | | 185 | 35 |
| 总计 | | 457 | | | | | 56 | | 5 | 518 | |
| 百分比（％） | | 88 | | | | | 11 | | 1 | | 100 |

附表六（11）　龙山文化陶片统计表　　　　　　　单位：H64　分段：6 段

| 陶质 | 夹砂 | | | | | | 泥质 | | 细泥 | 合计 | |
|---|---|---|---|---|---|---|---|---|---|---|---|
| 陶色 | 灰黑 | 黑皮 | 灰 | 褐 | 红 | 灰白 | 黑 | 灰褐 | 黑 | 数量 | 百分比（％） |
| 数量 | 220 | 20 | 70 | 45 | 5 | 6 | 7 | 15 | 3 | 391 | |
| 百分比（％） | 56 | 5 | 18 | 12 | 1 | 1 | 2 | 4 | 1 | | 100 |

| 纹饰 | | 灰黑 | 黑皮 | 灰 | 褐 | 红 | 灰白 | 黑 | 灰褐 | 黑 | 数量 | 百分比 |
|---|---|---|---|---|---|---|---|---|---|---|---|---|
| 纹饰 | 篮纹 | 70 | 4 | 21 | 10 | | | | | | 105 | 27 |
| | 绳纹 | 60 | 5 | 14 | 7 | 5 | | | | | 78 | 20 |
| | 弦纹 | 20 | 6 | 8 | 5 | | | | | | 39 | 10 |
| | 凸弦纹 | | | | | | | 2 | | | 2 | 1 |
| | 方格纹 | 38 | 5 | 6 | 12 | | | | | | 61 | 16 |
| | 按压纹 | 1 | | | | | | | | | 1 | 1 |
| | 盲鼻 | 1 | | | | | | | | | 1 | 1 |
| | 篓孔 | | | | 2 | | | | | | 2 | 1 |
| | 刻划槽 | 2 | | | | | | | | | 2 | 1 |
| | 素面 | 28 | | 21 | 9 | | 6 | 5 | 15 | 3 | 87 | 22 |

| 器形 | | 灰黑 | 黑皮 | 灰 | 褐 | 红 | 灰白 | 黑 | 灰褐 | 黑 | 数量 | 百分比 |
|---|---|---|---|---|---|---|---|---|---|---|---|---|
| 器形 | 罐形鼎 AV | 22 | | 3 | | | | | | | 25 | 6 |
| | 鬶 | | | | | 6 | | | | | 6 | 1 |
| | 甗 | 2 | | 1 | | | | | | | 3 | 1 |
| | 折沿罐 AVI | 15 | | | 4 | | | | | | 19 | 4 |
| | 折沿罐 CVI | 18 | 5 | 17 | 4 | 3 | | | | | 47 | 12 |
| | 大口罐 CaIII | 24 | | 13 | | | | | | | 37 | 9 |
| | 瓮 AIII | | | | 3 | | | | | | 3 | 1 |
| | 盆 AVI | | | | | | | 1 | 4 | | 5 | 1 |
| | 盆 C | | | | | | | | 3 | | 3 | 1 |
| | 碗形盖 BV | | 7 | | 7 | | | | | | 14 | 3 |
| | 碗形盖 DIV | | 3 | | | | | | | | 3 | 1 |
| | 盘形盖 AIV | | | | | | | | 2 | | 2 | 1 |
| | 圈足盘 AIII | | | | | | | 2 | 5 | | 7 | 2 |
| | 豆 B | | | | | | | 2 | 1 | | 3 | 1 |
| | 单耳杯 C | | | | | | | 1 | | 3 | 4 | 1 |
| | 碗 | | | | | | | 1 | | | 1 | 1 |
| | 其他 | 139 | 5 | 37 | 26 | 2 | | | | | 209 | 53 |

| 总计 | 366 | | 22 | 3 | 391 | |
|---|---|---|---|---|---|---|
| 百分比（％） | 94 | | 5 | 1 | | 100 |

附表六（12）　　龙山文化陶片统计表　　　　单位：H45　分段：6段

| 陶质 | 夹砂 | | | | 泥质 | | 细泥 | 合计 | |
|---|---|---|---|---|---|---|---|---|---|
| 陶色 | 黑 | 灰 | 褐 | 灰白 | 褐 | 灰 | 黑 | 数量 | 百分比（%） |
| 数量 | 142 | 47 | 30 | 3 | 25 | 10 | 5 | 262 | |
| 百分比（%） | 54 | 18 | 11 | 1 | 10 | 4 | 2 | | 100 |
| 篮纹 | 17 | 2 | | | | | | 19 | 7 |
| 绳纹 | 85 | 3 | 5 | | | | | 93 | 35 |
| 弦断绳纹 | 3 | | 4 | | | | | 7 | 3 |
| 凹弦纹 | 5 | | 1 | | 1 | 1 | | 8 | 3 |
| 方格纹 | | 36 | | | | | | 36 | 14 |
| 素面 | 32 | 6 | 20 | 3 | 24 | 9 | 5 | 99 | 38 |
| 器形 罐形鼎 CaⅥ | 20 | 7 | 3 | | | | | 30 | 1 |
| 盆形鼎 BⅥ | | 2 | | | | | | 2 | 1 |
| 鬶 | | | | 3 | | | | 3 | 1 |
| 甗 | 3 | | 1 | | | | | 4 | 2 |
| 大口罐 BV | | 26 | | | | | | 26 | 10 |
| 盆 AⅥ | | | | | 10 | 5 | | 15 | 6 |
| 钵形盖Ⅵ | 23 | 5 | 4 | | | | | 32 | 12 |
| 盘形盖 CbⅣ | | | | | 2 | 5 | | 7 | 3 |
| 高圈足盘 BⅣ | | | | | 13 | 4 | | 17 | 6 |
| 豆 | | | | | | 1 | | 1 | |
| 火盆 | 2 | | | | | | | 2 | 1 |
| 其他 | 94 | 7 | 22 | | | | | 123 | 47 |
| 总计 | 222 | | | | 35 | | 5 | 262 | |
| 百分比（%） | 85 | | | | 13 | | 2 | | 100 |

注：其他是指不能辨明器形的碎陶片。

附表七　龙山文化灰坑登记表

| 编号（H） | 所在探方 | 形状（口） | 分段 | 开口层位 | 口径形制（米） | 深度（米） | 出土遗物 | 备注 |
|---|---|---|---|---|---|---|---|---|
| H2 | T16 | 不规则长方形 | 6 | ④ | 2.1～1.5 | 0.7 | 小口鼓腹罐 B、覆碗形盖 BⅤ、盆 AⅥ、骨锥 A | 仅清理局部 |
| H4 | T21 | 椭圆形 | 5 | ⑤ | 1.6～0.8 | 0.4 | 罐形鼎 CbⅢ、覆钵形盖 Ⅴ、圈足盘 BⅢ、盆、罐 | |
| H5 | T20 | 圆形 | 5 | ⑤ | 2 | 1.7 | 罐形鼎 AⅣ、折沿罐 DⅤ、覆碗形盖 BⅣ、覆盘形盖 AⅣ、匜 A、豆、盆 | 底部有台阶 |
| H6 | T20 | 圆形 | 5 | ⑤ | 5.7 | 2.5 | 罐形鼎 CaⅤ、大口罐 AaⅢ、AbⅡ、覆碗形盖 D、盆 EⅢ、匜 A、网锥 B、甗、 | 约清理二分之一 |
| H7 | T19 | 圆形 | 6 | ④ | 1.5 | 0.4 | 子母口罐 B、碗形盖 CⅥ、高圈足盘 BⅣ、筒形盖 Ⅵ、 | 有台阶 |
| H8 | T19 | 不规则形 | 6 | ① | 2～1.3 | 0.4 | 盆 DⅤ、蚌壳豆、单八杯 | |
| H13 | T19 | 不规则形 | 4 | H7 | 2.6～2 | 0.7 | 小口高颈罐 BⅢ、小口高颈罐 CaⅡ、覆盘形盖 CaⅢ、高圈足盘 EⅢ、纺轮 B | |
| H14 | T19 | 椭圆形 | 5 | ⑤ | 2～1.1 | 0.2 | 罐形鼎（其他）、折沿罐 BⅢ、钵形盖 Ⅴ、盆 DⅣ、覆盘形盖 AaⅣ、盆 DⅣ、瓮 AⅣ、 | |
| H15 | T19 | 椭圆形 | 6 | ① | 2.4～1.3 | 0.7 | 折沿罐 AⅥ、BⅥ、高领罐 Ⅵ、小口高颈罐 AⅣ、漏器、 | 仅清理局部 |
| H16 | T19 | 椭圆形 | 4 | ⑤ | 2.4～0.75 | 0.4～0.6 | 大口罐 DⅣ、小口高颈罐 BⅣ、覆碗形盖 D、盘形盖 CbⅡ、筒形、高圈足盘 CⅢ、圈足盘、瓮 AⅡ | |
| H23 | T18 | 不规则形 | 6 | ④ | 1.8～1.6 | 0.7 | 盆口沿、罐口沿 | 仅清理 T18 内 |
| H31 | T21 | 椭圆形 | 3 | ⑥ | 1.4～0.8 | 0.6 | 折沿罐 BⅡ、覆盘形盖 DⅠ、单耳杯 A、网锥 A、石杵、甗、器耳 | |
| H32 | T15 | 圆形 | 6 | ④ | 2.8 | 0.8 | 罐形鼎 CaⅥ、盆形鼎 C、小型罐 AⅥ、碗形盖 AⅥ、BⅥ、GⅢ、覆盘形盖 AⅤ、规盖 A、豆、火盆 | 仅清理局部 |

续附表七

| 编号（H） | 所在探方 | 形状（口） | 分段 | 开口层位 | 口径形制（米） | 深度（米） | 出土遗物 | 备注 |
|---|---|---|---|---|---|---|---|---|
| H33 | T9 | 不规则形 | 6 | ⑤ | 2.6~1.6 | 0.6 | 罐形鼎AⅤ、覆碗形盖E、盘形盖、高圈足盘、火盆 | |
| H35 | T21 | 圆形 | 6 | ①、⑤ | 4.7 | 0.3~0.4 | 罐形鼎CaⅥ、折沿罐CⅥ、小口罐、骨簪A、骨镞B、盆、豆 | |
| H40 | T18 | 不规则形 | 6 | ① | 4~0.7 | 0.5 | 小型罐AⅥ、小形罐BⅥ、高圈足盘DⅤ、覆碗形盖、甗、盆 | 仅清理局部 |
| H41 | T15 | 圆形 | 3 | ⑥ | 2 | 0.9 | 罐形鼎BⅣ、折沿罐CⅢ、大口罐AaⅠ、大口罐BⅢ、小口鼓腹罐B、筒形、盆AⅢ、盆BⅡ、覆碗形盖 | |
| H42 | T19 | 圆形 | 4 | ① | 3.4~2.2 | 0.9 | 罐形鼎（其他）、折沿罐CⅣ、小形罐BⅣ、高圈足盘DⅢ、覆碗形盖、盆 | 仅清理局部 |
| H45 | T21 | 不规则长方形 | 6 | ① | 1×0.8 | 0.3 | 罐形鼎CaⅥ、盆形鼎BⅥ、大口罐BⅤ、覆钵形盖Ⅵ、覆盘形盖CbⅣ、高圈足盘BⅣ、盆AⅥ、鬶、豆、甑 | 仅清理局部 |
| H58 | T20 | 椭圆形 | 3 | H61 | 2.52~1.54 | 0.5 | 卷沿罐Ⅲ、大口罐CaⅡ、小形罐AⅢ、折沿罐CⅢ、覆碗形盖GⅡ、覆钵形盖Ⅲ、盆EⅠ、盒A、豆B、纺轮A | |
| H60 | T15 | 圆形 | 3 | H64 | 1.25 | 1.25 | 小型罐AⅢ、覆盘形盖EⅡ、骨镞B | |
| H61 | T20 | 不规则形 | 5 | H35 | 2~1.3 | 0.8 | 罐形鼎CaⅤ、D、折沿罐CⅤ、小形罐BⅤ、小口罐、覆钵形盖Ⅴ、覆碗形盖CⅤ、盆AⅤ、筒形盖 | |
| H62 | T17 | 不规则形 | 6 | ④ | 1.1 | 2.55 | 折沿罐CⅥ、盆AⅥ、D、罐形鼎、高圈足盘 | |
| H63 | T13 | 圆形 | 5 | H66 | 2.4 | 0.3 | 罐形鼎AⅣ、小口鼓腹罐B、高圈足盘EⅣ、单耳杯AⅣ、匜B、纺轮B | |

续附表七

| 编号（H） | 所在探方 | 形状（口） | 分段 | 开口层位 | 口径形制（米） | 深度（米） | 出土遗物 | 备注 |
|---|---|---|---|---|---|---|---|---|
| H64 | T15 | 长方形 | 6 | ⑤ | 2.3×1 | 1.3 | 罐形鼎 AⅥ、折沿罐 AⅤ、CⅣ、大口罐 CaⅢ、CbⅣ、盆 AⅥ、C、覆碗形盖 DⅣ、BⅤ、覆盘形盖 AⅣ、圈足盘 AⅢ、豆 B、单耳杯 C、瓮 AⅢ、鬶、甗、碗、纺轮 B、鹿角器 | |
| H65 | T20 | 椭圆形 | 3 | H61 | 2.6~1.7 | 1 | 罐形鼎 BⅢ、CaⅢ、折沿罐 CⅢ、罐形鼎（其他）、骨簪 C | |
| H67 | T19 | 不规则形 | 5 | ⑤、H69 | 2.7~2.1 | 1.4 | 罐形鼎 BⅤ、D、折沿罐 AⅤ、CⅤ、盆 AⅥ、C、覆碗形盖 DⅣ、BⅤ、圈足盘 AⅢ、覆盘形盖 AⅣ、单耳杯 C、豆 B、瓮 AⅢ、鬶、甗、碗、纺轮 B、鹿角器 | |
| H69 | T19 | 椭圆形 | 6 | ① | 2~1.1 | 0.9 | 小型罐 AⅥ、豆、杯、小口罐 | |
| H70 | T19 | 椭圆形 | 3 | H13 | 1.6~.08 | 0.6 | 覆碗形盖 D、盆 EI、HI、瓮 B | |
| H74 | T9 | 不规则形 | 6 | ⑨ | 1~0.9 | 0.5 | 覆钵形盖 Ⅵ、鬶 BⅢ、高圈足盘、杯、石锛 | 仅清理局部 |
| H75 | T21 | 长方形 | 3 | ⑥ | 1×0.4 | 0.4 | 折沿罐 CⅢ、小型罐 AⅢ、中口罐 AⅡ、覆碗形盖 CⅢ、觯 AⅣ、罐形鼎（其他）、骨镞 C | |
| H76 | T20 | 椭圆形 | 3 | F6 | 1.54~0.68 | 0.4 | 折沿罐 AⅢ、高领罐 Ⅲ、高圈足盘 BI、高柄杯 | |
| H81 | T19 | 不规则形 | 5 | F7 | 3.2~2 | 1.1 | 盆形鼎 AⅤ、覆碗形盖 BⅢ、算子 A、火盆 | |
| H82 | T20 | 圆形 | 4 | H6 | 5 | 1 | 高圈足盘 DⅢ、覆碗形盖、盆、纺轮 A | |
| H83 | T19 | 椭圆形 | 3 | F6 | 2.45~1.5 | 0.4 | 豆 AⅢ、高圈足盘、盆、弧形杯、石锛 | |
| H84 | T21 | 圆形 | 3 | H90 | 2.2 | 0.7 | 覆碗形盖 CⅢ、高圈足盘 CⅡ、单耳杯 | 仅清理局部 |
| H85 | T20 | 不规则形 | 2 | ⑦ | 2.15~1.55 | 0.75~0.9 | 罐形鼎 CaⅡ、D、卷沿罐 Ⅱ、折沿罐 AⅡ、大口罐 BⅡ、腹盘形盖 BI、覆碗形盖 D、弧形杯、单耳杯 AI、高圈足盘、豆、盆、甗、鬶 | |

续附表七

| 编号<br>（H） | 所在<br>探方 | 形状<br>（口） | 分段 | 开口<br>层位 | 口径形制<br>（米） | 深度<br>（米） | 出土遗物 | 备注 |
|---|---|---|---|---|---|---|---|---|
| H89 | T11 | 椭圆形 | 5 | ⑤ | 2~1.2 | 0.8 | 小型罐 AⅤ、BⅤ、覆钵形盖Ⅴ、盆 CⅤ、高圈足盘 DⅣ | |
| H90 | T21 | 圆形 | 4 | ⑥ | 2.1 | 1.3 | 罐形鼎 CaⅣ、盆形鼎 BⅣ、折沿罐 BⅠ、高圈足盘 EⅢ、圈足盘、豆 AⅣ、纺轮 A | 被 H84 打破 |
| H91 | T21 | 不规则形 | 3 | ⑥ | 4~2 | 0.2 | 覆盘形盖 CaⅡ、觯 AⅢ、缸 | 仅清理局部 |
| H92 | T12 | 圆形 | 1 | ⑥ | 3.5 | 0.18 | 罐形鼎 CbⅠ、弧形杯 B、覆碗形盖、箅子 | |
| H94 | T12 | 圆形 | 6 | H52 | 2 | 0.6 | 小型罐 AⅥ、盆、 | |
| H95 | T16 | 圆形 | 4 | ⑤ | 1.7 | 1.3 | 罐形鼎 BⅣ、盆形鼎 BⅤ、鬶 BⅡ、覆钵形盖Ⅳ、覆碗形盖 D、覆盘形盖 CaⅢ、筒形盖Ⅳ、高圈足盘 AⅡ、DⅢ、单耳杯 A、、筒形盖 Ⅳ4、豆 B、盆 EⅡ、钵、火盆、箅子、缸、甗、A 型石斧、骨镞 B、C | 完整 |
| H96 | T21 | 不规则形 | 1 | H91 | 4.3~3 | 0.2 | 罐形鼎 CbⅠ、盆形鼎 BⅠ、罐形鼎（其他） | |
| H97 | T16、T17 | 圆形 | 4 | ⑤ | 3.7 | 1.5 | 罐形鼎 CaⅣ、盆 BⅢ、覆碗形盖、骨锥 A | |
| H98 | T21 | 不规则形 | 3 | ⑤ | 1.8~0.95 | 0.7 | 罐形鼎 CaⅢ、小型罐 BⅢ、折沿罐 AⅢ、、大口罐 CbⅡ、子母口罐 A、小口鼓腹罐 A、覆碗形盖 AaⅢ8、覆盘形盖 AⅡ、覆钵形盖Ⅲ、罐形鼎（其他）、石锛 | |
| H99 | T18 | 圆形 | 4 | ⑥ | 2 | 0.4 | 小型罐 AⅣ、鬶 AⅣ、筒形盖 | |
| H101 | T21 | 不规则形 | 2 | ⑦ | 2~1 | 0.45 | 折沿罐 BⅡ、CaⅡ、罐形鼎 AⅡ、BⅡ、鬶 AⅡ、折沿罐 CⅠ、覆钵形盖Ⅱ、覆碗形盖 D、圈足盘 CⅠ、盘形盖 AⅠ、甗、石刀、陶拍、陶饼、石斧 B | 仅清理局部 |
| H102 | T12 | 圆形 | 2 | ⑥ | 1.7 | 0.6 | 罐形鼎 BⅡ、小型罐 AⅡ、覆碗形盖 CⅡ、盆 BⅠ | 仅清理局部 |

续附表七

| 编号<br>（H） | 所在<br>探方 | 形状<br>（口） | 分段 | 开口<br>层位 | 口径形制<br>（米） | 深度<br>（米） | 出土遗物 | 备注 |
|---|---|---|---|---|---|---|---|---|
| H104 | T20 | 椭圆形 | 2 | H11 | 3.8～2.8 | 0.8 | 罐形鼎 CaⅡ、覆碗形盖 AⅡ、筒形盖Ⅱ、高圈足盘 DⅡ、盆 C、鬶、弧形杯、豆、箅子 | |
| H105 | T14 | 圆形 | 6 | ④ | 2.4 | 0.6 | 罐形鼎 AⅤ、覆碗形盖、盆、豆 | 仅清理局部 |
| H107 | T19 | 圆形 | 5 | ⑤、H67 | 2.2 | 0.5～0.7 | 罐形鼎 AⅤ、盆形鼎 BⅤ、小型罐 AⅤ、BⅤ、小口罐、折沿罐 EⅣ、覆碗形盖 BⅣ、高圈足盘 BⅢ、盆 EⅢ、FⅡ、覆盘形盖 AⅣ、单把杯 C、豆、大口尊 | |
| H108 | T21 | 椭圆形 | 1 | H45 | 2.3～1.55 | 0.6 | 盆形鼎 BⅣ、覆钵形盖Ⅳ、覆碗形盖 AⅣ、BⅡ、CⅣ、盆 DⅢ、钵 | |
| H109 | T21 | 圆形 | 1 | ⑦、H98 | 1.2 | 0.4 | 盆形鼎 AⅠ、鬶 BⅠ、小型罐 BⅠ、折沿罐 AⅠ、盆 AⅠ | 被 H98 打破 |
| H110 | T21 | 椭圆形 | 1 | H90 | 1.1～1 | 0.5 | 罐形鼎 CaⅠ、鬶 AⅠ、折沿罐 AⅠ、大口罐 BⅠ、CbⅠ、小口鼓腹罐 A、覆钵形盖Ⅰ | |
| H111 | T21 | 圆形 | 1 | ⑧、H101 | 2.75 | 0.5 | 罐形鼎 AⅠ、折沿罐 CⅠ、覆碗形盖 CⅠ、覆钵形盖Ⅰ、豆 | 仅清理局部 |
| H115 | T18 | 椭圆形 | 4 | ⑥ | 1.2～0.75 | 1 | 小型罐 BⅣ、覆碗形盖、火盆、箅子、豆 | |
| H116 | T18 | 圆形 | 3 | ⑦ | 1.4 | 0.8 | 高圈足盘 EⅡ、覆碗形盖、盆、纺轮 A、石铲 | |
| H117 | T18 | 圆形 | 3 | ⑦ | 2.6～2.1 | 1.3 | 小口高颈罐 AⅡ、盘形盖 BⅡ、CbⅠ、EⅡ、高圈足盘 CⅡ、F、箅子 B | |
| H118 | T20 | 圆形 | 2 | ⑦ | 1.8 | 1.5 | 罐形鼎 CaⅡ、覆碗形盖 BⅠ、弧形杯、盆、瓶 | |
| H119 | T16 | 圆形 | 3 | ⑥ | 3.2 | 0.8 | 罐形鼎 CbⅠ、盆形鼎 BⅢ、折沿罐 AⅢ、盆 AⅢ、覆碗形盖 BⅡ、底圈足盘Ⅰ、豆 AⅢ、壶、匜 A、弧形杯Ⅲ、鬶、火盆、箅子、瓮、高柄杯 | |

续附表七

| 编号（H） | 所在探方 | 形状（口） | 分段 | 开口层位 | 口径形制（米） | 深度（米） | 出土遗物 | 备注 |
|---|---|---|---|---|---|---|---|---|
| H120 | T31 | 圆形 | 4 | ⑨ | 2.1～1.5 | 1.2 | 罐形鼎 D、盆形鼎 A Ⅳ、C、折沿罐 B Ⅱ、大口罐 Ab Ⅰ、小口高颈罐 A Ⅲ、小口罐、高圈足盘 E Ⅱ、覆碗形盖 B Ⅳ、C Ⅳ、覆盘形盖 D Ⅲ、E Ⅱ、鬶盖 B、盆、豆、弧形杯、箅子 | |
| H121 | T16 | 梯形 | 1 | H119 | 2.6×1.2～0.8 | 0.4～0.8 | 罐形鼎 B Ⅰ、Ca Ⅰ、高领罐 Ⅰ、大口罐 Cb Ⅰ、小口鼓腹罐 A、高圈足盘 E Ⅱ、覆碗形盖 B Ⅳ、单把杯 B、豆 A Ⅰ、箅子 A、石杵、陶饼、陶拍、高柄杯 | |
| H124 | T20 | 长方形 | 4 | H82、H6 | 3.9×2.8 | 不详 | 小型罐 B Ⅳ、单把杯 A Ⅲ、盒 B、筒形盖、豆、高柄杯、盆、甗 | 南端伸入发掘区外 |
| H125 | T20 | 方形 | 3 | ⑥ | 2.2×2.2 | 1.3 | 小口高颈罐 B Ⅲ、覆碗形盖 B Ⅱ、盆、豆 | |
| H127 | T13 | 椭圆形 | 2 | G4 | 2.6～2.5 | 0.9 | 盆形鼎 D、高领罐 Ⅰ、卷沿罐 Ⅱ、覆碗形盖 D、单耳杯 B、石斧 B、骨锥 A | 仅清理局部 |
| H128 | T17 | 圆形 | 5 | ⑤ | 2.1 | 0.8 | 盘形盖 D Ⅲ、高圈足盘 B Ⅲ、覆碗形盖、甗 | 被 M22 打破仅存余少部分 |
| H129 | T13 | 椭圆形 | 2 | 垫土层 | 2.5～1.6 | 0.6 | 罐形鼎 B Ⅱ、大口罐 Ca Ⅰ、小型罐 B Ⅱ、覆碗形盖 G Ⅰ、覆盘形盖 A Ⅰ | |
| H131 | T43 | 长方形 | 4 | ⑥ | 3.6×2.5 | 0.3～0.7 | 大口罐 Ab Ⅰ、覆盘形盖 E Ⅲ、覆碗形盖 E、高圈足盘、盆、蚌镰 | 被扰沟打破 |
| H132 | T43 | 椭圆形 | 2 | ⑦ | 2.1～1.2 | 1.1 | 小型罐 B Ⅱ、卷沿罐 Ⅱ、碗形盖 A Ⅱ、E、大口尊、火盆、石锛、骨簪 A | |
| H136 | T35 | 不规则形 | 5 | ⑤ | 2×1.4 | 0.6 | 子母口罐 A、覆碗形盖 C Ⅵ、盆 F Ⅱ、陶拍 | 仅清理大部分 |
| H140 | T36 | 圆形 | 6 | ④ | 2.5×1.6 | 1.6 | 小型罐 A Ⅲ、B Ⅲ、高圈足盘 E Ⅱ、盆、豆 | |

续附表七

| 编号<br>（H） | 所在<br>探方 | 形状<br>（口） | 分段 | 开口<br>层位 | 口径形制<br>（米） | 深度<br>（米） | 出土遗物 | 备注 |
|---|---|---|---|---|---|---|---|---|
| H141 | T21 | 长方形 | 3 | ⑦ | 1×0.5 | 0.3 | 盆形鼎 A Ⅲ、大口罐 Ca Ⅱ、D Ⅰ、鬶 A Ⅲ、覆碗形盖、盆、豆、骨锥 A | |
| H142 | T21 | 长方形 | 3 | ⑦ | 1.2×0.5 | 0.3 | 折沿罐 C Ⅲ、小型罐 B Ⅲ、小口高颈罐、高圈足盘、盆、豆 | |
| H143 | T43 | 圆形 | 6 | ① | 3.5 | 0.3 | 高圈足盘 D Ⅴ、圈足 A、盘形盖、盆、鬶、高柄杯、小口罐 | 仅清理局部 |
| H144 | T37 | 长方形 | 6 | ④ | 2.7×1.25 | 1.4 | 折沿罐 C Ⅴ、豆 A Ⅴ、小形罐 B Ⅴ、大口罐 | |
| H145 | T15 | 圆形 | 6 | ⑤、H64 | 1.5 | 1.1 | 小型罐 A Ⅵ、B Ⅵ、高圈足盘 B Ⅴ、鹿角 | |
| H146 | T15 | 圆形 | 5 | F10 | 1.5 | 0.3 | 盆形鼎 C、折沿罐 A Ⅴ、小形罐 B Ⅴ、覆盘形盖、鬶、覆碗形盖 | |
| H147 | T38 | 圆形 | 5 | ⑤ | 3.6 | 2.3 | 盆 D Ⅳ、H Ⅲ、覆碗形盖、弧形杯 | 仅清理局部 |
| H148 | T38 | 圆形 | 4 | ⑤ | 3×1.8 | 0.6 | 折沿罐 A Ⅳ、盆 D Ⅲ、小形罐 B Ⅳ、折沿罐 C Ⅳ、火盆、豆 | 仅清理局部 |
| H149 | T38 | 圆形 | 5 | ⑤ | 1.9 | 0.8 | 罐形鼎 Cb Ⅲ、折沿罐 A Ⅴ、小型罐 B Ⅲ、覆碗形盖、纺轮 A | 仅清理大部分 |
| H150 | T37 | 圆形 | 6 | ④ | 1 | 0.4 | 盆形鼎 B Ⅵ、大口罐 Aa Ⅳ、折沿罐 B Ⅳ、覆碗形盖、盆 | |
| H151 | T21 | 椭圆形 | 3 | H90 | 0.9～0.65 | 0.3 | 盆 A Ⅲ、盘形盖 Ca Ⅱ、高圈足盘 B Ⅰ、碗形盖、高柄杯、豆、 | |

## 附表八　龙山文化灰沟登记表

| 编号 | 所在<br>探方 | 形状 | 分段 | 开口<br>层位 | 尺寸（米） | 方向 | 出土遗物 | 备注 |
|---|---|---|---|---|---|---|---|---|
| G4 | T13 | 不规则弧壁圜底 | 4 | ⑥ | 长 1.25×（3～4.8）～1.3、宽 2.4～3.3、深 1.75 | 东西 | 罐形鼎 C Ⅳ、折沿罐 A Ⅳ、C Ⅳ、覆碗形盖 D、盆 E Ⅲ、豆 B、缸、蚌刀 | 两端分别被 H54、G3 打破 |
| G5 | T18、T19、T39、T40 | 弧壁圜底 | 3 | ⑥ | 9～2.2×7.2～8、1.5 | 东西 | 折沿罐 A Ⅲ、C Ⅱ、卷沿罐 Ⅲ、大口罐 Ca Ⅰ、折沿罐 C Ⅱ、中口罐 B Ⅱ、子母罐 A、盆 J、D Ⅱ、K、钵形盖 Ⅲ、覆碗形盖 A Ⅲ、F、覆盘形盖 A Ⅱ、豆 B、盒 B、罐形鼎、高圈足盘、鬶、弧形杯、大口尊、石锤、骨锥、骨簪、骨镞 | 两端分别进入发掘区外 |

附表九　龙山文化墓葬登记表

| 墓号 | 所在探方 | 分段 | 开口层位 | 形制<br>长×宽~深（米） | 方向 | 葬式 | 性别 | 年龄 | 备注 |
|---|---|---|---|---|---|---|---|---|---|
| M1 | T20 | 6 | ① | 竖穴土坑，长方形，1.3×0.5~1 | 125° | 仰身直肢，右上肢内曲压在胸前 |  | 儿童 | 无手指骨 |
| M2 | T19 | 5 | ① | 竖穴土坑，长方形，1.74×0.5~0.1 | 119° | 仰身直肢 |  | 成人 |  |
| M3 | T19 | 6 | ① | 竖穴土坑，长方形，1.83×0.3~0.23 | 120° | 仰身直肢 |  | 成人 |  |
| M4 | T15 | 5 | F10 | 竖穴土坑，长方形，2.2×（0.9~0.95）~（0.2~0.3） | 194° | 仰身直肢 | 女性 | 成人 | 脚部墓壁呈圆弧形 |
| M5 | T19 | 6 | ① | 竖穴土坑，长方形，1.74×0.36~0.25 | 130° | 仰身直肢 |  | 成人 | 性别不详 |
| M6 | T19 | 6 | ① | 竖穴土坑，长方形，0.35~0.4 | 113° | 仰身直肢 |  | 未成年人 | 胸及头部在隔梁下，未清理、性别不详 |
| M7 | T12 | 5 | ⑤ | 竖穴土坑，长方形，0.4~0.15 | 108° | 仰身直肢 |  | 儿童 | 右上肢缺失，脚骨以下被汉代灰坑破坏 |
| M8 | T19 | 4 | ⑤ | 竖穴土坑，头宽脚窄，1.8×（0.32~0.36）~0.3 | 130° | 仰身直肢 |  | 成人 | 性别不详 |
| M9 | T12 | 5 | ⑤ | 竖穴土坑，长方形，0.6×0.5~0.2 | 108° | 不清 |  | 成人 | 被破坏，仅残留有头骨以及上肢骨 |
| M10 | T12 | 5 | ⑤ | 竖穴土坑，长方形，1.2×0.5~0.2 | 108° | 仰身直肢 |  | 儿童 | 西北角被汉代灰坑H52打破 |
| M11 | T19 | 5 | ⑤ | 竖穴土坑，长方形，1.7×0.4~0.2 | 108° | 仰身直肢 | 女性 | 成人 | 手指骨、脚骨缺失 |
| M12 | T19 | 5 | ⑤ | 竖穴土坑，长方形，1.3×0.4~0.2 | 119° | 仰身直肢 | 男性 | 儿童 | 左上肢及手、脚骨缺失 |
| M13 | T13 | 6 | ④ | 竖穴土坑，长方形，1.85×0.8~0.2 | 12° | 仰身直肢 |  | 成人 | 手、脚骨缺失 |

续附表九

| 墓号 | 所在探方 | 分段 | 开口层位 | 形制 | | 方向 | 葬式 | 性别 | 年龄 | 备注 |
|---|---|---|---|---|---|---|---|---|---|---|
| | | | | 长×宽×深（米） | | | | | | |
| M14 | T18 | 5 | F18 | 竖穴土坑，头宽脚窄，1.2×（0.2~0.3）~0.3 | | 105° | 仰身直肢 | | 儿童 | 手、脚骨缺失 |
| M15 | T18 | 5 | F8 | 竖穴土坑，长方形，0.7×0.3~0.25 | | 20° | 不清 | | 成人 | 仅有一头骨 |
| M16 | T19 | 5 | ⑤ | 竖穴土坑，长方形，1.1×0.3~0.2 | | 117° | 仰身直肢 | | 未成年 | |
| M17 | T20 | 5 | F6 | 竖穴土坑，头宽脚窄，1.8×（0.55~0.6）~0.4 | | 55° | 仰身直肢 | 男性 | 成人 | 墓底呈坡形 |
| M18 | T20 | 5 | F6 | 竖穴土坑，头宽脚窄，1.25×（0.35~0.4）~0.2 | | 118° | 仰身直肢 | | 儿童 | |
| M19 | T10 | 5 | ⑦ | 竖穴土坑，头宽脚窄，1.95×（0.44~0.5）~0.15 | | 85° | 仰身直肢 | | 成人 | 性别不详 |
| M21 | T13 | 5 | ⑥ | 竖穴土坑，长方形，1.05×0.3~0.1 | | 112° | 仰身直肢 | | 未成年人 | 下肢骨缺失 |
| M25 | T20 | 1 | ⑧ | 竖穴土坑，长方形，1.95×0.4~0.4 | | 325° | 仰身直肢 | 男性 | 成人 | 头部墓壁呈圆弧形 |
| M27 | T20 | 2 | H104 | 竖穴土坑，长方形，2.4×0.95~0.7 | | 130° | 仰身直肢 | | 成人 | 有生土二层台 |

**附表一〇　龙山文化房基登记表**

| 编号 | 所在探方 | 分段 | 开口层位 | 形制 | | 形状与结构 | 出土遗物 | 备注 |
|---|---|---|---|---|---|---|---|---|
| | | | | 长×宽（米） | | | | |
| F2 | T20、T21、T42 | 6 | ① | 7×1.4 | | 排房、土坯墙 | 石锛 | 破坏严重，整体形状范围不清 |
| F3 | T15 | 6 | ⑤ | 3.3×2.8 | | 排房 | 残碎陶片 | 房基进入到发掘区外形状不清 |
| F4 | T18、T19 | 6 | ⑤ | 9×5 | | 排房 | | 大部分房基进入到发掘区外，范围不清 |
| F5 | T16、T17 | 5 | ⑤ | 12×5 | | 排房 | 鹿角 | 大部分房基进入到南壁下发掘区外，范围不清 |
| F6 | T19、T20 | 5 | H6 | 5.8×1.36 | | 长方形单间 | | |
| F7 | T19 | 5 | ⑥ | 3.5×3.5 | | 正方形单间 | | 西部被H81打破，东北角被H40打破 |

续附表一〇

| 编号 | 所在探方 | 分段 | 开口层位 | 形制 长×宽（米） | 形状与结构 | 出土遗物 | 备注 |
|---|---|---|---|---|---|---|---|
| F8 | T18 | 5 | ⑤ | 3.7×3.5 | 长方形单间 | | 房基下叠压 M14、M15 |
| F10 | T15 | 5 | ⑤ | 1×（3.2~2） | 排房 | 石锛、砺石、小口鼓腹罐 | 残存房基垫土，其下叠压 M4 |
| F11 | T20 | 3 | ⑥ | 5 | 排房白灰面 | | 被晚期破坏严重，房基下叠压 M17、M18、M27 |
| F13 | T9 | 6 | ⑧ | | 仅残存有柱洞，形状不清 | | 局部有红烧土 |
| F14 | T16、T17 | 3 | F5 | 15×5 | 排房 | 石斧、石锛、砺石 | 房基南部进入到发掘区外 |
| F15 | T12、T13、T14 | 4 | ⑤ | 2.3×8 | 排房 | 弧形杯 | 房基东西南三面被晚期遗迹破坏，局部居住面经过烘烤 |
| F16 | T18 | 2 | ⑧ | 3.4×2.5 | 长方形单间 | | 西北角被周代灰坑打破 |
| F17 | T19 | 1 | ⑧ | 9 | 排房 | | 房基南端进入发掘区外 |
| F18 | T20、T21、T42 | 4 | ⑤ | 9×4 | 排房 | 折沿罐 | 房基西部被现代扰沟破坏 |

注：（1）房基编号 F1 形状不明确，无房屋特征，编号注销。F9 与 F14 为一体建筑，故 F9 并入到 F14。F12 在发掘之初作为一独立遗迹单位，后经确认与 F15 为一体，因此，F12 并入到 F15。

（2）F3、F4、F5、F11、F13、F14、F17、F18 被破坏或进入到发掘区外未能发掘，整体形状、范围不清，房基的大小是实际发掘的尺寸。

附表一一　A 发掘区周代文化典型陶器组合

| 单位 | 鬲 A | 鬲 B | 鬲 C | 鬲 D | 鬲 E | 罐 A | 罐 B | 罐 C | 盆 A | 盆 B | 盆 C | 小盆 A | 小盆 B | 小盆 C | 小盆 D | 豆 A | 豆 B | 豆 C | 豆 D | 豆 E | 盂 A | 盂 B | 盂 C | 盂 D | 盂 E | 簋 Aa | 簋 B |
|---|---|---|---|---|---|---|---|---|---|---|---|---|---|---|---|---|---|---|---|---|---|---|---|---|---|---|---|
| H80 | I |  |  | I |  |  |  |  |  |  |  |  |  |  |  |  |  |  |  |  | I |  | I |  |  |  |  |
| H59 |  | I |  | I |  |  | I |  | I |  |  | I |  |  |  |  |  |  |  |  | I |  | I |  |  |  |  |
| ⑧层 | I |  |  |  |  | I |  |  |  |  |  |  |  |  |  |  |  |  |  |  |  |  |  |  |  |  |  |
| H72 | II |  |  |  |  |  |  | II |  |  | II |  |  |  |  |  |  | I |  | II |  |  | II |  |  |  |  |
| H68 |  | II |  | II |  |  |  | II |  |  |  | II |  |  |  |  | II |  |  |  |  | III |  |  |  |  |  |
| ⑦层 | II |  | II |  |  |  |  | II | II |  |  | II |  |  |  | II |  |  |  |  |  |  |  |  |  |  |  |
| M24 | III | III |  |  |  |  |  |  |  |  |  |  |  |  | I | III |  |  |  |  | III |  |  |  |  |  |  |
| H3丿 | III | III | I |  |  | III |  |  |  |  |  |  | I |  |  |  |  |  |  |  |  |  |  |  |  |  |  |
| ⑥层 | III | III | I |  |  | III |  | I |  |  | III | II | I |  |  | IV | III |  | II |  |  | II | III |  |  |  |  |
| H30 | III |  | II | III |  | III |  |  |  |  |  | III | I |  |  | IV | V | IV | II |  |  | III |  |  |  |  |  |
| ⑤ | IV | V | II |  | I | IV |  | IV |  |  |  | III |  |  |  | IV |  |  |  |  |  |  |  |  |  |  |  |
| ④ | V | V | III |  |  | V |  | V |  |  |  |  |  |  | III |  | V | IV | IV |  |  |  |  | IV | II |  | II |

附表一二　B 发掘区周代文化典型陶器组合

| 单位 | 鬲 A | 鬲 B | 鬲 C | 鬲 D | 鬲 E | 罐 A | 罐 B | 罐 C | 盆 A | 盆 B | 盆 C | 小盆 A | 小盆 B | 豆 A | 豆 B | 豆 C | 豆 D | 豆 E | 盂 A | 盂 B | 盂 C | 盂 D | 盂 E | 簋 Aa | 簋 B |
|---|---|---|---|---|---|---|---|---|---|---|---|---|---|---|---|---|---|---|---|---|---|---|---|---|---|
| M26 |  |  |  |  | I |  | I | I | III |  |  |  |  | I | I |  |  |  |  |  |  |  | I | I | I |
| M23 |  |  | I | I |  |  |  | I | III |  |  |  |  | I | I |  |  | I |  |  | III | I |  | I |  |
| H134 |  |  |  |  |  |  |  |  |  |  |  |  |  |  |  |  |  |  |  |  | III |  |  |  |  |
| M20 |  |  | II |  | II |  | II |  | IV | IV |  |  |  |  |  | II |  |  | II |  |  |  |  | II |  |
| H77 |  |  |  |  |  |  |  |  | IV |  | II |  |  | III |  | II |  |  |  | III |  |  |  |  |  |
| H39 |  |  |  |  |  |  |  |  | V |  |  |  |  |  |  |  |  |  |  |  |  |  |  |  |  |
| H133 | III | III | I | III |  |  |  |  | III |  |  | II |  | III |  |  |  |  | III |  |  | II |  |  |  |
| H39 | III | III | I |  |  |  |  |  | III |  |  |  |  |  |  |  |  |  |  |  |  |  |  |  |  |
| H103 |  |  | II |  |  |  |  |  | IV | IV |  | II |  |  |  |  |  |  |  |  |  | II |  |  |  |
| H66 |  | IV |  |  |  | V |  |  |  |  |  |  |  | V |  |  | II |  |  |  |  |  | II |  |  |
| H21 |  |  | III |  |  |  |  |  | V |  |  |  |  |  |  |  |  |  |  |  |  |  | III |  |  |
| H10 |  |  |  |  |  |  |  |  |  |  |  |  |  |  |  |  |  |  |  |  |  |  |  |  |  |

附表一三　周代文化陶器分期表

| 器类 | 期 | 一 | 二 | 三 | 四 | 五 |
|---|---|---|---|---|---|---|
| | 段 | 1 | 2 | 3 | 4 | 5 |
| 鬲 | A | Ⅰ | Ⅱ | Ⅱ、Ⅲ | Ⅲ、Ⅳ | Ⅴ |
| | B | Ⅰ | Ⅰ、Ⅱ | Ⅱ | Ⅲ、Ⅳ | Ⅴ |
| | C | | | Ⅰ | Ⅰ、Ⅱ | Ⅲ |
| | D | Ⅰ | Ⅰ、Ⅱ | Ⅲ | | |
| | E | Ⅰ | Ⅱ | | | |
| 罐 | A | Ⅰ | Ⅰ、Ⅱ | Ⅲ | Ⅲ、Ⅳ | Ⅳ、Ⅴ |
| | B | Ⅰ | Ⅱ | | | |
| | C | Ⅰ | Ⅰ、Ⅱ | Ⅱ、Ⅲ | Ⅳ | Ⅴ |
| 盆 | A | Ⅰ | Ⅱ | Ⅱ、Ⅲ | Ⅳ | Ⅳ、Ⅴ |
| | B | Ⅰ | Ⅱ | Ⅲ | Ⅳ | |
| | C | Ⅰ | Ⅱ | Ⅲ | Ⅳ | Ⅴ |
| 小盆 | A | | Ⅰ | Ⅱ | Ⅱ、Ⅲ | Ⅳ |
| | B | | | Ⅰ | | Ⅱ |
| | C | | Ⅰ | Ⅰ、Ⅱ | Ⅲ | Ⅲ、Ⅳ |
| | D | | | Ⅰ | Ⅱ | Ⅲ |
| 豆 | A | Ⅰ | Ⅱ | Ⅱ、Ⅲ | Ⅲ、Ⅳ | Ⅲ、Ⅴ |
| | B | Ⅰ | Ⅱ | Ⅲ | Ⅳ | Ⅲ Ⅴ |
| | C | | Ⅰ | Ⅱ | Ⅲ | Ⅳ |
| | D | | Ⅰ | Ⅰ、Ⅱ | Ⅲ | Ⅲ、Ⅳ |
| | E | Ⅰ | Ⅱ | | | |
| 盂 | A | Ⅰ | Ⅱ | Ⅲ | | |
| | B | Ⅰ | | Ⅱ | Ⅲ | |
| | C | Ⅰ | Ⅱ | Ⅱ | Ⅲ、Ⅳ | |
| | D | | Ⅰ | Ⅱ | Ⅱ、Ⅲ | Ⅲ、Ⅳ |
| | E | | | Ⅰ | Ⅱ | Ⅲ |
| | F | △ | | | | |
| 簋 | Aa | Ⅰ | Ⅱ | | | |
| | Ab | | △ | | | |
| | B | Ⅰ | Ⅱ | | | |
| 甑 | | | Ⅰ | | Ⅱ | Ⅲ |
| 瓮 | | | | Ⅰ | Ⅱ | Ⅲ |

附表一四（1）　周代陶片统计表　　　　　　单位：H80　分段：1

| 陶质 | | 夹砂 | | | 泥质 | 合计 | |
|---|---|---|---|---|---|---|---|
| 陶色 | | 灰褐 | 灰 | 红褐 | 灰褐 | 数量 | 百分比（%） |
| 数量 | | 65 | 30 | 137 | 23 | 255 | |
| 百分比（%） | | 25 | 12 | 54 | 9 | | 100 |
| 纹饰 | 粗绳纹 | 28 | 10 | 45 | 12 | 95 | 37 |
| | 细绳纹 | 17 | 8 | 38 | 5 | 68 | 27 |
| | 附加堆纹 | 5 | | 3 | | 8 | 3 |
| | 弦断绳纹 | 3 | 3 | 10 | 2 | 18 | 7 |
| | 凹弦纹 | 4 | 2 | | 2 | 8 | 3 |
| | 素面弦纹 | 3 | | | | 3 | 1 |
| | 素面 | 5 | 7 | 41 | 2 | 55 | 22 |
| 器形 | 鬲 A I | 15 | 5 | 30 | | 50 | 20 |
| | 鬲 D I | 12 | 3 | 25 | | 40 | 16 |
| | 罐 B I | 5 | 2 | 16 | | 23 | 9 |
| | 盆 A I | 13 | 5 | 13 | | 31 | 12 |
| | 盆 B I | 8 | 2 | 8 | | 18 | 7 |
| | 盂 A I | 3 | 1 | 2 | | 6 | 2 |
| | 板瓦 | | | | 18 | 18 | 7 |
| | 筒瓦 | | | | 5 | 5 | 2 |
| | 其他 | 9 | 12 | 43 | | 64 | 25 |
| 合计 | | 232 | | | 23 | 255 | |
| 百分比（%） | | 91 | | | 9 | | 100 |

注：其他为不能辨别器形的碎陶片。

附表一四（2）　周代陶片统计表　　　　　　单位：H73　分段：2 段

| 陶质 | | 夹砂 | | | 泥质 | | 合计 | |
|---|---|---|---|---|---|---|---|---|
| 陶色 | | 灰 | 黑 | 红褐 | 红褐 | 灰褐 | 数量 | 百分比（%） |
| 数量 | | 45 | 37 | 40 | 36 | 24 | 182 | |
| 百分比（%） | | 25 | 20 | 22 | 20 | 13 | | 100 |
| 纹饰 | 粗绳纹 | 22 | 16 | 15 | 18 | 8 | 79 | 43 |
| | 中绳纹 | 13 | 11 | 10 | 8 | 12 | 54 | 30 |
| | 弦断绳纹 | 3 | 4 | | | | 7 | 4 |
| | 附加堆纹 | 2 | | 2 | 1 | | 5 | 3 |
| | 索状纹 | 1 | | | | | 1 | 1 |
| | 素面弦纹 | 1 | | | 2 | | 3 | 1 |
| | 素面 | 3 | 6 | 13 | 7 | 4 | 33 | 18 |

续附表一四（2）

| 陶质 | | 夹砂 | | | 泥质 | | 合计 | |
|---|---|---|---|---|---|---|---|---|
| 器形 | 鬲 B I | 17 | 8 | 15 | | | 40 | 21 |
| | 鬲 C I | 13 | 11 | 9 | | | 33 | 18 |
| | 罐 A I | | | | 5 | 4 | 9 | 5 |
| | 罐 B I | | | | 7 | | 7 | 4 |
| | 大口盆 A I | | | | 4 | 3 | 7 | 4 |
| | 大口盆 B I | | | | 5 | 2 | 7 | 4 |
| | 豆 E I | | | | 4 | 1 | 5 | 3 |
| | 豆 D I | | | | 1 | 2 | 3 | 2 |
| | 盂 B I | | | | 3 | 1 | 4 | 2 |
| | 盂 C I | | | | 1 | 1 | 2 | 1 |
| | 钵 | | | | 1 | | 1 | 1 |
| | 板瓦 | | | | 4 | 10 | 14 | 8 |
| | 其他 | 15 | 18 | 16 | | | 49 | 27 |
| 合计 | | 122 | | | 60 | | 182 | |
| | | 67 | | | 33 | | | 100 |

## 附表一四（3）　周代陶片统计表　　　　　单位：H68　分段：2段

| 陶质 | | 夹砂 | | 泥质 | | | 合计 | |
|---|---|---|---|---|---|---|---|---|
| 陶色 | | 灰 | 灰褐 | 灰 | 红褐 | 红 | 数量 | 百分比（%） |
| 数量 | | 35 | 28 | 35 | 55 | 27 | 180 | |
| 百分比（%） | | 19 | 16 | 19 | 31 | 15 | | 100 |
| 纹饰 | 粗绳纹 | 17 | 10 | 15 | 28 | 13 | 83 | 46 |
| | 中绳纹 | 9 | 6 | 8 | 11 | 5 | 39 | 22 |
| | 弦断绳纹 | 2 | | 3 | | | 5 | 3 |
| | 弦纹 | 1 | | 2 | | | 3 | 2 |
| | 附加堆纹 | 1 | 1 | 2 | | | 4 | 2 |
| | 刻划纹 | | 1 | | | 3 | 4 | 2 |
| | 素面 | 5 | 10 | 12 | 9 | 6 | 42 | 23 |
| 器形 | 鬲 B II | 12 | 16 | 9 | 20 | 7 | 64 | 36 |
| | 鬲 D II | 10 | 4 | 7 | 8 | | 29 | 16 |
| | 罐 A II | | | 5 | 9 | 1 | 15 | 8 |
| | 盆 A III | | | 3 | 1 | 3 | 7 | 4 |
| | 小盆 D II | | | | 4 | 2 | 6 | 3 |
| | 豆 B II | | | 3 | | | 3 | 2 |
| | 盂 C II | | | 2 | | | 2 | 1 |
| | 甑 I | | 5 | | 4 | | 9 | 5 |
| | 瓮 | | | 2 | | | 2 | 1 |
| | 板瓦 | | | 2 | 5 | 4 | 11 | 6 |
| | 筒瓦 | | | 2 | 2 | | 4 | 2 |
| | 其他 | 13 | 3 | 2 | 2 | 10 | 28 | 16 |
| 合计 | | 63 | | 117 | | | 180 | |
| 百分比（%） | | 35 | | 65 | | | | 100 |

附表一四（4） 周代陶片统计表　　　　单位：H39　分段：3 段

| 陶质 | 夹砂 | | | 泥质 | | | 合计 | |
|---|---|---|---|---|---|---|---|---|
| 陶色 | 黑 | 灰 | 红 | 灰 | 红褐 | 红 | 数量 | 百分比（%） |
| 数量 | 9 | 20 | 16 | 23 | 37 | 15 | 120 | |
| 百分比（%） | 7 | 17 | 13 | 19 | 31 | 13 | | 100 |
| 纹饰 粗绳纹 | 5 | 4 | 5 | 8 | 12 | 5 | 39 | 33 |
| 细绳纹 | 1 | 2 | 1 | 3 | 2 | 4 | 13 | 11 |
| 弦断绳纹 | | 3 | 1 | | 3 | 1 | 8 | 7 |
| 弦纹 | | | 2 | 1 | | | | |
| 刻划纹 | | 2 | | | | | | |
| 素面 | 3 | 9 | 7 | 11 | 20 | 5 | 55 | 46 |
| 器形 鬲 AIII | 2 | | | 4 | 11 | 3 | 19 | 16 |
| 鬲 CI | | | | 2 | 8 | | 10 | 8 |
| 盆 AIII | 1 | 1 | | | 1 | | 3 | 3 |
| 盆 CIII | 2 | | | 1 | 3 | 1 | 7 | 6 |
| 豆 BIII | 1 | 4 | 4 | | | | 9 | 8 |
| 盂 EIII | | | | | 2 | | 2 | 1 |
| 甑 II | | | | | 2 | | 2 | 1 |
| 板瓦 | | 7 | | 2 | 4 | | 13 | 11 |
| 其他 | 3 | 8 | 12 | 4 | 7 | 11 | 55 | 46 |
| 数量 | 45 | | | 75 | | | 120 | |
| 百分比（%） | 38 | | | 62 | | | | 100 |

附表一四（5） 周代陶片统计表　　　　单位：G2　分段：5 段

| 陶质 | 夹细砂 | | | 泥质 | | 合计 | |
|---|---|---|---|---|---|---|---|
| 陶色 | 褐 | 灰 | 红 | 红褐 | 灰 | 数量 | 百分比（%） |
| 数量 | 9 | 7 | 14 | 39 | 64 | 133 | |
| 百分比（%） | 7 | 5 | 11 | 29 | 48 | | 100 |
| 纹饰 粗绳纹 | 4 | 3 | 3 | | 13 | 23 | 17 |
| 细绳纹 | 2 | | 6 | 22 | 15 | 45 | 34 |
| 附加堆纹 | | | 1 | | 1 | 2 | 2 |
| 间断绳纹 | | | | 3 | 2 | 5 | 3 |
| 弦纹 | | | | 2 | | 2 | 2 |
| 扳手 | | | | 1 | | 1 | 1 |
| 素面 | 3 | 4 | 4 | 11 | 33 | 55 | 41 |

续附表一四（5）

| 陶质 | | 夹砂 | | 泥质 | | | 合计 | |
|---|---|---|---|---|---|---|---|---|
| 器形 | 鬲AV | 3 | 1 | 2 | 1 | 3 | 10 | 8 |
| | 鬲BV | 1 | 1 | 3 | 1 | 5 | 11 | 8 |
| | 罐CIV | | | 1 | | 3 | 4 | 3 |
| | 大口盆AV | | | 2 | 3 | 1 | 6 | 5 |
| | 豆BV | | | 1 | | 2 | 3 | 2 |
| | 豆CIV | | | | | 3 | 3 | 2 |
| | 板瓦 | | | | 16 | 19 | 35 | 26 |
| | 筒瓦 | | | 1 | 5 | 9 | 15 | 11 |
| | 其他 | 5 | 5 | 4 | 10 | 22 | 46 | 35 |
| 合计 | | 16 | | 117 | | | 133 | |
| 百分比（％） | | 12 | | 88 | | | 100 | |

附表一四（6）　　周代陶片统计表　　　　　　单位：H30　分段：4段

| 陶质 | | 夹砂 | | | 泥质 | | | 合计 | |
|---|---|---|---|---|---|---|---|---|---|
| 陶色 | | 灰 | 褐 | 黑 | 灰 | 红褐 | 红 | 数量 | 百分比（％） |
| 数量 | | 15 | 21 | 3 | 14 | 48 | 5 | 106 | |
| 百分比（％） | | 14 | 20 | 3 | 13 | 45 | 5 | | 100 |
| 纹饰 | 粗绳纹 | 8 | 7 | 2 | 6 | 13 | 2 | 38 | 36 |
| | 细绳纹 | 3 | 3 | 1 | 5 | 9 | 1 | 22 | 21 |
| | 间断绳纹 | | 1 | | | 2 | | 3 | 3 |
| | 弦纹 | | | | 1 | 3 | | 4 | 3 |
| | 刻划纹 | | 1 | | | 2 | | 3 | 2 |
| | 素面 | 4 | 9 | | 2 | 19 | 2 | 36 | 34 |
| 器形 | 鬲BIV | 4 | 6 | | 5 | 13 | | 28 | 26 |
| | 鬲CII | 4 | 3 | | 3 | 7 | 2 | 19 | 18 |
| | 盆AIV | | | | 1 | 2 | 1 | 4 | 3 |
| | 豆AIV | | | | 2 | 3 | | 5 | 5 |
| | 豆BIV | | | | 1 | 2 | | 3 | 2 |
| | 盂BIII | | | | | 2 | | 2 | 2 |
| | 瓮II | | 2 | | | 3 | | 5 | 5 |
| | 板瓦 | 3 | 4 | 1 | 1 | 4 | | 13 | 12 |
| | 筒瓦 | 2 | 2 | | 1 | 2 | | 7 | 7 |
| | 其他 | 2 | 4 | 2 | | 10 | 2 | 20 | 19 |
| 数量 | | 39 | | | 67 | | | 106 | |
| 百分比（％） | | 37 | | | 63 | | | | 100 |

附表一五　周代灰坑登记表

| 编号（H） | 所在探方 | 形状（口） | 分期 | 开口层位 | 口径（米） | 深度（米） | 出土遗物 | 备注 |
|---|---|---|---|---|---|---|---|---|
| H10 | T18 | 圆形 | 5 | ③ | 3.6 | 1.1 | 鬲 BaV、BbII、盆 AV、筒瓦、豆 DIV、小盆 AV、盂 EIII、网坠 | |
| H11 | T19 | 椭圆形 | 5 | ① | 1.7~1.1 | 1.3 | 鬲 AbIII、瓮 II、盆 AIV、豆 AV、板瓦、筒瓦、网坠 | |
| H21 | T18 | 圆形 | 5 | ③ | 0.8 | 1 | 鬲 CIII、罐 AV、板瓦、筒瓦、网坠 | |
| H22 | T18 | 不规则形 | 5 | ③ | 1.5~1 | 0.2 | 小盆 CIV、鬲 AV、筒瓦、板瓦 | |
| H27 | T15 | 椭圆形 | 4 | ③ | 0.5~0.98 | 0.4 | 甑 III、瓮 II、板瓦、豆 AIV、BIV、 | |
| H30 | T8、T9 | 圆形 | 4 | ⑤ | 1.1~2.35 | 0.2 | 鬲 CIII、BIV、盆 AIV、板瓦、盂 BIII、豆 AIV、瓮 II | |
| H36 | T15 | 圆形 | 5 | ③ | 1.4~1.6 | 0.3 | 罐 AV、DIV、小盆 BIII、鬲 BV、盆 CV、CIV、板瓦、豆 AIII、DIV | |
| H37 | T7 | 长方形 | 3 | ⑥ | 1.2×2.3 | 0.6 | 豆 BI、BIII、CI、小盆 BI、瓮 I、罐 AIII、盂 AIII、甑 II、钵、板瓦 | |
| H38 | T11 | 长方形 | 4 | ③ | 1×3.7 | 1.9 | 盂 CIV、盆 AIV、瓮 II、豆 CIII、小盆 DIV、DIII、板瓦 | 仅清理局部 |
| H39 | T12 | 圆形 | 2 | ④ | 2.3 | 0.5 | 鬲 CI、AIII、盆 AIII、CIII、盂 EI、甑 II、豆 BIII、CII | |
| H47 | T8 | 不规则形 | 1 | ⑧ | 0.9~2.5 | 0.5 | 鬲 CI、DII、筒瓦、盆、罐 | 仅清理局部 |
| H49 | T13 | 圆形 | 4 | ③ | 2.4 | 0.4 | 豆 AIV、瓮 II、板瓦、盆 BIV | 仅清理一半 |
| H57 | T13 | 圆形 | 5 | ③ | 3.1 | 0.8 | 大口盆 AaVI、豆 BV、DIV、小盆 BII、板瓦 | 被 H56 打破 |
| H59 | T1 | 不规则形 | 1 | ⑧ | 7.5 | 0.5~0.7 | 鬲 BI、DI、罐 BI、盆 AI、簋、盂 AI、CI | 仅清理局部 |
| H66 | T14 | 圆形 | 4 | ③ | 1.9 | 0.30 | 盆 AIV、瓮 I、鬲 AbII、BIV、豆 DIII、小盆 DII、板瓦、筒瓦 | 少部分压在东隔梁下 |
| H68 | T10 | 圆形 | 3 | ⑤ | 2.6 | 1.1 | 鬲 BaII、CII、DII、甑 I、小盆 DII、盆 AIII、罐 AII、板瓦、豆 BII、瓮、盂 CII | 仅清理局部 |

续附表一五

| 编号（H） | 所在探方 | 形状（口） | 分期 | 开口层位 | 口径（米） | 深度（米） | 出土遗物 | 备注 |
|---|---|---|---|---|---|---|---|---|
| H72 | T7 | 不规则形 | 2 | H37 | 1.6～2.1 | 1 | 鬲 AII、CII、DII、盆 BI、CII、豆 CI、板瓦 | |
| H73 | T7 | 不规则形 | 2 | ③ | 3.6～1.2 | 1.7 | 鬲 BI、CI、盆 AI、BI、盂 AI、BI、CI、罐 AI、BI、CI、钵、板瓦、豆 DI、EII | 坑口形状不规则 |
| H77 | T12 | 圆形 | 2 | ④ | 2.4 | 1.3 | 鬲 E、盂 AII、DI、盆 AIII、豆 DI、板瓦、筒瓦 | |
| H79 | T14 | 圆形 | 5 | ③ | 2.7 | 0.35 | 小盆 AIV、鬲 AaV、瓮 III、盆、筒瓦、板瓦 | 仅清理局部 |
| H80 | T8 | 椭圆形 | 1 | H47 | 2.9～2.3 | 1 | 鬲 AI、DI、盆 AI、BI、盂 AI、罐 BI、板瓦、筒瓦 | |
| H103 | T14 | 圆形 | 4 | ③ | 1.4 | 0.4 | 豆 CII、DIII、盆 AIV、BIII、盂 DIV、鬲 CII、板瓦、小盆 CIII | |
| H126 | T29 | 不规则形 | 1 | ⑧ | 2.8～1.8 | 0.6 | 鬲 AII、DII、盆 AII、BI、CI、小盆 CI、罐 AI、板瓦、筒瓦、盂 BI | |
| H133 | T38 | 圆形 | 3 | ③ | 4 | 5 | 鬲 AIII、BIII、CI、DIII、甗 II、盂 DII、盆 AIII、豆、AIII、BV、小盆 AII、板瓦、筒瓦、骨器 | |
| H134 | T40 | 圆形 | 1 | ④ | 5.6 | 1.1 | 鬲 AaI、DI、板瓦 | 仅清理局部 |

## 附表一六　周代灰沟登记表

| 编号 | 所在探方 | 形状 | 分期 | 开口层位 | 尺寸 长×宽×深（米） | 方向 | 出土遗物 | 备注 |
|---|---|---|---|---|---|---|---|---|
| G1 | T18 | 弧壁圜底 | 5 | ③ | 8×（0.4～0.9）～（0.3～0.4） | 南北 | 鬲 AV、大口盆 AV、豆 CIV、板瓦 | 被 H10 打破 |
| G2 | T12、T34 | 弧壁圜底 | 2 | ④ | 16×（0.85～1）～（0.8～1） | 南北 | 鬲 AV、BV、大口盆 AV、豆 BV、CIV、罐 CIV、板瓦、筒瓦 | 两端均延伸深至发掘区外 |
| G3 | T14 | 不规则形弧壁平底 | 5 | ③ | 6×（2.1～3.3）～（1～1.4） | 南北 | 鬲 BIII、豆 CIV、小盆 BIV、板瓦、筒瓦 | 南端在发掘区外 |

附表一七　周代墓葬登记表

| 墓号 | 所在探方 | 期属 | 墓向 | 开口层位 | 形状、尺寸（米） | 葬具、尺寸（米） | 葬式 | 性别 | 随葬品 | 备注 |
|---|---|---|---|---|---|---|---|---|---|---|
| M20 | T16、T17 | 西周晚期 | 75° | ④ | 长方形竖穴土坑，口大底小。3.1×1.9~2 | 单棺。2.4×0.9 | 仰身直肢 | 成年男性 | 鬲EⅡ、罐BⅡ、簋AaⅡ、Ab | 活土二层台 |
| M23 | T14 | 西周中期 | 110° | ④ | 长方形竖穴土坑，口大底小。3×1.9~1.5 | 单棺。2×0.86 | 不详 | 成年女性 | 鬲DⅠ、罐CⅠ、簋BⅠ、豆AⅠ、BⅠ | 骨质腐朽仅能清理出下肢骨 |
| M24 | T8 | 春秋早期 | 9° | ⑤ | 长方形竖穴土坑，口大底小。5.4×4.6~6.4 | 双椁。外椁3.42×2.3~1.5，内椁2×1.5×1.5 | 不详 | 不详 | 罐A、B、C、D、E、F、G、H、I、J、小盆DⅠ、盆、盂BⅡ、罐CⅣ | |
| M26 | T17 | 西周中期 | 65° | ④ | 长方形竖穴土坑，2.7×1.8~1.1 | 木质单棺。2.1×0.78 | 仰身直肢 | 成年人 | 鬲EⅠ、簋AaⅠ、罐BⅠ、豆EⅠ、玉玦 | 活土二层台 |

附表一八　汉代灰坑登记表

| 编号（H） | 所在探方 | 形状（口） | 开口层位 | 口径（米） | 深度（米） | 出土遗物 | 备注 |
|---|---|---|---|---|---|---|---|
| H17 | T1 | 圆形 | ③ | 2.8 | 0.5 | 盆AⅠ、井圈、素面陶片 | 清理局部 |
| H34 | T9 | 圆形 | ② | 1.1 | 0.9 | 罐B、筒瓦Ⅱ、素面陶片、釜 | |
| H43 | T8 | 不规则形 | ③ | 1.9×0.8~1.2 | 0.7~1 | 瓮C、铁凿、筒瓦、绳纹陶片、陶拍 | 清理局部 |
| H46 | T8 | 椭圆形 | ② | 4~1.5 | 0.9 | 瓮B、板瓦Ⅱ、盆、绳纹陶片 | |
| H52 | T13 | 圆形 | ③ | 1.8 | 1.1 | 盆BⅠ、杯、砖 | 清理局部 |
| H53 | T13 | 圆形 | ③ | 1.8 | 5 | 瓮A、板瓦Ⅰ、盆Bb、筒瓦Ⅱ、井圈、砖 | |
| H55 | T6 | 不规则形 | ② | 2.3~1.6 | 1 | 罐B、盆CⅠ、素面陶片、板瓦 | |
| H78 | T13 | 长方形 | ③ | 1×0.1~0.6 | 0.9 | 罐C、绳索陶片、板瓦 | 清理局部 |
| H86 | T11 | 圆形 | ② | 2.4 | 1~1.3 | 盆C、瓮B、铁渣、板瓦碎片 | |
| H87 | T11 | 圆形 | ③ | 3.8 | 0.4~0.8 | 筒瓦Ⅰ、板瓦Ⅰ、盘、绳纹陶片 | |
| H88 | T11 | 圆形 | ② | 2 | 1.2 | 瓮B、筒瓦Ⅱ、素面陶片 | |
| H100 | T7 | 圆形 | ③ | 2.6 | 1.1 | 瓮B、筒瓦Ⅰ、板瓦、灰陶片 | 清理局部 |
| H106 | T13 | 圆形 | ② | 0.75 | 0.5 | 盆BⅡ、器盖、板瓦、素面陶片、甑 | |
| H137 | T35 | 圆形 | ② | 3 | 0.6 | 盆BⅡ、板瓦、素面陶片、铁渣 | |
| H138 | T35 | 长方形 | ② | 0.9×1.7 | 1.3 | 板瓦Ⅱ、瓮、罐、豆柄、素面陶片 | |

附表一九　汉代水井登记表

| 编号 | 所在探方 | 开口层位 | 形状（口） | 结构 | 尺寸（米） | | 出土遗物 | 备注 |
|---|---|---|---|---|---|---|---|---|
| | | | | | 口径 | 深度 | | |
| J2 | T13 | ③ | 圆形 | 砖砌井圈 | 1.4 | 9 | 小口罐 A、盆形甑、筒瓦、瓮、铜双耳杯、石球、铁錾、铁刀 | 发掘至 6 米深时出现渗水未再发掘 |

附表二〇　唐代灰坑登记表

| 编号 | 位置 | 形状（口） | 开口层位 | 口径（米） | 深度（米） | 出土遗物 | 备注 |
|---|---|---|---|---|---|---|---|
| H1 | T16、T17 | 圆形 | ② | 3.5 | 2.9 | 瓷碗 B、Da、深腹瓷碗、瓷盏、板瓦、铁削、铁盆、五铢钱 | 清理局部 |
| H3 | T1 | 圆形 | ② | 1 | 0.6 | 瓷碗 Ab、瓷壶 A、瓷盏、瓷豆 B、C、壶、纺轮、网坠 A、B、骨凿、五铢钱 | 清理二分之一 |
| H9 | T11 | 不规则形 | ① | 1.3~1.9 | 1.1 | 瓷碗 B、Eb、Ec、瓷豆 B、瓷壶、板瓦、筒瓦 | |
| H12 | T1 | 椭圆形 | ① | 2.2 | 0.35 | 瓷片、素面陶片 | 清理约二分之一 |
| H18 | T11 | 长方形 | ① | 3.1×1 | 0.8 | 陶钵、瓷碗 Da、素面陶片 | 清理局部 |
| H19 | T11 | 不规则形 | ① | 1.6~2 | 1.2 | 陶碗、瓷碗 Db、瓷盏、素面陶片 | 清理约三分之二 |
| H20 | T7 | 不规则形 | ② | 3~3.2 | 0.9 | 陶盆 A、小碗 E、瓦当、豆、板瓦 B、筒瓦 A、素面陶片、五铢钱 | |
| H24 | T11、T10 | 长方形 | ① | 3.4×14 | 1.3~1.6 | 中口瓷碗 C、瓷豆、板瓦 | 坑底呈坡状 |
| H25 | T12 | 长方形 | ② | 1.6×1.4 | 1.5~1.6 | 陶钵、中口瓷碗 B、盘口壶、素面陶片、兽骨、陶碗 Bb | 坑壁有加工痕迹 |
| H26 | T12 | 圆形 | ② | 1.6 | 1.5 | 陶钵 B、瓷碗、铜渣、板瓦、筒瓦、五铢钱 | 坑壁有工具痕迹 |
| H28 | T3 | 长方形 | ② | 1.45×2.4 | 1.25 | 瓷盏 A、小瓷碗 A、器座、盖纽、素面陶片、五铢钱 | |
| H29 | T1、T23 | 不规则形 | ① | 4×1 | 0.65~0.35 | 瓷碗、素面陶片 | 清理局部 |
| H44 | T8、T30 | 长方形 | ① | 1.×2.4 | 1.2 | 瓷杯、瓷碗、陶盆、板瓦、素面陶片 | 清理三分之一 |
| H48 | T9 | 圆形 | ② | 1.75 | 0.6 | 瓷罐、板瓦 B、动物骨骼、印纹陶拍 | 清理局部 |
| H50 | T14 | 长方形 | ② | 1.7×1.2 | 0.6 | 瓷碗、瓷罐、板瓦、筒瓦 | |

续附表二〇

| 编号 | 位置 | 形状（口） | 开口层位 | 口径（米） | 深度（米） | 出土遗物 | 备注 |
|---|---|---|---|---|---|---|---|
| H51 | T7 | 长方形 | ② | 3.1×2.5 | 2.2 | 中口瓷碗 E、Db、瓷罐、陶盆、瓷杯、筒瓦、板瓦、素面陶片、五铢钱 | 仅清理局部 |
| H54 | T12、T13 | 椭圆形 | ② | 6.25～2.7 | 0.8 | 中口瓷碗 A、瓷盏、四系罐、陶碗 Aa、Bb、Cb、壶 | |
| H56 | T13 | 长方形 | ① | 3.95×2.4 | 1.25 | 瓷盏 A、瓷碗、板瓦 | 清理局部 |
| H71 | T6 | 椭圆形 | ② | 1.2～1.8 | 2.3 | 中口碗 A、素面陶片 | |
| H93 | T12、T13 | 长方形 | H54 | 2.25×1.45 | 1.5 | 瓷豆 B、碎瓷片、素面陶片 | |
| H112 | T33 | 圆形 | ① | 1.9 | 1.7 | 瓷碗 Aa、瓷豆 A、素面陶片、板瓦 | 清理约二分之一 |
| H113 | T33 | 不规则形 | ② | 3～1.6 | 0.7 | 小瓷碗 B、陶碗、瓷片、素面陶片 | |
| H114 | T33、T34 | 不规则形 | ① | 1.65～2.6 | 1.3 | 瓷碗、瓷片、素面陶片 | 仅清理局部 |
| H123 | T33 | 长方形 | ① | 0.95×4.4 | 0.5 | 瓷碗 B、C、D、Eb、陶盆 C、陶罐、板瓦、陶杯、兽头 | |
| H135 | T39 | 长方形 | ② | 2.6×.14 | 2.6 | 陶碗 Ab、瓷盏、瓷豆、瓷罐、素面陶片、瓷碗 Ab、Da、Eb、瓷盏 A、陶网坠 B | 坑壁有工具痕迹 |
| H139 | T36 | 长方形 | ② | 5.1×1.7 | 1.3 | 瓷碗 Ea、瓷豆、盘口壶、铁器、动物骨骼、素面陶片、动物骨骼 | 坑壁有工具痕迹 |

**附表二一 唐代水井登记表**

| 编号 | 所在探方 | 开口层位 | 形状 | 结构 | 尺寸（米） 口径 | 尺寸（米） 深度 | 出土遗物 | 备注 |
|---|---|---|---|---|---|---|---|---|
| J1 | T14 | ① | 圆形 | 口呈等边三角形，边长 4、深 2.6 米，内收呈圆形 | 1.2 | 不详 | 瓷碗、瓷罐、素面陶片、板瓦、筒瓦、兽骨 | 未发现井圈，清理至 4.5 米深 |
| J3 | T20 | ① | 圆形 | 口呈圆角三角形，边长 2 米，2.6 米深处内收出台呈圆形 | 1.3 | 不详 | 瓷碗、瓷罐、板瓦、筒瓦、兽骨 | 发掘至 4.3 米深出现渗积水，未再发掘，无井圈 |

附录

# 附录一 碳十四测年报告

北京大学 Peking University

加速器质谱（AMS）碳十四测试报告

送样单位 安徽省文物考古研究所
送样人 贾庆元
测量日期 2012－1

| Lab编号 | 样品 | 出土地点 | 样品原编号 | 碳十四年代（BP） | 树轮校正后年代 1°（68.2%） | 2°（95.4%） |
|---|---|---|---|---|---|---|
| BAI11153 | 烧骨 | T21（12）：1 | 安徽省宿州市芦城孜遗址新石器早期 | 7275±30 | 6210BC（50.5%）6130BC<br>6110BC（17.7%）6080BC | 6220BC（95.4%）6060BC |
| BAI11154 | 烧骨 | T16OD：1 | 安徽省宿州市芦城孜遗址大汶口文化尉迟寺类型 | 3975±25 | 2565BC（33.0%）2535BC<br>2495BC（35.2%）2465BC | 2580BC（95.4%）2460BC |
| BAI1111555 | 植物腐殖质 | T16H121：1 | 安徽省宿州市芦城孜遗址，龙山 | — | 样品不能满足实验要求 | |
| BAI11156 | 碳化物 | T16H121：2 | 安徽省宿州市芦城孜遗址，龙山 | 3735±20 | 2200BC（31.6%）2160BC<br>2150BC（16.1%）2130BC<br>2090BC（20.5%）2050BC | 2210BC（62.7%）2120BC<br>2100BC（32.7%）2040BC |
| BAI11157 | 植物腐殖质 | T18F16 | 安徽省宿州市芦城孜遗址，龙山 | 3900±30 | 2470BC（68.2%）2340BC | 2470BC（95.4%）2290BC |
| BAI11158 | 兽骨 | H101 | 安徽省宿州市芦城孜遗址，龙山 | 3725±25 | 2200BC（17.7%）2170BC<br>2150BC（14.5%）2120BC<br>2090BC（36.0%）2040BC | 2200BC（95.4%）2030BC |

| Lab编号 | 样品 | 出土地点 | 样品原编号 | 碳十四年代（BP） | 树轮校正后年代 | |
|---|---|---|---|---|---|---|
| | | | | | 1σ（68.2%） | 2σ（95.4%） |
| BAI11159 | 兽骨 | H140 | 安徽省宿州市芦城孜遗址，龙山 | 3735±25 | 2200BC（45.5%）2130BC<br>2090BC（22.7%）2050BC | 2210BC（95.4%）2030BC |
| BAI11160 | 木炭 | T18⑥ | 安徽省宿州市芦城孜遗址，龙山 | 3695±25 | 2135BC（45.0%）2070BC<br>2065BC（23.2%）2030BC | 2200BC（3.8%）2170BC<br>2150BC（89.4%）2010BC<br>2000BC（2.2%）1980BC |
| BAI11161 | 木炭 | T20F2 | 安徽省宿州市芦城孜遗址，龙山 | 3710±30 | 2190BC（4.3%）2180BC<br>2140BC（18.2%）2110BC<br>2100BC（45.7%）2030BC | 2200BC（95.4%）2020BC |
| BAI11162 | 兽骨 | H64 | 安徽省宿州市芦城孜遗址，龙山 | 3635±25 | 2030BC（68.2%）1955BC | 2130BC（9.1%）2080BC<br>2050BC（86.3%）1920BC |
| BAI11163 | 兽骨 | T18⑤ | 安徽省宿州市芦城孜遗址，龙山 | 3680±25 | 2140BC（43.3%）2080BC<br>2060BC（24.9%）2020BC | 2150BC（95.4%）1970BC |

注：所用碳十四半衰期为5568年，BP为距1950年的年代。
树轮校正所用曲线为IntCa104（1），所用程序为OxCal v3.10（2）。

1. Reimer PJ, MGL Baillie, E Bard, A Bayliss, JW Beck, C Bertrand, PG Blackwell, CE Buck, G Burr, KB Cutler, PE Damon, RL Edwards, RG Fairbanks, M Friedrich, TP Guilderson, KA Hughen, B Kromer, FG McCormac, S Manning, C Bronk Ramsey, RW Reimer, S Remmele, JR Southon, M Stuiver, S Talamo, FW Taylor, J van der Plicht, and CE Weyhenmeyer. 2004 *Radiocarbon* 46: 1029–1058.

2. Christopher Bronk Ramsey 2005, www. rlaha. ox. ac. uk/orau/oxcal. html

北京大学　加速器质谱实验室
第四纪年代测定实验室
2012 年 2 月 10 日

# 附录二　宿州芦城孜遗址出土石器研究<sup>*</sup>

朱光耀（蚌埠学院淮河文化研究中心）

王善友（蚌埠市淮河文化研究会）

贾庆元（安徽省文物考古研究所）

## 一　概　述

　　芦城孜遗址位于宿州市南部桃园镇浍光村芦城孜自然村东侧，距市区约 16 公里，是皖北地区保存较好、时代较早、文化内涵丰富的一处古聚落遗址（图 1）。20 世纪 90 年代初安徽省文物考古研究所对其进行了发掘，发现了从距今 4600 年前的龙山时期到汉唐时期的丰富遗存。

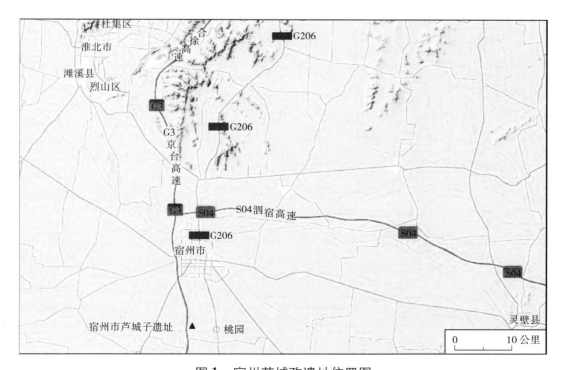

图 1　宿州芦城孜遗址位置图

＊　本文为安徽省文物考古研究所 2013 年委托研究项目。

在宿州芦城孜遗址出土的器物中，有作为生产工具的石器 80 余件，还有陶器、骨器、蚌器等工具 85 件。生产工具是生产力发展水平的重要标志。整个生产力的变化总是从劳动资料的变化，特别是生产工具的变化开始的①。如果能以芦城孜遗址出土的石器及其变化为主线，辅以其他生产工具以及环境信息，就有可能得到该地考古时期人们的生产方式以及环境与人关系的例证。这对于客观理解该地区考古时期的人地关系是有积极意义的。

## 二　芦城孜石器的形态研究

芦城孜遗址出土石器的形态研究，即查看和测量该遗址出土石器的形状和样貌，以便我们对该遗址出土的石器有一个直观的认识，从而对该时期的生产力水平有一个与事实基本相符的判断。

芦城孜遗址出土的石器包括龙山时期石器 60 余件、周代石器 20 余件，我们对其中的 55 件龙山时期石器、25 件周代石器进行了研究。55 件龙山时期石器中石锤 2 件、磨石 11 件、石铲 5 件、石刀 3 件、石杵 4 件、石斧 10 件、石锛 20 件，25 件周代石器中磨石 3 件、石铲 6 件、石矛 1 件、石球 1 件、石斧 7 件、石锛 6 件、石凿 1 件。大部分石器磨制精细，形态规整，表面光滑。

（一）龙山时期的石器形态

1. 石锤

2 件。按平面形态可分为 2 型。

A 型　1 件（G5：41），器形完整。平面近梯形，横剖面椭圆形，纵剖面厚梭形，下部较厚。两端外凸，两侧斜直。表面有多处粘连着石英砂粒。两端略粗糙，两面两侧极为光滑。长 9.5、上宽 6.5、下宽 6.9、上厚 4.2、下厚 4.5 厘米（图 2）。

B 型　1 件（采：7）。器形较完整。平面舌形，横剖面近椭圆形，纵剖面厚梭形，上部较厚。斜平顶，光滑；两面和两侧总体粗糙，局部光滑；锤头圆钝。中轴长 10.1、上宽 6.5、下宽 3.3、上厚 4.6、下厚 2.9 厘米（图 3）。

2. 磨石

11 件。均为不规则板状，板面的一面或两面为磨面，多为岩层层面或与岩层层面平行。总体体量不大，1 件（G6：31）未见明显磨痕，2 件（F14：2、T16⑧：14）表面有磨槽（图 4），1 件（T17④：4）（图 5）表面覆有红色颜料。其他磨石形态见表 1。

_____

① 蔡久忠、邵宝禄《新编政治经济学》，第 35 页，高等教育出版社，1987 年。

图 2　石锤（G5：41）

图 3　石锤（采：7）

图 4　磨石（T16⑧：14）

图 5　磨石（T17④：4）

**表 1　宿州芦城孜遗址出土龙山时期磨石形态一览表**

| 编　号 | 三向最大尺寸（cm） | 磨面数量、位置、形态 |
|---|---|---|
| F10：5 | 7×6×1.2 | 二个面；与岩层层面平行或重合；平直，较光滑 |
| F14：2 | 13×11.2×4.6 | 三个面；与岩层层面平行或重合、垂直；有起伏，局部光滑 |
| F14：3 |  | 二个面；与岩层层面平行或重合；平直，较光滑 |
| G6：31 | 10.2×7×2.1 | 无 |
| H116：5 | 6.3×5×1.8 | 二个面；与岩层层面平行或重合；内凹，光滑 |
| T11⑥：9 | 8×5.9×1.3 | 一个面；与岩层层面平行或重合；平直，局部光滑 |
| T16⑧：14 |  | 四个面；位置多样；内凹、有起伏，（局部）较光滑 |
| T17④：4 | 12×7.9×2.4 | 一个面；与岩层层面平行或重合；内凹，光滑 |
| T19⑥：23 | 7.6×3.6×1.7 | 二个面；与岩层层面平行或重合；平直，较光滑 |
| T20⑤：24 | 12.2×7×1 | 一个面；与岩层层面平行或重合；微凸，局部光滑 |
| T39⑥：3 |  | 二个面；与岩层层面平行或重合；平直，较光滑 |

3. 石铲

5 件。板状，均有穿孔，器形规整，按平面形态可分为 2 型。

A 型　3 件。梯形。

标本 T15⑦：24，横纵剖面扁梭形。圆弧顶，微斜；两面较平；两侧粗糙参差，一侧微弧，有平直状磨痕，一侧微曲近斜直；刃部破损严重，形成参差状边缘。中轴线偏上部位为一近圆柱状穿孔，内壁较光滑，柱体近于与两面垂直，孔径向一面递减，由单面钻形成，两面孔径分别为 1.4 厘米和 1.1 厘米。残长 12.9、上宽 7.5、下宽 8.4、厚 1.4 厘米（图六）。标本 T16⑦：30，仅存顶部一角。平顶，两面磨制光滑，微凸，向一侧呈弧形相连，侧边与顶边构成一钝角。下部一角残有穿孔的四分之一部分，呈镜像漏斗状，内壁粗糙，为两面均衡对凿对钻而成。残长 4.5、残宽 3.8、厚 1.4 厘米。标本 T36⑦：1，横剖面近扁椭圆形，纵剖面扁梭形。圆弧顶，一角崩落；两面磨制光滑，微凸，向两侧呈弧形相连；两侧圆润，仅一侧上部平整；刃面较短，微凸，与两面界线较分明；刃部破损明显，形成参差状边缘。穿孔几乎位于两面中心，近圆柱状，内壁光滑，柱体几乎于与两面垂直，两面孔径均为 1.2 厘米，最小内径 1.1 厘米，内径最小处位置靠近一面，沿该面为单面钻，沿另一面向内，孔径变化不大，可能为管穿（图 7）。

图 6　石铲（T15⑦：24）

图 7　石铲（T36⑦：1）

B 型　2 件。长方形。

标本 T18④：5，下部断去。横剖面扁梭形；斜顶，与两侧交界处圆弧；两面平整，较光滑，向两侧呈弧形相连；两侧直，相互平行。穿孔位于靠近顶部的中轴线上，近圆柱非镜像对称双漏斗状，内壁较光滑，柱体近于与两面垂直；两面孔径分别为 1.8 厘米和 1.6 厘米，最小内径 1.2 厘米，内径最小处位置靠近孔径较小一面；穿孔由两面不均衡对钻而成。残长 9.9、宽 7.7、厚 1 厘米。

标本 T39⑥：7，沿对角线方向断去，残存部分不足整器的一半，磨制部位极为光滑。横纵剖面扁梭形。顶部几乎断尽；两面凸起；一侧圆弧，平钝，与两面交界处形成锋锐棱边；刃部破损严重，仅存少许刃面，与一面界线分明。穿孔大部断去，残存部分镜像对称，内壁光滑，孔径表大内小；由两面均衡对钻而成。

4. 石刀

3 件。按平面形态可分为 2 型。

A 型　2 件。长方形。

标本 T18⑤：51，背厚刃薄；背平直，与两面交界处圆弧；两面平整，略粗糙；两侧圆弧；弧刃，刃面微凸，与两面渐变过渡，刃缘较锋锐，局部有崩碴。长 8.6、宽 3.9、背厚 0.6 厘米（图 8）。

标本 T39⑥：1，一端和一面断去。背平整光滑，向一面微倾，与一面的边界锋锐；一面平滑，局部残有打制疤痕；一端弯曲，与一面的边界锋锐，与一面交界处弧形，界线清晰，靠近刃口处有小块崩碴；弧刃，刃面微凸，细条形，与一面界线清晰，与断裂面的边界极为锋锐。残长 5.6、宽 5.2、背厚 0.8 厘米。

B 型　1 件。尖梭形。

标本 H101：14，从孔部断去，为整器的一半，中厚周薄。一端锐尖，有上下两道刃口，4 个刃面，刃面近环形，与两面界线清晰，两面和刃面平滑。弧刃，刃缘一端锋锐，向中部渐钝。穿孔大致镜像对称，内壁较光滑，中轴偏离两面法线，两面孔径分别为 1 厘米和 0.9 厘米，最小内径 0.5 厘米，由两面均衡对钻而成（图 9）。

图 8　石刀（T18⑤：51）　　　　　图 9　石刀（H101：14）

5. 石杵

4 件。短柱状，总体磨制欠精细，按横剖面形态可分为 3 型。

A 型　2 件。梯形。

标本 H121：10，下部略宽；顶端较平，略粗糙；下端略斜，球凸圆润，光滑。长 7.8、上宽 3.8、下宽 4.5、厚 3.3 厘米。

标本 T19⑤：52，两端球凸圆润；两面光滑，一面高凸，一面较平；两侧弯曲，起伏显著；两面和两侧均与层理面斜交。长 6.6、宽 2.4、厚 1.9 ~ 2.4 厘米（图 10）。

B 型　1 件。弧边三角形。

标本 H31：15，两端粗糙，近于斜平，周缘较钝。长 9.2、宽 4.7、厚 4.2 厘米。

C 型　1 件，凸月形。

标本 T15⑤：8，两端粗糙参差，一端周缘略钝；两面形态规整。长 6.2、宽 4.4、厚 3 厘米（图 11）。

图10　石杵（T19⑤：52）

图11　石杵（T15⑤：8）

6. 石斧

10件。按平面形态可分为4型。

A型　5件。长方形，按横剖面形态可分为4式。

Ⅰ式　2件。厚方体。

标本H83：2，下部断去，磨制面平滑。顶面四周圆钝，向一面倾斜，与该面交界处有两道纵向磨槽，该面和一侧微凸，一面和一侧较平，有多处大小崩碴。残长7.5、宽5.5、厚4.5厘米。

标本T20⑤：23，破损严重，仅一面保留有微凸的极为光滑的磨制面，大致呈圆角长方体形态。平面和纵剖面近长方形，横剖面近正方形。残长7.5厘米，横向尺寸4.5厘米×4.3厘米。

Ⅱ式　1件。圆体。

标本T15⑤：4，顶部极为粗糙。纵剖面弧边尖角厚楔形，斜弧刃。两面与两侧、两面与刃面均呈凸弧形渐变过渡，均较粗糙，局部较为光滑。刃部基本完好，刃缘较锋锐。残长10.5、宽5.5、厚5厘米（图12）。

Ⅲ式　1件。扁方体。

标本T15⑦：27，上部断去，器形精美，磨制面极为光滑。纵剖面尖角楔形。两面和刃面平整，两侧高凸，相互交界处形成平直棱边。刃面近规则短梯形，刃缘斜直锋锐。残长4.5、宽4.2、厚2.4厘米。

Ⅳ式　1件。椭圆本。

标本T20⑦：17，上部断去，磨制面极为光滑。纵剖面弧边尖角厚楔形，斜弧刃。两面和刃面呈弧形渐变过渡，残有明显的打制疤痕；一侧直，一侧微弧外凸。一面和一侧交界处崩落，刃缘破损明显，形成多处鳞状崩片残痕。残长4.2、宽3.3、厚2.5厘米。

B型　4件。梯形，按横剖面形态可分为3式。

Ⅰ式　2件。椭圆体。

标本 H95：13，上部断去。上厚下薄。两面与刃面呈弧形渐变过渡，较光滑；两侧鼓起，与两面分界较明显，光滑度稍低。刃部破损严重，刃缘崩尽，见有多处大块崩碴。残长 7.1、上宽 6.7、下宽 7.0、厚 4.3 厘米。

标本 T15⑤：3，顶端粗糙，四周较钝。纵剖面楔形，两面和刃面极为光滑，界线分明。两面纵向微弧。两侧鼓起，与两面分界较明显，大部粗糙，局部极为光滑。斜弧刃，刃面微凸，刃缘破损明显，崩碴遍布。残长 8、上宽 4.5、下宽 5.4、厚 2.9 厘米（图 13）。

图 12　石斧（T15⑤：4）侧面

图 13　石斧（T15⑤：3）

Ⅱ式　1件。扁方体。

标本 T16⑥：8，下部断去。横剖面近圆角长方形，上薄下厚。圆顶，两面和两侧较平滑，局部残有打琢疤痕。残长 7.9、上宽 4.3、下宽 5.5、上厚 1.8、下厚 3.4 厘米。

Ⅲ式　1件。半圆体。

标本 T16⑦：26，下部断去，表面粗糙，加工部位圆润规整，上薄下厚。圆顶，一面高凸，一面微凸，二者渐变过渡。残长 8、上宽 3.7、下宽 6.2、厚 3.8 厘米。

C 型　1件。短梯形。

标本 T16⑥：9，器体基本完好。横剖面近两面微鼓的扁方形，纵剖面楔形，斜刃。圆顶，较粗糙。一面较光滑，与层理面平行；一面局部光滑，与层理面呈小角度斜交。一侧微弧外凸，较粗糙；一侧微曲，较光滑，中部偏下有一粗糙疤痕。一刃面保存较好，平滑，与一面分界较明显；一刃面和刃缘大部分崩落。长 6.6、上宽 4.5、下宽 5.7、厚 2.3 厘米。

7. 石锛

20 件。3 件（F18：1、H83：3、T19⑤：51）破损严重，形制难以确定，余者按平面形态和前面有无脊线可分为 4 型。

A 型　6件。长梯形，按顶部横剖面形态可分为 2 式。

Ⅰ式　4件。厚方体。

标本 H16：7，顶部断去，磨制面光滑。前面微弧近直，背面微斜直，有大片崩痕。一侧微弧，一侧斜直，两面和两侧交界处大多崩落，仅一棱中部保存较好，极为锋锐。刃面平面近方形，与背面界线清晰，与两侧的边界锋锐，呈外凸弧形。刃口破损明显，刃缘崩尽。残长 7.9、上宽 3.7、下宽 4、上厚 3.3 厘米，刃面背面交界处厚 2.5 厘米。

标本 T16⑦：29，顶部为打制面或断裂面；前面微弧近直，与一侧的边界锋锐，与一侧的边界破损；背面大部崩落，残留部分光滑；一侧斜直，与背面交界处有大片疤痕；一侧内凹近斜直，大部分为纵向崩片残痕。刃面弧凸，部分崩落，与背面的界线清晰，略有弯曲。长 9.1、上宽 4.1、下宽 4.9、厚 3.2 厘米。

标本 T20⑤：22，顶部和刃部断去，磨制部位光滑。前面弧形，近顶、近刃部位有多处崩片残痕，与一侧的边界较锋锐，与一侧边界的中上部平钝，下部崩落。背面和一侧大部崩落；一侧近顶、近刃处有大块崩片残痕，残留部分横向凸起。残长 7.7、上宽 3.2、下宽 3.7、厚 2.8 厘米。

标本 T39⑥：2，刃部断去，磨制部位光滑。顶面凸起，破损严重；两面斜直，一面破损严重，一面有崩片残痕，与两侧的边界上部圆钝，下部锋锐。一侧弧形外凸，一侧破损严重，残留部分横向凸起。残长 7.2、顶部残宽 2.2、下宽 3.3、顶厚 2.2、下厚 1.6 厘米。

Ⅱ式　2件。扁方体。

标本 H74：1，器体较完整，通体磨制，表面极为光滑。顶微凸，向背面方向略倾斜，与背面交界处一角崩落。两面微弧近直；两侧斜直，与背面的边界锋锐，与前面的边界平钝。斜弧刃，刃缘锋锐，有明显破损；刃部一角崩落，刃面微凸，残存部分平面近平行四边形，与背面的边界清晰，与两侧的边界锋锐。长 4.8、顶宽 2.1、刃宽 2.7、厚 1.2 厘米。

标本 T28⑤：1，器体较完整，通体磨制，表面极为光滑，中部较厚。顶微凸近直，向背面方向微倾，边角有崩碴，与两面的边界锋锐。前面弧形外凸，与两侧的边界中下部锋锐，上部圆钝；背面直，与一侧的边界锋锐，与一侧的边界大部崩落。两侧斜直，有崩片残痕。刃口破损明显，有多处崩碴；刃面凸起，平面梯形，与背面的边界较清晰，与两侧的边界锋锐；刃缘残余部分平钝，与前面的边界锋锐。长 7.1、顶宽 2.8、刃宽 3.5、顶厚 1.4、中厚 1.9 厘米，刃面背面交界处厚 1.8、刃缘厚 0.2 厘米。

B 型　5件。梯形，按横剖面形态可分为 3 式。

Ⅰ式　3件。方体。

标本 F10：3，上部断去，器形规整，磨制面光滑。两面和两侧斜直，交界处形成锋锐棱边，两侧近于与层理面平行。刃面弧凸，平面梯形，与背面的边界清晰。破损明显，五面均有崩碴，刃缘崩尽，刃端呈参差状。残长 9.7、上宽 5.7、下宽 6.8、上厚 3.9、刃面背面交界处厚 3.4 厘米。

标本 T18⑤：44，下部断去，磨制面极为光滑。顶面几乎崩尽，残余部分平直；两面微凸近直，两侧斜直，一侧横向微弧，两面和两侧交界处锋锐。残长 4.8、顶宽 3.6、下宽 4.2、顶厚 2.4、下厚 3 厘米。

标本 T20⑥：32，上部和一侧断去，磨制部位光滑。前面平直，与一侧的边界极为锋锐；背面和一侧大部崩落，背面残余部分微弧近斜直，与刃面呈弧形渐变过渡；一侧斜直。刃部破损严重，刃缘崩尽，刃面残余部分微凸近直，平面近方形，与一侧的边界锋锐。残长 5.3、残宽 4.2、上厚 2.7、刃面背面交界处厚 2 厘米。

Ⅱ式　1件。扁方体。

标本 T19⑤：47，器体较完整，通体磨制，表面极为光滑，中部较厚。斜圆顶，向背面方向倾斜；前面弧形外凸，背面微曲近直，残有多处破损和打制疤痕；一侧纵向斜直，横向微凸，与前面的边界较锋锐，与背面的边界中部较钝，上下部破损，一侧破损严重。斜直刃，刃缘锋锐；刃部一角断去，刃面微凸，平面近方形，与背面的边界清晰，与一侧的边界锋锐。长 7.4、顶宽 3.6、下宽 4.2、顶厚 1.4、中部厚 2 厘米，刃面背面交界处厚 1.7 厘米。

Ⅲ式　1件，弧边梯形体。

标本 F2：1，上部断去，器形精美，磨制面极为光滑。前面微凸，与两侧的边界锋锐；背面和两侧凸起，渐变过渡。弧刃，刃缘较锋锐；刃面微凸，平面近椭圆形，与背面的边界清晰；刃口破损明显，两角崩落，刃缘有多处崩磋。残长 7.4、上宽 4.8、下宽 5.8、厚 2.8 厘米。

C型　1件。条形。

标本 T15⑦：25，器体较完整，磨制部位极为光滑，中上部较厚。横剖面为前面凸起的扁方形。顶面残有打制疤痕，略有起伏；前面弧形外凸，与两侧的边界锋锐，仅在一侧中部有小段平钝；背面总体平直，近对角线位置有较大面积的打制疤痕或崩片残痕；两侧微曲，有多处破损或打制疤痕，与背面的边界锋锐。刃面微凸，平面近扁方形，与背面的边界清晰，与两侧的边界锋锐；刃部破损严重，刃缘几乎崩尽，残余部分锋锐。长 9.4、顶宽 3.1、刃宽 3.7、顶厚 1.8、中厚 2、刃面背面交界处厚 1.1 厘米（图 14）。

D型　5件。有脊，按平面形态可分为 3 式。

Ⅰ式　2件。长梯形。

标本 H132：8，器体较完整，通体磨制，表面极为光滑。顶部横剖面方形，刃部横剖面扁方形。顶面有打制残痕，未完全磨平，起伏明显，总体向背面方向倾斜，四周钝拙。前面上部起脊，脊线斜直，两端弧形。前面脊线以下纵向微凹近斜直，与两侧的边界锋锐；以上平直，与两侧呈弧形渐变过渡。背面微凸近直，近顶部一角有较大的纵向崩磋。两侧近顶处有崩片残痕，一侧微曲，与背面的边界锋锐，下部有纵向崩片残痕；一侧微弧，与背面的边界较锋锐，有多处细小崩碴。斜弧刃，刃面微凸，平面近外凸弧边梯形，与两侧的边界锋锐，与背面的边界清晰，有小块崩片残痕；刃缘锋锐，局部有崩碴。长7、顶宽2.8、刃宽3.7、顶厚2.0、脊处厚2.1、刃面背面交界处厚1.6厘米。

标本T21⑥：26，下部断去，磨制部位光滑。横剖面近方形。顶面凸起，四周有崩碴；前面起脊，脊线上凸弧形。前面脊线以下纵向内凹，与两侧的边界崩落；以上纵向斜直，横向凸起，与两侧的边界圆钝。背面微弧，与一侧的边界锋锐，与一侧的边界平钝，近顶处、与两侧交界处和中部有崩片残痕。两侧微凸，近锛体断裂处有大块崩片残痕。残长8.8、顶宽3.1、下宽4.7、顶厚2.5、脊处厚3.4厘米。

Ⅱ式　2件。梯形。

标本H89：2，器体基本完整，磨制面极为光滑。横剖面扁方形。顶部钝拙状；前面中部偏上起脊，脊线呈上凸弧形。前面脊线以上近直，与两侧的边界较锋锐；以下斜直，与一侧交界处崩尽，与一侧交界处大部崩落，上部较锋锐。背面微弧近直，与一侧的边界较锋锐，与一侧的边界大部崩落。一侧微弧近斜直，一侧斜直，残有打制疤痕。刃面微凸，与背面的边界清晰，呈上凸弧形，与一侧交界处崩落，与一侧交界处下部崩落，上部锋锐；刃缘中部保存较好，极为锋锐。长5.3、顶宽3.5、刃宽4、顶厚1.5、脊处厚1.7、刃面背面交界处厚1.3厘米。

标本T17⑧：39，器体较完整，通体磨制，表面极为光滑。顶部横剖面方形，刃部横剖面扁方形。顶较平，向背面方向微倾，周缘破损呈钝拙状。前面中部分段，脊线不明显，纵向近折线状，与两侧的边界下部锋锐，上部圆钝。背面微弧，近斜直，与一侧交界处下部崩落，上部上锐下钝。两侧斜直，一侧靠近背面方向有多处崩片残痕，一侧与背面交界处上部崩落，下部较锋锐。刃部破损严重，刃缘崩尽，刃面大部崩落，残余部分与一侧和背面的边界平直锋锐。残长8.2、顶宽4.1、下宽4.5、顶厚2.6、分段处厚2.5、刃面背面交界处厚1.5厘米（图15）。

图14　石锛（T15⑦：25）

图15　石锛（T17⑧：39）

Ⅲ式　1件。条形。

标本 T15⑧：22，背面和一侧的大部、顶部和刃部断去，磨制部位极为光滑，上厚下薄。前面中部偏上起脊，脊线呈下凹弧形。前面与两侧的边界圆钝，脊线以上斜直；以下纵向内凹近斜直，横向凸起。一侧和一侧的残余部分较直。残长 7.6、上宽 2.5、脊处宽 3.1、下部残宽 2.6、脊处厚 2.5、下厚 1.8 厘米。

形制不明　3件。

标本 F18：1，两侧断去，背面崩落，顶部、刃部破损，仅前面保存较好。纵剖面近梭形，前面弧形外凸，较规整光滑，背面微曲，两端圆钝。一侧断裂面上有纵向磨痕。残长 12、残宽 5、残厚 3.8 厘米。

标本 H83：3，左侧和顶部断去，磨制面光滑。两面微弧近直，近于平行；背面横向凸起，与一侧交界处几乎崩尽；一侧平直，与前面的边界锋锐。刃面微凸，与背面的边界清晰，呈近直上凸弧形，与一侧的边界较锋锐，呈近直外凸弧形；刃缘破损严重，呈钝拙状。残长 5.7、残宽 1.9、上厚 2.3、刃面背面交界处厚 2.2 厘米。

标本 T19⑤：51，两侧、顶部和刃端断去，仅存中部纵向残片，上厚下薄。两面残余部分微弧，近斜直，光滑。刃面残余部分微弧近直，光滑，与背面的界线清晰，平直。残长 5.5、残宽 1.2、上厚 2.8、下厚 2.3 厘米。

（二）周代石器形态

1. 磨石

3件。

标本 T4⑤：4，近长方体，一端较厚。两端未见磨痕，断面粗糙。两面和两侧光滑，形态规整，或平坦或内凹。长 12、宽 5.5～6、两端厚 4.1、5.8 厘米。

标本 T17④：8，不规则块状，可能为大块磨石崩落的一角。一侧较薄，有磨痕和条形打制疤痕。两面形态规整，较光滑，一面内凹，一面外凸。其余三面未见磨痕，为粗糙断裂面。长 8.5、宽 7.5、两侧厚 3.5、6.2 厘米。

标本 T18④：1，不规则板状，厚薄均匀，板面与层理面平行，一面规整光滑，形态平缓，一面局部光滑，其余为打制断裂面。长 9.5、宽 7.9、厚 2.7 厘米。

2. 石铲

6件。均有孔，按平面形态可分为 2 型。

A 型　5件。梯形。按肩的有无可分为 2 式。

Ⅰ式　4件，无肩。

标本 T5②：3，大部断去，厚度均匀。两面和相邻的两个侧边磨制光滑，形态平直，其余为粗糙断裂面。这两个侧边构成钝角夹角，在一个侧边上有漏斗状贯穿凹槽。残长 8.5、残宽 5.8、厚 0.8 厘米。

标本 T9③:1，两端断去，厚度均匀。横剖面扁椭圆形。两面和两侧磨制较光滑，两侧斜直。上部断裂面有一漏斗状未贯穿凹槽已穿深度 1 厘米，未穿深度 0.6 厘米。残长 3.8、上宽 6、下宽 6.4、厚 1.6 厘米。

标本 T15④:2，孔部以上断去，磨制面较光滑。横剖面为两面凸起的扁方形，纵剖面扁楔形。两侧斜直，一侧有崩碴。斜弧刃，刃面微凸，平面新月形。刃部两角崩落，刃缘崩尽。穿孔残存近半，镜像漏斗状，内壁较粗糙。残长 9、上宽 5.7、下宽 6.1、厚 1.9 厘米。

标本 T15④:8，孔部以上断去，器形规整，磨制面光滑。横剖面扁椭圆形，纵剖面尖角扁楔形。两侧斜直。弧刃，刃面微凸，平面扁梭形；刃缘较锋锐，刃部一角崩落。穿孔残存近半，偏在中轴一侧，镜像漏斗状，内壁较光滑，两面孔径 2.4、内部最小孔径 1.2 厘米。残长 6.2、上宽 7.4、下宽 8.7、厚 1.7 厘米。

Ⅱ式 1 件。有肩。

标本 T17④:2，孔部以下断去。横剖面扁椭圆形。顶面有起伏，局部光滑；两面光滑；两侧不对称内凹，近斜直，内凹处粗糙，有打琢疤痕。穿孔残留大半，内壁光滑。一面孔缘圆润，孔径 1.4 厘米；一面孔缘略参差，孔径 1.1 厘米。穿孔由单面钻而成。残长 5、顶宽 6、下宽 7、厚 2 厘米。

B 型 1 件。长方形。

标本 T5⑥:3，下部和一侧断去，中厚周薄，磨制部位光滑。平顶，边角崩落，中间为一优弧状穿孔槽，在一面呈圆弧形，直径 1.4 厘米，在另一面呈参差状，直径 1 厘米，由单面钻而成。一侧圆钝，与顶边垂直。两面微凸，边侧有崩片残痕，中上部为一穿孔，表面和内部直径较均一，大部为 1 厘米，仅在一面扩为 1.1 厘米。近圆柱状，柱体近于与两面垂直。由单面管穿而成。残长 6.5、残宽 7.8、中厚 0.7、边厚 0.2 厘米（图 17）。

图 16 石铲（T15④:2）

图 17 石铲（T5⑥:3）

3. 石矛

1 件。

标本 T15④:9，尾部断去，磨制面极为光滑。薄体尖棱状，平面细长披针叶形，横剖面扁平菱形，纵剖面细长楔形。两面中央纵向脊凸出，呈直线状，一面中部有破损疤痕。两翼极为锋锐，尖端略残。残长7.1、宽2.3、厚0.8厘米（图18）。

4. 石球

1件。

标本 T17④：1，近圆球椭球状，表面较粗糙。平面近圆形，直径3.3厘米；纵剖面椭圆形，长径3.3、短径2.9厘米（图19）。

图18　石矛（T15④：9）　　　　　　图19　石球（T17④：1）

5. 石斧

7件，按平面形态可分为4型。

A型　4件。梯形。按横剖面形态可分为3式。

Ⅰ式　2件。扁方体。

标本 T12④：4，器体基本完整。纵剖面近梭形，上厚下薄。尖圆顶，粗糙；两面和两侧略有起伏，见有打制疤痕和多处崩碴。两面极为光滑，两侧局部光滑。刃部破损严重，呈钝拙形态，前缘半圆形。刃面几乎崩尽。长7.8、上宽4.5、下宽5.2、上厚2.5、下厚2厘米。

标本 T15④：5，上部断去。纵剖面弧边尖角楔形。两面和刃面渐变过渡，均呈外凸形态，较光滑；两侧斜直，较粗糙；斜弧刃，刃缘较钝，见有多处崩碴。残长6.1、上宽6.0、下宽6.5、厚3.3厘米。

Ⅱ式　1件。半圆体。

标本 T4⑤：3，下部断去，表面较粗糙，上薄下厚。斜圆顶；一侧斜直，一侧微曲；一面高凸，一面微凸，二者在一侧渐变过渡，在另一侧由平行于层理面的磨面隔开。残长8.6、上宽4.5、下宽6.3、上厚2.5、下厚3.5厘米。

Ⅲ式　1件。椭圆体。

标本 T9⑤：1，两侧和顶端断去，仅存两块可局部拼合的纵向残块。纵剖面弧边尖角楔形。两面和刃面渐变过渡，均呈外凸形态，规整光滑。刃缘锋锐，中间有一巨大崩碴。

残长 11.2、下宽 5.8、厚 3.7 厘米。

B 型　1 件。长方形。

标本 T12④：2，顶部断去。横剖面近园椭圆形，纵剖面弧边尖角厚楔形。两面和两侧较粗糙，一面中部有纵向内凹疤痕，面积占该面的三分之二以上。斜弧刃，刃面微凸，近半圆形，较光滑，残有打制疤痕。刃缘较锋锐，略有破损。残长 9.2、宽 5.8、厚 4.8 厘米（图 21）。

图 20　石斧（T12④：4）

图 21　石斧（T12④：2）侧面

C 型　1 件。方形。

标本 T13④：1，上部和一侧断去。横剖面椭圆形，纵剖面弧边尖角厚楔形。两面和两侧粗糙。刃部保存较好。斜弧刃，刃面高凸，平面椭圆形，较光滑，局部残有打制疤痕，与两面渐变过渡。刃缘钝拙，见有多处崩碴。残长 11.4、宽 7.5、厚 4.9 厘米。

D 型　1 件。长梯形。

标本 T17④：2，器体基本完整。横剖面圆形，纵剖面弧边尖角厚楔形。圆顶，弧刃，刃面凸起，光滑，与两面渐变过渡。刃部破损严重，边角有大块崩碴，刃缘崩尽。长 10、上宽 4、下宽 5.4、厚 4.3 厘米。

6. 石锛

6 件。按平面形态和前面有无脊线可分为 3 型。

A 型　4 件。梯形。按横剖面形态可分为 2 式。

Ⅰ 式　3 件。扁方体。

标本 T8⑥：5，纵剖面尖角楔形。平圆顶，较粗糙。两面较光滑，以小角度与层理面斜交。前面微凸，背面横向外凸弧形，纵向较直。一侧微曲粗糙，一侧微凸光滑。斜弧刃，刃面微凸，平面梭形，与背面的界线较清晰。刃缘较锋锐。破损明显，见有多处大小崩碴。前面右上部沿层理面和刃部一角有大块崩片残痕。长 7、上宽 3.4、下宽 5、厚 1.9 厘米。

标本 T17④：3，下部断去，厚薄均匀，磨制部位极为光滑。平圆顶；两面平直，见有打制残痕和破损疤痕；两侧局部有崩碴，一侧微凸，一侧横向外凸弧形，纵向斜直。残长 6.8、上宽 3.5、下宽 5.7、厚 2.5 厘米。

标本 T18④：4，上部断去，磨制部位极为光滑。前面极为平直，偶见细小崩片残痕，与两侧的边界极为锋锐；背面微凸，与两侧的界线分明；两侧崩硪较多。弧刃，刃面凸起明显，平面近短梯形，与背面的界线分明。刃缘大部崩落，残余部分锋锐。残长 5、上宽 4、下宽 4.9、厚 2 厘米（图 22）。

Ⅱ式　1 件。梯形体。

标本 T15④：3，磨制面极为光滑，边棱极为锋锐。顶部破损严重，呈不规则粗糙状。前面微凸近直，背面平直，二者大致平行。两侧斜直，一侧近背面方向崩硪较多。弧刃，刃面较窄，上部平，下部凸起，平面近短梯形，与背面界线分明。刃部一角崩落，刃缘残留近半，锋锐。长 7.5、上宽 2.2、下宽 4.5、厚 1.7 厘米。

B 型　1 件。长方形。

标本 T12④：1，上部断去，边棱锋锐。横剖面规整厚方形。前面和一侧极光滑，一侧残有打制痕迹，背面见有多处纵向崩硪。刃面微凸，平面近正方形，与背面界线分明。刃缘微弧近直，微斜，在前面一侧见有细小鳞片状崩硪。残长 8、宽 4.2、厚 3.4 厘米。

C 型　1 件。有脊。

标本 T7④：2，破损明显，表面崩硪众多，尤以刃部为甚。通体磨制，磨制面极为光滑。平面梯形，顶部横剖面厚方形，刃部横剖面扁方形，纵剖面尖角楔形。顶面较平，向背面方向倾斜。前面中上部起脊，脊线上下均较平。两侧微曲，起伏较大。刃面微凸，与背面的边界较清晰。刃缘崩尽，刃部前端参差状。长 6.2、上宽 2.4、下宽 3.5、厚 2.4 厘米。

7. 石凿

1 件。

标本 T6③：3，器体完整，通体磨制，表面光滑。近似中部微凸的椭圆柱状。顶极为平整。一面上部有崩硪，与两侧渐变过渡；一面较平，右下部有纵向破损疤痕。单面刃，刃面极为平整，刃角 55°，刃缘锋锐，局部有崩硪。长 5.6、顶宽 1.5、中宽 1.8、刃宽 1.5、顶厚 1.1、中厚 1.5、下厚 1.4 厘米（图 23）。

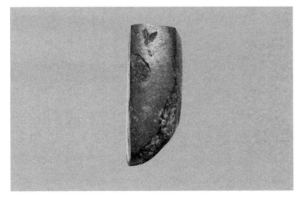

图 22　石锛（T18④：4）侧面

图 23　石凿（T6③：3）

## 三 芦城孜石器石料类型及来源探究

工具是能够方便人们完成工作的器具，它伴随着人类的成长而不断更新和完善，并对人类的生产和生活产生巨大的推动作用。那么，在芦城孜遗址延续数百年之久的龙山文化时期，人们使用的石器工具的选料从何而来？石器的制造的选料是否因用途不同而不同？石器的制造是否因时代或认识上的进步而进步？该遗址商周时期石器的制造和使用又有哪些特色？为此，我们对芦城孜出土的 55 件龙山时期石器、25 件周代石器进行了鉴别和讨论，为其后说明芦城孜遗址的先人选择制作和使用这些石器的原因做下伏笔。

### （一）出土石器的岩类与岩性

依据宿州市博物馆提供的芦城孜出土石器，我们首先使用田野地质调查方法和工具对石器石料的岩类和岩性做初步的判断，并在室内与岩石标本进行比对。其后，对不易判断的石料，走访了安徽雀 323 地质队，请教了那里的工程地质人员，查阅了该地区的地质图。对少数极难鉴别的石器石料，我们请教了南京大学地球科学与工程学院的教授，研讨并给予定论。经多方努力，得出以下结果（表 2、3）。

**表 2　宿州芦城孜遗址出土龙山时期石器岩性一览表**

| 编号 | 类别 | 岩类 | 岩性 |
|---|---|---|---|
| G5：41 | 石锤 | 火成岩 | 灰色中粒辉长岩 |
| 采：7 | 石锤 | 火成岩 | 浅棕红色细粒石英闪长岩 |
| F10：5 | 磨石 | 沉积岩 | 浅棕红色微层～薄层状细粒含云母长石石英砂岩 |
| F14：2 | 磨石 | 沉积岩 | 棕黄、灰黄色细粒长石石英砂岩 |
| F14：3 | 磨石 | 沉积岩 | 暗灰紫色微层～薄层状细粒含云母长石石英砂岩 |
| G6：31 | 磨石 | 沉积岩 | 暗灰黄色微层状中细粒含海绿石含云母长石石英砂岩 |
| H116：5 | 磨石 | 沉积岩 | 灰紫色细粒钙质长石石英砂岩 |
| T11⑥：9 | 磨石 | 沉积岩 | 暗灰黄色微层状中细粒含海绿石含云母长石石英砂岩 |
| T16⑧：14 | 磨石 | 沉积岩 | 黄色细粒长石石英砂岩 |
| T17④：4 | 磨石 | 沉积岩 | 紫红色钙质石英粉砂岩 |
| T19⑥：23 | 磨石 | 沉积岩 | 灰白色微层状含海绿石粉砂岩 |
| T20⑤：24 | 磨石 | 沉积岩 | 浅红灰色微层状中细粒含海绿石含云母长石石英砂岩 |
| T39⑥：3 | 磨石 | 沉积岩 | 暗灰黄色微层状中细粒含海绿石长石石英砂岩 |
| T15⑦：24 | 石铲 | 变质岩 | 黄白色带绿色调石英片岩 |
| T16⑦：30 | 石铲 | 火成岩 | 灰黑色粗中粒辉长岩 |
| T18④：5 | 石铲 | 沉积岩 | 黄绿色微层状灰岩 |

续表 2

| 编号 | 类别 | 岩类 | 岩性 |
|------|------|------|------|
| T36⑦：1 | 石铲 | 变质岩 | 黑色黑云片岩 |
| T39⑥：7 | 石铲 | 火成岩 | 黑色安山玢岩 |
| H101：4 | 石刀 | 变质岩 | 紫红色弱角质化砂质页岩 |
| T18⑤：51 | 石刀 | 变质岩 | 黑色角闪石英片岩 |
| T39⑥：1 | 石刀 | 沉积岩 | 暗灰绿色石英粉砂岩 |
| H31：15 | 石杵 | 沉积岩 | 浅棕红色细粒石英砂岩 |
| H121：10 | 石杵 | 火成岩 | 浅灰红色闪长玢岩 |
| T15⑤：8 | 石杵 | 沉积岩 | 浅红灰色细粒含海绿石长石石英砂岩 |
| T19⑤：52 | 石杵 | 沉积岩 | 灰绿色石英粉砂岩 |
| H83：2 | 石斧 | 沉积岩 | 浅灰色粉砂岩 |
| H95：13 | 石斧 | 变质岩 | 黄褐色蚀变辉长辉绿岩 |
| T15⑤：3 | 石斧 | 火成岩 | 绿黑色辉绿岩 |
| T15⑤：4 | 石斧 | 变质岩 | 黑色长英质角岩 |
| T15⑦：27 | 石斧 | 火成岩 | 绿黑色辉长辉绿岩 |
| T16⑥：8 | 石斧 | 火成岩 | 绿黑色辉长辉绿岩 |
| T16⑥：9 | 石斧 | 沉积岩 | 灰白色微层状细砂岩 |
| T16⑦：26 | 石斧 | 沉积岩 | 浅红灰色细中粒砂岩 |
| T20⑤：23 | 石斧 | 沉积岩 | 浅灰绿色石英粉砂岩 |
| T20⑦：17 | 石斧 | 火成岩 | 黑色玄武玢岩 |
| F2：1 | 石锛 | 火成岩 | 黑色玄武玢岩 |
| F10：3 | 石锛 | 沉积岩 | 浅灰绿色微层状石英粉砂岩 |
| F18：1 | 石锛 | 沉积岩 | 黄灰色带红色调细粒钙质长石石英砂岩 |
| H16：7 | 石锛 | 火成岩 | 绿黑色玄武玢岩 |
| H74：1 | 石锛 | 沉积岩 | 灰绿色石英粉砂岩 |
| H83：3 | 石锛 | 沉积岩 | 深灰绿色石英粉砂岩 |
| H89：2 | 石锛 | 沉积岩 | 深灰绿色石英粉砂岩 |
| H132：8 | 石锛 | 沉积岩 | 浅灰绿色条带状细粒含海绿石石英砂岩 |
| T15⑦：25 | 石锛 | 变质岩 | 黑绿色燧石岩 |
| T15⑧：22 | 石锛 | 火成岩 | 灰黑色带绿色调辉绿岩 |
| T16⑦：29 | 石锛 | 沉积岩 | 灰绿色石英粗粉砂岩 |
| T17⑧：39 | 石锛 | 沉积岩 | 绿灰色石英粉砂岩 |
| T18⑤：44 | 石锛 | 沉积岩 | 浅灰绿色石英细粉砂岩 |
| T19⑤：47 | 石锛 | 沉积岩 | 暗灰绿色石英细粉砂岩 |
| T19⑤：51 | 石锛 | 变质岩 | 灰绿色片理化辉绿岩 |

续表2

| 编号 | 类别 | 岩类 | 岩性 |
|------|------|------|------|
| T20⑤：22 | 石锛 | 变质岩 | 黑色条带状燧石岩 |
| T20⑥：32 | 石锛 | 沉积岩 | 暗灰绿色石英粉砂岩 |
| T21⑥：26 | 石锛 | 沉积岩 | 灰白～浅灰绿色石英粉砂岩 |
| T28⑤：1 | 石锛 | 沉积岩 | 暗灰绿色石英细粉砂岩 |
| T39⑥：2 | 石锛 | 沉积岩 | 灰白～浅灰绿色石英粉砂岩 |

**表3 宿州芦城孜遗址出周朝时期石器岩性一览表**

| 编号 | 类别 | 岩类 | 岩性 |
|------|------|------|------|
| T4⑤：4 | 磨石 | 沉积岩 | 浅棕红色细粒含云母长石石英砂岩 |
| T17④：8 | 磨石 | 沉积岩 | 浅棕红色细粒含云母长石石英砂岩 |
| T18④：1 | 磨石 | 沉积岩 | 浅棕红色细粒含云母长石石英砂岩 |
| T5②：3 | 石铲 | 沉积岩 | 紫黑色泥质细砂岩 |
| T5⑥：3 | 石铲 | 沉积岩 | 黑色页岩 |
| T9③：1 | 石铲 | 沉积岩 | 肉灰色质纯灰岩 |
| T15④：2 | 石铲 | 火成岩 | 灰黄、灰黑色强风化斑杂状中粗粒辉长岩 |
| T15④：8 | 石铲 | 变质岩 | 灰黄色细中粒石英岩 |
| T17④：2 | 石铲 | 沉积岩 | 灰黄色细砂岩 |
| T15④：9 | 石矛 | 变质岩 | 灰黑色弱角质化砂质泥岩 |
| T17④：1 | 石球 | 沉积岩 | 深绿灰色细砂岩 |
| T4⑤：3 | 石斧 | 沉积岩 | 浅棕红色细砂岩 |
| T9⑤：1 | 石斧 | 火成岩 | 灰绿色辉绿岩 |
| T12④：2 | 石斧 | 火成岩 | 黑色玄武玢岩 |
| T12④：4 | 石斧 | 变质岩 | 黑色燧石岩 |
| T13④：1 | 石斧 | 火成岩 | 绿黑色辉长辉绿岩 |
| T15④：5 | 石斧 | 火成岩 | 灰绿色斜长岩 |
| T17④：2 | 石斧 | 火成岩 | 棕色细中粒花岗岩 |
| T7④：2 | 石锛 | 沉积岩 | 灰色石英粉砂岩 |
| T8⑥：5 | 石锛 | 沉积岩 | 灰白色微层状钙质细砂岩 |
| T12④：1 | 石锛 | 沉积岩 | 绿灰色石英粉砂岩 |
| T15④：3 | 石锛 | 火成岩 | 黄色中粗粒花岗岩 |
| T17④：3 | 石锛 | 沉积岩 | 灰色微层状钙质细粒石英砂岩 |
| T18④：4 | 石锛 | 火成岩 | 黑色凝灰岩 |
| T6③：3 | 石凿 | 沉积岩 | 绿灰色白云岩 |

（二）石器石料的可能来源地

1. 遗址周围地区出露的芦城孜遗址石器石料的地层群组

按照"全国地层多重划分对比研究"项目成果，宿州芦城孜遗址位于华北地层大区晋冀鲁豫地层区徐淮地层分区淮北地层小区，区内沉积岩分布十分广泛，出露的基岩地层有上元古界的青白口系八公山群（包括伍山组、刘老碑组和四十里长山组）、震旦系宿县群（包括贾园组、赵圩组、倪园组、九顶山组、张渠组、魏集组、史家组和望山组）和金山寨组；下古生界的寒武系（包括猴家山组、昌平组、馒头组、张夏组、崮山组、炒米店组和三山子组）和奥陶系（包括贾汪组和马家沟组）；上古生界的月门沟群（包括本溪组、太原组和山西组）和石盒子组；等等。其中八公山群出露区距遗址稍远，余者出露区与遗址最近距离不超过 20 千米。

2. 芦城孜遗址周围与出土石器有关的岩石分布概况

金山寨组大致在宿州褚兰乡、栏杆乡及其以东有沉积，岩性为黄绿、灰黑、紫红色页岩、粉砂质页岩，夹灰色薄层中粗粒石英砂岩、褐铁矿凸镜体和中厚层泥晶灰岩，砖红色含砂灰岩、叠层石礁灰岩，底有 0.2～0.7 米厚的燧石杂砾岩。砂岩具冲刷层理、干裂和不对称波痕。

贾园组总体岩性较稳定，下部为灰黄、灰绿色粉砂质灰岩及钙质石英细砂岩，上部为灰、青灰色薄—中厚层粉砂质灰岩夹含凸镜状叠层石灰岩。向东至黑峰岭一带为含钙质含电气石石英粉砂岩及石英粉砂质白云质灰岩。赵圩组岩性基本稳定，以厚层灰岩为主，夹白云岩凸镜体，具微层理、波痕、干裂、冲刷充填构造。

倪园组主要出露于宿县、灵璧一带，岩性稳定。下部为灰色薄—中厚层泥质条带灰岩、含燧石结核灰岩、藻灰结核灰岩夹灰质白云岩、砾屑灰岩；上部为浅灰色薄—厚层泥质白云岩及粉砂质白云岩，含燧石条带及结核。上、下均发育微细层理。见有干裂、雨痕及冲刷充填构造。九顶山组岩性稳定，主体岩性为深灰—浅灰色厚层块状灰岩夹白云岩。

张渠组岩性稳定，为灰、浅灰色薄—厚层细晶白云岩、细（微）晶含白云质灰岩、微（泥）晶灰岩，中下部夹紫红色钙质页岩，上部产叠层石。魏集组岩性、厚度稳定，下部为灰岩、泥灰岩与钙质页岩组成韵律，上部为以紫红色为主的叠层石灰岩。史家组岩性稳定，以黄绿色页岩为主，下部夹页状—薄层泥晶灰岩、白云岩、叠层石灰岩和砾屑灰岩，中部夹灰色中厚层细粒石英砂岩，上部夹紫色含灰岩结核页岩、黄绿色薄层含海绿石粉（细）砂岩，顶部含赤铁矿结核。

望山组下部为灰、浅灰、黄绿灰色页状—薄层泥质（泥晶）灰岩，钙质页岩，具水平、波状层理和不对称波痕；中部为灰色薄—中厚层泥晶灰岩夹叠层石礁灰岩、砾屑灰岩凸镜体，微层理发育，具干裂构造；上部为灰色中厚—厚层泥晶灰岩，夹薄层泥质泥晶灰岩、叠层石礁灰岩和砾屑灰岩，含燧石、硅质、砂质结核和条带，波状层理发育，具楔形、扰动层理和干裂、鸟眼构造、不对称波痕及畸形方解石细脉，产叠层石；顶部为灰色薄层（泥质）泥晶白云岩，夹白云质灰岩，具波痕、干裂、鸟眼构造。

猴家山组岩性比较稳定，中部、上部以灰质白云岩与白云质泥灰岩互层及粉砂质页岩、泥灰岩、含硅质灰质白云岩为主。

昌平组岩性稳定，主要为白云质含藻微晶灰岩、泥质微晶灰岩、泥质条带砂屑灰岩、白云质细砂屑微晶灰岩、海绿石微晶生物屑灰岩。

馒头组岩性稳定，分为四段，一段为肝紫色页岩夹灰岩凸镜体，二段为亮晶砂屑灰岩、豹皮状白云质球粒灰岩，三段为砾屑灰岩、鲕粒灰岩、叠层石灰岩、亮晶生物屑灰岩夹紫红色页岩、粉砂质页岩，四段为海绿石泥质长石石英细砂岩、粉砂岩夹亮晶鲕粒灰岩、亮晶砂质生物屑灰岩，长石石英砂岩具水平、波状、单斜层理。

张夏组主要为鲕粒灰岩、亮晶生物屑灰岩、亮晶核形石灰岩、白云质亮晶球粒灰岩、白云质礁灰岩、残余鲕粒灰岩、残余鲕粒细晶白云岩。中上部水平纹层发育，含大量水平虫管，上部具冲刷交错层理，近顶部叠层石细晶白云岩发育。

崮山组主要为灰色中薄层亮晶白云质鲕粒灰岩、亮晶竹叶状砾屑灰岩、微晶鲕粒灰岩、微晶生物屑灰岩、豹皮状白云质生物屑微晶灰岩、泥质微晶灰岩。

炒米店组岩性稳定，主要为大涡卷状叠层石微晶灰岩、含生物屑微晶灰岩、亮晶含海绿石鲕粒灰岩、豹皮状泥质白云质微晶灰岩、瘤状泥质白云质微晶灰岩，普遍含黄铁矿结核。下部见雹痕、水平虫管；上部垂直虫管发育，具水平纹层和鸟眼构造。

三山子组岩性较稳定，下段（土坝段）为灰黄色中厚层白云岩，含灰质、泥质白云岩夹少量竹叶状砾屑白云岩；上段（韩家段）为灰黄色中薄层硅质条带白云岩夹少量竹叶状砾屑白云岩。

贾汪组为土黄、紫红、浅灰色页岩、钙质页岩、页片状泥质白云岩和泥质白云质灰岩及角砾岩。

马家沟组分为三段，自下而上依次为萧县段、青龙山段和老虎山段。萧县段下部为膏溶角砾岩、含石膏假晶白云岩；上部为夹燧石结核、条带白云岩及豹皮状白云质灰岩。青龙山段下部以中薄—中厚微晶白云岩与微晶灰岩或薄层—页片状微晶灰岩互层为主，夹膏溶角砾岩；上部以灰深灰色中厚层豹皮状白云质微晶灰岩为主，下夹燧石结核和条带，上夹微晶白云岩。老虎山段岩性稳定，以细微晶白云岩为主，局部夹白云质微晶灰岩凸镜体，具水平纹层，含少量石膏假晶。

本溪组岩性较稳定，下部为紫红色含砾铁铝质黏土岩、粉砂质泥岩，上部为灰黄、暗紫、灰等杂色砂质铁质泥岩，铁、锰质砂岩，黏土岩夹青灰、灰黄色厚层灰岩、泥灰岩。具水平、波状层理，生物遗迹发育。太原组岩性稳定，厚度变化不大，下部为灰、灰黑色岩屑砂岩、石英砂岩与粉砂岩、粉砂质泥岩、泥岩不等厚互层，局部夹煤层，底部砂岩含砾；上部为生物屑泥晶灰岩与砂、泥质碎屑岩和不稳定煤层，局部夹放射虫硅质岩与燧石条带。

山西组岩性基本稳定，下部为灰、灰黑色泥岩、砂岩、粉砂岩砂质泥岩互层夹煤层；上部为灰、灰黑色组成韵律。含菱铁矿层（或鲕粒）、黄铁矿星点，局部含砾、含钙质。具交错层理、波状层理、水平层理及凸镜状层理。石盒子组下段为深灰色泥岩、粉砂岩、长石石英砂岩组成韵律，含煤 3~18 层；上段以泥岩为主，与细砂岩、中—粗粒长石石英砂岩呈韵律互层，夹薄层硅质岩，含煤 2~10 层。自下而上岩石粒度由细变粗，韵律特征明显。具波状层理、水平层理、凸镜状层理、交错层理。

此外，宿州—萧县地区晚震旦世有少量岩床辉绿岩活动，形成辉绿（玢）岩、玄武（玢）岩等，其中分布于宿州—灵璧一带的辉绿岩体产于上震旦统史家组和望山组中，并与围岩具同形褶皱，如老寨山岩体作北北东向以长条状平行围岩走向展布，长15 千米，宽 0.5~1.5 千米，倾角 10~20°，可分为两个相带，内部相以中粒辉绿岩为主，少量辉长岩和辉长辉绿岩；边缘相为细粒辉绿岩，局部出现杏仁状玄武岩，与主体岩石呈过渡关系。晚侏罗世末，中酸性岩浆侵入和喷发，形成北北东向的闪长岩带。白垩纪，岩浆的多次侵入现象明显，先后是二长花岗岩、花岗斑岩、橄长岩、辉长岩等。脉岩中以中性和酸性岩类最为发育，如闪长（玢）岩、石英闪长（玢）岩、花岗（斑）岩等。

3. 芦城孜遗址石器石料的岩石特性与产地

芦城孜遗址龙山时期石器料石以细砂岩、石英粉砂岩为主，其次为辉绿岩、辉长岩类，少量玄武玢岩、片岩、燧石岩等。

磨石料石以细砂岩为主，少量粉砂岩，多数细砂岩与馒头组四段（原称徐庄组）的砂岩岩性相似。该细砂岩属于碎屑岩，主要由碎屑颗粒组成，颗粒圆度较高，分布较均匀，岩石表面相对粗糙，适宜用作磨具。石杵料石的组成矿物以石英、长石为主，硬度较大，能够保证石器具有较大的强度。

石斧和石铲料石的选择有相似之处，或具有强度较大的优势，如辉绿岩、辉长岩、石英粉砂岩；或具有利于加工的优势，如微层状细砂岩、微层状灰岩、片岩。微层状细砂岩、微层状灰岩具有层理构造[①]，片岩具有片理构造[②]，利于加工成薄片状或板状的石器。此外，片岩的组成矿物中既有较软的云母、绿泥石等，有利于加工；也有较硬的石

---

① 层理构造指的是沉积物在垂直方向上由于成分、颜色、结构的不同而形成的层状构造。在一个基本稳定的物理条件下所形成的沉积单位叫作层，一个层的顶面或底面叫作层面，层面所在的位置相对软弱，容易沿之形成较平整的天然断裂面，而且层面上物质组成比较均匀，从而方便加工与利用。

② 片理构造指岩石中矿物定向排列所显示的构造。矿物平行排列所成的面称片理面，岩石极易沿着片理面劈开，从而形成板片状形态，利于加工成板状的或薄片状的石器。

英、长石等，保证相应石器应有的强度。

石锛料石以石英粉砂岩为主，少量燧石岩、辉绿岩等，均具有强度较大的优势。石锛料石中的石英粉砂岩与安徽前寒武系地层宿州解集乡史家剖面史家组第 12 层中的灰绿、灰白色薄板状条带状石英粉砂岩相似，结合石器料石中常见的辉绿岩、辉长辉绿岩、辉长岩，老寨山可能是重要的石料来源地。石器料石中的角岩、弱角质化泥岩页岩可能是区内岩浆活动引起围岩浅变质而成，片岩、凝灰岩可能属于五河杂岩（原称五河群），最近产地位于遗址东南方向约 100 千米的淮河南岸。

该时期石斧均有穿孔，有脊石锛在相应石器中占一定比例，这就使石器可以更加牢固地固定在木柄上，使用时更加方便。石器料石以细砂岩、石英粉砂岩等沉积岩类为主，其次为辉绿岩、辉长岩等岩浆岩类，与区内出露的基岩种类基本保持一致。大部分石料来源于遗址周围 20 千米范围内，上震旦统史家组的灰绿、灰白色薄板状条带状石英粉砂岩是制作石锛的主要石料。部分料石与宿州老寨山出露的基岩有一定的对应关系，该处可能是石料的重要来源地。少数料石来源于较远的地方。

周代石器料石以细砂岩为主，少量辉绿岩辉长岩类、石英粉砂岩、花岗岩等，岩性较复杂。其中磨石料石均为细砂岩，与馒头组四段（原称徐庄组）的砂岩岩性相似；石铲料石的强度较大或中等；石斧、石锛料石的选择倾向于强度较大的辉绿岩、石英粉砂岩、花岗岩等。石锛料石构成和产地与龙山时期一致。

## 四 芦城孜遗址出土石器所反映的人地关系的信息分析

### （一）石器的组合特征所暗示的信息

在鉴定石器的过程中，我们探讨了它们的功能，发现可以大致组合成若干功能类型，各类型暗示着古人生产内容的信息。根据表 2、表 3 的资料，可以把出土石器大致分为基础工具、砍伐与加工木材工具、农业生产与加工工具、渔猎工具等四类。即芦城孜遗址的先民在龙山文化时期日常的生产活动中有制造工具、砍伐和木材加工、农业生产和加工、渔猎等内容，并可以通过工具的数量和百分比显示其重要程度（表 4、5）。

**表 4 芦城孜遗址龙山文化时期石器组合状况表**

| 工具类型 | 基础工具 | 砍伐与木材加工工具 | | 农业生产与加工工具 | | 渔猎工具 | |
|---|---|---|---|---|---|---|---|
| 工具名称 | 磨石 | 石锤 | | 石斧 | | 石锛 | |
| 工具名称 | 磨石 | 石斧 | 石凿 | 石锛 | 石铲 | 石矛 | 石球 |
| 数量 | 3 | 7 | 1 | 6 | 6 | 1 | 1 |
| 占总数 | 12% | 28% | 4% | 24% | 24% | 4% | 4% |

从表4可见，芦城孜遗址出土的石器中，有基础工具13件；砍伐及加工木材类工具有30件；农业生产及加工工具29件（其中多用途的工具石锛①20件）；渔猎工具有3件。各类组合所占比例依次为23.6%、44.6%、52.6%和5.5%。从表5可见，芦城孜遗址出土的商朝石器中，有基础工具3件；砍伐及加工木材类工具有14件；农业生产工具12件（其中多用途的工具石锛6件）；渔猎工具有2件。各类组合所占比例依次为12%、56%、48%和8%。

如果仅以两个时期各组合中石器的比例多少来表达内容的重要程度，则其先后次序都是农业生产、砍伐树木和木器加工、制造工具、渔猎。即农业生产和砍伐任务并重，工具制造任务次之，渔猎任务较轻。

（二）石器组合特征暗示的信息分析

1. 农业生产与加工工具的信息分析

众所周知，农业生产使用什么样的工具与所种植的作物、耕地的状况相关，而种植什么样的作物由于气候、土壤等条件密切相关。所以，我们要了解从距今4600年的龙山文化开始时期到距今2200余年前的周代的环境状况。我们所探讨的龙山文化时期和周朝时期，是生产力水平比较低下的农业文明时期，自然环境主导着农业生产的类型和收获的状况，农业社会必需的生产和生活工具也必然会打上当时环境的烙印。正如《科学通报》2008年刊载了"长江三峡地区新石器生产工具的演变所反映的人地关系"的论文的作者所发现的那样②，生产工具数量的波动与邻近地区自然剖面所示的环境演变有良好的相关性。各种生产工具的比例与人们生产和生活的需要、石器石料的来源以及当地的环境密切有关。因而了解芦城孜古聚落生存时代的环境状况及其变化对我们的研究无疑是必要的。

龙山文化时期芦城孜及其周围地区的环境状况前人已经做了不少研究。在芦城孜北部，靳桂云③研究了山东日照两城镇龙山文化遗址出土木材。他发现：在日照两城镇一带，龙山文化时期麻栎林在聚落周围的低山丘陵都有分布，这说明热带林带，气候与植被相当于现代的江淮流域，即气温比现代高2℃。根据对遗址中出土炭化植物遗存和土壤中植硅体的分析，认为龙山文化时期，稻作农业比较发达，这不仅因为在炭化粮食作物中炭化稻米的数量最多④，还说明龙山文化时期的降水远高于现代。在芦城孜南部，张广胜⑤研究了距今4500~4000年蚌埠禹会村遗址龙山文化的环境状况。他通过对禹会村龙

---

① 石锛窄长、秃刃、厚背，如绑上"7"字形木柄，则功用与近现代农具镢头或镐头类似，十分适合在砂姜多的旱地上使用。同时，也可以用来刨削、切割木材。
② 朱光耀等《长江三峡新石器生产工具演变所反映的人地关系》，《科学通报》（增刊Ⅰ），2008年。
③ 靳桂云等《山东日照两城镇龙山文化（4600~4000aB·P.）遗址出土木材的古气候意义》，《第四纪研究》2006年4期。
④ 凯利·克劳福德等《山东日照市两城镇遗址龙山文化植物遗存的初步分析》，《考古》2004年9期。
⑤ 张广胜等《安徽蚌埠禹会村遗址4.5-4.0 ka BP龙山文化的环境考古》，《地理学报》2009年第期。

山文化遗址的 ABYT2004 探方厚 150cm 剖面的 27 个样品的磁化率、Rb/Sr、粒度和重矿晶体形态等多项环境代用指标，以及遗址周围地貌形态演变的分析，结合 AMS$^{14}$C 测年，认为距今 4500 以前气候湿润，从距今 4500 年开始气候趋向干旱，龙山文化中期环境开始趋向暖湿，降雨量增加，洪水灾害频发，至距今 4100 年前后是淮河流域洪灾发生的高峰期，其后的龙山文化晚期气候开始向冷干过渡，农业生产受到制约，龙山文化消亡。

在安徽省淮河流域，相对于以前的温暖，距今 4600～4000 年气候总体向干冷方向缓慢发展。尤其在距今 4000 年前后的降温在世界各地都有表现，是历史时期以来最具影响力的一次小冰期[1]。至距今 3000 年左右气温降至最低，然后逐渐回升[2]。

**图 24　芦城孜遗址出土的龙山时期蚌铲和蚌镰**

以上所述的气候条件相当于现代淮河干流到长江以北的北亚热带的气候条件，这种条件，可以发展旱作和水田并重的农业生产模式，一年可以种植两季。对于水田来说，石铲和遗址出土的非石器工具蚌铲（图 24）都是适用的工具。而在旱田，则主要需要石锛，因为田野调查发现芦城孜遗址周围旱地的土壤是黑色砂姜土，多砂姜的旱地不适宜石铲或蚌铲的使用。石锛功用与镢头类似，十分适合在多砂姜的旱地使用。这种水田和旱地并重的模式在距离芦城孜遗址西南 30 余千米处的蒙城尉迟寺遗址得到了佐证。那里的发掘主持人王吉怀研究员说[3]："尉迟寺遗址从大汶口文化晚期到龙山文化时期…稻谷和碳化粟粒的出土概率分别为 50% 和 54%，说明两类作物在当时的农业经济中占有同等重要的地位…是一种典型的稻旱混作生产方式。"[4] 在收割和加工工具方面，出土较多蚌刀（图 24）、石杵和磨盘（有些磨石有此功能）可以担当。

2. 砍伐树木与木材加工工具的信息分析

砍伐树木、加工木器是芦城孜遗址龙山文化和周朝时期与农业种植同等重要的工作，该遗址出土的石斧和石锛较多，但未发现石楔和石凿等在同时代其他遗址中常见的木器工具。从发掘中发现的大量红烧土和陶器遗存，提示我们当时燃烧需要的木材数量较大，石斧多也就顺理成章了，何况建设项目还还需要大量木材呢。砍伐任务较重，石斧使用的就多，损坏报废的也多，我们现代考古发现的自然就多了。

石凿少说明该遗址的可能需要榫卯结构的木材不多，或不懂卯榫结构的优异之处。

① 朱光耀等《安徽省新石器和夏商质时代遗址时空分布与人地关系的初步研究》，《地理科学》2005 年 3 期。
② J. T. Houghton et al. Climate Change：The IPCC Assessment，Cambridge University Press，1990.
③ 中国社科院考古研究所等《蒙城尉迟寺》（第二部），第 299～289 页，科学出版社，2007 年。
④ 尉迟寺遗址在芦城孜遗址西南 30 余千米处。

还有一些其他的可能，如用骨角质的凿形工具替代了石凿，或者用石锛的刨挖功能对木器进行加工。但与石凿相比，骨角质的凿形工具相对脆弱，石锛的替代相对粗放。因而可以说，该古聚落的前人尚没有对木器进行大量精制加工的能力。

遗址发掘中没有出土石楔。其原因可能是古人砍伐下来的树木不够粗大，无须石楔助力劈开。也可能是当时聚落较少，周围易于砍伐的细小树木已经够用，不需要砍伐粗大的树木。还可能是该时期先民砍伐的树木主要是供燃烧所用的，建筑所用木材有限，并不需要粗大的木材。此外，还应考虑到该地区粗大树木经长期砍伐，已经比较稀少的因素。因为据研究①，龙山文化石器淮河流域北部聚落迅速增加，居住水平提高，加之此时期气候的强烈波动，人们需要砍伐更多的树木，因此该时期是淮河中游地区森林大量损耗的时期，因此该时期是人们对淮河中游的自然环境负面影响较大的时期，芦城孜古聚落周围地区的森林长期受到人们的砍伐，粗大树木消失殆尽。在埋藏周朝遗存的地层中，也没有发现石楔，其原因应与上述大致相同。

3. 渔猎工具信息分析

龙山文化石器和周朝两个时期中出土的渔猎石器在以上的组合排序中都不占有重要地位，品种和数量都很少。龙山文化时期仅出土石刀 3 把，周朝时期则只发掘出石球 1 个，石矛 1 件。该类工具出土数量很少，且品种不全，似乎不宜进行深入分析。但这让人很费解，刀是古聚落中每个家庭甚至每个成人生产和生活中不可或缺的工具，这些刀哪里去了呢？只要将出土的其他遗存考虑进去，该谜团就会迎刃而解。我们在出土的劳动工具中，发现了许多锋利的蚌刀（图25），这个时期芦城孜地区河湖密布，蚌类极多。这些蚌的刃口锋利，是自然的刀具，且易于取得。相比较之下，石刀磨制不易，所以数量较少，是因为被蚌刀替代之故。

图 25　芦城孜遗址出土的龙山时期蚌刀

此外还要说明的是，渔猎者，渔和猎也，虽然出土石器没有"渔"的内容，但在出土的其他器物中，有大量的陶制网坠（图26）和陶制纺轮（图27）。因此可以想象，人们不仅可以用纺轮纺线织布，还可以用纺轮纺线织网，配以网坠捕鱼捞虾。至于周朝地层中出土的石球和石矛，说明直到商周时期，这里的人们还没有普及青铜工具，如铜矛和铜镞等。对该聚落的先人来说，那些东西还是奢侈品，因此只能辛苦磨制石质的矛头，以供狩猎之用。而石球在这个时期尚存，说明这一地区的野生环境较好，经常会有一些较小的野生动物出没，因此发现用于狩猎小型动物的石球就不足为奇了。

---

① 靳桂云等《山东日照两城镇龙山文化（4600～4000aB1P.）遗址出土木材的古气候意义》，《第四纪研究》2006 年 4 期。

图 26　芦城孜遗址出土的陶网坠　　　　　　　图 27　芦城孜遗址出土的陶纺轮

## 结　语

　　芦城孜遗址位于宿州市南部桃园镇浍光村芦城孜自然村东侧，是皖北地区保存较好、时代较早、文化内涵丰富的一处古聚落遗址，保存了距今 4600 年前的龙山时期到汉唐时期的丰富遗存，尤其是作为生产工具的石器。因为生产工具是生产力发展水平的重要标志，生产力的变化总是从劳动资料的变化，特别是生产工具的变化开始的。如果以出土的石器主线，辅以其他环境信息，就有可能得到该地考古时期人们的生产方式以及环境与人关系的例证。作者据此对芦城孜遗址出土石器进行了形态研究，对芦城孜石器石料类型及来源探究，还对出土石器所反映的人地关系的信息进行了分析。

　　研究发现，芦城孜石器共分石斧、石锛、磨石等 10 类计 80 件，其形制与功能十分吻合；芦城孜的石器石料十分复杂和古老，包括了火成岩、变质岩、沉积岩三大类岩石的四十余种石料，古人可以根据所要制作的石器的不同选择不同的岩石。石器的石料多形成于距今 8 亿年前的青白口纪到 4.3 亿年前的奥陶纪。岩石大多来源于距离遗址 20km 以内的石质小山，少数来源于 100km 以外的地区。根据石器的组合特征我们发现，先人的农业生产和砍伐任务并重，工具制造任务次之，渔猎任务较轻。

　　进一步研究发现，农业生产工具的类型与当时的旱作和水田并重的农业生产模式及土壤的类型相符合，收割工具以蚌刀为主。出土的石斧和石锛较多反映了砍伐树木、加工木器是芦城孜先人的重要工作，出土的石凿少说明该遗址的可能需要榫卯结构的木材不多，或不懂卯榫结构的优异之处。发掘中没有出土石楔。其原因可能是古人砍伐下来的树木不够粗大，无须石楔助力劈开。也可能是当时聚落较少，周围易于砍伐的细小树木已经够用，不需要砍伐粗大的树木。渔猎石器在排序中不占有重要地位，品种和数量都很少。石刀的缺少与蚌刀易于取得密切相关。出土的大量的陶制网坠和陶制纺轮是织网捕鱼的证据。

# 附录三　宿州芦城孜遗址动物骨骼鉴定报告

宋艳波（山东大学考古学系）

饶小艳（山东大学考古学系）

贾庆元（安徽省文物考古研究所）

## 一　动物遗存出土情况

遗址出土动物遗存共 544 件，涉及的时代主要包括了四个阶段：龙山文化时期，周代，汉代和唐代，这四个阶段均出土有一定数量的动物遗存。考古工作者在收集动物遗存的过程中仔细谨慎，避免了二次破坏，为进一步的鉴定和整理打下了良好的基础。

我们在鉴定的过程中主要参考了山东大学考古系动物考古实验室的现生动物标本和部分古代动物标本，同时也参考了部分文献[①]。

## 二　龙山文化时期的动物遗存

（一）动物遗存概况

属于本时期的动物遗存共 440 件，其中能够鉴定到纲的标本有 438 件，另外 2 件标本保存非常残破，无法判断属于脊椎动物的哪一个纲，以残骨记之。

鉴定出的动物遗存包括了不同种的矛蚌、丽蚌、扭蚌、裂嵴蚌、楔蚌和中国圆田螺等软体动物；麋鹿、梅花鹿、黄牛、狗、獐和猪等哺乳动物；另外还发现有鳖这种爬行动物。

下面分类描述。

1. 软体动物门 Mollusca

材料共 95 件，具体种属包括短褶矛蚌、剑状矛蚌、刻裂丽蚌、矛蚌、扭蚌、三型矛蚌、射线裂嵴蚌、失衡丽蚌、楔形丽蚌、鱼尾楔蚌、圆头楔蚌、猪耳丽蚌、多瘤丽蚌、天津丽蚌和中国田园螺等。

① 伊丽莎白.施密德著，李天元译：《动物骨骼图谱》，中国地质大学出版社，1992 年；刘月英等编著：《中国经济动物志——淡水软体动物》，科学出版社，1979 年；盛和林著：《中国鹿类动物》，华东师范大学出版社，1992 年；Elizabeth J. Reitz and Elizabeth S. Wing：*Zooarchaeology*，Cambridge University Press，1999。

## 1.1　双壳纲 Bivalvia

共有可鉴定标本 78 件。

### 1.1.1　真瓣鳃目 Eulamellibranchia

#### 1.1.1.1　蚌科 Unionidae。

属种未定的有 19 件，总重量为 419.3 克。其中左侧蚌壳残片 1 件，右侧蚌壳残片 5 件，蚌壳残片 10 件，此外还有蚌制品 3 件，至少可代表 5 个个体。

##### 1.1.1.1.1　矛蚌属 Lanceolaria

种未定标本 1 件，重 6.9 克，代表了 1 个个体。

###### 1.1.1.1.1.1　短褶矛蚌 Lanceolaria glayana

标本 1 件，为左侧壳残片，重 9.4 克，代表了 1 个个体。

###### 1.1.1.1.1.2　剑状矛蚌 Lanceolaria gladiola

标本共 2 件，为完整的壳，总重 15.43 克。其中 1 件为左侧，长 77.01 毫米；1 件为右侧，长 88.32 毫米；两侧标本的测量数据差别较大，至少代表了 2 个个体。

###### 1.1.1.1.1.3　三型矛蚌 Lanceolaria triformis

标本 1 件，重 9.2 克，为左侧壳残片，代表了 1 个个体。

##### 1.1.1.1.2　丽蚌属 Lamprotula

###### 1.1.1.1.2.1　刻裂丽蚌 Lamprotula scripta

标本共 5 件，总重 261.6 克。其中左侧壳残片 4 件，右侧壳残片 1 件，至少可代表 5 个个体。

###### 1.1.1.1.2.2　失衡丽蚌 Lamprotula tortuosa

标本 1 件，重 42.3 克，为左侧壳残片，代表了 1 个个体。

###### 1.1.1.1.2.3　楔形丽蚌 Lamprotula bazini

标本共 7 件，为完整的壳，总重 293.1 克。其中左侧 3 件，长度分别为 49.5 毫米、69.54 毫米、65.99 毫米；右侧 4 件，长度分别为 85.7 毫米、73 毫米、73.31 毫米、83.93 毫米；两侧标本测量数据差别较大，至少代表了 7 个个体。

###### 1.1.1.1.2.4　猪耳丽蚌 Lamprotula rochechouarti

标本共 17 件，总重 1778.2 克。其中左侧壳残片 7 件，右侧壳残片 10 件，至少可代表 10 个个体。

###### 1.1.1.1.2.5　多瘤丽蚌 Lamprotula polysticta

标本 1 件，重 23.2 克，为右侧壳，代表了 1 个个体。

###### 1.1.1.1.2.6　天津丽蚌 Lamprotula tientsinensis

标本共 2 件，总重 133.6 克，均为右侧壳残片，至少可代表 2 个个体。

##### 1.1.1.1.3　扭蚌属 Arconaia

标本共 14 件，总重 680.9 克。其中左侧壳残片 5 件，右侧壳残片 9 件，至少可代表

9 个个体。

　　1.1.1.1.4　裂嵴蚌属 *Schistodesmus*

　　1.1.1.1.4.1　射线裂嵴蚌 *Schistodesmus lampreyanus*

标本共 3 件，总重 37.9 克。其中左侧壳残片 1 件，右侧壳残片 2 件，至少可代表 2 个个体。

　　1.1.1.1.5　楔蚌属 *Cuneopsis*

　　1.1.1.1.5.1　鱼尾楔蚌 *Cuneopsis pisciculus*

标本共 2 件，为完整的壳，总重 122.8 克。其中左侧 1 件，长 97.66 毫米；右侧 1 件，长 77.72 毫米，两侧的测量数据差别较大，至少可代表 2 个个体。

　　1.1.1.1.5.2　圆头楔蚌 *Cuneopsis heudei*

标本共 2 件，总重 27.6 克。均为左侧壳残片，至少可代表 2 个个体。

　　1.2　腹足纲 Gastropoda

标本共 17 件，全部为中国圆田螺。

　　1.2.1　中腹足目 Mesogastropoda

　　1.2.1.1　田螺科 Viviparidae

　　1.2.1.1.1　田螺属 *Cipangopaludina*

　　1.2.1.1.1.1　中国圆田螺 *Cipangopaludina chinensis*

标本共 17 件，总重 76.76 克。可代表 17 个个体。

　　2.　脊椎动物门 vertebrate

属于脊椎动物的遗存共 345 件，其中可鉴定标本 343 件。种类有鳖、鹿、黄牛、牛、狗、獐、人和猪等。

　　2.1　爬行动物纲 Reptilia

　　2.1.1　龟鳖目 Testudines

　　2.1.1.1　鳖科 Trionychidae

标本共 6 件，总重 91.35 克。分别为：背甲残片 2 件，腹甲残片 4 件。至少可代表 1 个个体。

　　2.2　哺乳动物纲 Mammalia

标本共 337 件，可以鉴定出来的种类包括有麋鹿、梅花鹿、獐、牛、狗、马、猪等。

　　其中有 44 件标本不能明确具体的种属，仅简单鉴定为哺乳动物，这些标本总重 1217.9 克。具体包括有：左侧肱骨远端残块 1 件，右侧肱骨远端残块 1 件，肱骨残块 3 件；右侧股骨残块 1 件，股骨残块 1 件；颈椎残块 1 件；左侧胫骨残块 1 件，右侧胫骨近端残块 1 件，胫骨残块 5 件；左侧髋骨残块 1 件，髋骨残块 1 件；肋骨残块 1 件；左侧桡骨近端残块 1 件；桡骨残块 1 件；下颌骨残块 1 件；胸椎残块 2 件；肢骨残片 18 件；骨制品 3 件（制作比较精细，难以辨明具体的部位，仅可鉴定为大型哺乳动物的肢骨残片和肋骨残片）。这些标本至少代表了 1 个个体。

### 2.2.1　偶蹄目 Artiodactyla

种属不明的标本 1 件，为中型偶蹄动物的炮骨体残块，重 36.6 克。

### 2.2.1.1　鹿科 Cervidae

本次整理的动物遗存中包含了数量较多的鹿角，我们通过鹿角的形态特征可以鉴定出有麋鹿和梅花鹿的存在；通过出土的犬齿标本我们可以鉴定出有獐的存在；通过部分出土的肢骨和上下颌骨标本的测量数据，可以将其分为大型鹿、中型鹿和小型鹿三种类型。我们推测，遗址中出土的大型鹿应该为麋鹿，中型鹿应该为梅花鹿，小型鹿应该为獐。

此外，还有部分鹿角和肢骨等，保存较为残破，仅以鹿类动物记之，这部分标本共 68 件，总重 3687.5 克。包括：跟骨残块 2 件，左右各一；右侧股骨远端残块 1 件；右侧肩胛骨残块 1 件；胫骨远端残块 2 件，左右各一；髋骨残块 3 件，左一右二；炮骨远端残块 1 件；左侧髂骨残块 1 件；右侧桡骨近端残块 2 件；右侧掌骨近端残块 1 件；角残块 51 件，其中左侧 6 件（1 件为从角环处自然脱落的标本），右侧 2 件；右侧角带头骨残块 1 件；角凿和不明角制品各 1 件。这些标本至少代表了 6 个不同的雄性个体。

我们认为自然脱落的鹿角标本可能为先民从野外拾获的单独的角，用来作为制作工具的原材料，而与先民的狩猎与食肉行为关系不大。因此，这些遗存中可能有 5 个雄性个体为先民狩猎所获。

### 2.2.1.1.1　鹿属 *Cervus*

### 2.2.1.1.1.2　梅花鹿 *Cervus nippon*

角及带角的头骨标本共 39 件，总重 3871.2 克。包括：左侧角残块 14 件（其中 8 件为从角环处自然脱落的标本）；右侧角残块 12 件（其中 6 件为从角环处自然脱落的标本）；角尖残块 5 件；带左角的头骨残块 5 件，带右角的头骨残块 3 件。这些角的存在，至少可代表 19 个不同的雄性个体，其中至少有 5 个个体可以明确为先民狩猎所获。

中型鹿标本有 19 件，总重 644.1 克。包括：尺骨近端残块 1 件；左侧肱骨近端残块 1 件，右侧肱骨近端残块 2 件；右侧肩胛骨残块 2 件；近端趾骨 1 件；左侧胫骨近端残块 2 件，右侧胫骨远端残块 1 件；肋骨残块 1 件；末端趾骨 1 件；炮骨远端残块 1 件；左侧桡骨远端残块 1 件；右侧下颌残块 3 件，左侧下颌残块 1 件；跖骨近端残块 1 件。这些标本至少可代表 2 个成年个体。

我们认为自然脱落的鹿角标本可能为先民从野外拾获的单独的角，用来作为制作工具的原材料，而与先民的狩猎与食肉行为关系不大。

综合来看，我们推测遗址中出土的梅花鹿标本，至少代表了 19 个成年雄性个体，这些个体中 11 个可能为先民狩猎所获并从中获取肉食，另外 8 个个体则可能为先民偶然拾获的脱落鹿角。

2.2.1.1.2　麋鹿属 *Elaphurus*

2.2.1.1.2.1　麋鹿 *Elaphurus davidianus*

发现的鹿角标本共 41 件，总重 12818.8 克。包括：左侧角残块 16 件（其中 8 件为从角环处自然脱落的标本）；右侧角残块 9 件（其中 2 件为从角环处自然脱落的标本）；角残段 10 件，角尖残块 3 件；右侧角带头骨残块 1 件；另有角锄 2 件，从表面特征可判断为麋鹿角制作而成。这些角的存在，至少可代表 16 个不同的雄性个体，其中至少 1 个个体可以明确为先民狩猎所获。。

大型鹿标本有 17 件，总重 1686.9 克。包括：寰椎残块 1 件；右侧肩胛骨残块 2 件，左侧肩胛骨残块 4 件；近端趾骨 3 件；左侧胫骨远端残块 2 件；肋骨残块 1 件；左侧桡骨远端残块 1 件；左侧下颌残块 2 件；枕骨和颞骨残块 1 件。这些标本至少可代表 4 个个体。

我们认为自然脱落的鹿角标本可能为先民从野外拾获的单独的角，用来作为制作工具的原材料，而与先民的狩猎与食肉的行为关系不大。

综合来看，我们推测遗址中出土的麋鹿标本，至少代表了 16 个不同的雄性个体，这些个体中有 8 个可能为先民狩猎所获并从中获取肉食，另外 8 个个体则可能为先民偶然拾获的脱落鹿角。

2.2.1.1.3　獐属 Hydropotes

上颌犬齿标本共 2 件，一左一右，总重 8.7 克，至少可代表 1 个雄性个体。

小型鹿标本仅 1 件，为右侧下颌残块，至少可代表 1 个个体。

综合来看，我们认为遗址中出土的獐标本至少代表了 1 个雄性个体。

2.2.1.2　牛科 Bovidae

标本共 28 件，其中牛角残块 9 件，经鉴定为黄牛角残块；另外还有其他部位骨骼标本 19 件。我们推测遗址中出土的牛可能为黄牛。

2.2.1.2.1　牛属 *Bos*

2.2.1.2.1.1　黄牛 *B. taurus*

角标本共 9 件，总重 57.1 克，较为残破，至少可代表 1 个雄性个体。

其他标本共 19 件，总重 3780.3 克。包括：右侧跟骨残块 1 件；左侧肱骨远端残块 1 件，右侧肱骨残块 2 件，肱骨近端残块 1 件；左侧股骨残块 2 件，右侧股骨远端残块 1 件，髋骨残块 1 件；左侧下颌残块 4 件，右侧下颌残块 1 件，游离牙齿 1 件；左侧掌骨残块 2 件；左侧跖骨远端残块 1 件；右侧中央跗骨 1 件。这些标本至少可代表 2 个个体。

综合来看，遗址中出土的牛的遗存可代表至少 2 个成年个体，其中 1 个为雄性个体。

### 2.2.1.3　猪科 Suidae

### 2.2.1.3.1　猪属 *Sus*

#### 2.2.1.3.1.1　家猪 *Sus scrofa domesticus*

标本共 66 件，总重 2450.68 克。包括：左侧下颌 12 件，右侧下颌 8 件；下颌联合 1 件；右侧上颌 3 件；左侧第二门齿 1 件，右侧第二门齿 1 件；左侧下颌犬齿残块 1 件，右侧下颌犬齿残块 4 件；左侧尺骨近端残块 2 件，右侧尺骨近端残块 3 件；顶骨和枕骨残块 1 件，右侧额骨和顶骨残块 1 件；左侧肱骨残块 4 件，右侧肱骨残块 3 件；左侧股骨残块 1 件，右侧股骨远端残块 1 件；左侧肩胛骨残块 1 件，右侧肩胛骨残块 3 件；左侧胫骨远端残块 1 件；左侧髋骨残块 2 件，右侧髋骨残块 1 件；肋骨残块 4 件；左侧颞骨残块 1 件，右侧颞骨残块 1 件；左侧髂骨残块 1 件；右侧颧骨残块 1 件；右侧桡骨近端残块 1 件；左侧枕髁和茎突残块 1 件；牙制品 1 件（为猪的左侧下颌犬齿残片制成）。全部标本至少可代表 10 个不同年龄段的个体，其中 4 个为成年雄性个体。

### 2.2.2　奇蹄目 Perissodactyla

### 2.2.2.1　马科 Equidae

标本仅 1 件，为右侧跖骨，重 59.9 克，至少代表了 1 个个体。

### 2.2.3　食肉目 Carnivora

种属不明确的标本共 2 件，分别为左侧尺骨近端残块和左侧下颌支残块，总重 136.5 克。我们根据骨骼本身的尺寸大小推知至少可代表 2 个不同体型的个体。

### 2.2.3.1　犬科 Canidae

### 2.2.3.1.1　犬属 *Canis*

#### 2.2.3.1.1.1　狗 *Canis familiaris*

标本共 4 件，总重 128.2 克。包括：左侧下颌残块 2 件，右侧下颌残块 1 件，右侧上颌残块 1 件，至少可代表 2 个个体。

### 2.2.4　灵长目 Primates

### 2.2.4.1　人科 Hominidae

### 2.2.4.1.1　人属 *Homo*

标本共 4 件，总重 140.5 克。包括：左侧胫骨残块 1 件，胫骨残块 1 件；右侧顶骨残块 1 件（骨壁比较薄，推测为未成年个体）；左侧股骨近端残块 1 件。至少可代表 2 个个体（其中 1 个未成年）。

（二）讨论与分析

龙山时代共出土有动物遗存 440 件（包括 4 件人骨遗存），从种类来看，包含了较多的软体动物、哺乳动物和爬行动物。

1. 家养动物分析

1.1　猪

出土数量较多，共 66 件，占了总标本数量的 15%。

关于猪是否家养，到目前为止，已经有不少学者发表了一系列相关文章[①]，综合各位的研究成果，有学者将其总结概括为以下几个方面[②]：形态学特征（包括泪骨形态、头骨比例、第三臼齿尺寸、齿列扭曲、犬齿发育与否、下颌联合部的长宽比例和角度等）；年龄结构分析；相对比例分析；文化现象观察；食性分析；病理学观察；古 DNA 分析。

针对芦城孜遗址遗存的保存状况，本文将着眼点放在第三臼齿尺寸、年龄结构分析、相对比例分析等三个方面进行讨论。

1.1.1　第三臼齿尺寸

本次整理的动物遗存中，$M_3$ 萌出且保存完整的标本共 5 件，其长度分别为 36.18 毫米、33.72 毫米、39.16 毫米、31.78 毫米和 38.73 毫米，平均值为 35.91 毫米。从测量数据来看，其平均值小于姜寨遗址的平均值（36.2 毫米），而且所有数据都在姜寨遗址的测量范围之内（30～41.7 毫米）[③]。姜寨遗址为仰韶时代的典型代表，遗址中出土的猪已经被鉴定为典型的家猪；本遗址的时代要晚于姜寨遗址，其测量数据也要比姜寨遗址略小一些，从这一点来说，本遗址的猪已经是家猪了。

1.1.2　年龄结构分析

根据上文的描述，遗址中出土的标本至少代表了 5 个不同年龄段的个体：小于 6 月龄 1 个；6～13 月龄 1 个，13～18 月龄 1 个，18～25 月龄 2 个，大于 25 月龄 5 个。

综合来看，本时期出土的猪，小于 1 岁的比例较低，绝大多数为大于 1 岁的成年个体（图 1）。从死亡年龄比较集中这一角度来说，我们认为当时的猪已经是家养的了，而且饲养水平比较高，大部分的猪都能够留待年龄较大以后再进行宰杀。

另外，遗址中发现了 6 件猪下犬齿残片（其中 1 件有人为加工的痕迹），犬齿显示出成年雄性猪的特征。根据现代饲养经验，家养的雄猪要到年龄较大时犬齿才能发育完全，这与上文的分析也是相符的，我们认为当时先民有意识地将猪饲养到成年以后，再利用其硕大的犬齿加工器物。

1.1.3　相对比例分析

从哺乳动物的可鉴定标本数来看，猪的占了 22.8%（图 2）；从哺乳动物最小个体

①　袁靖：《中国新石器时代家畜起源的问题》，《文物》2001 年 5 期；袁靖：《考古遗址出土家猪的判断标准》，《中国文物报》2003 年 8 月 1 日；胡耀武、王昌燧：《家猪起源的研究现状与思考》，《中国文物报》2004 年 3 月 12 日第 7 版；袁靖：《动物考古学研究的新发现与新进展》，《考古》2004 年 7 期；凯斯·道伯涅、袁靖等：《家猪起源研究的新视角》，《考古》2006 年 11 期。

②　罗运兵：《中国古代家猪研究》，中国社会科学院研究生院博士学位论文，2007 年。

③　祁国琴：《姜寨新石器时代遗址动物群的分析》，《姜寨——新石器时代遗址发掘报告》，第 504～538 页，文物出版社，1988 年。

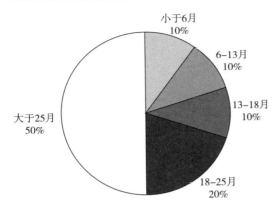

图1　芦城孜遗址猪的死亡
年龄结构分布示意图

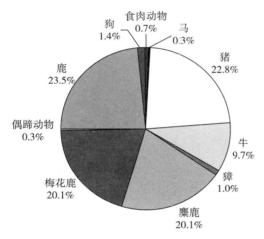

图2　芦城孜遗址龙山文化时期哺乳
动物可鉴定标本数分布示意图

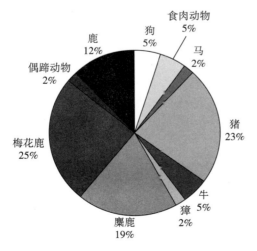

图3　芦城孜遗址龙山文化时期哺乳
动物最小个体数分布示意图

数的数量来看，猪占了23%（图3）。可见，无论是从可鉴定标本数还是最小个体数来看，猪的比例都是仅次于鹿类动物的，从相对比例这一角度来说，我们认为本时期的猪已经是家猪了。

综合以上三个方面，我们认为芦城孜龙山文化时期的猪已经是家猪了，而且先民饲养家猪的水平已经比较高，大部分家猪都是留待年龄较大后再进行宰杀的。

### 1.2　狗

这一时期虽然狗的遗存发现数量较少，但是鉴于家猪已经出现，而且部分动物骨骼（71件标本）上还带有明显的食肉动物啃咬痕迹，我们推测应该是先民利用食剩的动物遗存来饲养狗的证据。

### 1.3　牛

这一时期发现的遗存数量较少，从可鉴定标本数来看，占了哺乳动物总数的9.7%（图2）；从最小个体数来看，占了哺乳动物总数的5%（图3）。判断是否家养困难较大，但是遗址中发现了9件黄牛的角残块，所以我们推测这一时期的牛可能已经是家养动物了。

### 2.　环境分析

麋鹿和梅花鹿喜栖于混交林、山地草原和森林边缘；獐喜栖于水边草丛、芦苇塘中①。这些动物种类的存在表明当时遗址附近靠近水域（湖沼），而且有着一定面积的森林或树林。

丽蚌、扭蚌、矛蚌、楔蚌、裂嵴蚌和圆田螺等淡水软体动物的存在，表明遗址所处的自然环境比较优越，气候温暖湿润；从保存比较完整蚌壳的测量数据来看，这些蚌类应该生存于较大的水域中。

———————————

① 盛和林：《中国鹿类动物》，华东师范大学出版社，1992年。

综合以上分析，我们推测芦城孜龙山文化时期先民生存的自然环境是比较优越的，遗址附近有一定面积的林木，同时还有较大面积的水域存在，先民们比较容易从周围的环境中获取肉食资源。

3. 生业经济分析

从总的动物遗存数量来看，以哺乳动物为主，占了总数的 77%，其次是软体动物（图 4），说明先民的主要肉食来源为哺乳动物。

从哺乳动物的情况来看，可鉴定标本中，以鹿类动物为主，占了 64.7%，其次是猪，其他动物都比较少（图 2）；最小个体数中①，也是以鹿类动物为主的，占了 58%，其次是猪，其他动物都比较少（图 3）。

从哺乳动物的肉食量②来看，还是以鹿类动物为主的，占了 47%，其次是猪，其他动物都比较少（图 5）。

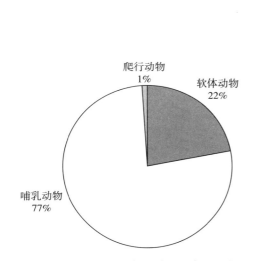

图 4　芦城孜遗址龙山文化时期全部动物数量分布示意图

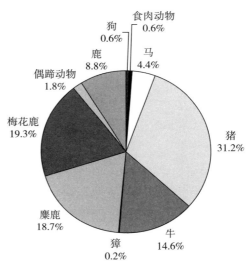

图 5　芦城孜遗址龙山文化时期哺乳动物肉量分布示意图

从总的分析情况来看，芦城孜龙山文化时期的先民主要依靠狩猎遗址周围自然环境中的鹿类动物来获取肉食，同时也饲养家猪，家猪也是当时先民非常重要而稳定的肉食来源。

4. 动物遗存表面痕迹分析

表面带有磨痕、砍痕、削痕、切割痕等人工加工痕迹的标本有 116 件，占全部动物

① 本处的最小个体数统计中，鹿类动物的最小个体数数值是剔除了角环自然脱落可能为先民拾获的鹿角所代表的个体数之后的数值，下文肉食量的数据是基于此处的最小个体数数据而来的。

② 关于各种哺乳动物肉量的计算参照 Elizabeth J. Reitz and Elizabeth S. Wing：*Zooarchaeology*，Cambridge University Press，1999，P223. White，T. E. 的计算方法。体重数据参考以下文献：《中国猪种》编写组：《中国猪种（一）》，上海人民出版社，1976 年；寿振黄：《中国经济动物志（兽类）》，科学出版社，1962 年；盛和林：《中国鹿类动物》，华东师范大学出版社，1992 年；邱怀：《中国黄牛》，农业出版社，1992 年。幼年个体按照成年个体一半的标准进行统计。

遗存的 26.6%。带有磨痕的动物遗存有 36 件，角就占了 28 件，约占所有带有磨痕动物遗存的 77.8%；带有砍痕的动物遗存有 63 件，其中角 50 件，约占所有带有砍痕动物遗存的 79.4%；带有削痕的有 10 件，全部为鹿角；带有切锯痕的 11 件，全部为鹿角。

本时期所有的动物遗存中鹿角出土数量较多，而且半数以上带有各种的人工痕迹，这些人工痕迹多为先民取料加工制作时遗留下来的，因此多数鹿角实际为取料后的遗留物或加工过程中的副产品。我们在这些遗存中鉴定出相当一部分为自然脱落的鹿角，我们推测这部分材料应该是先民为制作角器而特意拾获的鹿角。

遗留在蚌壳残片上的加工痕迹多为磨痕，且相当一部分标本断口较为平齐，应该是取料和制作蚌制品过程中遗留下来的。

其余带有人工加工痕迹的骨骼还有猪、狗、鹿等哺乳动物的头骨和肢骨，这些痕迹多为切割痕，我们推测应该与狩猎肢解动物和获取肉食的活动有关。

除了上述人工痕迹外，还发现 29 件带有烧痕的动物遗存，这些可能与先民取食动物的方式有关。

## 三　周代的动物遗存

### （一）动物遗存概况

本时期出土动物遗存共 33 件，种属包括了丽蚌、梅花鹿、麋鹿、猪、狗和小型鹿等。

1. 软体动物门 Mollusca

1.1　双壳纲 Bivalvia

1.1.1　真瓣鳃目 Eulamellibranchia

1.1.1.1　蚌科 Unionidae。

未定种标本 1 件，为蚌制品，重 42.4 克。

1.1.1.1.1　丽蚌属 *Lamprotula*

1.1.1.1.1.1　猪耳丽蚌 *Lamprotula rochechouarti*

仅 1 件，为左侧壳残片，重 84.4 克。

2. 脊椎动物门 Vertabrare

2.1　哺乳动物纲 Mammalia

种属不明确标本 1 件，为肱骨近端残块，重 19.6 克。

2.1.1　偶蹄目 Artiodactyla

2.1.1.1　鹿科 Cervidae

本次整理的动物遗存中包含了数量较多的鹿角，我们通过鹿角的形态特征可以鉴定出有麋鹿和梅花鹿的存在；通过部分出土的肢骨和上下颌骨标本的测量数据，可以将其分为大型鹿、中型鹿和小型鹿三种类型。我们推测，遗址中出土的大型鹿应该为麋鹿，中型鹿应该为梅花鹿。

此外，还有部分鹿角，保存较为残破，仅以鹿类动物记之，这部分标本共6件，总重925.3克。这部分标本至少代表了2个雄性个体，其中一个为自然脱落的个体。

我们认为自然脱落的鹿角标本可能为先民从野外拾获的单独的角，用来作为制作工具的原材料，而与先民的狩猎与食肉行为关系不大。因此，这些遗存中可能只有1个雄性个体为先民狩猎所获。

2.1.1.1.1 鹿属 *Cervus*

2.1.1.1.1.1 梅花鹿 *Cervus nippon*

角标本共3件，总重548.2克。其中左侧角残块1件，右侧角残块2件（其中1件为从角环处脱落的标本），至少可代表2个成年雄性个体。

中型鹿标本共2件，总重84.2克。分别为左侧桡骨残块和左侧下颌残块，至少可代表1个个体。

综合来看，本时期出土的梅花鹿可能为2个成年雄性个体，其中至少1个为先民狩猎获取肉食的个体。

2.1.1.1.2 麋鹿属 *Elaphurus*

2.1.1.1.2.1 麋鹿 *Elaphurus davidianus*

角标本共6件，总重1255.5克，全部为角残块，至少可代表1个成年雄性个体。

大型鹿标本1件，为左侧肩胛骨，重213.8克，至少可代表1个个体。

综合来看，本时期出土的麋鹿可能为2个成年雄性个体，其中至少1个为先民狩猎获取肉食的个体。

2.1.1.1.3 小型鹿科

标本仅1件，种属不明确，为右侧下颌带 $DM_1 - DM_3$ 残块，重14.9克，至少代表了1个个体。

2.1.1.2 猪科 Suidae

2.1.1.2.1 猪属 *Sus*

2.2.1.2.1.1 家猪 *Sus scrofa domesticus*

标本共9件，总重478.7克。包括：左侧肩胛骨1件，右侧肩胛骨1件；肋骨残块1件；左侧上颌残块1件，左侧下颌残块5件。这些标本至少可代表3个不同年龄段的个体（其中13-18月龄1个，18-25月龄1个，大于25月龄1个）。

2.1.2 食肉目 Carnivora

2.1.2.1 犬科 Canidae

2.1.2.1.1 犬属 *Canis*

2.1.2.1.1.1 狗 *Canis familiaris*

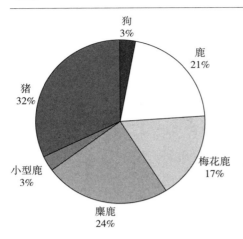

图 6　芦城孜遗址周代哺乳动物可
鉴定标本数分布示意图

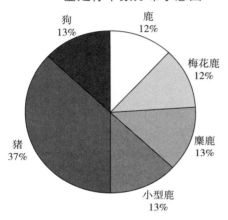

图 7　芦城孜遗址周代哺乳动物
最小个体数分布示意图

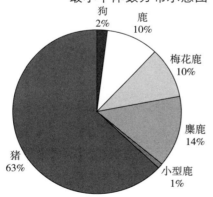

图 8　芦城孜遗址周代哺乳
动物肉量分布示意图

标本仅 1 件，为左侧下颌，重 35.5 克。至少代表了 1 个个体。

2.1.3　灵长目 Primates

2.2.3.1　人科 Hominidae

2.2.3.1.1　人属 *Homo*

标本仅 1 件，为右侧股骨残块，重 57.7 克。至少代表了 1 个个体。

（二）讨论与分析

1. 家养动物

属于本时期的动物遗存数量较少，不足以分析各类动物是否家养。根据前文分析，结合遗存的时代，我们推测这一时期的猪和狗属于家养动物。

2. 环境分析

本时期发现的野生哺乳动物在龙山时代均有发现，因此我们推测本时期遗址周围的地貌环境可能变化不大。

3. 生业经济分析

本次发现的动物遗存中，哺乳动物有 31 件，软体动物仅 2 件，明显以哺乳动物为主。

哺乳动物的情况来看，总体构成比较简单，种属除了鹿类动物外仅发现猪和狗这两种家养动物。可鉴定标本以鹿类动物为主，占了 65%，其次是猪（图6）；最小个体[①]也是以鹿类动物为主的，占了 50%，其次是猪，占了 37%（图7）。

从哺乳动物的肉量[②]来看，是以家养的猪为主的，占了 63%，鹿类动物仅占 35%（图8）。

4. 动物遗存表面痕迹分析

本时期带有人工痕迹的动物遗存共有 5 件，其中角 4 件，蚌制品 1 件。这些标本应该都属于先民制作

---

①　本处的最小个体数统计中，鹿类动物的最小个体数数值是剔除了角环自然脱落可能为先民拾获的鹿角所代表的个体数之后的数值，下文肉食量的数据是基于此处的最小个体数数据而来的。

②　关于各种哺乳动物肉量的计算参照 Elizabeth J. Reitz and Elizabeth S. Wing：*Zooarchaeology*，Cambridge University Press，1999，P223. White，T. E. 的计算方法。体重数据参见：《中国猪种》编写组：《中国猪种（一）》，上海人民出版社 1976 年；寿振黄：《中国经济动物志（兽类）》，科学出版社，1962 年；盛和林：《中国鹿类动物》，华东师范大学出版社，1992 年。

骨角蚌器的过程中遗留下来的副产品。

另外还有 5 件标本带有食肉动物啃咬的痕迹，可能是先民用食剩的动物遗存来饲养狗的证据。

## 四　汉代的动物遗存

### （一）动物遗存概况

本时期共发现有动物遗存 25 件，种类包括了鹿、牛、狗、马和猪。

1　脊椎动物门 Vertabrare

1.1　哺乳动物纲 Mammalia

1.1.1　偶蹄目 Artiodactyla

1.1.1.1　鹿科 Cervidae

本次整理的动物遗存中包含了一定数量的鹿角，我们通过鹿角的形态特征可以鉴定出有麋鹿和梅花鹿的存在；通过部分出土的肢骨和上下颌骨标本的测量数据，可以将其分为大型鹿和中型鹿两种类型。我们推测，遗址中出土的大型鹿应该为麋鹿，中型鹿应该为梅花鹿。

此外，还有部分鹿角，保存较为残破，仅以鹿类动物记之，这部分标本共 5 件，总重 472.8 克。

1.1.1.1.1　鹿属 *Cervus*

1.1.1.1.1.1　梅花鹿 *Cervus nippon*

角标本仅 1 件，重 42.8 克，至少代表了 1 个成年雄性个体。

中型鹿标本 3 件，总重 114.1 克。包含：左侧肩胛骨 1 件，右侧胫骨近端残块 1 件，左侧掌骨近端残块 1 件。这些标本至少可代表 1 个个体。

综合来看，我们推测本时期遗址出土的梅花鹿至少为 1 个成年雄性个体。

1.1.1.1.2　麋鹿属 *Elaphurus*

1.1.1.1.2.1　麋鹿 *Elaphurus davidianus*

角的标本共 4 件，总重 1051.8 克，至少可代表 1 个成年雄性个体。

大型鹿标本 2 件，总重 224.5 克。包含：右侧跟骨 1 件和右侧下颌残块 1 件，至少可代表 1 个个体。

综合来看，我们推测本时期遗址出土的麋鹿至少为 1 个成年雄性个体。

1.1.1.2　牛科 Bovidae

具体种属不明，标本共 3 件，总重 584.8 克。包括：右侧肩胛骨 1 件，左侧下颌 1 件和肋骨残块 1 件。至少可代表 1 个个体。

1.1.1.3　猪科 Suidae

1.1.1.3.1　猪属 *Sus*

标本共 3 件，总重 146.6 克。包含：右侧胫骨近端残块 1 件，左侧下颌犬齿残片 1 件和右侧髋骨残块 1 件。至少可代表 1 个成年雄性个体。

1.1.2　奇蹄目 Perissodactyla

1.1.2.1　马科 Equidae

标本仅 1 件，为左侧上颌臼齿残块，重 23.3 克，至少代表了 1 个个体。。

1.1.3　食肉目 Carnivora

1.1.3.1　犬科 Canidae

1.1.3.1.1　犬属 *Canis*

1.1.3.1.1.1　狗 *Canis familiaris*

标本共 2 件，总重 241.1 克。分别为基本完整的头骨带两侧的上颌骨 1 件，右侧下颌 1 件，至少可代表 1 个成年个体。

（二）讨论与分析

1. 家养动物

属于本时期的动物遗存数量较少，不足以分析各类动物是否家养。根据前文分析，结合遗存的时代，我们推测这一时期，猪、狗是牛和马应该是家养动物。

2. 环境分析

本时期发现的野生哺乳动物全部为鹿类动物，与前文龙山文化时期和周代变化不大，因此我们推测本时期遗址周围的地貌环境可能变化不大。

3. 生业经济分析

本次发现的动物遗存全部为哺乳动物，其中猪、狗、牛和马可能为家养动物，鹿类动物则为野生。

可鉴定标本以野生的鹿类动物为主，占了 62%，其次是猪和牛（图 9）；最小个体数则是以家养动物为主的（图 10）。

从哺乳动物的肉量[①]来看，是以家养动物为主的，野生的鹿类动物仅占 21%（图 11）。

4. 动物遗存表面痕迹分析

带有人工痕迹的动物遗存有 6 件，其中鹿角 4 件，人工痕迹为砍痕和人工折断，推测可能是在取角料制作骨器时留下的副产品。

---

①　关于各种哺乳动物肉量的计算参照 Elizabeth J. Reitz and Elizabeth S. Wing：*Zooarchaeology*，Cambridge University Press，1999，P223. White，T. E. 的计算方法。体重数据参见《中国猪种》编写组：《中国猪种（一）》，上海人民出版社 1976 年；寿振黄：《中国经济动物志（兽类）》，科学出版社，1962 年；盛和林：《中国鹿类动物》，华东师范大学出版社，1992 年；邱怀：《中国黄牛》，农业出版社，1992 年。

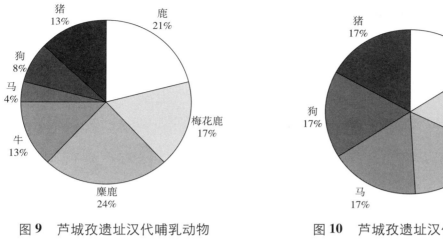

图 9　芦城孜遗址汉代哺乳动物　　　　　　图 10　芦城孜遗址汉代哺乳动物
　　可鉴定标本数分布示意图　　　　　　　　　最小个体数分布示意图

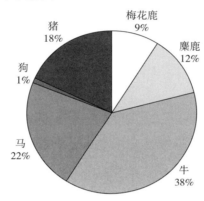

图 11　芦城孜遗址汉代哺乳动物肉量分布示意图

　　另外还有 5 件标本带有食肉动物啃咬的痕迹，可能是先民用食剩的动物遗存来死养狗的证据。

五　唐代动物遗存

（一）动物遗存概况

属于本时期的动物遗存共 46 件，可鉴定的种类包括鹿、马、牛和猪等。

1. 脊椎动物门 Vertabrare

1.1　哺乳动物纲 Mammalia

5 件标本种属不明确，总重 53.2 克。包括左侧尺骨近端残块 1 件，尺骨和桡骨残段 1 件，肋骨残块 3 件。

1.1.1　偶蹄目 Artiodactyla

1.1.1.1　鹿科 Cervidae

本次整理的动物遗存中包含了一定数量的鹿角，我们通过鹿角的形态特征可以鉴定出有麋鹿和梅花鹿的存在；通过部分出土的肢骨和上下颌骨标本的测量数据，可以将其分为大型鹿、中型鹿和小型鹿三种类型。我们推测，遗址中出土的大型鹿应该为麋鹿，中型鹿应该为梅花鹿。

此外，还有部分鹿角，保存较为残破，仅以鹿类动物记之，这部分标本共 2 件（其中 1 件为从角环处自然脱落的标本），总重 78.8 克。这部分标本至少代表了 1 个雄性个体。

我们认为自然脱落的鹿角标本可能为先民从野外拾获的单独的角，用来作为制作工具的原材料，而与先民的狩猎与食肉行为关系不大，因此这两件遗存将不参与下文生业经济的讨论与分析。

1.1.1.1.1　鹿属 *Cervus*

1.1.1.1.1.1　梅花鹿 *Cervus nippon*

角标本共 2 件，总重 251.3 克，至少可代表 1 个成年雄性个体。

中型鹿标本共 4 件，总重 100.6 克。包括左侧跟骨 1 件，右侧跟骨 1 件，右侧下颌 1 件，左侧髋骨 1 件。这些标本至少可代表 1 个个体。

综合来看，我们推测本时期遗址中的梅花鹿至少代表了 1 个成年雄性个体。

1.1.1.1.2　麋鹿属 *Elaphurus*

1.1.1.1.2.1　麋鹿 *Elaphurus davidianus*

角标本共 3 件，总重 984.8 克，至少可代表 1 个成年雄性个体。

大型鹿标本仅 1 件，为左侧下颌带 $M_1 - M_3$ 残块，重 18.9 克，至少代表了一个成年个体。

综合来看，我们推测本时期遗址中的麋鹿至少代表了 1 个成年雄性个体。

1.1.1.1.3　小型鹿科

标本仅 1 件，为右侧肱骨远端残块，重 17.1 克，至少代表了 1 个个体。

1.1.1.2　牛科 Bovicae

牛的标本发现数量较多，我们根据遗址中发现的水牛角，推测本时期发现的牛属于水牛。

1.1.1.2.1　水牛属 *Bubalus*

角标本共 2 件，总重 752.3 克。分别为左角和右角，应该属于一个个体，至少可代表 1 个成年雄性个体。

其他标本共 17 件，总重 3308.5 克。包括有：左侧跟骨 2 件，左侧肱骨 2 件，右侧股骨 1 件，左侧肩胛骨 1 件，右侧胫骨 1 件，左侧距骨 1 件，右侧距骨 1 件，肋骨残块 3 件，右侧桡骨 2 件，左侧上颌 1 件，右侧掌骨 1 件，跖骨远端残块 1 件。这些标本至少可代表 2 个个体。

综合来看，我们推测本时期遗址中的水牛至少为 2 个个体，其中一个为成年雄性个体。

#### 1.1.1.3 猪科 Suidae

#### 1.1.1.3.1 猪属 *Sus*

标本共 7 件，总重 221.9 克。包括有：右侧肱骨 1 件，左侧股骨 1 件，寰椎 1 件，左侧肩胛骨 1 件，胫骨 1 件，左侧下颌支 1 件，左侧下颌犬齿残块 1 件。这些标本至少可代表 2 个个体，一个为成年，一个为幼年。

#### 1.1.2 奇蹄目 Perissodactyla

#### 1.1.2.1 马科 Equidae

标本共 2 件，总重 206.5 克，分别为左侧上颌 1 件和掌骨 1 件，至少可代表 1 个个体。

#### （二）讨论与分析

**1. 家养动物**

属于本时期的动物遗存数量较少，不足以分析各类动物是否家养。根据前文分析，结合年代特征，我们可以推测这一时期，猪、水牛和马应该是家养动物。

**2. 环境分析**

本时期发现的野生哺乳动物全部为鹿类动物，与前文各个时期变化不大，因此我们推测本时期遗址周围的地貌环境可能变化不大。

**3. 生业经济分析**

本次发现的动物遗存全部为哺乳动物，其中猪、牛和马为家养动物，鹿类动物则为野生。

可鉴定标本以家养的牛为主，占了 46%，野生的鹿类动物仅占 32%（图 12）；最小个体数也是以家养动物为主的，野生的鹿类动物仅占 39%（图 13）。

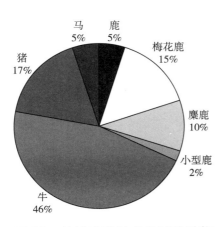

**图 12** 芦城孜遗址唐代哺乳动物可鉴定标本数分布示意图

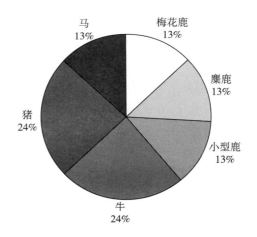

**图 13** 芦城孜遗址唐代哺乳动物最小个体数分布示意图

从哺乳动物的肉量①来看，还是以家养的牛为主的，占了一半以上，野生的鹿类动物仅占15%（图14）。

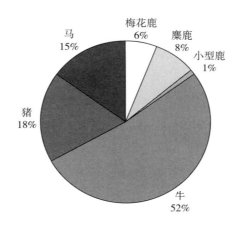

**图 14** 芦城孜遗址唐代哺乳动物肉量分布示意图

### 4. 动物遗存表面痕迹分析

本时期带有人工加工痕迹的动物遗存有13件，其中牛的骨骼有9件，说明牛与先民的关系比较密切。发现的两件水牛角，在靠近角根断口处均为平齐的切锯痕，应该还是与制作骨器的人类行为相关。

另外还有5件标本带有食肉动物啃咬的痕迹，可能是先民用食剩的动物遗存来饲养狗的证据。

## 六 小 结

综合上文的分析，我们可以得出如下结论。

芦城孜遗址的先民至少在龙山文化时期就已经开始饲养家猪了，同时可能已经开始饲养黄牛；周代的时候已经开始饲养马了；到了唐代，水牛也已经成为先民饲养的对象。

从龙山文化时期到唐代，遗址中出土的野生哺乳动物种属基本变化不大，说明遗址周围的地貌环境没有发生太大的变化，一直都存在着一定面积适合鹿类动物生存的树林；从软体动物的情况来看，龙山文化时期发现了数量较多、体型较大的淡水软体动物，说明遗址周围应该有着较大面积的淡水水域，但是在之后的周代到唐代的几个阶段内，这类软体动物基本没有发现，可能昭示着遗址周围的水域发生了一定的变化。

从生业经济的角度来看，先民在龙山文化时期是以狩猎鹿类动物来获取主要的肉食，

① 关于各种哺乳动物肉量的计算参照 Elizabeth J. Reitz and Elizabeth S. Wing：*Zooarchaeology*，Cambridge University Press，1999，P223. White，T. E. 的计算方法。体重数据参见《中国猪种》编写组：《中国猪种（一）》，上海人民出版社，1976年；寿振黄：《中国经济动物志（兽类）》，科学出版社，1962年；盛和林：《中国鹿类动物》，华东师范大学出版社，1992年。

同时家猪饲养也是当时先民获取肉食资源的重要方式，动物遗存表明当时先民可能更多的利用鹿角来制作各种制品，鹿类动物与先民的关系最为密切；自周代到唐代，先民的主要肉食来源均为饲养的家畜，同时也会狩猎鹿类动物作为肉食来源的补充，动物遗存表明，至少到了唐代，先民更多的是利用牛的遗存来制作各种制品，牛与先民的关系最为密切。

# 附录四　宿州芦城孜遗址墓葬人骨登记表

宋艳波（山东大学考古学系）

饶小艳（山东大学考古学系）

贾庆元（安徽省文物考古研究所）

| 墓号 | 性别 | 骨骼状况 |
|---|---|---|
| M4 | 成年女性1人（矢状缝、人字缝未愈合） | 头骨保存有顶骨、额骨、颞骨、上颌骨，左侧下颌残存 M1－M3，M1 磨蚀严重。两侧肱骨完整；两侧尺骨、桡骨基本完整；两侧股骨完整；两侧胫骨完整；两侧腓骨基本完整；两侧跟骨；两侧距骨；掌（趾）骨10个。锁骨一侧，2个腰椎，1个胸椎，1个骶椎，两侧髋骨（耻骨残），肋骨8个 |
| M5 | 未成年人，性别不详 | 额骨一个 |
| M6 | 未成年人，性别不详 | 额骨 |
| M8 | 成年人，性别不详 | 头骨包括额骨、顶骨和颞骨，骨缝明显，刚成年。左侧髋骨，没有愈合，归属于 M8 或 M11 |
| M11 | 成年女性1人 | 头骨包括顶骨、枕骨和颞骨，右侧上颌带 I1－M2；左侧下颌带 I1－M2，磨蚀严重。两侧股骨；右侧肱骨；两侧尺骨 |
| M12 | 成年男性1人、未成年1人，性别不详 | 头骨包括有额骨和顶骨，左侧下颌带 I1－M2，磨蚀厉害。右侧股骨，左侧股骨远端；右侧肱骨；右侧尺骨；右侧桡骨；两侧肩胛骨；腕跗骨6个；掌（趾）骨7个，指骨1个。两侧锁骨，腰椎5个，骶椎1个（残），胸椎6个，肋骨12个（残）。未成年额骨1个 |
| M13 | 成年女性1人 | 头骨包括额骨、顶骨、颞骨和鼻骨，左下颌带 M1 和 M2。左侧股骨完整，右侧股骨远端缺失；左侧胫骨，右侧胫骨近端；左侧腓骨；两侧肱骨；右侧肩胛骨；尺骨和桡骨（不分左右）。两侧髋骨，存骶骨 |
| M16 | 未成年1人，性别不详 | 额骨1个 |
| M17 | 成年男性1人（颅骨愈合程度比 M4 高） | 头骨保存有顶骨、蝶骨、颞骨、颧骨，左侧上颌带 M1，M2；左右下颌带 I2－M1、M2。两侧肱骨基本完整；两侧尺骨完整；两侧桡骨完整；右侧股骨远端；两侧胫骨完整；腓骨左右不详，残；左侧跟骨和距骨；掌（趾）骨4个。1个枢椎，4个胸椎，5个腰肢，1个骶椎，胸骨2块，4个肋骨，两侧髋骨（耻骨残） |
| M20 | 可能为成年男性 | 一小部分股骨，肱骨 |
| M21 | 小孩（未成年） | 两侧股骨；两侧肱骨；右侧胫骨，远端关节脱落 |

续表

| 墓号 | 性别 | 骨骼状况 |
|---|---|---|
| M23 | 成年女性1人（人字缝未愈合） | 1. 颅骨，左侧上颌带C1和P3，右侧上颌带P3、P4和M2，磨蚀严重。左侧股骨，残；右侧桡骨近端，远端残；腓骨（不分左右） |
| M25 | 成年男性1人 | 头骨包括额骨、顶骨、颞骨和枕骨，愈合程度更高；两侧下颌完整，I1–M2，磨蚀严重，M3为萌出；上颌带I1–M2，磨蚀严重，可能有牙病。两侧股骨近端；右侧肱骨；腕跗骨1块；掌（趾）骨2块；指骨1块。枢椎1个，颈椎2个，胸椎2个，骶椎1个，两侧髋骨，2个肋骨 |

# 附录五　宿州芦城孜遗址 2013 年度
# 浮选结果分析报告

王育茜（安　徽　博　物　院）

陈松涛（山东大学历史文化学院）

贾庆元（安徽省文物考古研究所）

靳桂云（山东大学历史文化学院）

高　雷（宿　州　市　博　物　馆）

芦城孜遗址位于安徽省宿州市桃园镇浍光村芦城孜自然村东南约 50 米，南邻浍河。该遗址是安徽淮北地区一处较为典型的古文化遗址，对于研究苏鲁豫皖交界地区考古学文化的交融具有重要意义[①]。

自 20 世纪 90 年代开始，伴随着植物考古概念的提出，浮选法开始逐渐应用于国内的考古发掘，中国的植物考古工作虽然起步较晚，但是发展较为迅速，尤其是在近十几年，考古发掘中已经普遍注意采集土壤样品开展植物浮选、植硅体、淀粉粒等相关研究。植物考古工作在复原古代生态环境以及探讨食物生产的起源和发展过程等方面都发挥着重要的作用。

稻作农业的起源和发展问题，一直是学术界关心的热点问题，随着浮选法的推广和植物考古研究的深入，越来越多的考古遗址发现稻遗存，为进一步研究稻作农业的扩展和传播过程做了资料上的准备。淮河上游的贾湖遗址、淮河下游的龙虬庄遗址都出土了大量的稻米和稻谷，2013 年江苏泗洪顺山集遗址也发现了距今 8000 年的炭化稻[②]，以及疑似野生稻芒刚毛植硅体[③]。位于淮河中游的安徽地区早年在五河（现属固镇）濠城镇、潜山薛家岗、含山大城墩、定远侯家寨、霍邱红墩寺等遗址的发掘中就已经发现了肉眼可见的稻遗存，但是进行过较为系统的植物考古研究仅蒙城尉迟寺和蚌埠禹会村遗址。有学者根据植物考古研究结果，推测稻作农业存在东西两条自南向北的传播路线，其中西线即是从淮河中游出发，经皖北和苏北西部，沿泗河流域北进[④]。针对这种情况，在安徽开展系统的植物考古研究，无论是对于了解淮河流域稻作农业的发展状况，还是清晰稻作农业的传播路线，都具有极其重要的意义。我们在 2013 年芦城孜遗址的发掘过程中进行了植物浮选土样的采集，以期通过深入探讨芦城孜遗址植物遗存的整体情况，了解

① 叶润清：《安徽省宿州市芦城子遗址发掘简报》，《文物研究》第 9 辑，黄山书社，1994 年。
② 南京博物院考古研究所，泗洪县博物馆：《江苏泗洪县顺山集新石器时代遗址》，《考古》2013 年 7 期。
③ 罗武宏：《江苏顺山集遗址 8500 年稻作农业的植硅体证据》，"农业起源于传播国际学术讨论会暨中国植物考古学新进展"会议，中国济南，2013 年。
④ 栾丰实：《海岱地区史前时期稻作农业的产生、发展和扩散》，《海岱地区早期农业与人类学研究》，科学出版社，2008 年。

该地区农作物结构的变化，为探讨安徽稻作农业的发展情况增添新的资料，加深对该地区古代社会的认识。

## 一 采样与浮选

芦城孜遗址 2013 年发掘中，从灰坑、墓葬等遗迹单位及地层中采集了浮选土样 30 份。浮选工作在安徽省文物考古研究所进行，由于每份浮选土样量较少，我们采用了小水桶浮选方法[1]，收取轻浮的分样筛规格为 80 目（筛网孔径约 0.2 毫米），将轻浮标本放在阴凉处干燥后进行分类和植物种属鉴定[2]，在 Nikon SMZ—645 显微镜下进行观察，在山东大学第四纪环境考古实验室使用 Nikon SMZ1000 显微镜进行拍照测量。

## 二 浮选结果

浮选出的炭化植物遗存可以分为木屑和植物种子、果实两大类。我们对植物种子、果实等进行了分拣、鉴定和统计；对大于 1 毫米的炭屑进行了称重并记录。

（一）植物遗存概况

30 份样品共计土样量 215 升，其中 27 份发现了炭化种子，共计 1301 粒[3]，平均密度为 6.1 粒/升。西周时期种子密度最高为 16 粒/升，大汶口文化时期最低为 0.92 粒/升（图 1）。H22 东壁和 H22 种子密度最高，分别为 48.4 粒/升和 14.1 粒/升。

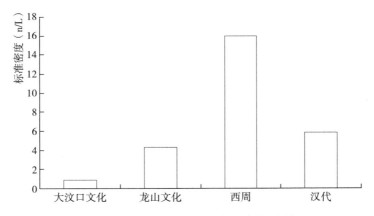

**图 1** 芦城孜遗址各期出土种子密度统计图

---

[1] 赵志军：《植物考古学的田野工作方法——浮选法》，《考古》2004 年 3 期。

[2] 在对比现代植物种子标本的同时，参考相关书籍进行鉴定。刘长江等：《植物考古——种子和果实研究》，科学出版社，2008 年；关广清等：《杂草种子图鉴》，科学出版社，2000 年。

[3] 30 份浮选样品共发现 1719 粒种子，其中 417 粒种子因炭化严重或爆裂严重而难以鉴定，1 粒种子种属未知，为了保证样品分析数据的有效性，这些不可鉴定和未知的种子，暂不纳入后面炭化种子总数的统计，即最终统计的炭化种子总数为 1301 粒。

种子、果实遗存包括稻（*Oryza sativa*）、粟（*Setaria italica*）、黍（*Panicum miliace-um*）、大豆（*Glycine max*）、黍亚科（Panicoideae）、藜科（Chenopodiaceae）、苋科（Am-aranthaceae）、豆科（Leguminosae）、唇形科（Labiatae）、茜草科（Rubiaceae）、菊科（Compositae）、葫芦科（Cucurbitaceae）、莎草科（Cyperaceae）、禾本科（粟、黍、黍亚科之外的植物）（Poaceae）、茄科（Solanaceae）、栎属（Quercus）等（表一）。这些炭化种子可以分为农作物、杂草和其他等三类，其中农作物出土数量为 531 粒，占炭化种子总数的 40.8%，出土概率为 70%；杂草和其他类种子出土数量为 770 粒，占炭化种子总数的 59.2%，出土概率为 36.7%。

表一　芦城孜遗址出土炭化种子、果实统计表

| 植物种属 | 大汶口文化 | 龙山文化 | 西周 | 汉代 |
|---|---|---|---|---|
| 农作物 | | | | |
| 稻（*Oryza sativa*） | 2 | 190 | 44 | 1 |
| 粟（*Setaria italica*） | 15 | 49 | 180 | 20 |
| 黍（*Panicum miliaceum*） | | 5 | 22 | 2 |
| 大豆（*Glycine max*） | | | 1 | |
| 非农作物 | | | | |
| 黍属（*Panicum* sp.） | | 11 | 49 | 6 |
| 狗尾草属（*Setaria* sp.） | 5 | 33 | 65 | 11 |
| 马唐属（*Digitaria* sp.） | 1 | 33 | 32 | 1 |
| 稗属（*Echinochloa* sp.） | | 22 | 180 | |
| 其他黍亚科（Panicoideae） | 23 | 45 | 166 | 13 |
| 唇形科（Labiatae） | | 6 | 15 | 1 |
| 藜科（Chenopodiaceae） | 2 | 5 | 1 | 1 |
| 苋科（Amaranthaceae） | | 2 | | |
| 豆科（Leguminosae） | 7 | 10 | 3 | |
| 茜草科（Rubiaceae） | | | 1 | |
| 菊科（Compositae） | | 2 | | |
| 葫芦科（Cucurbitaceae） | | 7 | 1 | |
| 莎草科（Cyperaceae） | | | 2 | |
| 禾本科（Poaceae） | | | 1 | |
| 野大豆（*Glycine soja*） | | | 2 | |
| 茄科（Solanaceae） | | 1 | | |
| 栎属（*Quercus* sp.） | | | 1 | |
| 果壳（other shells） | | | 1 | 2 |

1. 农作物

531 粒农作物包括稻、粟、黍、大豆 3 种，其中粟的出土数量最多，其次为稻。

粟是该遗址出土数量最多的农作物，共 264 粒，占炭化种子总数的 20.3%，出土概率为 60%。粟粒小而圆鼓，近圆球形，表面较光滑，胚区约占粒长的 2/3，呈窄卵状。籽粒直径多为 1.0～1.4 毫米（彩版一五〇，1）。

稻的出土数量仅次于粟，共 237 粒，占炭化种子总数的 18.2%，出土概率与粟相同为 60%。稻粒多形态规整，整体呈椭圆形，种子两侧压扁，表面有 2 条纵向凸棱，胚区位于边缘基部。其中形态完整 68 粒，主要集于龙山文化和西周时期，平均粒长 4.3 毫米，平均粒宽 2.38 毫米，长宽比 1.81（彩版一五〇，2）。

黍 29 粒，占炭化种子总数的 2.2%，出土概率 26.7%。黍粒呈圆鼓状，顶端较尖，表面粗糙，胚区约占粒长的 1/2 以下，爆裂的胚区呈 "V" 状。粒长多为 1.5～1.8 毫米，宽 1.4～1.8 毫米（彩版一五〇，3）。

大豆仅发现 1 粒，豆粒呈长椭圆形，背部略鼓，腹部较扁平，豆脐位于腹部近中间，窄椭圆形。粒长 4.0 毫米，粒宽 2.9 毫米（彩版一五〇，4）。

2. 杂草类

杂草类种子出土种类较多，共 763 粒，包括黍亚科、唇形科、藜科、苋科、豆科、茜草科、菊科、葫芦科、莎草科等。

黍亚科种子在杂草类种子中出土数量最多，出土概率最高，共 696 粒，占炭化种子总数的 53.5%，出土概率为 76.7%。这些黍亚科种子在形态上多呈扁椭圆形，背部略鼓或平，腹部扁平，尺寸较小，在个体形态上明显区别于同期出土的粟和黍。黍亚科种子在属一级差异较为明显，但到种一级相似性较强，因而有部分黍亚科种子可以鉴定到属一级[1]。稗属种子的出土数量最多，共发现 202 粒，占黍亚科种子的 29%，这类种子腹部扁平，胚区为椭圆形，胚长占颖果的 2/3 以上，粒长多在 1 毫米左右（彩版一五〇，5）。马唐属共出土 67 粒，占黍亚科种子的 9.6%。这类种子的形态较为特殊，籽粒呈细长条形，胚区为椭圆形，胚长约占颖果的 1/3。腹部扁平，背部略微隆起，厚度由背部中间向胚区和顶端逐渐变薄，长度一般小于 1 毫米，宽度约 0.5 毫米（彩版一五〇，6）。狗尾草属种子的出土数量仅次于稗属，共发现 114 粒，占黍亚科种子的 16.4%，籽粒较小呈椭圆形，背部略鼓，腹部扁平，胚区较长，多为窄卵形，约占颖果的 4/5 以上（彩版一五〇，7）。黍属种子 66 粒，占黍亚科种子的 9.5%，籽粒呈椭圆形，胚区较宽大（彩版一五一，1）。除了上述鉴定到属的种子，有些种子由于炭化严重或保存状态较差的关系，造成籽粒或胚区部分残缺，无法确定种属，仅能归于黍亚科（图 2）。

---

① 赵志军、陈剑：《四川茂县营盘山遗址浮选结果及分析》，《南方文物》2011 年 3 期。

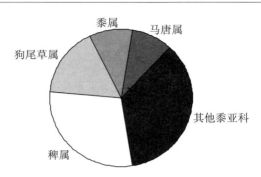

**图 2 芦城孜遗址黍亚科各种属出土数量比例图**

唇形科种子 22 粒，占炭化种子总数的 1.7%，出土概率为 20%。种子为圆形或卵圆形，表面粗糙，密布不规则的粗网状纹，顶端圆（彩版一五一，2）。

豆科种子 20 粒，占炭化种子总数的 1.5%，出土概率为 33.3%。豆粒呈椭圆形，背部略鼓或平，腹部平，豆脐多已脱落，部分残留豆脐可见位于腹部的偏上方，粒长多1.3～1.5 毫米，粒宽多约 1 毫米（彩版一五一，3）。

藜科种子 9 粒，占炭化种子总数的 0.7%，出土概率为 23.3%。种子多呈扁圆形，两面呈凸透镜形，表面光滑，基部突出，有凹缺。

3. 其他

野大豆属于豆科大豆属，分布广泛，生长的适应性强，喜水耐湿。该遗址发现 2 粒野大豆，其中 1 粒完整，粒长 2.8 毫米，粒宽 2.3 毫米（彩版一五一，4）。由于炭化豆粒在长度上一般会缩小 10%～20%，宽度上会缩小 10% 以上[①]，所以我们对芦城孜遗址出土的野大豆测量数据按照补偿 15% 的方法进行计算，补偿后粒长 3.2 毫米，粒宽 2.6毫米，与赵志军先生在安徽黄山地区采集的野大豆测量数据（粒长平均值为 3.81 毫米，粒宽平均值为 2.77 毫米）以及俄罗斯远东地区的野大豆测量数据（粒长平均值为 3.49毫米，粒宽平均值为 2.6 毫米）较为接近[②]。

茄科仅发现 1 粒，种子呈肾形，表面凹凸不平，布满细网纹，种脐位于边缘凹缺内。粒长 1.5 毫米，宽约 1.1 毫米（彩版一五一，5）。

栎果是壳斗科栎属植物果实的统称，也被称为橡子，是古代先民喜爱的食物来源之一，芦城孜遗址发现的栎果遗存出土于 H22（彩版一五一，6）。H22 东壁和 H8 Ⅰ层也出土了 3 块坚果类遗存，表面具圆形小空穴，可能为不明种属的坚果或核果的果壳。

除以上可鉴定出种属的炭化种子，H28 出土的 1 粒种子由于炭化严重，暂时难以鉴定出种属，种子呈长椭圆形，表面光滑，背部鼓，腹部平，粒长 1.5 毫米，粒宽 1毫米。

① Dorian Q. Fuller and Emma L. Harvey. 2006. The archaeobotany of Indian Pules: identification, processing and evidence for cultivation. *Environmental Arcaheology*, 11（2）.

② 赵志军、张居中：《贾湖遗址 2001 年度浮选结果分析报告》，《考古》2009 年 8 期。

（二）各时期植物遗存状况

芦城孜遗址浮选样品主要来自大汶口文化、龙山文化、西周以及汉代等不同时期①。我们对各期农作物以及杂草类种子进行了相对数量百分比和出土概率的定量分析，为了便于比较各期农作物及杂草类种子的数值变化，将以各期植物遗存总数及样品总份数作为统计的基数。

自大汶口文化至西周，农作物和杂草类种子出土概率总体表现出逐渐增长的状态。龙山文化至西周，农作物的数量百分比出现了小幅度的下降，由 58% 降至 32.2%，这可能是与样品数量有关，龙山文化共采集 15 份样品，而西周仅采集到 5 份样品。

农作物主要包括稻、粟、黍、大豆等 4 种，大汶口文化仅出土稻和粟，其中粟的相对数量百分比及出土概率都高于稻。到了龙山文化时期，还发现了黍，稻的相对数量百分比和出土概率明显上升，其中出土概率达到了 66.7%，略高于同期粟的出土概率，而粟的相对数量百分比则由大汶口文化时期的 27.3% 下降至 11.6%。西周时期，稻、粟、黍、大豆这 4 种农作物种类均已发现，其中稻和粟的出土概率均达到了 100%，但是在相对数量百分比上，则出现了不同的变化情况，粟的相对数量百分比出现了小幅的上升，由龙山文化时期的 11.6% 升至 23.5%。而稻的相对数量百分比则出现了大幅的下降，由龙山文化时期的 45.1% 降至 5.7%（图 3、4）。

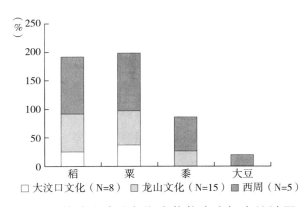

图 3　芦城孜遗址各期农作物出土概率统计图

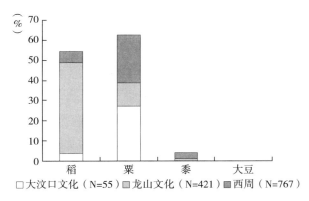

图 4　芦城孜遗址各期农作物相对数量百分比统计图

自大汶口文化至西周时期，杂草类种子的种类逐渐增加，大汶口文化时除狗尾草属、马唐属等黍亚科外，仅发现藜科、豆科的杂草种子。龙山文化时黍亚科新出现了稗属和黍属，苋科、唇形科、菊科和葫芦科也有发现。到了西周，茜草科和莎草科出现。在这些杂草种子中，黍亚科的出土数量和出土概率均为最高，在对各期出土的狗尾草属、马唐属、稗属和黍属定量分析后发现，稗属自龙山文化时期出现，其出土概率就高达 53.3%，至西周时期，稗属相对数量百分比的增长幅度最大，由龙山文化时期的 5.2% 升至 23.5%（图 5、6）。

---

① 汉代仅采集 2 份土样，为了避免定量分析出现较大偏差，在后面的定量分析比较中，只比较了大汶口文化、龙山文化和周代的样品单位。

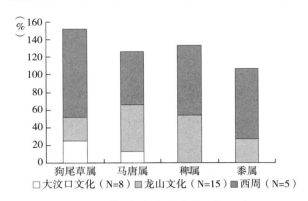

图5　芦城孜遗址各期黍亚科
种子出土概率统计图

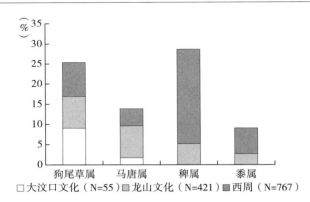

图6　芦城孜遗址各期黍亚科种子
相对数量百分比统计图

## 三　分析与讨论

### （一）各期农作物结构及其变化

芦城孜遗址自大汶口文化至汉代均表现出粟稻混作的农业生产模式。大汶口至龙山文化时期，粟和稻一直是先民重要的粮食作物，西周时期农作物种类最多。稻作农业所占的比重在龙山文化时期出现了明显上升，显示出其在农业生产中的重要地位。

#### 1. 大汶口至龙山文化

大汶口至龙山文化时期，农作物种类有所增加，其中稻和粟始终是最重要的两种农作物，其中大汶口文化粟的种植可能更多一些，表现出粟作农业为主的状态。龙山文化稻的出土数量与出土概率都出现大幅增长，暗示了该地区稻作农业的迅速发展。

大汶口文化仅发现粟和稻两种农作物，龙山文化还出现了黍。在大汶口文化出土的17粒农作物中粟15粒，出土概率为37.5%，龙山文化稻的出土数量增加到190粒，出土概率也由大汶口文化的25%上升至66.7%，粟49粒，出土概率略小于稻为60%。

芦城孜遗址共出土形态完整的稻米68粒，主要集于龙山文化和西周时期。有学者提出现代栽培稻中的粳稻和籼稻在尺寸上存在很大程度的相互重叠[①]，利用稻粒形态特征判别稻谷的品种只能是相对的，并且由于植物籽粒在经过火烧后会发现不同程度的炭化变形，而稻米在炭化后的形态变化规律目前还不清楚[②]，因此根据稻米形态和测量数据来判断稻谷品种的价值是有限的。尽管如此，在综合比较诸多遗址稻米形态和测量数据的变化状态下，仍然可以为稻作农业的发展情况提供一定的参考依据。近年来，赵志军先生与顾海滨先生通过水稻粒长、粒宽、粒厚和胚长、胚宽共5个特征部位的测量数据，采

①　凯利·克劳福德等：《山东日照市两城镇遗址龙山文化植物遗存的初步分析》，《考古》2004年9期。
②　赵志军、张居中：《贾湖遗址2001年度浮选结果分析报告》，《考古》2009年8期。

用统计学方法建立了考古出土稻谷遗存栽培、野生属性的判别公式，经交互验证法验证后其准确率为 95%[①]。芦城孜遗址 68 粒完整的稻米平均粒长 4.3 毫米，平均粒宽 2.38 毫米，长宽比 1.81，如果按照稻米测量的平均值来考虑，应归属于粳稻（现代粳稻的长宽比值为 1.6~2.3）。我们随机选取芦城孜遗址龙山文化完整稻米 20 粒，平均粒长 4.4 毫米，平均粒宽 2.5 毫米，长宽比 1.76，长宽比值小于尉迟寺[②]和禹会村遗址[③]龙山文化稻米，而大于两城镇遗址[④]稻米测量的平均数值。将这 20 粒稻米形态测量值与贾湖遗址一期完整稻米 16 粒、北阡遗址大汶口文化早期稻米 2 粒，以及王城岗遗址龙山文化完整稻米 4 粒的测量数值进行比较（图 7），其中位于淮河上游的贾湖遗址稻米数值的变异较大，是一个粒形上包括籼、粳、中间型及普通野生型的混合群体[⑤]，研究者结合植硅体分析结果认为，贾湖古稻是一种籼粳分化上不明显，并保留着若干野生稻特征的原始栽培稻[⑥]。北阡遗址仅在 2009 和 2011 年发掘中出土 2 粒大汶口文化早期的稻米，研究者将测量数值代入判别公式计算后，认为应归属于栽培驯化稻类型[⑦]。通过比较可以发现，芦城孜遗址稻米长宽数值变化幅度较大，但是与北阡、王城岗遗址出土的大汶口、龙山文化稻米测量数值基本上是重叠的，总体上较贾湖遗址稻米的籽粒偏宽。从稻米形态数据的变化情况来看，芦城孜遗址龙山文化水稻的种植水平有了一定的发展，表现出较为成熟的状态。

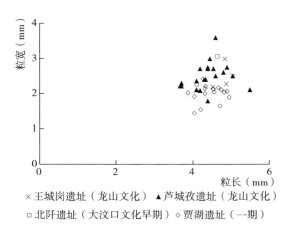

×王城岗遗址（龙山文化）　▲芦城孜遗址（龙山文化）
□北阡遗址（大汶口文化早期）　◇贾湖遗址（一期）

图 7　炭化稻米形态测量比较图

　　杂草是伴随着人类的出现而形成的，并依附于人类的生产和生活而存在的一类特殊植物。考古遗址中出土的杂草与人类的活动有着直接或间接的关系，田间杂草经常被混

① 赵志军、顾海滨：《考古遗址出土稻谷遗存的鉴定方法及应用》，《湖南考古辑刊》（第 8 集），岳麓书社，2010 年。
② 中国社会科学院考古研究所等：《蒙城尉迟寺》（第二部），第 328~337 页，科学出版社，2007 年。
③ 中国社会科学院考古研究所等：《蚌埠禹会村》，第 250~268 页，科学出版社，2013 年。
④ 凯利·克劳福德等：《山东日照市两城镇遗址龙山文化植物遗存的初步分析》，《考古》2004 年 9 期。
⑤ 陈报章等：《舞阳贾湖新石器时代遗址炭化稻米的发现形态学研究及意义》，《中国水稻科学》1995 年 9 期。
⑥ 张居中等：《淮河流域史前稻作农业与文明进程的关系》，《东方考古》第 1 集，科学出版社，2004 年。
⑦ 王海玉：《北阡遗址史前生业经济的植物考古学研究》，山东大学硕士学位论文，2012 年。

杂在农作物中被人类带回居住地①。黍亚科植物中有许多是常见的田间杂草，如马唐属中的马唐（*D. sanguinalis*）、毛马唐（*D. ciliaris*）都是常见的秋熟作物杂草②，狗尾草属中的狗尾草（*S. viridis*）、大狗尾草（*S. faberii*）和金色狗尾草（*S. glauca*），黍属中的糠稷（*P. bisulcatum*）等都是重要的旱田杂草；稗属中的稗（*E. crusgalli*）、长芒稗（*E. caudata*）等则是恶性的水稻田杂草③。田间杂草的发现可以在一定程度上反映出农业生产的水平。芦城孜遗址大汶口文化中可以鉴定到属的黍亚科杂草仅狗尾草属和马唐属，稗属自龙山文化时出现，其出土概率就高达 53.3%，而狗尾草属的出土概率在龙山文化时期降至 26.7%。这些与水稻伴生的稗属杂草在聚落中的大量出现，在一定程度上反映了龙山文化时期该地区水稻种植量的增多，显示出稻作农业的迅速发展。

安徽地区很多遗址中都曾发现粟、稻等农作物，早在 20 世纪 50 年代，肥东大陈墩遗址红烧土层的中间就发现稻粒结块一块④，之后如五河（现属固镇）濠城镇⑤、潜山薛家岗⑥、含山大城墩⑦、定远侯家寨⑧、蚌埠双墩⑨、霍邱红墩寺⑩等遗址中都发现了水稻的相关遗存。近些年来，蒙城尉迟寺和蚌埠禹会村等遗址做了系统的植物考古工作，为了解安徽地区早期农业的发展情况提供了详细的、可对比的参考资料。尉迟寺遗址植硅体分析显示，大汶口文化晚期谷子壳硅化碎片的含量在属于大汶口文化时期的 6、7 层最多，在龙山文化时期的地层中，谷子壳硅化碎片的含量就很少了⑪。2002 年进行的植物浮选工作显示，大汶口文化晚期的 14 份样品中粟的出土概率略高于稻，到了龙山时代两类谷物的出土概率则完全相同⑫。蚌埠禹会村遗址龙山文化晚期稻和小麦的数量和出土概率都明显高于粟和大麦，并且遗址中还发现了大量莎草科种子⑬。综合安徽植物研究结果可以知道，至少在淮河流域及其以北地区大汶口、龙山文化时期均显示出粟稻混作的农业生产模式，并且大汶口文化晚期粟作农业所占的比例可能更高，稻作农业在龙山文化时期有了较快发展。

---

① 中国社会科学院考古研究所等：《蒙城尉迟寺》（第二部），第 328～337 页，科学出版社，2007 年。

② 强胜：《杂草学》，第 58～59 页，中国农业出版社，2003 年。

③ 强胜：《杂草学》，第 43～46 页，中国农业出版社，2003 年。

④ 安徽省博物馆：《安徽新石器时代遗址的调查》，《考古学报》1957 年 1 期。

⑤ 修燕山、白侠：《安徽寿县牛尾岗的古墓和五河濠城镇新石器时代遗址》，《考古》1959 年 7 期。

⑥ 卢茂村：《安徽古代稻麦小史》，《农业考古》1987 年 2 期。

⑦ 丁超尘等：《对含山仙踪遗址出土古稻的浅见》，《安徽农业科学》1981 年 1 期。

⑧ 张居中等：《淮河中游地区稻作农业考古调查报告》，《农业考古》2004 年 3 期；张居中等：《淮河流域史前稻作农业与文明进程的关系》，《东方考古》第 1 集，科学出版社，2004 年。

⑨ 张居中等：《淮河中游地区稻作农业考古调查报告》，《农业考古》2004 年 3 期；张居中等：《淮河流域史前稻作农业与文明进程的关系》，《东方考古》第 1 集，科学出版社，2004 年。

⑩ 张居中等：《淮河中游地区稻作农业考古调查报告》，《农业考古》2004 年 3 期；张居中等：《淮河流域史前稻作农业与文明进程的关系》，《东方考古》第 1 集，科学出版社，2004 年。

⑪ 王增林：《尉迟寺遗址植物硅酸体分析报告》，《蒙城尉迟寺——皖北新石器时代聚落遗址的发掘与研究》，科学出版社，2001 年。

⑫ 中国社会科学院考古研究所：《蒙城尉迟寺》（第二部），第 328～337 页，科学出版社，2007 年。

⑬ 中国社会科学院考古研究所：《蚌埠禹会村》，第 250～268 页，科学出版社，2013 年。

　　根据考古学文化的研究，淮北地区新石器时代早期遗存的地方特色突出，自大汶口文化中期以后，淮北逐渐成为黄河流域新石器时代文化南渐扩张的通道[1]。考虑到淮北地区与山东地区在考古学文化上的密切联系，综合山东地区炭化植物遗存与同位素古人食谱的研究结果发现，山东地区大汶口文化时期人类的食物结构以 C4 植物为主，龙山文化时期农作物种类已经相当丰富，包括稻、粟、黍、小麦和大麦等，山东龙山文化植物遗存表明，稻在泰沂山以南的诸多遗址中占主导地位，而粟和黍则在泰沂山以北多个遗址中占主导地位[2]。日照徐家村遗址大汶口文化层出土 1 粒稻、3 粒黍、2 粒粟[3]。北阡遗址浮选结果显示粟和黍是大汶口文化早期最主要的农作物，稻发现的极少[4]。长岛北庄[5]、莒县凌阳河[6]、日照小朱家[7]以及栖霞古镇都[8]等遗址的人骨同位素都显示当时古人食物以 C4 类植物为主，而西公桥遗址人骨同位素显示，人类食物结构中 C3 植物占相当比例，推测当时人类的食物构成经历了由稻粟混食到以稻为主的发展过程[9]。龙山文化时期，桐林[10]和教场铺[11]遗址植物浮选结果显示出粟作农业为主的状态，而两城镇遗址稻的出土数量占绝对优势[12]。赵家庄遗址水田的发现以及双孔石刀刃部发现丰富的水稻叶部扇形植硅体[13]，暗示该地区龙山文化时期水稻的种植水平已经非常成熟（图 8）。

　　稻属植物是一种半水生的热带植物，水量（包括降水、河、湖和地下水）的多寡决定着该地区能否种植稻谷以及稻作在农业生产中所占的比重[14]。赵志军先生曾经对比了两城镇与教场铺遗址龙山时代农业生产的不同情况，认为鲁东南沿海地区与鲁西北内陆地区在气候条件上尤其是降水量上的区别是造成农业生产特点不同的主要原因[15]。宿州地处安徽的东北部，属于黄淮平原的一部分，境内多山丘和平原，其中河间平原占土地总面积的 43.02%，境内的大小河流 20 多条，年平均降水量为 877.1 毫米[16]。芦城孜遗址龙山

[1]　安徽省文物考古研究所：《安徽考古的世纪回顾与思考》，《考古》2002 年 2 期。
[2]　靳桂云：《龙山文化居民食物结构研究》，《文史哲》2013 年 2 期。
[3]　陈雪香：《山东日照两处新石器时代遗址浮选土样结果分析》，《南方文物》2007 年 1 期。
[4]　靳桂云、王育茜：《北阡遗址（2007）炭化植物遗存简报》，《考古》2011 年 11 期；王海玉：《北阡遗址史前生业经济的植物考古学研究》，山东大学硕士学位论文，2012 年。
[5]　张雪莲等：《古人类食物研究》，《考古》2003 年 2 期。
[6]　蔡莲珍、仇士华：《碳十三测定和古代食谱研究》，《考古》1984 年 10 期。
[7]　齐乌云等：《山东沭河上游出土人骨的食性分析研究》，《华夏考古》2004 年 2 期。
[8]　张雪莲等：《古人类食物研究》，《考古》2003 年 2 期。
[9]　胡耀武等：《山东滕州西公桥遗址人骨的稳定同位素分析》，《第四纪研究》2005 年 5 期。
[10]　宋吉香：《山东桐林遗址出土植物遗存分析》，中国社会科学院研究生院硕士学位论文，2007 年。
[11]　赵志军：《两城镇与教场铺龙山时代农业生产特点的对比分析》，《东方考古》第 1 集，科学出版社，2004 年。
[12]　赵志军：《两城镇与教场铺龙山时代农业生产特点的对比分析》，《东方考古》第 1 集，科学出版社，2004 年。
[13]　靳桂云：《山东胶州赵家庄遗址 4000 年前稻田的植硅体证据》，《科学通报》2007 年 18 期；靳桂云：《山东胶州赵家庄遗址龙山文化石刀刃部植硅体分析与研究》，《科技考古》第三辑，科学出版社，2011 年。
[14]　中国社会科学院考古研究所等：《蒙城尉迟寺》（第二部），第 328～337 页，科学出版社，2007 年。
[15]　赵志军：《两城镇与教场铺龙山时代农业生产特点的对比分析》，《东方考古》第 1 集，科学出版社，2004 年。
[16]　安徽省宿县地方志编纂委员会：《宿县县志》，第 46～48、59 页，黄山书社，1988 年。

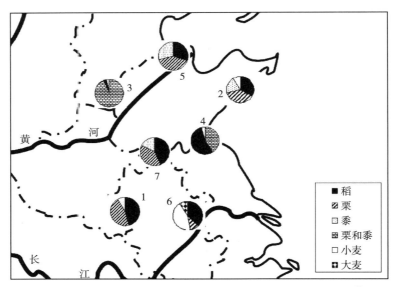

图8　龙山时代主要农作物出土概率空间差异示意图①

1. 尉迟寺遗址　2. 赵家庄遗址　3. 教场铺遗址　4. 两城镇遗址　5. 桐林遗址　6. 禹会村遗址　7. 芦城孜遗址

文化时期出土了大量的丽蚌、扭蚌、矛蚌、楔蚌、裂嵴蚌和圆田螺等淡水软体动物，说明遗址所处的自然环境比较优越，气候温暖湿润，遗址周边有一定面积的林木，同时还有较大面积的水域存在②。结合同期在两城镇遗址发现的刚竹属木材③、尉迟寺遗址发现的扬子鳄骨骼④，都反映出淮河流域及其以北地区在龙山文化时期不仅有着温暖湿润的气候环境，而且还具备发展稻作农业所需要的丰富的水源条件。

大汶口至龙山文化时期，粟和稻一直都是芦城孜遗址先民栽培的重要农作物，其中稻作农业所占的比重在龙山文化时期出现了明显上升，水稻成为人们生活中极其重要的粮食来源。根据动物考古研究结果，我们知道在聚落周围分布着丰富的自然资源，人们通过狩猎以及饲养家猪、牛等动物获得稳定的肉食资源⑤

2. 西周

芦城孜遗址西周时期仍然保持着粟稻混作的农业生产模式。西周时期农作物种类较为齐全。

在对西周农作物进行定量分析后发现，粟共出土180粒，出土数量明显高于稻44粒

---

①　图八数据来源参见赵志军：《两城镇与教场铺龙山时代农业生产特点的对比分析》，《东方考古》第1集，科学出版社，2004年；宋吉香：《山东桐林遗址出土植物遗存分析》，中国社会科学院研究生院硕士学位论文，2007年；靳桂云等：《山东胶州赵家庄遗址龙山文化炭化植物遗存研究》，《科技考古》第三辑，科学出版社，2011年；尉迟寺和禹会村遗址的相关数据是根据《蒙城尉迟寺》（第二部）中图215、《蚌埠禹会村》图一五六估算的，仅供参考，中国社会科学院考古研究所，安徽省蒙城县文化局：《蒙城尉迟寺》（第二部），第336页，科学出版社，2007年；中国社会科学院考古研究所等：《蚌埠禹会村》，第264页，科学出版社，2013年。

②　宋艳波等：《安徽宿州芦城子动物骨骼鉴定报告》，本书附录三。

③　靳桂云等：《山东日照两城镇龙山文化（4600～4000aB. P.）遗址出土木材的古气候意义》，《第四纪研究》2006年4期。

④　中国社会科学院考古研究所等：《蒙城尉迟寺》（第二部），第306～328页，科学出版社，2007年。

⑤　安徽省宿县地方志编纂委员会：《宿县县志》，第46～48、59页，黄山书社，1988年；宋艳波等：《安徽宿州芦城子动物骨骼鉴定报告》，本书附录三。

和黍 22 粒，但粟和稻的出土概率相同。我们注意到这可能是由于粟和稻集中出土于 H22 和 H22 东壁两个单位，这两个单位共出土粟 160 粒、稻 35 粒。芦城孜遗址先民在西周时期应该还是保持着粟稻混作的农业生产模式，粟和稻仍然是先民重要的粮食选择。

芦城孜遗址西周时期出土了稻、粟、黍、大豆等农作物，农作物种类较为齐全，但是并没有发现大麦或者小麦。甘肃天水西山坪[①]、民乐东灰山[②]、山东胶州赵家庄[③]、青海互助丰台[④]、河南洛阳皂角树[⑤]、西藏贡嘎昌果沟[⑥]等遗址都发现了麦类遗存，其中赵家庄、西山坪和东灰山遗址出土的大麦有比较明确的年代，赵家庄遗址与大麦同出的小麦碳十四测年为 2500BC～2270BC[⑦]；西山坪遗址 4650～4300 cal a BP 期间种植有粟、黍、水稻、小麦、燕麦、青稞、大豆和荞麦等 8 种粮食作物[⑧]，出土大麦样品的年代约为 4600 cal. a BP[⑨]；东灰山遗址 2005 年采集的样品中炭化大麦 AMS[14]C 测年最早为 1608～1445 cal BC，小麦最早为 1613～1409 cal BC[⑩]。西周时期，亳州钓鱼台[⑪]和即墨北阡遗址都出土小麦，其中即墨北阡遗址出土 1398 粒小麦，出土概率高达 83%[⑫]。山东滕州孟庄遗址春秋时期灰坑土样中发现了丰富的小麦植硅体[⑬]。这可能与芦城孜遗址西周时期采集的样品数量有关，芦城孜遗址 2013 年发掘的面积有限，并且是首次尝试进行植物浮选工作，因此采集的样品量较少，采集西周时期的样品仅 5 份，汉代仅 2 份，基于这种情况，西周时期以及汉代是否存在着更多的农作物种类，还有待更加系统的植物浮选工作的进行，在获得更为充分的植物遗存的基础上，进行更加详细的论证与分析。

（二）杂草及果实类遗存的利用问题

遗址中发现的很多杂草都具有野生食用和药用等功能，杂草及果实类遗存的发现，可能在一定程度上代表了人类对于野生自然资源的利用。

芦城孜遗址出土的杂草种类包括黍亚科、藜科、苋科、豆科、唇形科、茜草科、菊

① LI XiaoQiang et al. The record of cultivated rice from archaeobiological evidence in northwestern China 5000 years ago, Chinese Science Bulletin, 2007, 52 (10): 1372 – 1378.

② 李璠等：《甘肃省民乐县东灰山新石器遗址出土农业遗存新发现》，《农业考古》1989 年 1 期；李水城、莫多闻：《东灰山遗址炭化小麦年代考》2004 年 6 期；甘肃省文物考古研究所等：《民乐东灰山考古——四坝文化墓地的揭示与研究》，第 187，190 页，科学出版社，1998 年。

③ 靳桂云等：《山东胶州赵家庄遗址发现龙山文化小麦遗存》，《中国文物报》2008 年 2 月 22 日。

④ 中国社会科学院考古研究所等：《青海互助丰台卡约文化遗址浮选分析报告》，《考古与文物》2004 年 2 期。

⑤ 洛阳市文物工作队：《洛阳皂角树——1992～1993 年洛阳皂角树二里头文化聚落遗址发掘报告》，科学出版社，1995 年。

⑥ 傅大雄：《西藏昌果沟遗址新石器时代农作物遗存的发现、鉴定与研究》，《考古》2001 年 3 期。

⑦ 靳桂云等：《山东胶州赵家庄遗址发现龙山文化小麦遗存》，《中国文物报》2008 年 2 月 22 日。

⑧ 李小强：《甘肃西山坪遗址生物指标记录的中国最早的农业多样化》，《中国科学 D 辑：地球科学》2007 年 7 期。

⑨ LI XiaoQiang et al. The record of cultivated rice from archaeobiological evidence in northwestern China 5000 years ago, Chinese Science Bulletin, 2007, 52 (10): 1372 – 1378.

⑩ Rowan Flad et al. Early wheat in China: results from new studies at Donghuishan in the Hexi Corridor, The Holocene, 2010. 20 (6): 955～965.

⑪ 杨建芳：《安徽钓鱼台出土小麦年代商榷》，《考古》1963 年 11 期。

⑫ 靳桂云、王育茜：《北阡遗址 2007 年出土炭化植物遗存分析》，《考古》2011 年 11 期。

⑬ 靳桂云：《山东先秦考古遗址植硅体分析与研究（1997～2003）》，《海岱地区早期农业与人类学研究》，科学出版社，2008 年。

科、葫芦科、莎草科等，其中黍亚科的数量和出土概率最多。由于黍亚科植物中有许多是常见的田间杂草，一般而言，人们往往会在农作物收获的过程，将相关的田间杂草带入聚落中，因而其数量和出土概率的多寡，很大程度上能够反映人类的农业活动情况。芦城孜遗址共发现696粒黍亚科种子，出土概率76.7%，其中龙山文化时期黍亚科种子144粒，出土概率高达93.3%。如此大量的黍亚科种子，似乎与龙山文化时期已经出现的精耕细作的农业生产状况不同。我们抽取龙山文化时期同时出土稻及伴生杂草稗属的样品单位①，对每个单位出土稻、稗属和黍亚科种子的数量进行对比后发现，三者之间的变化关系并不呈正相关，这与考古遗址中发现的一般变化规律有所不同②（图9）。与此同时，我们观察了龙山文化出土粟和黍亚科在数量上的变化情况，发现也不呈现正比的对应关系，如H28出土6粒粟60粒黍亚科；H2④出土16粒粟8粒黍亚科。这些杂草大量出现的原因是复杂的，可能与人们对于杂草的处理方式有关，如北阡和唐冶遗址中可能存在对杂草的焚烧，使得杂草种子得到大量保存③。在考虑受到农业活动的影响外，是否存在人为的选择和利用呢？其实很多杂草都具有野生食用或利用价值，与人类的生活密切相关，人们可能利用一些黍亚科植物的种子作为食物或动物饲料，其中狗尾草属的种子是鸡或者猪的理想饲料，稗子作为一种饥荒年代粮食的替代品，一直具有重要作用④。扎格哈瓦人就经常采集一些一年生野生禾本科植物的种子直接食用或酿造啤酒，这些野生的食用植物就包括芒稷（*Echinochloa colonum*）、短棱野生稻（*Oryza brevigulata*）、野疏毛画眉草（*Eragrostis pilosa*）等栽培作物的野生近缘种⑤。另外藜科植物的种子和茎叶都可以被食用，唇形科中的紫苏（*Perilla frutescens*）是重要的油料来源和调味品，有些蓼科蓼属植物被用于酿酒，蓼科酸模（*Rumex acetosa* L.）、马齿苋科（Portulacaceae）马齿苋（*P. oleracea* L.）等野生植物的地上幼嫩部分可作为野生蔬菜食用⑥。茜草科的茜草（*R. . tinctorum* L.）根可作绛红色染料。芦城孜遗址不仅发现了众多杂草种子，还出土了栎果（又称橡子）和不明种属的果壳，栎果中含有人类所需的丰富的淀粉，古人对于栎果的利用由来已久，早在距今7000年的北京平谷上宅遗址⑦和济南月庄遗址⑧的石磨盘、磨棒上就发现了栎属的淀粉粒。这些杂草类种子和果实类种子的发现，反映了古人对于野生植物的利用情况，尤其是在食物资源日益充足的情况下，这些野生植物资源的存在很大程度上起到了丰富人类食物来源的重要作用。

---

① 在芦城孜遗址采集的土壤样品中，龙山文化时期样品数量最多，为了保证样品的代表性，选择龙山文化的样品作为分析对象。
② 赵志军、何驽：《陶寺城址2002年度浮选结果及分析》，《考古》2006年5期。
③ 赵敏：《山东省即墨北阡遗址炭化植物遗存研究》，山东大学硕士学位论文，2009年。
④ 靳桂云等：《山东即墨北阡遗址（2007）炭化种子果实遗存研究》，《东方考古》第10集，科学出版社，2013年。
⑤ 裴盛基、淮虎银：《民族植物学》，第71页，上海科学技术出版社，2007年。
⑥ 赵金光等：《中国野菜》，第129～139页，吉林科学技术出版社，2004年。
⑦ 杨晓燕等：《北京平谷上宅遗址磨盘磨棒功能分析：来自植物淀粉粒的证据》，《中国科学D辑：地球科学》2009年9期。
⑧ 王强等：《山东月庄遗址石器表层残留物的淀粉粒分析：7000年前的食物加工及生计模式》，《东方考古》第7集，2010年。

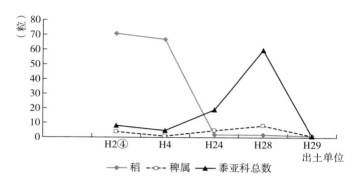

**图 9**　芦城孜遗址龙山文化时期稻、稗属与黍亚科出土数量对比图

## 四　小　结

芦城孜遗址植物浮选结果显示，大汶口文化至汉代该聚落一直处于粟稻混作的农业生产模式，大汶口至龙山文化时期，稻和粟始终是最重要的两种农作物，尤其是大汶口文化时期，粟作农业所占的比重可能更大一些，龙山文化时期稻的出土数量与出土概率都呈现明显的上升状态，暗示了稻作农业的迅速发展。西周时期除了粟、稻、黍外，还发现了大豆，农作物种类越发齐全。

遗址中还出土了大量的杂草类种子和一些果实类遗存，其中很多杂草都具有野生食用和药用等功能，可能在一定程度上体现了人类对于野生自然资源的利用情况。

附记：芦城孜遗址炭化种子的拍照工作由山东大学历史文化学院马永超同学完成，在此表示诚挚的谢意！

# 后　记

2009 年 6~9 月，为配合钱营孜煤矿铁路专用线建设工程，安徽省文物考古研究所会同宿州市文物部门对芦城孜遗址进行了抢救性发掘，发掘面积 3800 平方米。2010 年 3 月，考古报告编写组开始对这批发掘资料进行整理；2014 年 9 月，基本完成本报告的编撰工作。报告成果是参加田野发掘和整理工作的全体人员辛勤劳动的结晶。

本报告主编为贾庆元，副主编为高雷、赵彦志、刘林。

参加基础资料整理工作的有：贾庆元、罗新、高雷、和鹏、仪张敏、王宇峰。参加报告初稿和修改稿编写工作的有：贾庆元、罗新、高雷、赵彦志、张贵卿、王宇峰、曹从田、涂乔、王磊。终稿由贾庆元、高雷统稿。摄影为付渝、王磊，绘图为仪张敏，文物修复为张雪梅、张明菊，插图排版及电子文档由王宇峰、云铮、和鹏完成。

报告各章节执笔者如下。

第一章：涂乔、高雷；第二章：王宇峰、罗新；第三章：罗新、王宇峰；第四章：曹从田、涂乔、贾庆元；第五章：高雷、赵彦志、贾庆元；第六章：云铮、贾庆元；第七章：赵彦志、曹从田、贾庆元；第八章：张贵卿、涂乔、贾庆元；第九章：高雷、张贵卿、贾庆元；第十章：高雷、罗新、贾庆元；附表：赵彦志、王宇峰；后记：贾庆元。

2012 年 9 月，安徽省文物考古研究所召开了《宿州芦城孜》考古报告编写座谈会，山东大学考古系教授栾丰实、中国国家博物馆研究员王睿、南京博物院研究员张敏、安徽省文物考古研究所研究员张敬国、宫希成、张钟云、叶润清等专家学者对整理工作提出了许多指导性建议。北京大学考古文博学院教授刘绪、中国科技大学教授张居中对报告的编写工作亦给予了悉心指导，对此，我们深表谢意。

本报告的整理编写和出版工作得到了安徽省文物局、安徽省文物考古研究所李虹所长、胡欣民书记、宫希成、杜世安副所长及宿州市文广新局、宿州市博物馆、宿州市文物管理局领导的大力支持，在此一并致谢。

由于水平和认识所限，本报告难免存在一些错误和疏漏，书中不足之处，恳请专家、学者、同行雅正。

编　者

二〇一四年九月

# Luchengzi Site in Suzhou

## ( Abstract )

The archaeological report Luchengzi Site in Suzhou is compiled by Anhui Provincial Institute of Cultural Relics and Archaeology, Suzhou Municipal Bureau of Cultural Heritage and Suzhou Museum.

This report presented the data of the excavation to the Luchengzi Site located in Suzhou City, Anhui Province, which was conducted jointly by Anhui Provincial Institute of Cultural Relics and Archaeology and cultural heritage institutions of Suzhou City in 2009. The archaeological remains recovered in the excavations, including the ash pits, burials, house foundations, etc. and the large amounts of artifacts unearthed from them, which were made of pottery, stone, bone, horn and antler, etc. are trimmed and classified, and preliminary chronological studies are done to them based on the stratigraphical relationships of the archaeological remains and the typological e-volutions and assemblages of the pottery wares.

This report consists of ten parts. Part 1 is the outlined introduction to the regional condition, natural environment and historical evolution of the area where the site is located and the situation of the excavation. Part 2 is the introduction of the stratigraphy of the site, which is focused on the deposits recovered in the excavation. Part 3 introduces the remains of the early Neolithic Age and makes classification and chronological and typological analyses to the recovered remains and arti-facts. Part 4 introduces the remains of the late phase of Dawenkou Culture and makes classifica-tion and chronological and typological analyses to the recovered remains and artifacts. Part 5 intro-duces the remains of the Longshan Culture, makes periodization and chronological division to the recovered remains and artifacts, divides them into three phases and six stages and makes classifi-cation and typological analysis to them. Part 6 introduces the remains of the Yueshi Culture. Part 7 introduces the cultural remains of the Zhou Dynasty and makes periodization and chronological di-vision and classification and typological analysis to the recovered remains and artifacts from the mid Western Zhou Dynasty to the late Spring – and – Autumn Period. Parts 8 and 9 introduce the remains of the Han and Tang Dynasties respectively. Part 10 is the conclusion, which summarizes the cultural characteristics of the remains of all of the periods recovered by the excavation, focuses on the explorations to the cultural properties of the remains of Longshan Culture and the Zhou Dynasty and discusses the significance of the discovery of Luchengzi Site and the issues to be studied.

Behind the text of the report are the tables, appendices and plates. The tables are that of the strata, ash pits, house foundations and burials of all of the periods and the typological and chronological tables of the representative pottery wares. The appendices are the specified research reports on the $^{14}$C dating, stone implements, animal remains, human bones, plant floatation analysis, etc. The plates are the photographs of the site, the typical remains of all of the periods and the unearthed artifacts.

The publication of this report will provide reliable materials for the in – depth researches on the cultural remains of the Neolithic Age and Zhou Dynasty in northern Anhui Province and the ancient cultures of the Huai System and the Yi ethnic groups.

彩

版

彩版一　遗址全景（由西南向东北）

彩版二 遗址发掘现场（由东向西）

1. T21 ⑩：34

2. T21 ⑩：22

3. T21 ⑩：9

4. T21 ⑩：20

5. T19 ⑩：7

6. T21 ⑩：14

彩版三　新石器时代早期文化 Aa 型陶釜

1. T19 ⑩：1

2. T21 ⑩：19

3. T21 ⑩：33

4. T21 ⑩：21

5. T21 ⑩：2

彩版四 新石器时代早期文化 Ab 型陶釜

1. B 型（T21 ⑩：26）

2. B 型（T21 ⑩：29）

3. B 型（T21 ⑩：32）

4. B 型（T13 ⑩：5）

5. B 型（T21 ⑩：4）

6. C 型（T13 ⑩：3）

彩版五　新石器时代早期文化陶釜

1. T21 ⑩：31

2. T21 ⑩：30

3. T19 ⑩：8

4. T21 ⑩：28

5. T21 ⑩：25

6. T21 ⑩：5

彩版六　新石器时代早期文化 C 型陶釜

1. A 型（T19⑩：10）

2. A 型（T19⑩：6）

3. B 型（T21⑩：8）

4. B 型（T13⑩：6）

彩版七　新石器时代早期文化陶盆

1. C 型盆（T21 ⑩ : 35）

2. C 型盆（T21 ⑩ : 27）

3. 钵（T19 ⑩ : 11）

4. 钵（T13 ⑩ : 1）

彩版八　新石器时代早期文化陶器

1. T36 ⑨ : 1

2. G6 : 29

彩版九　大汶口文化 C 型陶鼎

1. D 型陶鼎（H130：26）

2. 漏器（T14⑨：29）

彩版一〇　大汶口文化陶器

1. A 型盆（G6∶25）

2. Aa 型器盖（T14⑨∶27）

3. Aa 型器盖（T14⑨∶1）

4. Aa 型器盖（T14⑨∶2）

5. Ab 型器盖（T14⑨∶24）

6. Ab 型器盖（T16⑨∶11）

彩版一一　大汶口文化陶器

1. B 型器盖（T14⑨：28）

2. B 型器盖（T17⑨：15）

3. B 型器盖（H130：23）

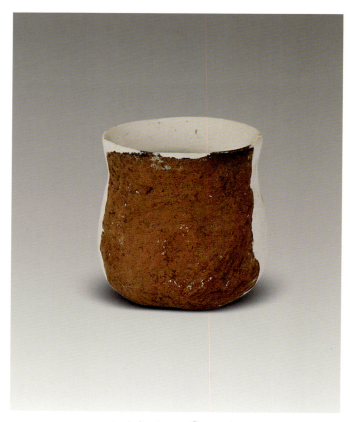

4. 小杯（T17⑨：17）

彩版一二　大汶口文化陶器

1. H7

2. H33

彩版一三　龙山文化灰坑

彩版一四　龙山文化墓葬

1. M4

2. M13

彩版一五　龙山文化墓葬

1. M25

2. M27

彩版一六　龙山文化墓葬

1. M10

2. M12

彩版一七　龙山文化墓葬

1. F7

2. F16

彩版一八　龙山文化房址

1. F11

2. F2 残存土坯

彩版一九　龙山文化房址

1. A 型 V 式 （H105：2）

2. B 型 II 式 （H129：8）

3. B 型 III 式 （H65：5）

4. B 型 IV 式 （H95：16）

彩版二〇　龙山文化陶罐形鼎

1. B 型 V 式（H67∶11）    2. B 型 VI 式（H98∶18）

3. Ca 型 II 式（H118∶16）    4. Ca 型 III 式（H141∶2）

彩版二一　龙山文化陶罐形鼎

1. Ca 型 III 式（H65：6）

2. Ca 型 IV 式（H97：4）

3. Ca 型 V 式（H61：5）

4. Ca 型 VI 式（H32：9）

彩版二二　龙山文化陶罐形鼎

1. Cb 型 I 式（H96：4）　　　　　　　　　2. Cb 型 III 式（H149：3）

3. D 型（H120：4）　　　　　　　　　4. D 型（H62：7）

彩版二三　龙山文化陶鼎

1. E 型（H14：6）

2. F 型（H118：15）

3. G 型（H96：1）

4. H 型（H75：2）

彩版二四　龙山文化陶鼎

彩版二五　龙山文化 A 型 IV 式陶盆形鼎（H120：27）

彩版二六　龙山文化 A 型 IV 式陶盆形鼎（H120∶26）

1. C 型（H120：28）

2. D 型（T16⑧：14）

彩版二七　龙山文化陶盆形鼎

1. I 式（H110：10）

2. II 式（T39 ⑦：32）

3. III 式（H141：6）

4. IV 式（H99：8）

彩版二八　龙山文化 A 型陶鬶

彩版二九　龙山文化 A 型 V 式陶鬶（T9⑨∶1）

1. B 型 I 式（H109：9）

2 B 型 II 式（H95：7）

3. C 型 I 式（T21⑥：7）

4. C 型 II 式（T11⑤：1）

彩版三〇　龙山文化陶鬶

彩版三一　龙山文化 B 型 III 式陶鬶（T9④：26）

1. 盉（H58：1）

2. A 型鬶盖（T15 ⑦：32）

3. B 型鬶盖（H120：20）

4. B 型鬶盖（T12 ⑧：5）

彩版三二　龙山文化陶器

1. A 型 I 式（T18⑧：26）

2. A 型 I 式（H110：11）

3. A 型 II 式（H85：9）

4. A 型 III 式（G5：2）

彩版三三　龙山文化陶折沿罐

1. III 式（H98：20）

2. IV 式（H148：4）

3. IV 式（T42⑥：2）

4. V 式（H146：3）

彩版三四　龙山文化 A 型陶折沿罐

1. A 型 VI 式（H15：3）

2. C 型 I 式（H111：13）

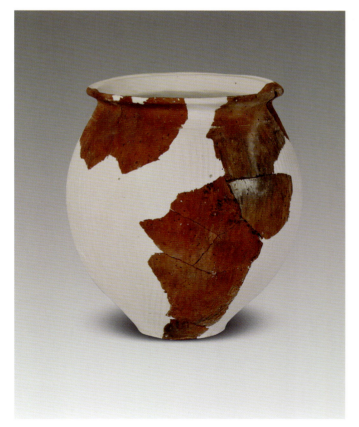

3. C 型 I 式（H110：4）

4. C 型 II 式（H101：14）

彩版三五　龙山文化陶折沿罐

1. III 式（H41：29）

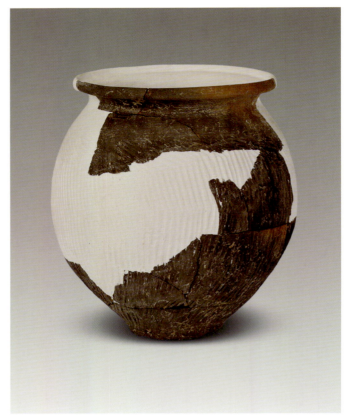

2. III 式（H75：8）

3. IV 式（H42：1）

4. V 式（H144：3）

彩版三六　龙山文化 C 型陶折沿罐

1. C 型 V 式折沿罐（H146：7）

2. C 型 VI 式折沿罐（H62：9）

3. Ca 型 I 式大口罐（H129：1）

4. Cb 型 I 式大口罐（H110：8）

1. Aa 型 IV 式（T18 ⑤：16）

2. E 型（H120：18）

彩版三八　龙山文化陶大口罐

1. A 型 III 式（H120：24）

2. D 型（T17⑥：17）

彩版三九　龙山文化陶小口高领罐

彩版四〇　龙山文化 C 型陶小口鼓腹罐（H121：7）

1. II 式（H102：2）　　　　　　　　2. III 式（H75：4）

3. III 式（H99：7）　　　　　　　　4. V 式（H89：4）

1. A 型 VI 式（H145：3）

2. B 型 I 式（H109：2）

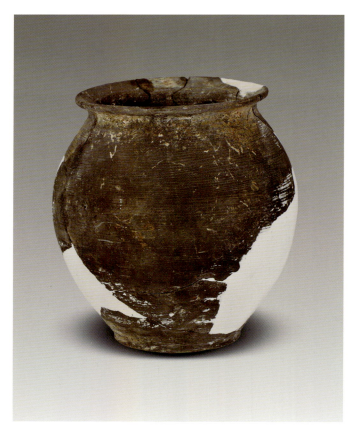

3. B 型 II 式（H129：9）

4. B 型 III 式（H98：21）

彩版四二　龙山文化小陶罐

1. B 型 IV 式小罐（H42：5）

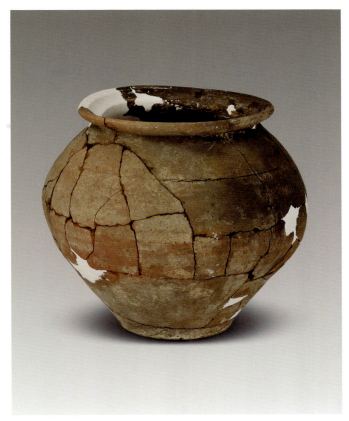

2. B 型 V 式小罐（H146：9）

3. B 型 VI 式小罐（H40：2）

4. B 型子母口罐（H7：5）

彩版四三　龙山文化陶罐

1. T15⑤：24

2. T16⑥：7

彩版四四　龙山文化陶壶

1. A 型 II 式 （T18 ⑦ : 40 ）

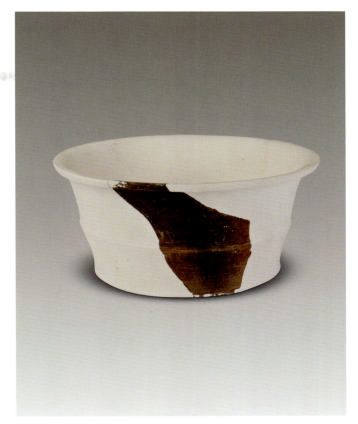

2. A 型 VI 式 （H62 : 8 ）

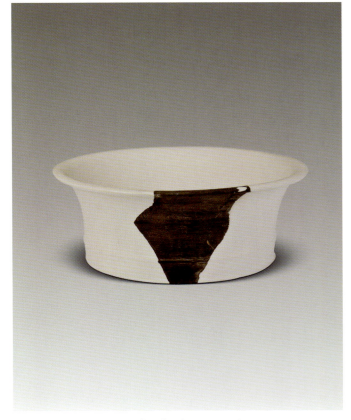

3. B 型 I 式 （H102 : 5 ）

4. B 型 II 式 （H41 : 25 ）

彩版四五　龙山文化陶盆

1. B 型 III 式（H97：6）

2. C 型（T15 ⑤：32）

3. D 型 I 式（T15 ⑦：10）

4. D 型 II 式（G5：38）

5. D 型 III 式（H148：13）

6. D 型 III 式（H108：11）

1. D 型 IV 式（H147：3）

2. D 型 IV 式（H14：11）

3. D 型 V 式（H62：11）

4. E 型 I 式（H70：8）

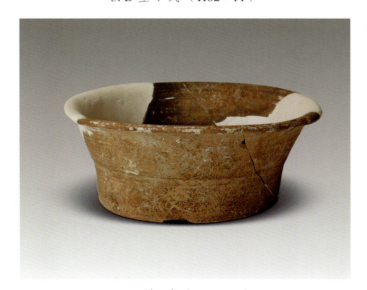

5. E 型 I 式（H58：23）

6. E 型 I 式（Y3：3）

彩版四七　龙山文化陶盆

1. E 型 II 式（G4：11）

3. G 型 I 式（T15⑥：9）

2. E 型 IV 式（T40⑤：2）

4. H 型 I 式（H70：10）

1. H 型 II 式盆（T40⑥：6）

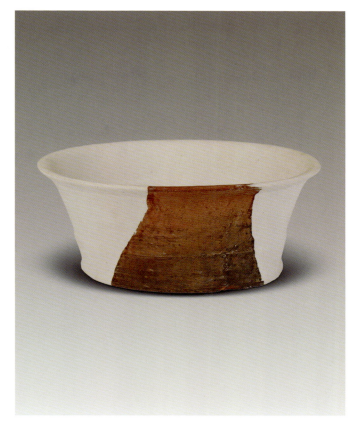

2. H 型 III 式盆（H147：2）

3. B 型盒（H124：14）

4. A 型匜（T15⑦：30）

1. IV 式（H95：13）

2. V 式（H14：7）

3. V 式（H61：1）

4. VI 式（H74：2）

彩版五〇　龙山文化陶覆钵形器盖

1. A 型 I 式（T33⑧：14）

2. A 型 II 式（H132：7）

3. A 型 III 式（G5：38）

4. A 型 V 式（采：5）

5. B 型 I 式（H118：14）

彩版五一　龙山文化陶覆碗形器盖

1. I 式（T19⑦：11）

2. II 式（H119：21）

3. II 式（H108：3）

4. III 式（H120：22）

5. IV 式（H81：15）

6. IV 式（H107：14）

彩版五二　龙山文化 B 型陶覆碗形器盖

1. B 型 IV 式（H5：3）

2. B 型 V 式（T14⑤：4）

3. B 型 V 式（H32：7）

4. C 型 I 式（H111：12）

彩版五三　龙山文化陶覆碗形器盖

1. II 式（H102：6）

2. II 式（H102：7）

3. III 式（H84：1）

4. IV 式（H120：23）

5. IV 式（H108：9）

6. V 式（H4：2）

彩版五四　龙山文化 C 型陶覆碗形器盖

1. C 型 V 式（H61：7）

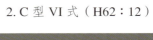

2. C 型 VI 式（H62：12）

3. C 型 VI 式（H7：2）

4. D 型（110：7）

彩版五五　龙山文化陶覆碗形器盖

1. D 型（H127：9）

2. D 型（H70：7）

3. D 型（T20⑤：17）

4. D 型（T18⑤：53）

5. E 型（H131：11）

6. F 型（G5：37）

彩版五六　龙山文化陶覆碗形器盖

1. F 型（T13⑤：18）
　　　　　　　　　2. G 型 II 式（H58：22）

3. G 型 I 式（H129：7）
　　　　　　　　　4. G 型 III 式（H32：8）

彩版五七　龙山文化陶覆碗形器盖

1. G 型 IV 型覆碗形器盖（H124：18）

2. A 型 I 式覆舟形器盖（H129：10）

彩版五八　龙山文化陶器盖

1. A型V式（H32：12）

2. E型III式（H131：1）

彩版五九　龙山文化陶覆盘形器盖

1. A 型 I 式（H121：6）

2. B 型 I 式（H76：4）

彩版六〇　龙山文化陶高圈足盘

1. C 型 II 式（H117：2）

2. D 型 III 式（H95：8）

彩版六一　龙山文化陶高圈足盘

1. F型高圈足盘（H117：7）

2. 低圈足盘（H119：23）

3. 圈足盘（T13⑥：13）

4. 圈足盘（H90：4）

5. 圈足盘（H16：9）

6. 圈足盘（H41：28）

彩版六二　龙山文化陶圈足盘

1. A 型 I 式豆（H121：19）

2. C 型豆（T33⑧：5）

3. C 型单耳杯（F15：2）

4. D 型单耳杯（H41：9）

1. B 型单耳杯（H121：5）

2. 弧形杯（T17⑥：38）

3. C 型杯（T14⑥：3）

4. A 型 III 式觯（H91：6）

5. A 型 IV 式觯（H75：7）

6. A 型 IV 式觯（F15：1）

彩版六四　龙山文化陶器

1. B型 II 式觯（T14⑤：8）

2. 觚（采：3）

3. 盂（H64：4）

4. 盂（H116：3）

5. 碗（H64：5）

6. 钵（H108：2）

1. B 型算（H117：1）

2. 饼（H121：15）

彩版六六　龙山文化陶器

1. A 型（H12∶18、H90∶11、H131∶13、T15⑤∶7）

2. B 型（H13∶3、T17⑤∶40、H64∶2、T16⑥∶14）

3. C 型（T11⑥∶10、H80∶1、T18⑦∶49、T18⑦∶50）

4. D 型（T16⑥∶15、T19⑥∶24）

1. 拍（H101：15）

2. 拍（T20⑤：25）

3. A 型网坠（T14⑤：6）

4. A 型网坠（H31：15）

5. B 型网坠（H6：8）

6. C 型网坠（F14：4）

彩版六八　龙山文化陶器

1. D 型（T16 ⑤：10、采：6、T16 ⑦：6、T19 ⑥：22）

2. E 型（T19 ⑤：2、T13 ⑥：15、H65：4、T18 ⑥：12）

彩版六九　龙山文化陶网坠

1. H132：8

2. T15 ⑦：25

3. T20 ⑤：22

4. T28 ⑤：1

5. T16 ⑦：29

6. H16：7

彩版七〇　龙山文化石锛

1. A 型斧（T16⑥：8）

2. A 型斧（T15⑤：3）

3. 镞（T15⑤：31）

4. B 型斧（T15⑤：4）

5. B 型斧（H101：2）

6. B 型斧（H127：3）

彩版七一　龙山文化石器

1. 杵（H121：10）

2. 杵（H131：15）

3. 锤（G5：41）

4. 斧（T15⑦：24）

5. 穿孔斧（T36⑦：1）

6. 刀（T18⑤：7）

彩版七二　龙山文化石器

1. 刀（H101：6）

2. 刀（T18⑤：51）

3. 砺石（F14：3）

4. 砺石（T39⑥：1）

5. 研磨石（T16⑧：4）

6. 研磨石（T17⑤：4）

彩版七三　龙山文化石器

1. A 型（H127：10、H141：2、H2：1、H97：2、G5：43、T16⑦：27、T18⑥：5、T18⑦：44）

2. B 型（T17⑧：41、F14：1）

3. C 型（T13⑥：6、T18⑦：45、H95：15、T13⑥：7）

1. 匕（T16⑥：11） 2. 匕（T39⑥：3） 3. 匕（T16⑦：28）

4. 簪（H35：1） 5. 簪（T16⑤：1） 6. 簪（H132：12） 7. 簪（G5：42）

彩版七五　龙山文化骨器

1. A 型（T16⑥：13、T18⑤：54、G5：45、T20⑤：19）

2. B 型（H35：2、H60：7、T15⑥：26）

3. C 型（H75：3、H95：4、T18⑤：50、T12⑤：14）

1. 步摇（T16⑥：10）

2. 步摇（T15⑤：6）

3. 矛（F14：14）

4. 耜（T18⑥：14）

彩版七七　龙山文化骨器

1. 铲（T20 ⑥：31、H85：12、T18 ⑤：46、T19 ⑥：20）

2. 刀（H85：13、T18 ⑤：47、T20 ⑥：29、T20 ⑥：30）

3. 镰（H131：14）

1. 镐（T19⑤：1）

2. 镐（T16⑤：13）

3. 锄（T14⑧：28）

4. 锄（H145：5）

5. 锄（T12⑤：13）

6. 锄（T36⑤：9）

彩版七九　龙山文化角器

1. A 型锥（T14 ⑧：18、H64：19）　　　　　　　　2. 钩（T20 ⑦：18、T17 ⑧：43）

3. B 型锥（T13 ⑥：11、T11 ⑦：4、H64：21、T17 ⑧：42）

1. A 型（H23：6）

2. A 型（H23：5）

3. A 型（H23：4）

4. B 型（H23：1）

5. B 型（H23：2）

6. B 型（H23：8）

彩版八一　岳石文化陶罐

1. C 型罐（H23：3）

4. 盆（H23：7）

2. 罐底（H23：10）

3. 器盖（H23：11）

5. 碗（H23：9）

彩版八二　岳石文化陶器

1. H39

2. G2

彩版八三　周代遗迹

1. M23

2. M26

彩版八四　周代墓葬

1. 墓室局部

2. 外椁

彩版八五 周代墓葬（M24）

1. M23 : 3

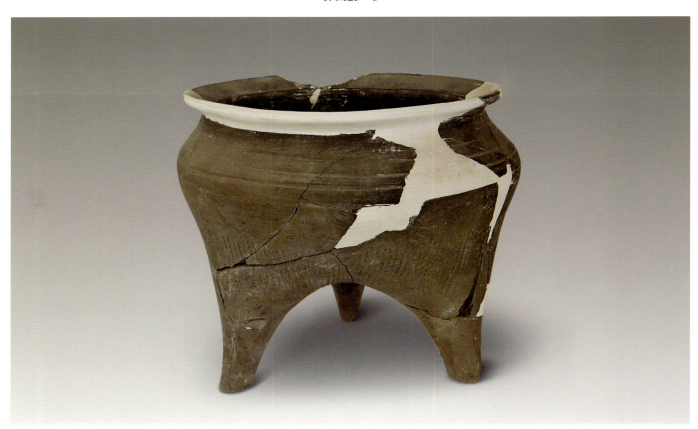

2. M23 : 4

彩版八六　周代 D 型 I 式陶鬲

1. I 式（M26：3）

2. II 式（M20：2）

彩版八七　周代 E 型陶鬲

1. A 型 III 式（H37：8）

2. A 型 III 式（M24：7）

3. B 型 I 式（H59：2）

4. B 型 I 式（M26：6）

彩版八八　周代陶罐

1. B 型 II 式（M20∶4）                    2. C 型 I 式（M23∶1）

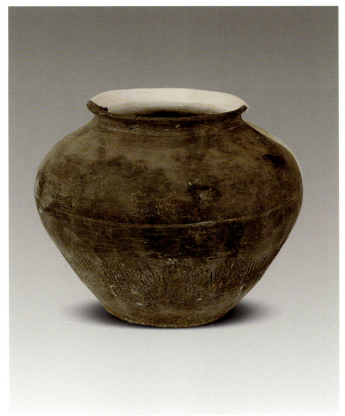

3. C 型 I 式（M23∶2）                    4. C 型 II 式（T8⑦∶4）

彩版八九　周代陶罐

1. C 型 IV 式（T6⑤：14）

2. C 型 V 式（T4④：4）

3. D 型（M24：9）

4. E 型（M24：15）

彩版九〇　周代陶罐

1. M24：21

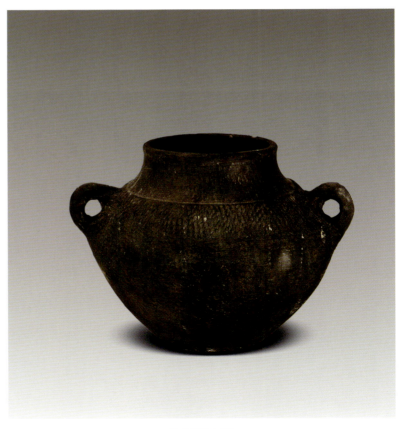

2. M24：22

彩版九一　周代 E 型陶罐

1. F 型（M24：13）

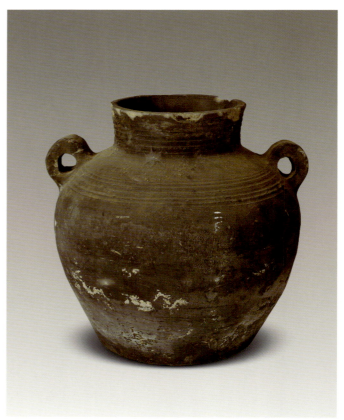

2. G 型（M24：45）

3. H 型（M24：5）

4. I 型（M24：4）

1. I 型（M24：3）

2. J 型（M24：12）

彩版九三　周代陶罐

1. I 式（M23：6）

2. II 式（T38 ⑦：1）

彩版九四　周代 A 型陶豆

1. I 式（M23：5）

3. III 式（H37：2）

2. II 式（H68：10）

4. III 式（H39：1）

彩版九五　周代 B 型陶豆

1. C 型 IV 式豆（T9④：4）

2. E 型 I 式豆（M26：4）

3. H 型豆（H10：7）

4. Aa 型 I 式簋（M26：5）

1. Aa 型 II 式（M20：3）

2. Ab 型（M20：5）

3. B 型 I 式（M23：7）

4. B 型 II 式（T11④：1）

1. C 型 IV 式（H38：3）

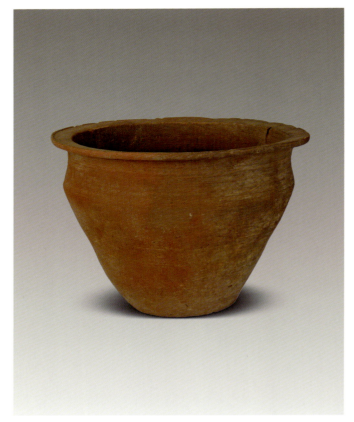

2. D 型 I 式（H77：7）

3. D 型 II 式（H133：8）

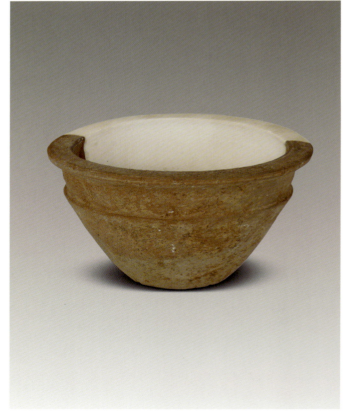

4. D 型 III 式（H103：3）

1. A 型 I 式小盆（T7 ⑦：1）

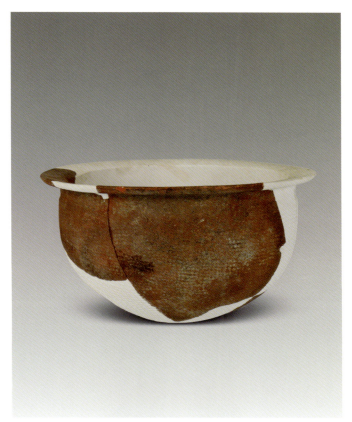

2. B 型 I 式小盆（H37：5）

3. D 型 I 式小盆（M24：1）

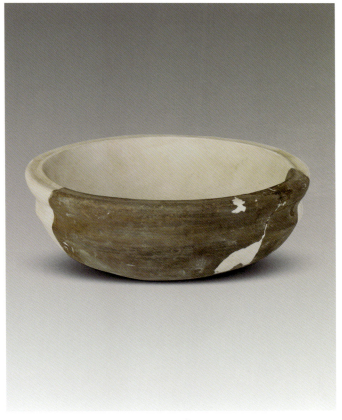

4. 钵（T9 ④：3）

1. B 型陶网坠（T17④：7）

2. B 型陶网坠（T4④：1）

3. 龟甲（T18④：2）

4. A 型陶纺轮（T15④：6）

5. A 型陶纺轮（T17④：5）

6. A 型陶纺轮（T13④：2）

7. B 型陶纺轮（T14④：3）

1. 斧（T5⑥：3、T15④：2、T15④：8）

2. 锛（T15④：3、T12④：1、T8④：11、T7④：2）

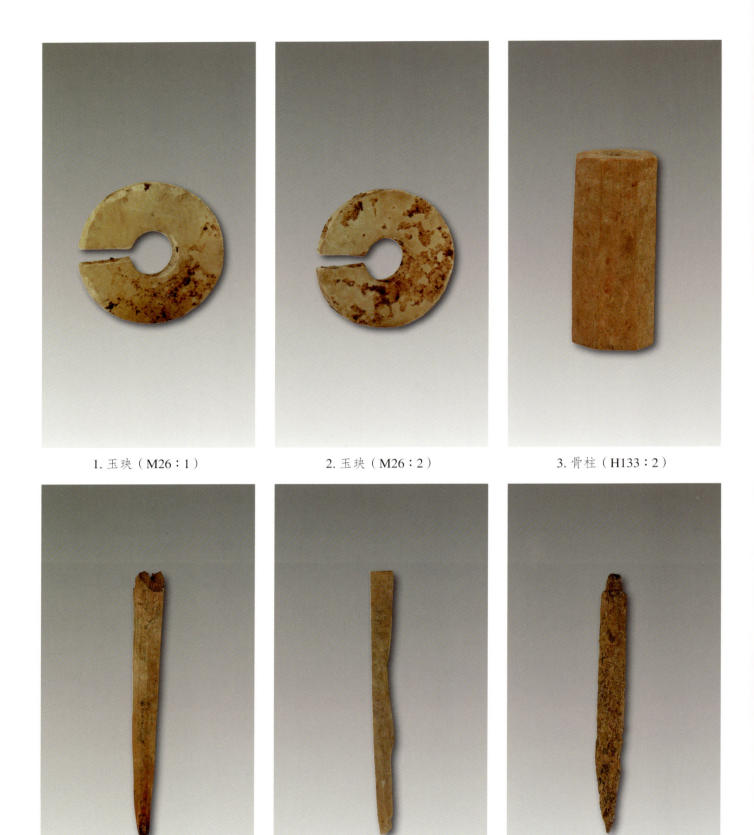

1. 玉玦（M26：1）　　　　2. 玉玦（M26：2）　　　　3. 骨柱（H133：2）

4. 角锥（T15④：4）　　　　5. 骨锥（T15④：7）　　　　6. 骨镞（T8⑥：4）

1. H46

2. H34

彩版一〇三　汉代灰坑

1. 灰坑（H55）

2. 水井（J2）

彩版一〇四　汉代遗迹

1. 釜（H34：4）　　　　　　　　　2. C 型罐（T10 ③：4）

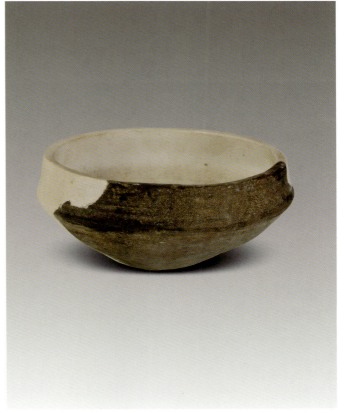

3. 钵（T8 ③：2）　　　　　　　　　4. 钵（T6 ③：1）

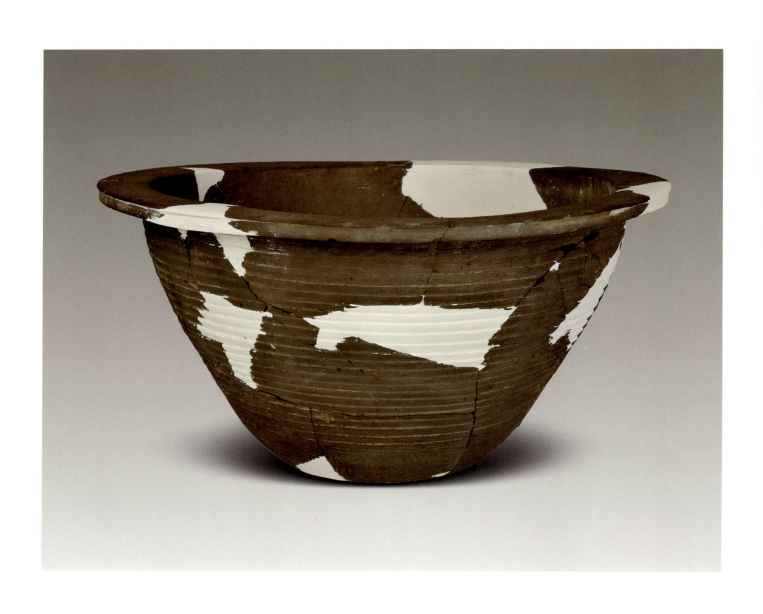

彩版一〇六 汉代陶甑（J2：1）

1. T8 ③：8

2. T9 ③：2

3. T9 ③：1

彩版一〇七　汉代陶三足钵

1. 杯（H52：2）

2. 杯（T8③：4）

3. 器盖（T2③：1）

4. 器盖（T9③：9）

5. 器盖（H106：1）

6. 盘（H87：2）

彩版一〇八　汉代陶器

1. II 式筒瓦（H88：2）

2. II 式筒瓦（T16③：1）

3. 砖（T11③：1）

4. I 式板瓦（H87：4）

5. 瓦当（T5③：1）

彩版一〇九　汉代建筑构件

1. A 型（T7③：9、T7③：4、T7③：6、T13③：2、T9③：5、T7③：7、T9③：3）

2. B 型（T17③：6、T18③：2、T12③：1、T7③：5、T17③：3）

彩版一一〇　汉代陶网坠

1. 陶纺轮（J2∶3、T7③∶10、T9③∶7）

2. 陶拍（T17③∶32、H43∶2、T11③∶4、T13③∶4）

3. 骨锥（T13③∶1）

4. 石球（J2∶4）

1. 匕（T5③：2）

2. 剪刀（T4③：3）

3. 环首刀（T4③：2）

4. 斧（T10③：5）

5. 镬（T9③：4）

6. 钺（J2：7）

1. 剪刀（T4③：5）

2. 砍刀（T12③：6）

3. 厨刀（T4③：4）

4. 削（T12③：5）

彩版一一三　汉代铁器

1. 锥（T4③：7）

2. 锥（T4③：6）

3. 矛（T4③：8）

4. 凿（H43：3）

彩版——四　汉代铁器

1. 双耳杯（J2∶8）

2. "大泉五十"钱币

彩版一一五　汉代铜器

1. J3

2. W1

彩版——六　唐代遗迹

彩版一一七　唐代墓葬（M22）

1. Aa 型（M22 填土：5）

2. Aa 型（H54：6）

3. Aa 型（T14②：1）

4. Ab 型（T11②：11）

5. Ab 型（T16②：3）

1.Ba 型（H135：1）

2. Bb 型（T12 ②：20）

3. Bb 型（H25：2）

4. Bb 型（T7 ②：22）

5. Ca 型（T11 ②：12）

1. Ca 型（H54：2）

2. Ca 型（M22 填土：4）

3. Cb 型（T17②：4）

4. Cb 型（T13②：14）

5. Cb 型（T13②：26）

6. Ba 型（T12②：22）

彩版一二〇　唐代陶碗

1. A 型（H20：4）

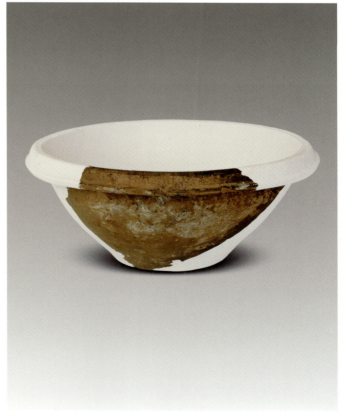

2. A 型（T15②：8）

3. B 型（T6②：19）

4. B 型（T13②：27）

1. A 型（T15②：1）

2. A 型（T8②：2）

3. B 型（H26：1）

4. B 型（T9②：14）

5. B 型（T14②：3）

6. B 型（T16②：2）

彩版一二二　唐代陶钵

1. A 型板瓦（T12 ② : 18）

2. 砖（T11 ② : 10）

3. 瓦当（T4 ③ : 1）

4. 瓦当（H20 : 3）

彩版一二三　唐代建筑构件

1. T13 ② : 17

2. T6 ② : 3

3. T5 ② : 4

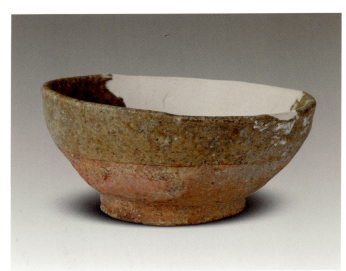

4. T28 ② : 2

5. T5 ② : 5

6. T3 ② : 7

彩版一二四　唐代 Aa 型瓷碗

1. Ab 型（H3∶3）

2. Ab 型（M22 填土∶13）

3. Ab 型（T17 ②∶6）

4. Ab 型（M22 填土∶12）

5. B 型（H1∶4）

彩版一二五　唐代瓷钵

1. B 型（H9：1）

2. B 型（T33②：3）

3. B 型（T32②：1）

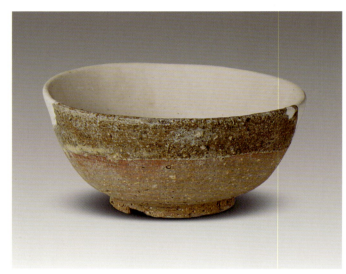

4. B 型（T1②：1）

5. B 型（H25：4）

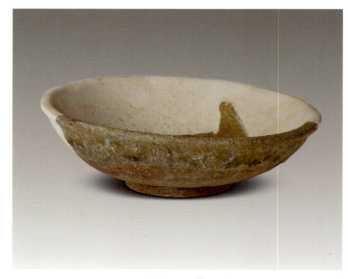

6. C 型（T11②：3）

彩版一二六　唐代瓷碗

1. C 型（T8 ② : 11）

2. C 型（T7 ② : 10）

3. C 型（T1 ② : 10）

4. Da 型（H1 : 1）

5. Da 型（H18 : 1）

6. Da 型（M22 填土 : 16）

1. H1：5

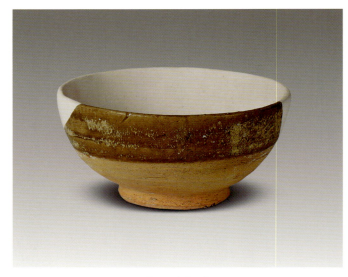

2. H135：2

3. T17②：5

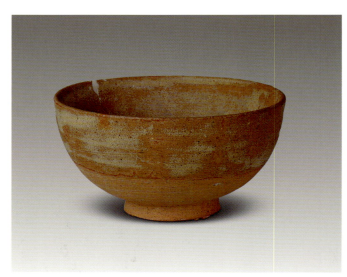

4. H1：7

5. T27②：1

6. H1：6

彩版一二八　唐代 Da 型瓷碗

1. Da 型（H135：5）

2. Da 型（T12②：29）

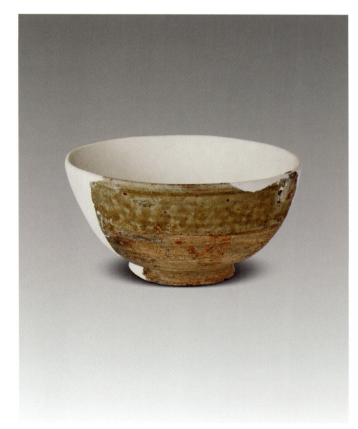

3. Da 型（T36②：2）

4. Db 型（T7②：13）

彩版一二九　唐代 D 型瓷碗

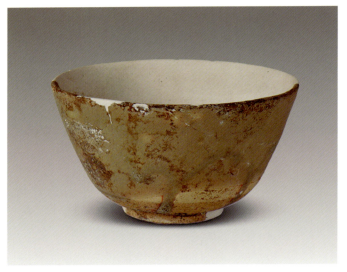

1. Db 型（T13 ② : 15 ）

4. Ea 型（T12 ② : 26 ）

2. Db 型（H51 : 1 ）

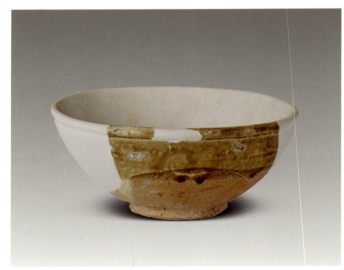

5. Ea 型（T2 ② : 15 ）

3. Db 型（T7 ② : 17 ）

6. Ea 型（T6 ② : 10 ）

彩版一三〇　唐代瓷碗

1. T7 ② : 19

2. T12 ② : 4

3. T14 ② : 7

4. T12 ② : 16

5. T1 ② : 4

6. H139 : 1

彩版一三一　唐代 Ea 型瓷碗

1. H9：6

2. T6②：2

3. T12②：24

4. T11②：8

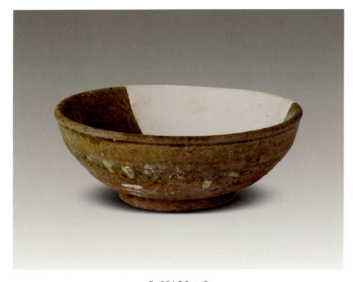

5. H123：3

6. H123：4

彩版一三二　唐代 Eb 型瓷碗

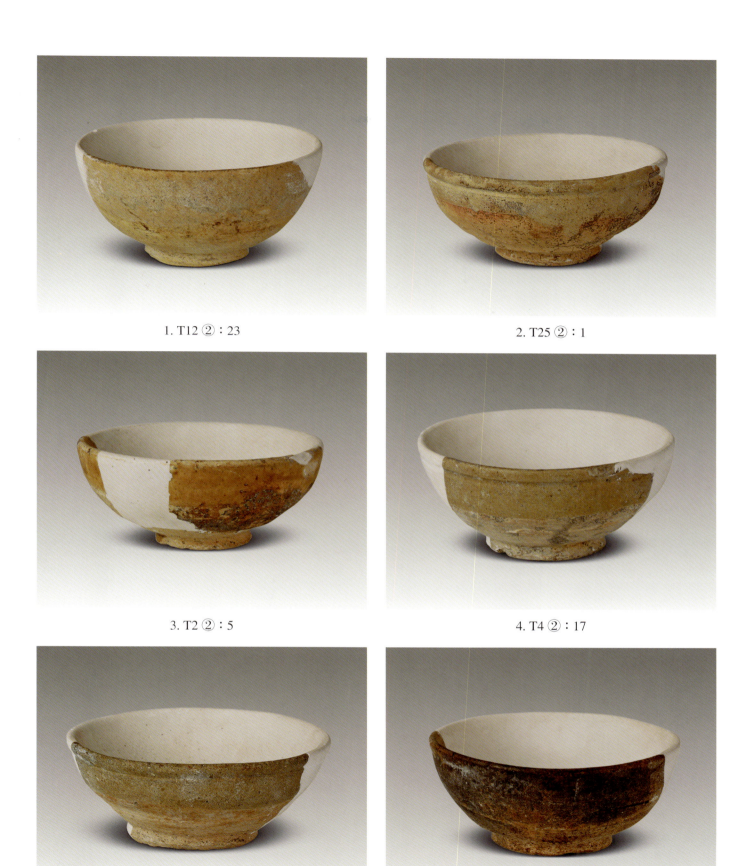

1. T12 ② : 23

2. T25 ② : 1

3. T2 ② : 5

4. T4 ② : 17

5. T11 ② : 2

6. T11 ② : 1

彩版一三三　唐代 Eb 型瓷碗

1. T12 ② : 6

2. T12 ② : 28

3. T7 ② : 7

4. T16 ② : 7

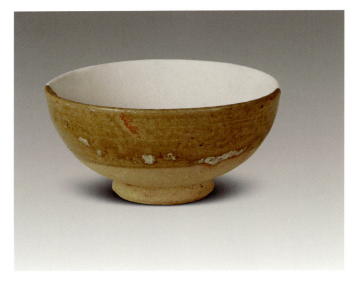

5. H135 : 3

6. H1 : 2

彩版一三四　唐代 Ec 型瓷碗

1. Ec 型碗（T12②：27）

2. Ec 型碗（H135：4）

3. A 型盏（H56：1）

4. A 型盏（M22 填土：15）

5. A 型盏（M22 填土：14）

6. A 型盏（H3：1）

彩版一三五　唐代瓷器

1. A 型（H28：1）

2. A 型（M22 填土：11）

3. A 型（H135：6）

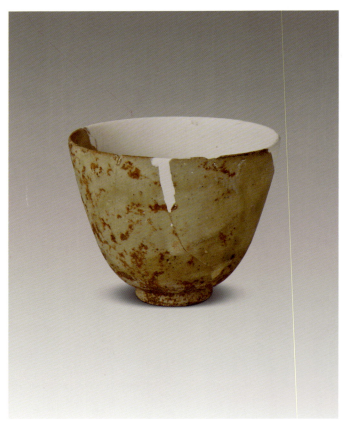

4. B 型（T5②：3）

彩版一三六　唐代瓷盏

1. T13 ② : 18

2. T23 ② : 1

3. T7 ② : 24

4. T24 ② : 2

5. T28 ② : 4

6. H112 : 1

彩版一三七　唐代 A 型瓷高足盘

1. A 型（H51：2）

2. A 型（T17②：7）

3. B 型（T12②：13）

4. B 型（T4②：18）

彩版一三八　唐代瓷高足盘

1. A 型罐（H54：4）

2. A 型壶（T15 ②：15）

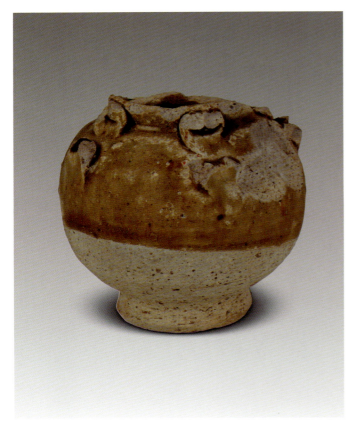

3. A 型小罐（T2 ②：4）

4. B 型小罐（T12 ②：33）

彩版一三九　唐代瓷罐

彩版一四〇　唐代 B 型瓷罐（T8W1∶1）

彩版一四一　唐代 B 型瓷罐（T18②：15）

1. A 型（T16②：4）

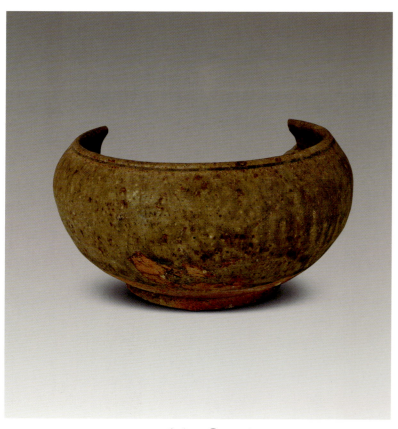

2. B 型（T5②：12）

彩版一四二　唐代瓷盂

1. 高脚杯（H44：1）

2. 器盖（T12②：12）

3. 器盖（T3②：9）

3. 器盖（采：1）

1. 瓷辟雍砚（T4 ② : 18）

2. 琉璃兽首（H123 : 8）

2. 戟（T15②：9）

1. 弯背砍刀（T8②：14、T14②：5）

3. 镰（T19②：20、T11②：6）

彩版一四五　唐代铁器

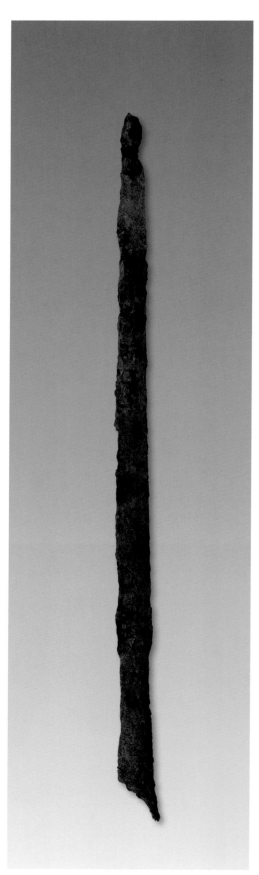

1.直背砍刀（T8②：7、H1：9、T1②：8、T10②：11、T8②：8）　　　　　　　2.剑（T11②：19）

1. 匕（T13②：28）

2. 矛（T9②：19、T5②：17、T5②：16）

3. 锥（T13②：5）

4. 镞（T12②：1、T3②：5）

5. 马镫（T2②：9、T2②：8）

1. 斧（T16②：12）  2. 斧（T6②：17）  3. 斧（T13②：2）

4. 厨刀（T11②：20）  5. 厨刀（T3②：10）  6. 饼（T2②：6）

1. 铁耧（T4②：7）

2. 玉兔（T2②：22）

1. 粟

2. 稻

3. 黍

4. 大豆

5. 稗属

6. 马唐属

7. 狗尾草属

1. 黍科

2. 唇形科

3. 豆科

4. 野大豆

5. 茄科

6. 栎果

彩版一五一　浮选炭化植物标本